International Law

로스쿨
국제법강의

국제법기본조약

박병도

pnc
publishing and culture
피앤씨미디어

머리말

양질의 국제법 전문서적이 다수 있음에도 이 책을 쓰게 된 이유는 간명하다. 로스쿨 출범으로 국제법 전성시대가 올 것이라는 당시 전망과는 달리 매 학기 초 마다 폐강을 우려해야 하는 상황에서 강의 개설을 위해서는 뭔가를 더 해야 한다는 중압감이 있었다. 그래서 변호사시험 과목으로 국제법을 선택한 로스쿨 학생들에게 도움을 주어야 하겠다고 생각했다. 따라서 이 책은 새로운 국제법 내용을 소개하고자 의도하는 것도 아니며, 또한 더구나 국제법 모든 분야를 깊이 있게 다룬 것도 아니다. 그래서 이 책의 내용은 매우 제한적이다. 그동안 10년 이상 변호사시험에 출제되었던 조약법, 국가책임법 그리고 국제경제법 일부만을 다룬다.

조약은 국제법의 대표적인 법원이다. 국제법적 규제나 대응이 필요한 사안에 대해서 조약은 불가결하다. 조약은 오늘날 국제사회의 민주적 특성을 보여주고 있다. 조약의 체결과정에 일국일표(一國一票, one State one vote) 원칙이 적용된다. 현재 국제사회에 적용되고 있는 조약은 대략 10만개(약 6만개의 조약은 UN사무국에 등록되어 있음) 이상으로 추정된다.[1)] 한마디로 조약이 체결되어 있지 않은 국제법 분야가 없다. 그래서 국제법에 대해서 공부하기 위해서 우선 조약법에 대해서 아는 것이 바탕이 되어야 한다. 더구나 이 책의 집필 목적인 변호사시험에도 조약법은 매년 중요하게 다루어지고 있다.

국제법상 국가책임은 국제법이 법이라는 점을 명징하게 확인해주는 법개념이라고 생각한다. 책임은 법의 기본 개념이다. 책임은 법질서 및 법규범의 개념과 밀접한 관련이 있다. 국제법의 가장 주요한 주체인 국가의 잘못에 대해 법적으로 책임을 묻는 것은 국제법이 법규범이기 위해 필요한 명제이다. 법이 침해되더라도 그에 대한 법적 결과(legal consequences)가 없다면 그것은 법이라고 묘사할 수 없을 것이다. 바로 국제법상 국가책임법은 이런 국가의 국제법상의 국가의 국제책임에 관한 법규를 담

1) 현재 대한민국에서 시행 중인 '법률'은 헌법 1건을 포함 1614건이다(출처: 법제처 국가법령정보센터의 법령통계 및 현행법령, 2024년 1월 2일 기준). 우리나라가 체결한 조약은 3,506건(다자조약 742건)(출처: 외교부 조약정보, 2023년 12월 31일 기준).

고 있으며 역시 변호사시험에서 비중 있게 출제되고 있다. 이 책의 제4장 '국가책임법'의 내용은 「로스쿨 국제법사례연습」(제3판)의 저자 집필 부분을 발췌, 수정, 보완하였음을 밝힌다. 그리고 국가책임법 규정 초안은 아직 발효된 조약이 아니라서 대한민국 정부가 공포한 공식적인 번역본이 없는 상황이다. 국가책임법 규정 초안의 한국어 번역은 다양한 버전이 있고 각각의 번역에 따라 규정 초안의 내용이 다르게 전달될 수도 있어서 해당 조문에 대한 번역본과 함께 규정 초안 원문을 표기하여 독자들이 초안 원문과 번역본을 비교하면서 학습하기 쉽도록 하였다. 이런 방식을 선택한 또 다른 이유 중에 하나는 영어로 된 법조문 및 법률용어에 대한 이해와 친밀감을 높이고자 하는 바램도 있다. 한국어 번역문은 변호사시험용 ＜법전＞에 수록된 '김석현 교수의 번역문'이다.

이 책의 세 번째 주요 내용은 'GATT의 기본원칙과 일반적 예외'에 관한 것이다. 오늘날 국가의 역할은 법을 통해 사회질서를 유지하는데 그치지 않고 이제 국민들의 먹고 사는 문제에 적극적인 역할을 요구하는 시대에 깊숙이 진입해 있다. 그래서 국제경제질서가 국제관계의 중요한 부분을 차지하고 있다. 이러한 국제경제를 규율하는 대표적인 국제조약이 「관세 및 무역에 관한 협정」(General Agreement on Tariffs and Trade), 이른바 GATT이고 이 협정은 오랜 동안 국제경제질서를 지배하는 규범으로 적용되고 있다. 이 책에서는 변호사시험 출제 경향을 고려하여 GATT를 바탕으로 한 국제경제법에서 가장 기본적인 원칙들을 살펴보고, 이들 원칙에 대한 일반적 예외에 대해서 소개한다.

시장성이 크지 않음에도 이 책의 출판 작업에 흔쾌히 응해주신 박노일 대표이사님과 피앤씨미디어의 모든 직원들에게 감사를 드린다.

책 보는 것 이외에 잘하는 것이 없는 남편이지만 늘 기도해주고 응원해 주는 아내와 내 삶의 축복인 사랑하는 두 아들 무무와 지지에게 감사한 마음을 전한다.

2024. 2.
일감호에서
저자

※ 이 저역서는 2020년도 건국대학교 KU학술연구비 지원에 의한 저역서임

차 례

제 4 장 국제경제법

부 록 국제법 기본조약

제 1 장

국제법의 기초

제 1 절

국제법의 정의

국제법이란 어떤 법을 말하는가? 국제법에 대한 정의(定義)는 국제법의 변화 및 발전과 함께 현대 국제법의 특징과 결부하여 이해할 필요가 있다. 전통적으로 국제법이란 국가 간의 관계(relations between states), 즉 국제관계(interstate relations)를 규율하는 법이라고 이해하였다. 한마디로 국가 사이에 적용되는 법(law among nations, law between states)이 국제법이라고 정의하였다. 이 경우 국제법은 일차적으로 주권독립국가(sovercign independent states) 또는 영토국가(territorial states) 상호간의 관계를 규율하는 법체계를 의미한다.

그러나 법이 끊임없이 변화하고 발전함과 같이 오늘날에는 국제기구를 비롯한 다양한 비국가행위자(non-state actors)가 등장하여 국제법의 주체가 확대됨에 따라 국제법의 정의를 변경할 수밖에 없게 되었다, 그리하여 오늘에는 국제법을 "국가·국제기구·개인 간의 관계를 규율하는 법", 즉 "국제사회의 법"이라고 정의한다.[1] 국제법의 주체가 국가뿐만 아니라 국제기구, 또는 개인으로까지 확대됨에 따라 이러한 변화를 반영하여 새롭게 국제법을 정의해야만 올바르게 국제법을 이해할 수 있게 되었다.

국제법은 한 국가의 국내법이 아니며 여러 국가에 공통적으로 적용되는 법으로 international law, law of nations, Völkerrecht, droit international, 國際法이라는 용어로 표현되고 있다.[2]

---

1) 미국의 대외관계법은 국제법에 대한 정의를 다음과 같이 내리고 있다. "international law consists of rules and principles of general application dealing with the conduct of states and of international organizations inter se, as well as with some of their relations with persons, whether natural or juridical."(The American Law Institute's Restatement of the Foreign Relations Law of the United States(THIRD)(1987), Section 101).

한국을 비롯한 동양에서 사용하고 있는 '국제법'이라는 용어는 19세기말 중국에서 활동하던 선교사 W. Martin이 Wheaton의 저서 Elements of International Law를 번역하면서 International Law를 만국공법(萬國公法)이라고 번역하였고(1864년), 일본학자 미츠구리 린쇼가 1873년 Woolsey의 저서 Introduction to the Study of International Law를 번역하면서 '국제법, 일명 만국공법'이라고 번역하여 사용함으로써 '국제법'이란 용어가 처음 사용되었다.

국제법은 국내법(municipal law), 국제사법(private international law, conflict of laws, profer law(준거법)), 세계법(world law) 그리고 국제예양(international comity)과는 구별되는 별개의 법이다.

오늘날에는 한 국가의 법만으로 해결할 수 없는 규율대상이 확대되고 동시에 전통적인 국제법의 규율대상이 국내법의 의해 규율되는 현상이 증대하면서 엄격하게 국내법이나 국제법으로 분류할 수 없는 새로운 법들이 등장하게 되었다. 대표적인 것이 이른바 초국가법(supranational law) 또는 초국경법(transnational law)이다. 초국가법과 초국경법은 국내법에도 국제법에도 속하지 않는다. EU법과 같이 국제법과 연방법의 성격을 갖고 있는 EU법이 대표적인 초국가법이며, 한 국가의 국경을 넘어선 행위나 사건을 모두 포함하는 개념이 초국경법이다. 초국경법은 일반적으로 국제법과 국제사법을 모두 포함하는 개념이다.

2) 국제법의 어원은 로마의 *jus gentium*(만민법)에서 유래하였다. 그러나 *jus gentium*이 로마제국이라는 한 국가 내에서 로마시민과 로마의 지배를 받는 이민족(異民族) 간에, 또는 이민족 상호간에 적용되는 법이라는 측면에서 보면 로마라는 한 국가의 국내법에 해당하는 것이기 때문에 오늘날의 국제법의 개념과는 다르다.

제 2 절

국제법의 법원

1. 의 의

법원(法源, sources of law)이란 다양한 의미를 지니고 있으나 주로 법의 존재형식, 법의 인식자료라고 이해할 수 있으며, 한마디로 현재 구속력을 가지고 적용되고 있는 법을 말한다. 그러면 국제법은 어떤 형식으로 존재하는가? 우리가 국제법이라는 것을 인식할 때 그 자료는 무엇인가? 이와 같은 질문에 답하는데 가장 흔하게 제시되는 것이 국제사법재판소 규정(Statute of International Court of Justice) 제38조이다. 이 조항은 국제사법재판소(International Court of Justice, 이하 ICJ)가 자신에게 부탁된 분쟁에 대해 재판할 때 적용하는 재판준칙을 규정하고 있으나 국제사법재판소의 역할은 자신에게 부탁된 분쟁에 대하여 '국제법에 따라'(in accordance with international law) 판결하는 것이므로 제38조는 국제법의 법원과 깊은 관련이 있다고 볼 수 있다.

국제사법재판소 규정 제38조 제1항은 다음과 같이 규정하고 있다.

1. 재판소는 재판소에 회부된 분쟁을 국제법에 따라 재판하는 것을 임무로 하며, 다음을 적용한다.
   (a) 분쟁국에 의하여 명백히 인정된 규칙을 확립하고 있는 일반적인 또는 특별한 국제협약
   (b) 법으로 수락된 일반관행의 증거로서의 국제관습
   (c) 문명국에 의하여 인정된 법의 일반원칙
   (d) 법칙결정의 보조수단으로서의 사법판결 및 제국의 가장 우수한 국제법 학자의 학설[1)]

---

1) "The Court, whose function is to decide in accordance with international law such dispute as are submitted to it, shall apply:
   (a) international convention, whether general or particular, establishing rules expressly recognized by the contesting States

오늘날 대표적인 국제법의 법원은 조약과 국제관습법이다. 현대에 이르러 국제법은 대체로 조약을 통해 발전하였지만, 19세기 중반까지는 국제관습법이 국제법의 주요 원천이었다. 조약(treaty)은 '국제법 주체' 간의 '명시적 합의'를 말한다. 조약을 체결할 수 있는 능력은 국가와 국제기구에게는 인정되지만 개인에게는 인정되지 않는다. 그리고 여기서 '명시적 합의'(express agreement)란 '문서'에 의한 합의를 의미한다.[2] 그리고 조약은 당사자에게 권리와 의무를 창출하는 '국제법률행위'에 해당하므로 법적 구속력이 없는 정치적·도덕적 문서인 신사협정과도 구별된다. 조약에 대해서는 '제2장 조약법'에서 자세히 살펴본다.

2. 국제관습법(international customary law)

전통적으로 대부분의 국제법의 법원은 관습법의 형태로 존재하였다. 국제관습법의 성립 요소는 두 가지가 필요하다. 첫째 요소는 객관적 요소로서 국가의 일반적 관행(general practice of states)이 존재해야 한다(관행의 일반성). 이러한 관행이 관습법으로 성립하기 위해서는 통일적이고 일관된 관행이 광범위하게 나타나야 한다(관행의 일관성). 여기서 관행은 상당한 기간 동안(*temprois diuturnitas*) 동일한 행위의 반복(*actuum frequentia*)이 요구된다(관행의 지속성). 두 번째는 법적 확신(*opinio juris*)이라는 주관적·심리적 요소가 필요하다. 다시 말해서 국제관습법이 성립하기 위해서는 국가의 일반적 관행을 법으로 준수하는 것이 법적 의무라는 법적 확신이 있어야 한다.

(b) international custom, as evidence of a general practice accepted as a law
(c) the general principles of laws recognized by civilized nations
(d) judicial decisions and teachings of the most highly qualified publicists of the various nations, as subsidiary means for the determination of the rules of law"

2) 과거에는 구두합의(oral agreement)도 조약으로 인정된 사례가 있었다. Eastern Greenland Case(Denmark v. Norway, PCIJ, 1933)에서 구두합의의 법적 구속력을 인정한 바가 있다. 뒤(11면~12면)에서 소개하는 Eastern Greenland Case(동부그린란드 사건) 참조.

국제관습법의 성립요건에 관한 판례

North Sea Continental Shelf Cases(북해대륙붕사건)
(Germany/Denmark, Germany/Netherlands, ICJ, 1969)

북해대륙붕사건은 독일과 인접국인 네덜란드 및 덴마크 사이에 대륙붕경계획정과 관련하여 진행된 사건이다. 대륙붕경계획정과 관련하여 덴마크와 네덜란드는 등거리선 원칙을 적용하여 대륙붕의 경계를 획정해야 한다고 주장하였고, 독일은 이에 반대하였다. 판결에 따르면, 다자 조약(1958년 대륙붕에 관한 협약)의 특정조항이 국제관습법규라고 인정하기 위해서는 첫째, 해당 조항이 근본적으로 규범 창출적 성격(norm-creating character)을 지녀야 하고, 둘째, 국가관행이 광범위하면서도(많은 국가들의 관행으로 나타나고) 사실상 획일적일(uniform) 것, 셋째, 그러한 국가관행의 형성에 특별히 영향을 받는 국가를 포함하여 매우 폭넓은 그리고 대표적인 국가의 참여(a very widespread and representative participation)가 있어야 하며, 넷째, 그러한 국가관행이 법적 의무(legal obligation)라는 판단 하에 실행되었어야 한다(ICJ Reports(1969), paras. 72-74, 77).

국가관행의 획일성과 일관성의 정도와 관련한 판례

Military and Paramilitary Activities in and against Nicaragua Case(니콰라과사건)
(Nicaragua v. USA, ICJ, 1986)

"재판소는 어떤 규칙이 관습으로 확립되려면 해당 관행이 규칙과 절대적으로 엄격하게 일치해야 한다고 생각하지 않는다. 재판소는 관습법규의 존재를 추론하기 위해서는 일반적으로 국가의 행위가 그러한 규칙과 일치하는 것으로 충분하다고 생각한다."

"The Court does not consider that, for a rule to be established as customary, the corresponding practice must be in absolute rigorous conformity with the rule. In order to deduce the existence of customary rules, the Court deems it sufficient that the conduct of states should, in general, be consistent with such rules......." (ICJ Reports(1986), p.98, para.186).

국가관행 및 법적확신의 존재 여부에 대한 입증책임(burden of proof)은 그것의 존재를 주장하는 당사자에게 있다. 당해 관행과 그에 대한 법적 확신의 존재를 주장하는 국가는 그러한 점을 입증하여야 한다.

그리고 국제관습법은 이에 동의한 국가에게만 효력이 발생한다. 따라서 국제관습법을 명시적으로 반대한 국가에게는 적용이 안 된다. 다만 이러한 완강한 반대국가(persistent objector) 이론이 적용되기 위해서는 관습이 형성되기 시작하던 때부터 명시적으로 반대의사를 표명하여야 한다. 따라서 묵시적으로 동의한 국가(A Silence is not dissent but acquiescence) 및 사후 반대국가(subsequent objector)는 해당 관습법의 효력을 부인할 수 없다.

완강한(집요한) 반대국가(persistent objector) 이론을 인정한 판례

Anglo-Norwegian Fisheries case(영국-노르웨이 어업사건)
(U.K. v. Norway, ICJ, 1951)

"영해의 측정기선으로 직선기선의 인정여부와 관련하여, 영국은 만(bay)의 입구가 10마일 미만인 경우만 직선기선을 사용할 수 있다고 주장하였으나 국제사법재판소는 영국의 주장을 입증할 수 있는 국가관행의 일관성과 획일성이 부족하다고 판단하면서, 설령 10마일 규칙이 관습법규로 확립되었다고 하더라도 노르웨이는 10마일 규칙을 항상 반대하였기 때문에 이를 노르웨이 해안에는 적용할 수 없다고 판단하였다. "어떤 경우에도 10마일 규칙은 이를 노르웨이 해안에 적용하려는 모든 시도에 항상 반대해 왔기 때문에 노르웨이에 대해 적용할 수 없는 것으로 보인다."

"In any event the ten-mile rule would appear to be inapplicable as against Norway inasmuch as she has always opposed any attempt to apply it to Norwegian coast."
(ICJ Reports(1951), p.131).

국제관습법의 성립요건으로 관행의 일반성이 요구되는 측면에서 볼 때 지역 관습(local or regional custom)은 인정하기 어렵다. 그러나 지역 관습의 인정가능성을 전면적으로 부정할 수는 없을 것이다.

지역관습의 인정과 관련한 판례

Case Concerning Right of Passage over Indian Territory(인도령 통행사건)
(Portugal v. India, ICJ, 1960)

이 사건에서 재판소는 2개 국가 간에도 지역관습이 성립할 수 있으며, 포르투갈의 민간인, 공무원, 일반 물품이 인도령을 통과할 수 있는 국제관습법상의 권리가 확립되어 있다고 판결하였다.

지역 관습의 성립요건과 관련한 판례

Asylum Case(비호권 사건)
(Colombia v. Peru. ICJ, 1950)

1) 사실관계

1948년 페루의 정치지도자 Haya de la Torre는 수도 리마에서 군사쿠데타를 시도하였으나 실패하지 리마주재 콜롬비아대사관으로 피신하였다. 이에 페루 정부는 Torre의 인도를 요청하였으나 콜롬비아대사관측은 외교적 비호권을 내세워 인도를 거부하였다. 콜롬비아측에 따르면 남미지역에 적용되는 지역 관습법에 따르면 외교공관은 비호를 부여할 권리가 있다고 주장하였다.

2) 판결요지

외교공관의 비호권을 인정하는 조약 또는 남미지역의 관습법은 존재하지 않는다. 이에 관한 남미 국가간의 상충하는 관행으로 볼 때 남미지역에 이러한 국제관습법규는 존재하지 않는다.

"(외교공관의 비호권이 있다는) 관습을 원용하는 당사자는 이 관습이 수립되어 타방당사자에게도 구속력을 갖게 되었음을 입증하여야 한다. 콜롬비아정부는 자신이 원용하는 규칙이 문제의 국가들에 의해 실행되는 일관성 있고 획일적인 관행과 일치하고, 또 이 관행이 비호를 부여하는 국가에게 속하는 권리이자 영토국에 부과된 의무의 표현임을 입증하여야 한다." (ICJ Reports(1950), p.276)

이 사건에서 ICJ는 외교공관은 불가침권을 향유하지만 외교공관의 외교적 비호권(right of diplomatic asylum)은 인정되지 않는다고 판결했다.

참고설명 **국제법의 법전화**

국제사회에서는 오랜 동안 국제관습법이 지배적인 국제법의 법원이었다. 그런데 현대 국제법의 특징 중의 하나가 조약의 비중이 더 커졌다는 점이다, 국제연합이 창설되면서 국제법의 점진적 발전 및 법전화(progressive development and codification)를 총회의 임무 중의 하나로 설정하고(국제연합 헌장 제13조), 이를 위해 1947년에 유엔총회 부조기관으로 국제연합 국제법위원회(International Law Commission: ILC)를 설립하였다. 국제법 분야에 능통한 34명의 전문가들로 구성되어 있다.

1961년 외교관계에 관한 비엔나협약, 1963년 영사관계에 관한 비엔나협약, 1969년 조약법에 관한 비엔나협약, 1978년 조약 관련 국가승계에 관한 협약, 2001년 국제위법행위에 대한 국가책임에 관한 규정 초안 등은 ILC가 조약 초안을 작성하여 관련 분야의 법전화에 기여하였다.

3. 법의 일반원칙

ICJ 규정상의 법의 일반원칙(general principles of law)이 무엇을 의미하는가에 대하여는 학설의 대립이 있는데, 일반적인 견해에 의하면 국내재판소에(*in foro domestico*) 집적된 법적 추론(legal reasoning)과 사법적 추론의 여러 요소 중에서 국가 간의 관계에 관련이 있고 적당하다고 판단되는 원칙으로 각국이 국내법에서 공통적으로 인정하고 있는 일반원칙을 의미한다.

법의 일반원칙은 1차 세계대전 이후 새롭게 설립된 상설국제사법재판소(Permanent Court of International Justice, PCIJ)의 규정에서 처음 국제법의 법원으로 규정되었다. 원래 제안자들은 국제법에 자연법적 요소 내지는 객관적인 정의(objective justice)의 원칙을 도입할 목적이었지만, 법실증주의자들의 반대에 직면하여 지금과 같은 절충적인 형태를 취하게 되었다. 법의 일반원칙이 독자적인 국제법의 연원을 구성한다는 데에는 별다른 이견이 없지만 그 활용빈도나 범위는 상당히 제한적이다.

법의 일반원칙의 주요한 기능은 사건에 적용할 본래의 국제법규의 흠결(lacuna)로 인하여 재판불능(non liquet)에 빠지는 경우가 발생하는 것을 방지하는 데 있다. 또한 법관의 자의적·독단적인 재판을 방지하는 기능이 있다.

국제재판소에 의하여 적용된 법의 일반원칙의 주요한 예로서는 의무위반에 대한 손해배상책임원칙, 신의성실의 원칙, 권리남용의 금지, 금반언(禁反言)의 원칙, 기판력(旣判力)의 원칙 등이 있다.

4. 판결과 학설

ICJ 규정에 언급된 대로 보조적인 법원으로서 판례와 학설이 있다. ICJ규정에서 말하고 있는 "재판상의 판결"에는 PCIJ, ICJ, 각종 중재재판소의 판결 이외에 각국 국내재판소의 판결도 포함된다. 국제판례는 선례구속성(*stare decisis*)을 갖지 않으며 그 효력은 분쟁당사자에게만 미칠 뿐이다(ICJ 규정 제59조). 그럼에도 불구하고 ICJ는 법적 안정성의 확보를 위하여 자신(PCIJ를 포함)의 선례를 존중하는 경향을 보이고 있다.

ICJ 규정상 판례는 단지 보조적인 법원에 불과하지만 실제에 있어 특히 ICJ의 판례는 관습국제법규의 성립을 확인하거나 심지어 국제관습법규를 성립시키는 역할을 수행하기도 한다.[3)]

ICJ 규정은 "재판상의 판결"과 함께 "각국의 가장 우수한 국제법학자의 학설"도 국제법규 결정의 보조수단으로 인정하고 있다. 근대국제법의 형성초기에는 실정국제법규의 미발달로 인하여 학설은 국제법이론의 발달에 크게 공헌하였다. 오늘날에 있어서도 국제법은 불명확한 점이 많기 때문에 학설은 그러한 분야에 대하여 실정법규의 존재를 확정하기 위한 증거를 제공하며 국제법의 발전의 방향을 제시하는 것으로서 법적 구속력은 없지만 그 가치는 무시할 수 없을 것이다.

---

3) 예를 들면 UN복무 중에 입은 손해에 대한 배상사건(1949)에 대한 권고적 의견에서 ICJ는 UN의 국제법 주체성을 확인하였고, 영국-노르웨이 어업분쟁사건(1951)에서는 이후에 체결된 1958년 제네바협약과 1982년 UN해양법협약에 규정된 직선기선제도에 대한 법이론을 상세히 전개한 바가 있다.

5. 국제법 법원간의 위계

국제법 법원 간에 내용상 충돌이 발생하는 경우 어느 법원이 우선인가? 대표적인 국제법의 법원인 조약의 규정과 국제관습법의 내용이 충돌하는 경우 조약이 우선하는가 국제관습법이 우선하는가?

조약과 국제관습법은 그 형성, 존속, 종료의 모든 조건에서 어느 하나가 다른 하나에 의존하지 않으며 각자 독립성을 갖는다. 다시 말해서 양자 간의 법적 구속력은 대등하다. 따라서 양자가 충돌하는 경우, 이론적으로는 특별법우선의 원칙, 후법(신법)우선의 원칙이 적용된다.

그리고 법의 일반원칙은 조약이나 관습법의 흠결 시 적용되는 보조적 법원이므로 양자가 충돌하는 경우 조약이나 국제관습법이 우선한다.

6. 국제법상 일방적 행위

국제법상 "일방적 행위"(unilateral act)라 함은 국제법주체의 단독적 의사표시로서, 그 수신자(addressee)의 의사와 관계없이 일정한 법적 효과를 발생시키는 행위를 말한다. 일방적 행위는 다른 국제법주체의 "여하한 대가도, 여하한 추후의 수락도, 또는 심지어 여하한 반응도 없이도" 그와의 관계에서 일정한 법적 효과를 발생시키는 행위를 말한다. 주로 일방적 선언의 형태로 나타난다.

국가의 일방적 행위가 '법적 효과를 발생시킬 의도'로서 취하여진 경우, 이로 인하여 그 행위국이 상대국에 부담하는 일정한 의무를 창설할 수 있다. 일방적 행위가 그 행위국과 상대국간에 법적 효과를 창설할 수 있음은 국제판례를 통해서도 확인된 바 있다.

일방적 행위와 관련한 판례

Eastern Greenland Case(동부그린란드 사건)
(Denmark v. Norway, PCIJ, 1933)

이 판례는 일방적 선언의 법적 구속력을 인정한 최초의 사건으로서 중요성을 가진다. 1931년 노르웨이가 동부 그린란드의 영유권을 주장하자 덴마크 정부는 이미 노르웨이 정부 스스로가 이 영토에 대한 덴마크의 영유권을 인정하였음을 주장하면서, 노르웨이의 조치가 불법임을 선언하여 줄 것을 재판소에 요청하였다. 재판소는 1919년 당시 덴마크가 노르웨이에게 자국의 그린란드에 대한 계획을 방해하지 말아 달라는 요청을 한 데 대하여 노르웨이의 외무장관이 덴마크 정부에 대하여 긍정적이고 명시적인 답변을 부여한 사실을 인정하였다. 즉, 1919년 7월 22일 노르웨이의 Ihlen 외무장관은 덴마크 대사에게 구두(口頭)로서, 노르웨이 정부는 이 문제의 해결에 있어서 "여하한 장애도 제기하지 않을 것"(ne ferait pas de difficultés: would not make any difficulty)이며, "그린란드 전체에 대한 덴마크의 영유권과 관련한 귀왕국의 계획은 노르웨이로부터의 여하한 장애에도 부딪히지 않을 것"이라는 긍정적 답변을 통보한 사실을 확인하였다. 아울러, 같은 해 11월 7일 노르웨이 외무장관은 덴마크 대사에게 "그린란드에 대한 덴마크의 영유권을 승인하는 것을 기쁘게 생각한다"는 입장을 전달한 것이다. 재판소는 이러한 사실들을 확인한 후, 노르웨이는 이러한 일방적 선언에 의하여 그린란드에 대한 덴마크의 영유권 행사를 방해하지 않을 의무를 부담하게 되었음을 인정하였다. 재판소는 판결에서, 노르웨이는 1919년의 외무장관의 선언에 의하여 "그린란드의 일부에 대한 점유를 삼가는 것은 물론, 나아가 그린란드 전체에 대한 덴마크의 영유권과 관련하여 이의를 제기하지 않을 의무를 부담한다"고 확인한 것이다.

Nuclear Tests case(핵실험사건)
(Australia v. France, New Zealand v. France, ICJ, 1974)

이 사건은 1966년 7월부터 1972년 7월까지 남태평양상의 프랑스령 폴리네시아에서 거의 30차례나 이루어진 대기권 핵실험을 실시한 프랑스를 상대로 호주와 뉴질랜드가 1973년에 각기 제소한 사건이다. 호주는 준비서면에서 ICJ에 "앞으로 남태평양 수역에서 대기권 내 핵실험을 하는 것은 적용 가능한 국제법규와 양립하지 않는다"는 것을 선언하여 줄 것과 "앞으로 프랑스는 그러한 실험을 실시하면 안 된다"는 것을 명령하여 줄 것을 요청하였다. 뉴질랜드도 "방사성 낙진을 발생시키는 프랑스에 의한 남태평양에서의 핵실험이 뉴질랜드의 국제법상의 권리의 침해를 구성하며, 이러한 권리는 앞으로의 그 같은 실험에 의하여 침해될 것"임을 선언하여 줄 것을 요청하였다. 이 사건이 계류 중이던 1974년 초부터 프랑스는 대통령 선언을 비롯한 여러 차례 공식선언을 통해 핵실험을 종료하겠다고 하였는데, ICJ는 이러한 일방적 선언에 의하여 프랑스가 핵실험 중지의 의무를 부담하게 되었다고 판결하였다. ICJ는 프랑스가 더 이상 대기권 핵실험을 하지 않겠다는 약속을 하였으며, 이는 프랑스에 대하여도 법적 구속력을 지닌다고 판결하였다. 즉, ICJ는 프랑스의 핵실험 종료 선언에 대하여 법적 구속력을 인정하였다는 사실이다. ICJ는 일련의 대외적 선언을 통해 천명한 핵실험 종료의 약속은 '공개적으로 그리고 세상 모두를 향하여'(publicly and erga omnes) 이루어진 만큼, 이는 '국제공동체에 대한 약속'(undertaking to the international community)이라고 판단하였다. ICJ는 프랑스의 핵실험 종료 선언을 "전세계/국제공동체 전체에 대하여 전달된/행한"(conveyed to the world at large; addressed to the international community as a whole) '법적 약속'(legal undertaking)이라고 보았다. 이 판례는 일방적 선언에 의하여 의무가 창설될 수 있음을 인정한 것이다.

Case concerning the Frontier Dispute
(Burkina Faso/Republic of Mali, ICJ, 1986)

말리와 부르키나 파소는 모두 19 세기말부터 프랑스의 식민지였다가 1960년 독립하는데 양국 간에는 1,300킬로미터에 달하는 국경 중에 대부분의 경계선을 확정하였으나 북동부 지역 300킬로미터 부분의 경계에 대해 의견이 일치하지 않아 분쟁이 발생하였다. 이와 관련하여 언론사와의 인터뷰에서 밝힌 말리 대통령의 발언에 대해 ICJ는 법적 구속력을 인정하지 않았다.
(ICJ Reports(1986), pp. 554 이하. 특히 pp. 573-574, paras. 39-40 참조)

7. 국제기구의 결의

원칙적으로 국제기구 결의는 법적 구속력이 없고 다만 권고적(recommendatory)인 효력을 가질 뿐이다. 예를 들어 UN총회의 결의는 그 자체로는 법적 구속력이 없다. 설령 UN총회의 결의가 만장일치나 압도적 다수에 의하여 채택되었다고 하더라도 그 자체로는 법적 구속력은 없다. 물론 국제기구의 결의가 만장일치나 압도적 다수의 찬성으로 채택된 경우에는 그 자체의 "법적 구속력"을 인정해야 한다는 주장이 있기도 하다. 그러나 현단계에 있어서 국제기구의 결의 자체가 국제법의 법원으로서 법적 구속력 있는 국제법규를 창조한다고 보기는 어렵다. 그럼에도 이러한 결의는 "법이 창조되는 중요한 전(前)단계"이며, "국제관습법의 형성에 불가결한 법적 신념이 국제사회의 각 국가 간에 생기고 있는 유력한 증거"라고 보는 것이 옳을 것이다. 다시 말해서 국제기구의 결의는 장래의 국제법 발전에 중대한 영향을 미치며, 국제사회의 법적 확신이나 관행으로 간주되어, 국제관습법의 증거가 될 수 있다.

물론 국제기구의 결의 중 내부조직이나 기술규칙에 관한 것은 그 기구 내에서 구속력을 가진다. 국제기구의 내부운영(예, 분담금 할당, 의사절차)에 관한 결의는 회원국에게 구속력을 갖는다.

8. soft law

soft law는 전통적인 의미의 법(hard law)으로서 성격을 '아직' 갖추지는 못했으나 각국의 실제 행동에 상당한 영향을 미치는 것으로 엄격한 의미의 법이라고 할 수는 없다. 그렇다고 정치적 표현만은 아니며 법과 정치 사이의 일종의 중간지대적 성격을 지닌 일종의 행동지침이라 볼 수 있다.[4] 법적 구속력은 없지만 도덕적 권위를 가진다. 국가주권을 포기하기 원치 않는 분야에 있어서 상당한 융통성을 부여하는 역할을 한다. 일종의 '형성 중에 있는 법'(the law in the making)이라고 볼 수 있으며, *lex ferenda*, 있어야 할 법(law as it ought to be), 장래의 법(future law), programatory norm, morally binding law, prelegal norm, proclamatory norm 등으로 표현되기도 한다.[5]

---

4) soft law 문서의 법적 성격을 설명하기 위해 '부드러운' 또는 '연한'(soft)이라는 형용사를 사용하는 것은 해당 문서 그 자체는 그 문서 내용에 관계없이 법적 구속력을 갖지 않는다는 점을 강조하기 위한 것이다. 이런 점에서 법적 구속력이 없는 규칙을 '법'(law)이라고 부르는 것은 반드시 적합하다고 볼 수 없다. 따라서 이 책에서는 국내문헌에서 주로 사용하고 있는 '연성법'이라 표현하지 않고 영어 원문 그대로 표현하고자 한다.

soft law는 미발효 중인 조약, 국제기구나 국제회의의 결의 등에서 주로 나타난다. soft law라는 도구를 이용하면 반대국가들이 순응하는 행동을 하도록 압력을 가하는 것이 더 쉬워질 수 있다. 왜냐하면 일반적으로 한 국가가 다른 국가에게 법적 규범을 따르도록 요구할 수는 없지만 그들의 정책을 변경하도록 영향을 미치기 위해 정치적 압력을 자유롭게 행사할 수 있기 때문이다. 이외에도 soft law를 활용하는 데에는 여러 가지 이유가 있다. 어떤 경우에는 사안이 너무 빨리 전개되어 법적 구속력이 없는 문서에 합의하는 것이 구속력 있는 문서를 협상하기 위한 오랜 과정을 거쳐야 하는 것보다 더 낫다. 일반적으로 해당 조항이 구속력이 없고 그리고 의회 기관의 동의를 받을 필요가 없을 때 합의에 도달하는 것이 더 쉽다.[6] 그리고 구속력이 없는 문서에 대한 합의는 일부 국가의 반대에도 불구하고 시급한 문제를 해결하려는 국제 사회의 의지를 명확히 할 수 있으며, 동시에 규범에 대한 기속적 동의(규범에 구속되는 데에 필요한 국가 동의)의 부재라는 법리적 장애물을 피할 수 있다. 또 다른 경우에는 soft law가 향후 구속력 있는 합의의 전주곡이 될 수도 있다.[7] soft law는 구속력 있는 규범의 발전의 전조로 역할 한다. 국제환경법분야는 soft law를 통하여 발전하고 통제가 이루어지는 대표적인 영역이다. 국제환경법은 soft law에 의해 형성된다고 해도 과언이 아닐 정도로 국제환경법 분야에는 soft law 문서가 수없이 많다.

---

5) 정경수, "국제법상 연성법의 재인식,"「안암법학」, 제34호, 안암법학회, 2011, 941-943면.

6) Dinah Shelton, "Introduction: Law, Non-Law and the Problem of 'Soft Law'," in Dinah Shelton (ed.), *Commitment and Compliance: The Role of Non-binding Norms in the International Legal System*, Oxford University Press, 2000, p.13.

7) Edith Brown Weiss, "The Contribution of International Environmental Law to International Law: Past Achievements and Future Expectation," The Evolution of International Environmental Law, *Japanese Yearbook of International Law*, Vol.54, 2011, p.24.

제 2 장

조약법

조약의 개념

1. 조약의 정의

국제법의 핵심적인 법원인 조약이란 무엇인가? 조약은 법적으로 구속력 있는 문서(legally binding instrument)이다. 조약법에 관한 비엔나협약 제2조 1항(a)에는 조약에 대해 다음가 같이 정의하고 있다.

> "조약"이란, 단일 문서에 또는 두 개 이상의 관련 문서에 구현되고 있는가에 관계없이 그리고 그 명칭이 어떠하든, 서면형식으로 국가 간에 체결되며 국제법에 따라 규율되는 국제 합의를 의미한다.
>
> "treaty" means an international agreement concluded between States in written form and governed by international law, whether embodied in a single instrument or in two or more related instruments and whatever its particular designation;

첫째, 조약이란 국제법 주체 간의 합의이다. 전통적인 국제법의 주체인 국가와 새로운 주체인 국제기구는 조약체결 능력(capacity)이 있다. 이에 비해 연방국가의 지방(주)와 교전단체는 제한적으로 조약을 체결할 수 있다. 그러나 개인은 조약체결 능력이 없다.

둘째, 조약법에 관한 비엔나 협약의 적용을 받는 조약은 문서에 의한 합의를 말한다. 합의가 서면 형식으로(in written form) 이루어져야 한다는 것이며, 이는 명시적 합의(express agreement)를 의미한다. 이렇게 서면 형식으로 조약을 체결하도록 규정하고 있는 취지는 조약의 존재와 그 내용의 입증을 용이하게 하기 위한 것이다. 여기에서 말하는 서면형식에는 전보, 팩스, 이메일도 포함된다.

셋째, 조약은 국제법에 따라 규율된다(govern by international law). 이른바 조약은 대표적인 국제법률행위에 해당한다. 국제법 주체간의 합의가 조약이기 위해서는 그 합의가 국제법에 의해 규율되어야 한다. 국제법에 의해 규율된다는 것은 그 합의가 국제법상 권리·의무를 창설함을 의미한다.[1] 따라서 국제법 주체 간의 '합의'라고 해서 모두 조약은 아니다. 해당 합의가 당사국에 대하여 요구 사항을 제시하지 않거나 당사국의 행동에 대한 기준을 설정하지 않는 경우, 그 자체로 당사국에 대한 권리와 의무를 생성하지 않는다. 그리고 국제법 주체 간의 합의라도 국내법에 의해 규율되는 합의는 조약이 아니다. 국제법에 의해 규율되는지 여부는 어떻게 결정되는가? 이것은 당사자의 의도가 중요하다. 이때 의도는 당사국의 주관적 의도가 아닌 객관적으로 표출된 의도가 중요하다.[2] 합의의 형식, 사용된 문언[3], 체결시의 상황, 체결 이후 국내에서 다루는 태도(조약 번호 부여, 조약으로 공포나 등록)을 종합적으로 고려해 판단해야 한다.[4]

신사협정(gentlemen's agreement)은 국가 간의 합의이지만 국제법에 규율되지 않는 문서로 법적 구속력이 없는 정치적 도덕적 합의이다.

넷째, 합의의 명칭이 무엇이든 그것은 조약 여부와 관계가 없다. 위에서 제시한 조건을 충족하는 합의는 그 명칭이 무엇이든 법적 구속력이 있다. 그러므로 명칭만으로는 문서의 법적 구속력이 있는 조약인지 여부를 판단할 수 없다. 예를 들면, treaty, convention, agreement, protocol 등이 아닌 공동선언(Joint Declaration), 공동성명(Joint Statement), Minute, Timetable 또는 단순히 '문서'(Text)라는 제목을 가진 조약도 있다. 명칭 여하를 불문하고 능동적 국제법 주체(국가, 국제기구) 간의 명시적 합의인 경우 조약으로서 법적 성질에는 차이가 없다.

---

1) 정인섭, 「신국제법강의」(제13판)(박영사, 2023), 277면.

2) Qatar v. Bahrain사건의 선결적 항변에 대한 판단에서 ICJ의 다수의견은 객관적으로 표출된 의도에 근거하여 1990년 Minute를 국제적 협정이라고 판결하였다. 이때 Oda 판사는 조약이라고 생각하고 서명한 것이 아니라는 바레인의 주장을 바탕으로(즉, 주관적 의도에 따라) 조약 여부를 판단하여야 한다며 1990년 Minute를 조약이 아니라는 소수의견을 낸 바가 있다(Maritime Delimitation and Territorial Questions between Qatar and Bahrain case(Qatar v. Bahrain), ICJ, Preliminary Objections, 1994, Dissenting Opinion of Judge Oda, para.16).

3) 합의가 어떻게 표현되는지가 중요하다. 합의가 명령형 'shall'을 사용하는 경우 일반적으로 당사자에 대한 권리와 의무를 창설한다. 'will'을 사용하면 약속이나 기대를 의미한다. 'should', 'strive' 또는 'encourage'와 같은 용어를 사용하는 경우 권고적이다.

4) 정인섭, 「조약법강의」(박영사, 2016), 4면.

다섯째, 조약을 구성하는 문서의 개수는 조약 여부와 관계가 없다. 보통은 단일 문서로 작성되지만 하나의 조약이 여러 건의 문서로 구성될 수도 있다. 예를 들면, 1965년 한일청구권협정은 합의의사록이 첨부되어 있으며, 1966년 한미주둔군지위협정(SOFA)도 합의의사록이 첨부되어 있다.

여섯째, 조약의 체결절차는 조약 여부와 관계가 없다, 조약은 대체로 다음에서 설명하는 일정한 절차에 따라 체결되지만 반드시 그러한 절차에 의해서 체결되어야 하는 것은 아니다.

일곱째, 유엔 사무국에 등록을 하여야 조약으로 인정되는 것은 아니다, 유엔헌장 제102조에 의하면 회원국이 체결한 조약을 유엔 사무국에 등록하도록 규정하고 있으나 설령 등록하지 않는다고 조약으로 효력이 발생하지 않는 것은 아니고 다만 등록하지 않은 조약의 당사국은 유엔의 그 어떤 기관에 대하여도 그 조약을 원용할 수 없을 뿐이다.

무엇이 조약인가?와 관련한 판례

Maritime Delimitation and Territorial Questions between Qatar and Bahrain case (Qatar v. Bahrain 사건)(Qatar v. Bahrain, ICJ, Preliminary Objections, 1994)

1. 사실관계

카타르와 바레인 간에는 도서 및 해양경계에 관한 분쟁이 있었다. 이에 양국 외무장관은 1990년 12월 25일 우선 사우디아라비아 국왕의 주선(good offices)에 맡기기로 하는 내용의 회의록(Minutes)에 서명, 교환하였다. 이 회의록에는 1991년 5월 말까지 양국 간의 의견다툼이 해결되지 않으면 최종적으로 ICJ에 부탁하기로 합의한 내용이 포함되어 있었다.

1991년 5월 말까지 분쟁이 해결되지 않자 카타르는 이 사건을 ICJ에 제소하였다. 이에 바레인은 1990년 12월의 회의록은 조약으로 법적 성격을 지니지 못한 단순한 회의기록에 불과하기 때문에 이를 근거로 한 카타르의 제소에 대하여 ICJ의 관할권이 성립하지 않는다는 선결적 항변(Preliminary Objections)을 제기하였다. 바레인측의 주장에 의하면 자국의 외무장관은 해당문서를 정치적 양해사항의 기록으로만 이해하고 서명하였으며 조약으로 의도하고 서명하지 않았다고 주장하였다. 또한 이 문서의 유엔 사무국에 등록을 해태, 지연하는 등 당사국의 추후 태도도 역시 이를 조약으로 간주하지 않았다고 주장하였다.

2. 판결요지

바레인이 제기한 선결적 항변은 ICJ의 관할권 성립 여부를 결정하는 것이고, 궁극적으로는 무엇이 국제법상 조약인가에 대한 판단이었다. 즉 1990년 12월 25일자 카타르와 바레인 간의 회의록(Minutes)이 법적 구속력이 있는 조약에 해당하는가를 판단하는 것이다. 1990년 12월에 서명된 도하 회의록(Doha Minute)에는 다음과 같은 내용이 포함되어 있었다.

"양 당사국은 이미 합의된 바를 재확인한다. 사우디아라비아 왕의 주선은 1991년 5월까지 계속된다: 이 기간 이후에는, 두 당사국들은 카타르도 이미 수락한 바 있는 바레인 공식[5)]에 따라, 그리고 이 공식에 수반하여 생기는 절차에 따라 문제를 국제사법재판소에 부탁한다"(The two Parties submit the matter to the International Court of Justice in accordance with the Bahraini formula, which has been accepted by Qatar, and with the procedures consequent on it.)

ICJ는 결론적으로 위 회의록은 양국 정부가 수락한 약속을 기록한 문서로서 국제법상 조약에 해당하는 것이라고 판결하였다. ICJ는 당시 바레인 외무장관의 의도가 무엇이든간에 해당문서의 내용은 "단순한 회의의 기록이 아니며, 또한 단지 논의내용을 보고하는 것도 아니며, 합의된 내용과 합의되지 않은 내용을 요약한 것도 또한 아니며, 그것은 당사국들이 동의한 약속을 열거하고 있다. 그러므로 그것은 당사국들에게 국제법상의 권리의무를 창설한다. 그것들은 국제적 협정을 구성한다"라고 판단하였다. 또한 문서의 유엔등록 여부를 기준으로 조약여부를 판단할 수 없다고 보았다. 결국 ICJ는 해당 회의록을 근거로 관할권 성립을 인정하고 2001년 3월 16일 이 사건의 본안(Merits)에 대한 판결을 하였다(ICJ Reports(2001), p.40).

2. 조약의 명칭

조약(treaty)의 명칭은 다양하다. 국제법상 조약성이 인정되면 그 명칭이 어떠하든 관계가 없다. 조약의 명칭은 convention, agreement, protocol, charter, covenant, statute, act, concordat, arrangement, understanding, agreed minute, modus vivendi, exchange of note 등 다양하다. 조약은 그 명칭 여하를 불문하고 능동적 국제법 주체(국가, 국제기구) 간의 명시적 합의인 경우 조약으로서 법적 성질에는 차이가 없다.

---

5) 바레인 공식(Bahrain Formula)의 내용
"당사국들은 그들 간의 분쟁 사안이 될 수 있는 영토적 권리, 기타 권원 또는 이익에 관한 모든 문제를 결정하고, 해저, 하층토 및 상부수역에 해당하는 그들 각각의 해양수역 사이에 단일해양경계선을 획정해 주도록 재판소에 요청한다."(The Parties request the Court to decide any matter of terri-torial right or other title or interest which may be a matter of difference between them: and to draw a single maritime boundary between their respective maritime areas of seabed, subsoil, and super-jacent waters)."

조약의 유형과 명칭

조약 (Treaty)

가장 격식을 따지는 정식의 문서로서 주로 당사국 간의 정치적, 외교적 기본관계나 지위에 관한 포괄적인 합의를 기록하는데 사용된다. 조약의 체결 주체는 주로 국가이다. 이 형태의 조약으로는 평화, 동맹, 중립, 우호, 방위, 영토조약 등이 있으며 대개 국회의 비준동의를 요한다.

예, 한 · 미간 상호방위조약(Mutual Defense Treaty, 1953)
　한 · 일간 기본관계에 관한 조약(Treaty on Basic Relations, 1965)

헌장(Charter, Constitution), 규정(Statute) 또는 규약(Covenant)

주로 국제기구를 구성하거나 특정제도를 규율하는 국제적 합의에 사용된다.

예, 국제연합 헌장(UN Charter, 1945)
　국제원자력기구 규정(Statute of the IAEA, 1956)
　국제연맹 규약(Covenant of the League of Nations, 1919)

협약(Convention)

다자조약의 경우 특정분야 또는 기술적인 사항에 관한 입법적 성격의 합의에 많이 사용되며 예컨대, "조약법에 관한 비엔나협약"의 경우와 같이 특정분야를 정의하고 상술하는데 사용된나. 국제기구의 주관 하에 개최된 국제회의에서 체결되는 조약의 경우에도 흔히 사용된다.

예, 외교관계에 관한 비엔나협약(Vienna Convention on Diplomatic Relations, 1961)
　영사관계에 관한 비엔나협약(Vienna Convention on Consular Relations, 1963)
　조약법에 관한 비엔나협약(Vienna Convention on the Law of Treaties, 1969)
　UN해양법협약(United Nations Convention on the Law of Sea, 1982)
　UN기후변화협약(United Nations Framework Convention on Climate Change, 1992)

협정(Agreement)

주로 정치적인 요소가 포함되지 않은 전문적, 기술적인 주제를 다룸으로써 조정하기가 어렵지 아니한 사안에 대한 합의에 많이 사용된다. 가장 일반적으로 사용되는 양자조약 형태로서 그 예로는 투자보장협정(Investment Protection Agreement), 무역협정(Trade Agreement), 문화협정(Cultural Agreement) 등이 있다.

의정서(Protocol)

기본적인 국제 문서에 대한 개정이나 보충적인 성격을 갖는 조약에 주로 사용된다(예 framework convention-protocol approach). 최근에는 전문적인 성격의 다자조약에도 많이 사용된다.

예, 오존층 파괴물질에 관한 몬트리올 의정서
　(Montreal Protocol on Substances that Delete the Ozone Layer, 1987)

각서교환(Exchange of Notes)

전통적인 조약이 동일한 서면에 체약국의 대표가 서명함으로써 체결하는데 비하여 각서교환은 일국의 대표가 그 국가의 의사를 표시한 각서(Proposing Note)를 타방국가의 대표에 전달하면, 타방국가의 대표는 그 회답각서(Reply Note)에 전달받은 각서의 전부 또는 중요한 부분을 확인하고 그에 대한 동의를 표시하여 합의를 성립시키는 형태 주로 기술적 성격의 사항과 관련된 경우에 많이 사용되며 조약체결절차를 간소화함으로써 긴급한 행정수용에 부응할 수 있는 장점이 있으며, 우리의 경우에는 사증협정 또는 차관공여협정 등에 많이 사용된다.

양해각서(Memorandum of Understanding, MOU)

"합의각서"(Memorandum of Agreement) 및 "양해각서"(Memorandum of Understanding)는 이미 합의된 내용 또는 조약 본문에 사용된 용어의 개념들을 명확히 하기 위하여 당사자간 외교교섭의 결과 상호 양해된 사항을 확인, 기록하는데 주로 사용되나, 최근에는 독자적인 전문적 · 기술적 내용의 합의 사항에도 많이 사용된다.

상기 이외에도 약정(Arrangement), 합의의사록(Agreed Minutes), 잠정약정(Provisional Agreement, Modus Vivendi), 의정서(Act), 최종의정서(Final Act), 일반의정서(General Act) 등의 각종 용어가 사용되고 있다. 그러나 용어의 사용은 국제관행상의 차이로서 이들은 명칭에 관계없이 그 내용상 조약법 협약의 양국간 합의를 구성하는 넓은 범주의 조약에 해당되는 경우에는 조약으로서 동등한 효력을 갖는다.

기관간약정(Agency-to-Agency Arrangement)

"기관간약정"은 국가 또는 정부 간에 체결되는 조약 또는 협정이 아닌 정부기관 간에 체결되는 약정을 의미한다. 국가 또는 정부간에 체결된 모(母)조약을 시행하기 위한 경우 또는 모조약의 근거 없이 소관업무에 관한 기술적 협력사항을 규정하는 경우로 구분할 수 있다.

3. 조약의 분류

조약은 당사자 수에 따라 보편조약 · 일반조약 · 특별조약으로 분류할 수 있다. 보편조약(universal treaty)은 모든 국가가 참여하고 있는 조약을 말한다. 일반조약(general treaty)은 대부분의 국가가 참여하고 있는 다자조약(multilateral treaty)을 말하며, 특별조약(special treaty)은 주로 2개국 간에 체결되는 양자조약(bilateral treaty)을 가리킨다.

조약은 그 성질에 따라 입법조약과 계약적 조약으로 나누어 볼 수 있다. 입법조약(law-making treaty)은 객관적인 국제법 질서를 창출하는 내용의 조약을 말한다. 계약적 조약(contractual treaty)은 국내법상 계약과 같이 당사자 간에 급부와 반대급부의 내용을 담고 있는 조약을 말한다.

또한 조약은 가입을 허용하는지 여부에 따라 개방조약과 폐쇄조약으로 분류할 수 있다. 개방조약(open treaty)은 조약 체결 이후에 새로운 당사자의 가입을 허용하는 조약인 반면에 폐쇄조약(closed treaty)은 조약의 협상과 채택에 참여한 국가 이외에 당사국의 가입을 허용하지 않는 조약을 말한다.

그리고 조약은 정식조약과 약식조약으로 분류할 수 있는데, 서명만으로 조약체결 절차가 완료되는 것이 약식조약이고 서명 이후 비준 절차까지 요구되는 조약이 정식조약으로 불린다.

4. 조약법의 법전화

국제법의 발전 초기부터 오랜 동안 조약에 관한 국제법규는 관습법규 형태로 적용되어 오다가 1969년에 조약법에 관한 국제협약인 '조약법에 관한 비엔나협약'('Vienna Convention on the Law of Treaties')이 체결되었다. 이 협약이 규율 대상인 조약은 '국가 간에 체결되는 조약'이다. 따라서 국제기구가 조약을 체결하는 경우, 이를 규율하기 위한 조약을 별도로 마련하였는데, 이것이 이른바 1986년 'Vienna Convention on the Law of Treaties between States and International Organizations or between International Organizations'이다.

제 2 절 조약의 성립과 발효

1. 조약의 성립요건

조약이 유효하게 성립하여 효력이 발생하기 위한 요건은 다음과 같다. 첫째, 조약당사자가 조약체결능력(capacity)을 가지고 있어야 한다. 모든 국가는 조약을 체결할 능력을 갖는다(제6조). 오늘날은 국제기구도 조약을 체결할 수 있는 능력이 인정되고 있다. 개인은 조약체결능력이 없기 때문에 조약당사자가 될 수 없다. 둘째, 조약당사자를 대표하는 조약체결권자는 조약체결을 위한 정당한 권한을 가지고 있어야 한다. 조약은 조약당사자인 국가를 대표할 자격이 있는 자에 의해 체결되어야 한다. 누가 조약체결의 정당한 권한을 갖고 있는지에 대해서는 대체로 각국 헌법에 규정하고 있다. 우리나라는 국가원수인 대통령에게 조약체결권한을 부여하고 있다(헌법 제73조). 셋째, 조약체결권자가 임명한 대표(全權代表) 간의 하자 없는 동의(consent)에 의해 합의가 이루어져야 한다. 넷째, 조약의 내용이 실현가능하고 국제법상 강행규범을 위반한지 않고 적법해야 한다.

2. 조약의 체결절차

1) 조약문 작성을 위한 협상 negotiation

조약을 체결하기 위해서는 가장 먼저 조약문의 작성(elaboration of text)을 위한 협상을 진행한다. 조약을 체결할 권한이 있는 조약체결권자가 국가를 대표하여 협상에 참여하여 조약문을 작성한다. 이 때 국가를 대표하여 조약 협상에 참여하는 자는 전권위임장(full powers)[1)]을 제시하여야 한다. 국가원수·정부수반·외교부장관은 전권위임장을 제시하지 않아도 조약 체결과 관련한 모든 행위(all acts relating to the conclusion of a treaty)를 할 수 있다. 외교공관장은 접수국간의 조약문을 채택할(adopting the text of a treaty) 목적에서는 전권위임장을 필요로 하지 않는다. 국제회의·국제기구 또는 그 국제기구의 어느 한 기관 내에서 조약문을 채택할 목적으로서 국가에 의하여 거기에 파견된 국가대표에게도 전권위임장이 요구되지 않는다(제7조 제2항). 조약체결의 목적으로 국가를 대표하기 위하여 권한을 부여받은 것으로 간주될 수 없는 자가 행한 조약체결에 관한 행위는 그 국가에 의하여 추후 확인되지 아니하는 한 법적 효과를 가지지 아니한다(제8조).

2) 조약문의 채택 adoption of the text

조약문은 교섭국들의 합의하여 채택함으로써 그 내용이 확정된다. 조약문의 채택은 그 작성에 참가한 모든 국가에 의하여 이루어진다. 국제회의에서의 조약문의 채택은, 출석하여 투표하는 국가의 3분의 2의 찬성에 의하여 그 국가들이 다른 규칙을 적용하기로 결정하지 아니하는 한, 3분의 2의 다수결에 의하여 이루어진다(제9조).

최근에는 다자조약의 체결에 유엔이 적극적으로 개입하는 사례가 늘어나고 있다. 예를 들면 1982년 유엔해양법협약(UNCLOS), 1992년 기후변화협약(UNFCCC), 2023년 BBNJ협정 등은 유엔이 주도하여 체결한 조약이다.

3) 조약문의 인증 authentication

조약문의 인증(authentication of the text)이란 교섭국들이 작성된 조약문이 자신들의 진정한 의도와 일치하며 이 조약문을 정본으로 최종적인 것으로 확정하는 의사표시이다. 인증은 별도의 합의가 없는 한 교섭국 대표들의 서명(signature)에 의해 이루어진다. 인증은 서명 이외에도 조건부서명 또는 가서명에 의해서도 가능하다(제10조 b호).

---

1) "전권위임장"이란, 조약문을 교섭, 채택 또는 정본인증을 하거나, 조약에 대한 국가의 기속적 동의를 표시하거나 조약에 관한 그 밖의 행위를 수행할 수 있도록, 국가의 권한 있는 당국이 자국을 대표하는 한 명 또는 복수의 사람을 지정하는 문서를 의미한다(조약법에 관한 비엔나협약 제2조 제1항 (c)호).

4) 서명의 법적 효력

(1) 정식조약의 경우

정식조약에서 서명은 조약문을 정본으로 최종적으로 확정하는 의사표시이다. 이 경우 서명은 그 자체로 서명국의 기속적 동의에 해당하지 않는다. 이 경우 서명만으로 조약에 법적 구속력을 인정한 것은 아니지만 서명국은 조약의 대상 및 목적을 훼손하는 행위를 삼가야 한다(제18조).

(2) 약식조약의 경우

약식조약에서 서명은 기속적 동의에 해당한다. 즉 서명만으로 조약에 구속받겠다는 동의가 이루어진다. 이와 같이 약식조약에서 서명은 기속적 동의에 해당하며, 동시에 조약문을 최종적으로 확정하는 인증의 의사표시이기도 하다. 서명만으로 발효하는 양자조약은 채택, 서명, 발효가 동시에 이루어질 수 있다.

5) 조약에 대한 기속적 동의

조약에 구속을 받겠다는 국가의 동의, 즉 국가의 기속적 동의(consent of a State to be bound by a treaty)는 서명, 조약을 구성하는 문서의 교환, 비준·수락·승인 또는 가입(accession)에 의하여 표시된다(제11조). 이들 방법 중 어떤 방법으로 기속적 동의를 표시할 것인가는 당사국의 합의에 따라 결정하는데 통상적으로는 최종 조항에 명시한다.

서명이 기속적 동의 표시로 인정되는 경우는 약식조약이며, (a) 서명이 그러한 효과를 가지는 것으로 그 조약이 규정하고 있는 경우, (b) 서명이 그러한 효과를 가져야 하는 것으로 교섭국간에 합의되었음이 달리 확정되는 경우 또는 (c) 서명에 그러한 효과를 부여하고자 하는 국가의 의사가 그 대표의 전권위임장으로부터 나타나는 경우 또는 교섭중 에 표시된 경우에 서명이 기속적 동의표이에 해당한다(제12조).

정식조약은 비준(ratification)에 의하여 기속적 동의가 표시되는 것이 일반적이나 비준에 적용되는 유사한 조건으로 수락(acceptance) 또는 승인(approval)에 의해서도 표시될 수 있다(제14조).

6) 가입

개방적 다자조약은 가입(accession)을 허용하고 있다. 발효한 조약[2]에 당사국이 되고자 하는 국가가 서명 절차에 참가하지 않은 상태에서 가입이라는 의사표시에 의해 기속적 동의를 표시할 수 있다(제15조).

7) 비준서 또는 가입서의 교환 또는 기탁

조약이 달리 규정하지 않는 한 비준서 또는 가입서의 교환(exchange) 또는 기탁(deposit)에 의해 조약에 대한 기속적 동의를 확정한다(제16조). 특별한 규정이 없는 한 비준서 또는 가입서의 교환 또는 기탁된 때부터 효력이 발생한다(enters into force). 통상적으로 양자조약은 교환의 형식으로, 다자조약은 기탁의 형식으로 행해진다.

교섭국(negotiating State): 조약의 본문 작성 및 채택에 참가한 국가
체약국(contracting State): 조약의 발효 여부에 관계없이 조약에 의해 구속되는데 동의한 국가
당사국(party): 조약에 의해 구속되는데 대해 동의하고 그에 대해 당해조약이 발효하고 있는 국가
제3국(third State): 조약의 당사국이 아닌 국가

(조약법에 관한 비엔나협약 제2조)

3. 조약의 발효

조약은 그 조약이 규정하거나 또는 교섭국이 협의하는 방법으로 또는 그 일자에 발효한다(제24조 제1항). 대부분의 조약은 발효 조건 또는 일자에 관한 조항을 두고 있다. 예를 들면, 한미범죄인인도조약 제21조 제1항에서 "이 조약은 비준되어야 한다."고 하면서 제2항에서 "이 조약은 비준서의 교환으로 발효한다."라고 규정하고 있다. 이 조약은 1998년 6월 9일 양국이 서명하고 1998년 12월 1일 국회의 비준동의를 받은 후 비준서가 교환된 1999년 12월 20일 발효하였다. 1969년 조약법에 관한 비엔나협약 제84조 제1항은 "이 협약은 35번째의 비준서 또는 가입서가 기탁된 날로부터 30일후에 발효한다."라고 규정하고 있다. 동 협약은 1969년 5월 22일 채택되어 제84조 제1항의 조건을 충족한 1980년 1월 27일 발효하였다.

---

2) 발효와 관계없이 일정한 서명 기간이 종료된 후에 가입이 허용되는 조약도 있다. 예를 들면, 기후변화협약 제22조 제1항은 2문에서 "협약은 서명기간이 종료된 다음 날부터 가입을 위하여 개방된다"라고 규정하고 있으며, 파리협정 제20조 제1항은 2문에서 일정한 서명기간을 정하고 3문에서 "이 협정은 서명기간이 종료한 날 다음 날부터 가입을 위하여 개발된다."라고 규정하고 있다.

보통 조약은 위와 같이 해당 조약에 효력발생 조건(예를 들면, 일정한 개수의 비준서 기탁)을 명시하고 있으나 그러한 규정이 없는 경우에는 조약에 구속을 받겠다는 동의(consent)가 모든 교섭국에 대하여 확정되는 즉시 효력을 발생한다(제24조 제2항). 양자조약의 경우 당해 조약에 의해 구속받겠다는 동의가 양국에 모두에 의해 부여된 일자에 발효한다. 예를 들면, A국과 B국 간에 조약을 체결하였으나 발효 조건이나 일자에 대한 별도의 합의가 없었다면 비준서가 교환된 일자 또는 비준서가 양국 중 나중에 상대방 국가에 접수된 일자에 발효한다.

조약의 효력발생과 관련한 판례

Case concerning the Land and Maritime Boundary between Cameroon and Nigeria (Cameroon v. Nigeria, ICJ, 2002)

나이지리아는 나이지리아와 카메룬간의 1975년의 Maroua Declaration에 자국의 국가원수가 직접 서명은 하였으나 자국헌법에 따라 비준절차를 거치지는 않았기 때문에 이 선언은 무효라고 주장하였으나 (para.258 of the Judgement) ICJ는 "문제의 선언은 서명과 함께 즉시 발효하였다"고 판결하여 (para.264 of the Judgement) 해당 선언을 조약으로 인정하였다.

보통 조약은 해당 조약에 효력발생 조건(예를 들면, 일정한 비준서의 기탁)을 명시하고 있으나 "그러한 규정이 없는 경우에는 조약에 구속을 받겠다는 동의(consent)가 모든 교섭국에 대하여 확정되는 즉시 효력을 발생한다"(조약법에 관한 비엔나협약 제24조 제2항).

4. 발효 전 조약에 대한 의무

– 조약의 대상과 목적(object and purpose)을 훼손하지 아니할 의무

서명국은 서명을 하지 않은 국가와는 달리 조약 발효 전에도 그 조약의 대상(객체) 및 목적을 훼손하는 행위를 삼갈(refrain from) 의무가 있다. 이러한 내용은 신의성실의 원칙상 당연히 요구되는 의무라고 볼 수 있으며, 국제관습법으로 해석할 수 있다.

서명을 했더라도 발효 전에는 이를 철회 할 수도 있고, 비준서를 제출한 경우에도 아직 조약이 발효 전이라면 이를 철회할 수 있기 때문에 제18조 상의 의무는 발효 이후 조약의 이행이나 준수 의무와는 다르다. 제18조는 미발효 조약의 준수의무를 규정한 조항은 아니기 때문다. 따라서 제18조는 제26조(약속은 준수하여야 한다)가 규정하는 정도의 이행 의무를 요구하는 것은 아니다.

제18조 (조약 발효 전 그 조약의 대상 및 목적을 훼손하지 아니할 의무)

국가는 다음의 경우 조약의 대상 및 목적을 훼손하는 행위를 삼가야 할 의무를 진다.

가. 비준, 수락 또는 승인을 조건으로 조약에 서명하였거나 조약을 구성하는 문서를 교환한 경우, 그 조약의 당사자가 되지 않겠다는 의사를 명백히 할 때까지, 또는

나. 국가가 조약에 대한 기속적 동의를 표시한 경우, 발효가 부당하게 지연되지 않는다면 그 조약의 발효시까지

5. 조약의 잠정적용

조약의 교섭국들은 발효시까지 조약의 전부 또는 일부를 잠정적으로(임시적으로, provisionally) 적용하기로 합의 할 수 있다. 발효 이전이라도 조약 자체의 규정에 의해 또는 교섭국의 합의에 의해 조약을 잠정적으로 적용할 수 있다(제25조 제1항).

국가들은 어떤 이유로 조약의 잠정적용(provisional application)을 활용하는가? 조약이 시급한 문제를 다루고 있음에도 발효에 필요한 비준을 마치는데 지나치게 오랜 시간이 소요되는 경우에 신속하게 적용할 필요에 의해 잠정적 적용의 필요성이 있다. 또한 잠정적 적용은 경제협력, 환경보호 또는 범죄인 인노와 같은 사법공조 등 기술적인 측면에서 긴급성을 요하는 경우라든지 정치적 성격을 띠는 조약의 경우 당사국간 신뢰를 구축하기 위한 방법의 하나로 사용될 수도 있다.[3] 다만 잠정적용 기간이 종료된 후에 잠정적용국에게 자동적으로 비준의 의무가 발생하는 것은 아니다. 그리고 잠정적용국이 조약의 당사국이 되지 않겠다는 의사를 통고하면 그 국가에게는 잠정적 적용이 종료된다(제25조 제2항).

잠정적 적용의 대표적인 사례는 관세 및 무역에 관한 일반협정(GATT 1947)이다.[4] GATT는 1995년 세계무역기구(WTO)협정 체제 출범시까지 약 50년간 잠정적으로 적용된 바가 있다. GATT는 당초 국제무역기구(ITO) 협정이 발효될 때까지만 잠정적으로 적용될 것으로 예정되었으나 ITO설립이 무산되자 1995년 WTO설립 때까지 사실상 무기한 잠정적으로 적용된 바가 있다. 또한 1994년 유엔해양법협약 제11부의 이행에 관한 협정[5]도 잠정적으로 적용된 바가 있다.[6]

---

3) 박기갑, "1969년 조약법에 관한 비엔나협약 제25조(조약의 잠정적용)에 관한 소고(小考)," 「국제법평론」, 2014 – I (통권 39호), 국제법평론회, 116–117면.

4) Robert Kolb, *The Law of Treaties*, Cheltenham: Edward Elgar Publishing, 2016, p.56.

5) 정식 명칭은 '1982년 12월 10일자 해양법에 관한 국제연합협약 제11부 이행에 관한 협정' (1994년 6월 28일 서명, 1996년 6월 28일 발효).

제25조 (잠정적용)

1. 다음의 경우 조약 또는 조약의 일부는 그 발효시까지 잠정적으로 적용된다.
   가. 조약 자체가 그렇게 규정하는 경우, 또는
   나. 교섭국이 그 밖의 방법으로 그렇게 합의한 경우
2. 조약이 달리 규정하거나 교섭국이 달리 합의한 경우를 제외하고, 어느 국가에 대한 조약 또는 조약 일부의 잠정적용은 그 국가가 조약이 잠정적으로 적용되고 있는 다른 국가에게 그 조약의 당사자가 되지 않겠다는 의사를 통보하는 경우 종료된다.

6. 조약의 등록

조약의 등록(registration)이란 조약이 공표될 수 있도록 국제사회의 중앙기관에 등록하는 제도를 말한다. 제1차 세계대전이 끝난 후 국제사회는 전쟁의 원인 중에 하나가 비밀외교와 비밀조약이라는 점을 깨달았다. 이에 전후 처리과정에서 비밀외교를 막기 위한 방안이 모색되는 과정에서 공개외교가 강조되었고, 국제연맹이 창설되면서 그 규약에 조약의 등록제도를 두게 되었다. 국제연맹규약 제18조[7]는 연맹 사무국에 등록되지 않는 조약의 구속력을 부인하였다. 이른바 등록을 효력요건(效力要件)으로 규정하고 있었다. 조약이 연맹 사무국에 등록된 후에야 법적 구속력이 발생하도록 하였다. 등록 대상인 조약의 당사자가 국제연맹의 회원국일 경우 조약의 등록은 조약의 효력발생 요건이었다.

---

6) 위의 협정 제7조 잠정적용
1. 1994년 11월 16일에 이 협정이 발효하지 아니하는 경우, 이 협정은 발효할 때까지 다음 국가와 주체에 잠정적으로 적용된다.
(a) 유엔총회에서 협정 채택에 찬성한 국가
(b) 이 협정 서명국 및 주체(entities)
(c) 수탁자에게 서면통고로 잠정적용에 동의한 국가나 주체
(d) 이 협정 가입국
2. 그러한 모든 국가와 주체는 1994년 11월 16일부터, 그 이후에는 서명일, 동의 통고일이나 가입일로부터 자국법령에 따라 이 협정을 잠정적으로 적용한다.
3. 잠정적용은 이 협정 발효일에 종료한다.

7) 국제연맹규약 제18조 "Every treaty or international engagement entered into hereafter by any Member of the League shall be forthwith registered with the Secretariat and shall as soon as possible be published by it. No such treaty or international engagement shall be binding until so registered." "....... 조약 또는 국세협정은 등록될 때까지 구속력을 갖지 않는다."

그러나 조약의 등록제도는 이상주의적이어서 현실적으로 구현되기 어려웠다. 특히 국가주권을 중시하던 개별국가의 입장에서는 자국의 안보나 사활적 이익과 관련한 내용을 포함하고 있는 조약이 경우에는 그것을 국가기밀로 취급하여 공개하는 것을 원하지 않게 되고, 이런 경우에는 조약의 등록제도를 현실적으로 준수하기가 어려웠다.

국제연맹규약상의 조약 등록제도가 국가주권을 바탕으로 하는 국제관계에 적용하기 어렵다는 현실적인 이유로 UN헌장에서는 조약의 등록을 대항요건(對抗要件)으로 수정하였다. 즉 UN헌장 제102조[8]은 등록에 대한 효과를 완화하여 등록이 효력요건이 아니라 등록하지 않은 조약에 대하여 단지 유엔 모든 기관에 원용할 수 없도록 하고 있다. UN헌장상 조약 등록제도는 조약의 효력요건이 아니라 UN 기관에 대한 대항요건으로 의미를 갖는다. 따라서 UN사무국에 등록되지 않은 조약이라도 조약의 효력 발생에는 방해가 되지 않는다. 조약을 등록하지 않더라도 효력 발생에는 문제가 없다.

UN헌장 제102조에 따르면 그 형식과 명칭이 어떠하든 헌장이 발효된 1945년 10월 24일 이후 회원국에 의해 체결된 모든 조약 또는 국제협정이 등록대상이다. 등록된 조약은 공표를 위해서 UN사무국에 의하여 UN조약집(UN Treaty Series)에 게재된다.[9] UN회원국이 조약의 당사국인 경우 어느 한 당사국에 의해 등록이 가능하며, 조약의 한 당사국이 비회원국인 경우에도 다른 회원국에 의해 등록이 가능하며 그 등록의 효력은 비회원국에게도 발생한다. UN비회원국 간에 체결된 조약은 유엔에 등록할 필요가 없으나 사무국에 등록 대신 편철과 기록(filing and recording)을 할 수 있다.[10]

조약법에 관한 비엔나협약에 따르면 조약은 그 '발효 후'에 등록을 위하여 UN사무국에 송부하도록 규정하여(제80조 제1항) 조약의 발효와 조약의 등록이 서로 별개라는 점을 알 수 있다.

---

8) 국제연합 헌장 제102조.

"1. Every treaty and every international agreement entered into by any Member of the United Nations after the present Charter comes into force shall as soon as possible be registered with the Secretariat and published by it.

2. No party to any such treaty or international agreement which has not been registered in accordance with the provisions of paragraph 1 of this Article may invoke that treaty or agreement before any organ of the United Nations."

9) UN TREATY COLLECTION(https://treaties.un.org/)

10) 이춘선, "국제법상 조약 등록제도와 비밀조약에 대한 검토," 「국제법학회논총」 제66권 제4호(통권163호), 대한국제법학회, 2021, 138면.

제 3 절

조약의 유보

1. 정 의

"유보(reservation)"란, 문구 또는 명칭에 관계없이 국가가 조약의 특정 규정을 자국에 적용함에 있어서 이를 통해 그 법적 효력을 배제하거나 변경하고자 하는 경우, 조약의 서명, 비준, 수락, 승인 또는 가입 시 그 국가가 행하는 일방적 성명을 의미한다(제2조 제1항 d호).

"reservation" means a unilateral statement, however phrased or named, made by a State, when signing, ratifying, accepting, approving or acceding to a treaty, whereby it purports to exclude or to modify the legal effect of certain provisions of the treaty in their application to that State;

조약의 유보는 조약규정의 문언 그 자체를 수정하려는 것이 아니라 조약규정의 법적 효력을 배제하거나 변경하려는 것이다.

2. 연혁 및 제도적 취지

19세기까지 주로 다자조약은 만장일치에 의해 작성 및 채택되었으므로 이론상으로 한 국가라도 반대하면 조약의 성립될 수 없었다. 유보에 관한 관행은 19세기 후반에 시작되었으며[1] 오늘날 다자조약의 채택이 UN을 비롯한 국제회의 및 국제기구에서 다수결에 의해 이루어지는 경향이 강해지면서 유보가 널리 행해지게 되었으며, 특히 인권분야의 조약에서 유보가 빈번하게 행해지고 있다. 양자조약에 있어 유보는 조

1) 유보제도가 처음으로 인정된 것은 1890년 '노예제도에 관한 브뤼셀일반조약'이었다.

약내용의 변경을 의미하고 새로운 교섭을 요구하는 제안에 해당하므로 이에 대해 양 당사자 간에 합의를 도출하지 못하면 조약은 체결되지 않을 것이기 때문에 특히 문제는 발생하지 않지만[2] 다자조약의 경우에는 문제가 된다. 즉 다자조약을 체결하고자 하는 경우 국가에 따라서 특수한 사정이 존재하여 그 입장이 서로 달라 조약체결이 어렵게 되는 경우가 빈번한데, 이런 경우에 조약 일부의 적용을 배제함으로써 조약체결을 용이하게 하기 위하여 창안된 것이 유보이다.[3] 조약은 합의한 내용을 그대로 통일적으로 모든 당사국에게 적용하는 것이 바람직하지만 입법적 다자조약의 경우에 어느 정도 그 법규범의 적용에 관하여 가능하면 많은 국가를 당사국으로 포함하는 것도 필요하다. 유보는 바로 이러한 두 가지 상반되는 요청에 대한 타협책으로서 조약의 통일성을 어느 정도 희생시키면서 조약의 인적 적용범위의 보편성을 확보하기 위해서 고안된 제도이다.

3. 유보의 절차

유보는 서명 전에 또는 서명 시에 행하는 것이 일반적이나, 비준·수락·승인 또는 가입 시에 하는 것도 가능하며(제2조 제1항 d, 제19조), 유보는 서면으로 표명하여야 한다(제23조 제1항). 서명 전 또는 서명 시의 유보는 서명에 관한 의정서에 기록되고 비준 시의 유보는 비준서의 기탁에 관한 의정서에 기록된다. 이러한 의정서의 기탁장소로 정해진 해당 국가의 외무부 또는 UN사무국은 그 유보사실을 모든 체약국 및 조약의 당사국이 될 수 있는 국가에게 통지하여야 한다(제23조 1항). 유보가 비준 등을 조건으로 서명단계에서 표명된 경우에는 그 조약에 대한 기속적 동의를 표시할 때에 유보국에 의하여 정식으로 확인되어야 하며, 이 경우 유보는 그러한 확인 일자에 형성된 것으로 간주된다(제23조 제2항).

그리고 타방 당사국의 동의를 얻어서 유보를 행하는 것이 아니라 유보국의 일방적 선언에 의해서 유보가 행해지지만 유보의 효력이 타방 당사국에게 미치기 위해서는 그 타방 당사국의 동의가 있어야 한다. 전통적 이론에 따르면 대체로 유보에 별도

2) 조약법에 관한 비엔나협약은 다자조약과 양자조약을 구별하고 있지 않지만 제2조 제1항 (d)의 유보의 정의의 해석에 의하면, 양자조약에서 유보는 형성될 수 없다. 양자조약은 단지 당사자가 2개국이기 때문에 구속력이 발생하기 위해서는 2개국 모두 동의하여야 하기 때문이다(J. Hill, *Aust's Modern Treaty Law and Practice*, 4th ed., Cambridge Univ. Press, 2023, p.142).

3) Robert Jennings and Arthur Watts, *Oppenheim's International Law*, 9th ed., London: Longman, 1992, p.1242.

의 합의가 없는 한 타방 당사국 모두의 동의(만장일치)로 수락되어야만 유보가 가능한 것으로 인식하였다. 그러나 제2차 세계대전 이후 신생독립국가의 수가 증가하고 또 이들 국가들이 서구 기독교국가들과는 정치적·경제·문화적으로 다른 측면이 많았기 때문에 유보에 대한 동의에서 만장일치 방식을 적용하는 것은 매우 부당한 것이었다. 이에 전통적인 원칙인 만장일치 방식을 더 이상 고집하지 않게 되었다. 이러한 변화의 계기가 된 것이 이러한 만장일치 원칙은 1951년 ICJ의 「Genocide협약의 유보에 대한 권고적 의견」(Reservations to the Convention on Genocide)이었다. 즉 ICJ는 이 권고적 의견에서 조약의 대상 및 목적과 양립이 가능하다면 일부 당사국의 반대가 있더라도 유보가 가능하다고 판단하였다. 조약법에 관한 비엔나협약은 하나의 다른 체약국만이라도 유보를 수락한다면 유보가 가능하다는 태도를 보여주고 있다(제20조 제4항 c호).

유보에 대한 동의는 원칙적으로 서면에 의한 명시적인 동의이어야 하나 묵시적 동의도 가능하다. 예를 들면, 서명 전 또는 서명 시의 유보는 다른 체약국이 이의 없이 서명한 경우에, 비준 시의 유보는 타방 당사국이 이의를 제기하지 않고 비준서 또는 가입서를 기탁하면 묵시적 동의가 있다고 간주한다. 또한 조약이 달리 규정하지 아니하는 한, 국가가 유보의 통고를 받은 후 12개월이 끝날 때까지나 또는 그 조약에 대한 그 국가의 기속적 동의를 표시한 일자까지 중 어느 것이든 나중의 시기까지 그 유보에 대하여 이의를 제기하지 않은 경우에는 유보가 그 국가에 의하여 수락된 것으로 간주된다(제20조 제5항). 그리고 앞에서 설명한 바와 같이 유보는 적어도 하나의 다른 체약국이 그 유보를 수락한 경우에 유효하다(제20조 제4항 c호).

4. 허용될 수 없는 유보 = 유보의 제한

유보는 조약의 통일성을 저해하는 것이므로 실제로 개개의 조약에 관하여 명문의 규정 또는 체약국의 의사에 의하여 유보를 제한하는 경우가 적지 않다. 이른바 허용되지 않는 유보이다.

조약법에 관한 비엔나협약은 다음 3가지 경우에는 유보가 허용되지 않는다고 규정하고 있다. 즉 다음 3가지 경우에 해당하는 유보를 하게 되면 조약의 당사자로 간주될 수 없다.

1) 조약이 유보를 금지한 경우

조약규정에 의해 명문으로 유보가 전면 금지되어 있는 경우에는 당사국은 유보를 할 수 없다. 예를 들면, 유엔해양법협약(제309조), 1994년 WTO설립협정(제16조 제5항 전문 "이 협정의 어느 규정에 대해서도 유보를 할 수 없다")과 1998년 ICC규정(제120조, "이 규정에 대한 어떤 유보도 할 수 없다"(No reservations may be made to this Statute)이 이에 해당한다. 파리협정 제27조도 "이 협정에 대해서는 어떤 유보도 할 수 없다"(No reservations may be made to this Agreement)라고 규정하고 있다.

2) 조약이 특정의 유보만을 인정하고 있는 경우에 그에 해당하지 않은 조항의 유보

어떤 조약이 특정의 유보만을 인정하고 있는 경우에 이에 해당하지 않는 경우는 유보를 할 수 없다. 예를 들면, WTO설립협정의 부속서인 다자간무역협정들의 규정들에 대한 유보는 각 협정들에 명시된 범위 내에서만 할 수 있다(WTO설립협정 제16조 제5항 中文 "다자간 무역협정의 규정에 대한 유보는 동 협정에 명시된 범위 내에서만 할 수 있다"). 비슷한 맥락에서 특정의 유보만을 금지하고 있는 경우에 그에 해당하는 유보. 예를 들면, 난민협약 제42조 제1항은 "어떠한 국가도 서명, 비준 또는 가입시에 이 협약 제1조, 제3조, 제4조, 제16조 제1항, 제33조, 제36조 부터 제46조를 제외한 조항에 대하여 유보를 할 수 있다."라고 규정하고 있다.

3) 위의 1)과 2)에 해당되지 않더라도 유보가 조약의 대상 및 목적과 양립하지 않는 경우

위의 두 가지 경우에 해당되지 아니하는 경우에도 그 유보가 조약의 대상 및 목적(object and purpose)과 양립하지 않는 경우에도 유보는 허용되지 않는다. 조약의 대상 및 목적과 양립할 수 없는 유보에 대하여 1951년에 ICJ는 「Genocide협약의 유보에 대한 권고적 의견」에서 "유보에 대하여 일부 당사자는 허용하고 다른 일부 당사자는 반대한 경우에, 그 유보가 협약의 대상 및 목적과 양립하는 경우에는 유효하며(협약의 당사국으로 간주된다), 그 양립성을 부인하는 당사국은 유보국을 사실상의 Genocide협약의 당사국이 아니라고 볼 수 있고, 양립하는 것으로 승인한 당사국은 유보국을 사실상의 Genocide협약의 당사국으로 볼 수 있다"고 하였다(ICJ Report(1951), pp.15,21,24).[4]

---

4) Ian Brownlie, *Principles of International Law*, 4rd ed., Oxford Univ. Press, 1990, pp.606~609 참조.

이러한 ICJ의 견해는 유보수락은 모든 당사국에 의해 이루어져야 한다는 전통적 태도와는 다른 것이었다. 비엔나협약에는 이러한 ICJ의 권고적 의견이 반영되어 조약의 대상 및 목족과 양립할 수 없는 유보는 허용될 수 없다고 규정하고 있다. ILC의 '조약유보에 관한 관행 가이드' (Guide to Practice on Reservations to Treaties)에서 조약의 존재이유, 즉 조약의 근본적 가치를 훼손하는 경우 유보는 조약의 대상 및 목적과 양립할 수 없다고 하였다(3.1.5 Incompatibility of a reservation with the object and purpose of the treaty)

5. 기타 유보의 제한

1) 강행규범에 대한 유보의 제한

명문의 규정이 없더라도 해석상 강행규범에 해당하는 조항에 대해서는 유보가 금지된다고 보아야 할 것이다. 왜냐하면 강행규범은 당사국의 의사에 의해 그 적용을 배제할 수 없는 규범이므로 강행규범에 대해 유보를 인정한다면 그 본질을 근본적으로 훼손하는 것이 되기 때문이다.

2) 국제관습법을 성문화한 조약 규정에 대한 유보의 제한

또한 국제관습법은 그 성질상 국제공동체 모든 구성원들에게 동일한 효력을 미치는 것으로 특정 국가에 의해 일방적으로 배제될 수 없는 법규이므로, 국제관습법을 성문화한 조약 규정에 대한 유보는 그 법리상 유보할 수 없다고 보아야 할 것이다.

3) 조약의 성격 및 당사국의 제한된 수에 의한 제한

교섭국의 제한된 수와 조약의 대상 및 목적으로 보아, 그 조약이 전체적으로(in its entirety) 모든 당사국간에게 적용되는 것이 조약에 대한 각 당사국의 기속적 동의의 본질적 조건인 경우, 유보는 모든 당사국에 의한 수락되어야 한다(제20조 제2항). 지역적 환경조약이 이 경우에 해당한다고 볼 수 있다.

4) 국제기구의 설립조약에 대한 유보의 제한

조약인 국제기구의 설립조약인 경우, 그 조약이 달리 규정하지 아니하는 한 유보는 그 기구의 권한 있는 기관에 의해 수락되어야 한다(제20조 제3항).

6. 유보에 대한 수락 및 유보에 대한 이의

유보국의 유보가 첨부되는 경우 다른 당사국이 취할 수 있는 입장은 유보를 수락(acceptance)하거나 이의(반대, objection)할 수 있다. 유보가 조약에 의해 명시적으로 허용된 경우에는, 조약이 별도로 규정하지 않는 한, 다른 체약국들에 의해 이미 그 유보가 수락된 것으로 간주되기 때문에 다른 체약국의 추후의 수락을 필요로 하지 않는다(제20조 제1항).

유보를 수락하면 유보국과 수락국간의 조약관계가 성립하고(제20조 제4항 a호), 유보에 반대하는 경우에도 조약관계가 성립하는 것이 원칙이나 조약관계의 성립 자체를 부인하려는 국가는 확정적으로(definitely) 그러한 의사표시를 해야 한다(제20조 제4항 b호). 여기서 '조약관계'란 해당 조약의 당사국 여부를 의미하며, 제20조 제4항 b호 후단의 이의제기국(유보반대국)과 유보국 간 '조약의 발효를 방해하지 않는다'라는 것을 의미한다.

7. 유보의 법적 효력

유보는 그 내용에 따라 조약의 효력을 제한한다(제한적 효력). 유보의 효력은 유보국과 조약의 타방 당사국과의 관계에서 그 조항의 적용을 배제하거나 수정하는 효력이 있다.[5] 즉 유보의 효력은 유보를 행한 당사국과 그에 동의한 당사국 간에만 발생하며 유보국과 타방 당사국(수락국) 간에는 유보한 조항이 서로 적용되지 않는다. 물론 타방 당사국도 유보국과의 관계에서는 상대방의 유보 내용을 원용할 수 있다(제21조 제1항 a호 b호)(상호주의적 효력).

유보이의국(유보반대국) 이 유보국과 유보이의국 간의 조약관계를 인정하는 경우(조약의 발효에 반대하지 아니하는 경우)에 유보국과 유보이의국 간에는 유보조항이 적용되지 않는다(제21조 제3항). 그러나 유보이의국이 유보국과의 관계에서 조약의 발효에 반대하는 경우 양국 간에는 조약관계가 성립하지 않는다.

비유보국 상호 간에는 당해 조약을 변경하지 않고 그대로 적용된다(제21조 제2항).

5) Robert Kolb, *The Law of Treaties*, Cheltenham: Edward Elgar Publishing, 2016, p.67.

8. 유보 및 유보이의의 철회

조약이 달리 규정하지 아니하는 한, 유보는 언제든지 철회가 가능하며, 유보를 수락한 국가의 동의를 필요로 하지 않는다(제22조 제1항). 유보에 대한 이의도 언제든지 철회가 가능하다(제22조 제2항).

유보의 철회는 다른 체약국이 그 통보(notice)를 접수한 때에만 그 체약국에 대하여 효력이 발생하며, 유보이의의 철회는 유보국이 그 통보를 접수한 때에만 효력이 발생한다(제22조 제3항 (a)호 (b호)).

유보의 철회나 유보이의의 철회는 서면으로(in writing)으로 표명되어야 한다(제23조 제4항).

참고설명 **일탈 또는 훼손 조항(derogation 조항)과의 구별**

유보는 특별한 비상시 제한된 기간 동안 조약의 적용을 배제시키려는 의미의 적용정지 조항(일명, derogation조항)과 구별된다. derogation은 원래 조약 자체에 허용조항이 있는 경우에만 취할 수 있으며, 비상 상황이 해제되면 조약은 원래대로 적용되어야 한다. 예를 들면, 1966년의 시민적•정치적 권리에 관한 국제규약 제4조가 대표적인 훼손 조항에 해당한다.

"1. 국민의 생존을 위협하는 공공의 비상사태의 경우에 있어서 그러한 비상사태의 존재가 공식으로 선포되어 있을 때에는 이 규약의 당사국은 당해 사태의 긴급성에 의하여 엄격히 요구되는 한도 내에서 이 규약상의 의무를 위반하는 조치를 취할 수 있다. 다만, 그러한 조치는 당해국의 국제법상의 여타 의무에 저촉되어서는 아니 되며, 또한 인종, 피부색, 성, 언어, 종교 또는 사회적 출신만을 이유로 하는 차별을 포함하여서는 아니 된다.
2. 전항의 규정은 제6조, 제7조, 제8조(제1항 및 제2항), 제11조, 제15조, 제16조 및 제18조에 대한 위반을 허용하지 아니한다."

※ 제6조(생명권), 제7조(고문금지), 제8조(노예제도 및 노예매매 금지), 제11조(계약상의 의무불이행으로 인행 구금 금지), 제18조(사상, 양심, 종교의 자유)

유보의 제한과 관련한 판례

Reservation to the Convention on the Prevention and Punishment of the Crime of Genocide(제노사이드협약의 유보에 대한 권고적 의견), ICJ, Advisory Opinion, 1951

1. 사실관계

1948년 12월 유엔총회는 세계인권선언과 함께 '제노사이드범죄의 방지 및 처벌에 관한 협약'(Convention on the Prevention and Punishment of the Crime of Genocide)을 만장일치로 채택하였는데 동 협약에는 유보의 허용 여부에 관한 아무런 규정이 없었다. 1950년 10월 14일자로 협약의 발효에 필요한 20개국의 비준이 이루어졌는데, 일부 국가는 유보를 첨부하여 비준하였다. 특히 당시 소련과 일부 동유럽국가들(불가리아, 체코슬로바키아, 폴란드 등)은 ICJ의 강제관할권을 규정한 동 협약 제IX조에 대한 유보를 첨부하였다. 이러한 유보를 수락한 국가도 있었지만 다른 일부 국가들은 이들의 유보에 반대하면서 문제의 유보국가들이 동 협약의 당사국이 되는 것에 반대하였다. 이러한 문제에 대해 유엔총회는 다자조약에 대한 유보를 법적으로 어떻게 평가할 것인가에 대해 ICJ에 권고적 의견을 요청하였다. 즉 특정 국가의 유보에 대해 일부 다른 당사국이 반대를 하여도 유보를 첨부한 국가가 해당 조약의 당사국이 될 수 있는지 여부와 유보를 첨부한 국가와 다른 당사국간의 법적 관계에 대하여 권고적 의견을 요청하였다.

2. 쟁점 및 판결요지

유엔총회가 요청한 권고적 의견의 쟁점은 특정국가가 유보를 조건으로 조약의 당사국이 되고자 하는 경우, 일부 다른 당사국의 반대가 있어도 '유보국이 조약 당사국이 될 수 있는지 여부'와 '유보국과 유보 반대국간 또는 유보 수락국간의 법적 관계'이었다.

ICJ는 당해 유보에 대하여 일부 당사국은 반대하고 일부 다른 국가는 반대하지 않은 경우에 "그 유보가 협약의 대상 및 목적과 양립한다면"(if the reservation is compatible with the object and purpose of the Convention) 유보국은 조약 당사국이 될 수 있다고 보았다. 그리고 유보의 내용이 조약의 대상 및 목적과 양립이 불가능하다고 생각하는 당사국은 유보국을 해당 조약의 당사국으로 간주하지 않을 수 있다. 반대로 양립 가능하다고 보고 유보를 수락한 국가는 유보국을 해당 조약의 당사국으로 간주할 수 있으며, 유보 조항을 제외한 조약 내용이 양국간에 적용된다라고 판단하였다.

3. 평석

다자조약의 유보에 관한 한 20세기 초까지는 조약의 통일성 및 완전성(integrity)을 강조하는 전통적 이론에 따라 대체로 유보에 별도의 합의가 없는 한 타방 당사국 모두의 동의(만장일치)가 있어야만 유보가 가능한 것으로 인식하였다(이는 당시 조약 채택을 위하여 만장일치의 찬성이 필요하였던 것과 논리적으로 일치한다). 따라서 유보 첨부에 대해서 타방 당사국의 반대가 있으면 유보국은 유보를 철회하든가 조약 가입을 포기하여야만 했다. 이는 국제연맹시절 만장일치에 의해 조약이 채택되던 것과 논리적으로 일치한다. 그러나 2차 대전 이후 신생독립국가의 수가 증가하고 또 이들 국가들이 서구 기독교국가들과는 정치적 · 경제 · 문화적으로 다른 측면이 많았기 때문에 유보에 대한 동의에서 만장일치 방식을 요구하는 것은 매우 부당한 것이었다. 뿐만 아니라 이러한 만장일치 방식은 실제로 다른 모든 당사국에게 일종의 거부권을 부여하는 것과 동일한 의미를 갖는 것으로 생각하였다.

위의 권고적 의견은 이와 같은 전통적인 원칙을 버리고 국제사회의 관행에 획기적인 전환을 가져온 계기가 되었다. 이러한 만장일치 원칙은 '제노사이드협약'유보에 대한 1951년 ICJ의 권고적 의견을 계기로 커다란 변화를 겪게 되었다. ICJ의 권고적 의견은 조약 유보에 관한 전통적인 만장일치 원칙을 부인한 것이었다. 즉 ICJ는 이 권고적 의견에서 조약의 대상 및 목적과 양립이 가능하다면 일부 당사국의 반대가 있더라도 유보가 가능하다고 판단하였다.

그러나 ICJ의 권고적 의견에서 보는 것처럼, 유보국은 일부 당사국(유보 수락국)에 의해서는 조약의 당사국으로 간주되지만 다른 일부 당사국(유보 반대국)에 의해서는 조약의 당사국으로 인정받지 못할 가능성이 존재하여, 유보의 양립가능성 여부에 관해 당사국에 따라 서로 다른 결론에 도달할 수 있는 문제점을 지적하지 않을 수 없다. 이 점과 관련하여 당시 학계에서는 ICJ의 견해가 조약의 통일성을 훼손하고 다자조약을 여러 개의 양자조약으로 분해시키는 결과를 가져올 수 있다는 비판도 제기되었다. 아울러 조약의 대상 및 목적과의 양립가능성이라는 본질적으로 모호하고 주관적이며 객관적 기준이 결여된 개념을 판단기준으로 제시함으로써 다자조약 운영에 혼선을 초래할 것이라는 우려가 제기되었다.

그러나 이후 국제사회는 ICJ의 권고적 의견을 수용되었으며 ILC에서 H. Waldock의 기초를 바탕으로 성립된 조약법에 관한 비엔나 협약의 유보조항(제19조 c호)도 결국 이러한 기조에서 만들어졌다. 국제사회에 국가의 수도 양적으로 확대되어 조약 유보에 관하여 더 이상 만장일치제의 적용을 고집할 수 없게 되었다. 즉 국제공동체의 확대를 위하여 유보에 대한 완화된 태도가 필요하다고 판단되었다. 이에 조약법에 관한 비엔나협약은 유보에 대한 광범위한 자유를 인정하고 있다.

인권조약에 대한 유보 및 해석선언의 유보 여부에 관한 판례

Belilos v. Switzerland case(European Court of Human Rights, 10 ECRR 466(1988))

1. 사실관계

이 사건의 원고인 Belilos는 스위스에서 금지된 시위에 참가하였다는 이유로 벌금형의 선고를 받았다. 이에 그녀는 유럽인권협약 제6조1항이 규정하고 있는 공정한 재판(fair trial)을 받을 권리를 보장받지 못했다고 주장하며 스위스정부를 상대로 유럽인권재판소에 제소하였다. 이 사건의 당사국인 스위스는 이 조약을 비준할 당시 유럽인권협약 제6조에 관한 해석선언을 첨부한 바가 있었다. 이 해석선언은 유럽인권협약 제6조상의 의무의 내용을 수정하는 것이었다. 스위스 정부는 이 소송에서 자국이 첨부한 해석선언은 유보에 해당하므로 이 사건 청구는 각하되어야 한다고 주장하였다.

2. 쟁점 및 판결요지

이 사건의 쟁점은 '해석선언이 그 내용에 따라 유보로 간주될 수 있는지 여부'와 '허용될 수 없는 유보를 첨부한 경우의 법적 효과'에 관한 것이었다. 재판부는 스위스의 해석선언이 그 제목(명칭)과 달리 내용으로 볼 때 유보에 해당하는 것으로 판단하였다. 그리고 허용될 수 없는 유보는 무효이므로 당사국은 유보 없이 가입한 것으로 취급된다고 판시하였다. 즉 유럽인권재판소는 스위스의 해석선언은 실질적으로 유보에 해당하며, 유럽인권협약 제6조에 대한 유보는 허용될 수 없는 유보이므로 스위스는 유보 없이 해당 조약에 가입한 당사국으로서의 의무를 부담한다고 판단하였다.

3. 판결의 문제점

1) 스위스의 해석선언(실제로는 유보)의 내용이 해당조약의 비준과 분리될 수 없는 근본적으로 중요한 내용임에도 불구하고 유보가 무효로 판정된다면 그 법적 효과는 어떻게 될 것인가?
2) 스위스의 해석선언(실제로는 유보)이 수락될 수 없는 유보, 즉 허용될 수 없는 유보(unacceptable reservation)라면 조약법에 관한 비엔나협약 제19조에 따라 조약의 당사자로 간주되어서는 안 되어야 함에도 불구하고 동 사건에서 유보 없는 가입으로 취급할 수 있는가? 이런 경우에는 해당 조약의 당사국이 아니라고 보아야 하지 않겠는가?

※ Human Rights Committee의 1994년 일반논평 24(General Comment No.24: Issues relating to Reservations made upon Ratification or Accession to the Covenant or the Optional Protocols thereto, or relation to Declaration under article 41 of the Covenant) 참고

참고설명 **해석선언**

조약에 가입하면서 때로는 해석선언(interpretative declaration)이란 명칭의 조건을 첨부하는 경우가 있다. 본래 해석선언이란 조약의 특정조항에 대하여 당해 국가가 어떻게 해석하겠다는 입장(understanding)을 표명하는 것을 말한다. 주로 조약과 국내법의 소화적 해석을 확인하려는 의도에서 활용된다. 조약상의 권리와 의무를 제한하는 내용이 아닌 한 별다른 어려운 문제를 야기하지 않는다. 해석선언은 조약의 법적 효과를 배제하는 것이 아니므로 양자조약에도 첨부할 수 있으며, 조약 발효 후 선언의 내용을 수정할 수도 있다.

그런데 실제로 국가들은 특정 조약규정의 자국에 대한 법적 효과를 배제하거나 변경하려는 의도를 가지면서도 유보라는 명칭보다는 해석선언이라는 용어를 사용하는 경우가 있다. 해석선언이 때로는 위장된 형태의 유보인 경우가 있다. 실제로 해석선언이 유보에 해당하는지를 판단하기란 쉽지 않다. 유보가 금지된 조약에 대한 우회적 유보의 방법으로 이용될 수도 있다. 해석선언이 조약상의 권리와 의무의 변경을 의도할 경우 그 명칭 여하에 불구하고 법적으로는 유보로 취급될 수밖에 없다.

참고설명 **한국의 유보 사례**

우리나라는 1990년 4월 10일 시민적 및 정치적 권리에 관한 국제규약(자유권규약, International Covenant on Civil and Political Rights, ICCPR)에 대한 비준서 기탁 시 다음과 같은 유보를 첨부한 바가 있다.

"The Government of the Republic of Korea [declares] that the provisions of paragraph 5 [...] of article 14, article 22 [...] of the Covenant shall be so applied as to be in conformity with the provisions of the local laws including the Constitution of the Republic of Korea."

가입 당시는 자유권규약 제14조 제5항(상소권 보장), 제14조 제7항(일사부재리 또는 이중처벌금지), 제22조 제1항(결사의 자유), 제23조 제4항(혼인 중 및 혼인해소 시 남녀평등대우)에 대해 유보를 했으나 이후 제22조 제1항 이외의 나머지 3개 조항에 대한 유보는 철회하였다.

제 4 절

조약의 준수, 적용, 효력

1. 당사국의 조약준수의무

유효한 모든 조약은 그 당사국을 구속하며 또한 당사국에 의해서 성실하게 이행되어야 한다(제26조). 라틴어 공식인 pacta sunt servanda("약속은 지켜져야 한다")은 국제법의 가장 오래된 원칙이며 근본규범이다. 그러한 규범이 없다면 어떠한 국세 협성도 구속력이 있거나 강제력이 없을 것이다.

조약법에 관한 비엔나협약도 제26조에 pacta sunt servanda라는 제목 아래 "발효 중인 모든 조약은 당사자를 구속하며, 당사자에 의하여 신의에 좇아 성실하게 이행되어야 한다"(Every treaty in force is binding upon the parties to it and must be performed by them in good faith)라고 규정하고 있다. ICJ는 '평화조약의 해석에 관한 권고적 의견'에서 "조약의무 이행의 거부는 국제책임을 초래한다"라는 견해를 밝혔다.[1)]

2. 국내법과 조약의 준수

조약의 당사국은 자신의 조약상의 의무를 이행하지 않으면서 이를 정당화하기 위한 사유로 자국의 국내법을 원용할 수 없다. 조약법에 관한 비엔나협약도 제27조는 "당사자는 자신의 조약 불이행에 대한 정당화 근거로서 자신의 국내법 규정을 원용할 수 없다"(A party may not invoke the provisions of its internal law as justification for its failure to perform a treaty)라고 규정하고 있다.

1) Interpretation of Peace Treaty(Second Phase), Advisory Opinion, ICJ Reports(1950), p.228.

3. 조약의 효력

1) 시간적 효력

별도의 의사표시가 없는 한 조약은 발효 이후의 당사국의 행위(act)나 사실(fact) 또는 사태(situation)에 관하여 적용된다. 이와 같이 조약의 적용은 불소급 원칙에 따른다(제28조).

2) 영토적 효력

조약은 원칙적으로 당사국의 전체 영역에 적용된다. 별도의 의사가 조약으로부터 또는 다른 방법으로 확인되지 아니하는 한 조약은 각 당사국 전체 영역(entire territory)에 대해 구속력을 갖는다(제29조). 국가영역은 모든 영토와 영해 그리고 영공을 포함한다.

3) 제3국에 대한 효력

"계약은 제3자를 해하지도 이롭게도 하지 않는다"라는 법언이 있다. 이러한 법언의 내용은 조약법에도 적용된다. 그래서 조약은 제3국에 대하여 그들의 동의 없이는 권리도 의무도 창설하지 않는다(제34조). 다만 권리와 의무를 구별하여 제3국에 의무를 부과하는 조약은 서면을 통해 반드시 제3국의 동의가 있어야 한다(제35조).

제3국에 권리를 부여하는 조약은 원칙적으로 제3국이 이에 동의한 경우에 그 제3국에게 권리가 발생하지만 제3국이 자국에게 권리가 부여되는 데에 대해 반대의사를 표시하지 않는 한 제3국의 동의가 추정되어 제3국에게 권리가 부여된다(제36조 제1항). 다만 제3국이 이러한 권리를 행사함에 조건이 있는 경우 그 조건에 따라야 한다(제36조 제2항).

제3국에 권리를 부여한 조약의 실례

○ 대일평화조약(Treaty of Peace with Japan)

대일평화조약은 1951년 9월 5일 연합국과 패전국인 일본 사이에 체결되었다. 한국(Korea)은 당사국이 아니었다. 그런데 이 조약 제21조는 "한국(Korea)은 이 조약 제2조(독립의 승인 및 영토권의 포기), 제4조(재산 및 청구권의 처리), 제9조(어업협정의 체결), 제12조(통상항해조약의 체결과 과도적 무차별대우)의 이익을 받을 권리를 가진다"라는 내용을 담고 있었다. 제21조에서 언급된 제2조 (a)는 "일본은 한국의 독립을 승인하고 제주도, 거문도 및 울릉도를 포함한 한반도에 대한 모든 권리, 권원 및 청구권을 포기한다."(Japan, recognizing the independence of Korea, renounces all right, title and claim to Korea, including the islands of Quelpart, Port Hamilton and Dagelet.)라고 규정하여 대일평화조약의 비당사국(제3국)인 한국에게 권리 또는 이익을 부여하고 있었다.

○ 콘스탄티노플조약과 헤이폰스폰트조약

이 두 조약은 모든 비당사국(제3국)의 선박에 대해서도 해당 운하에서 자유통항을 인정하였다.

① 1888년 콘스탄티노플조약(오토만제국(터키)과 9개국 간에 체결)

제1조 "수에즈운하는 평시에나 전시에나 국기(國旗)의 구별 없이 모든 상선과 군함에게 언제나 개방된다."

② 1901년 헤이폰스포트(Hay-Pauncefote)조약(미국과 영국 간에 체결)

제2조 "파나마공화국은 평시에나 전시에나 완전한 평등의 조건 위에서 모든 국가의 선박의 평화로운 통과를 위해 안전하고 그리고 개방된 채 남도록 하기 위해 운하(파나마운하)의 중립(neutrality)을 선언한다"

○ 최혜국대우조항(most favored nation clause; MFN)

GATT 제1조는 최혜국대우를 규정하고 있다. 회원국은 다른 회원국의 상품에 대하여 부여하는 제반 편의, 특혜, 특권 또는 면제는 다른 모든 체약국의 동종상품에 대하여 즉시 그리고 무조건적으로 부여하여야 한다. 즉 최혜국대우는 국가가 자국 영역 내에 있는 외국 또는 외국인 및 외국제품을 제3의 국가 또는 국민 및 제품 보다 불리하지 않게 대우하는 것을 말한다(최혜국대우원칙은 본서 제4장 제2절의 관련 내용을 참조할 것)

4. 동일한 주제에 관한 전/후 조약의 적용

시간적 전후 관계에 있는 조약들이 동일한 주제(the same subject)에 대해 서로 다르게 규정하고 있는 경우 전(earlier)조약과 후(later)조약 중 어느 조약이 우선하는가? 즉 조약 간의 충돌이 존재하는 경우 이를 어떻게 해결할 것인가? 조약법에 관한 비엔나협약 제30조는 이와 같은 조약 간의 충돌 문제를 다루고 있다.[2)] 제30조가 적용되는 상황은 전 조약과 후 조약이 '충돌' 내지는 '양립 불가'(incompatible) 상황이다.

먼저 제1항은 제30조 적용의 조건으로 유엔헌장 제103조를 따르도록 하고 있다. 이에 따르면 유엔헌장이 충돌하는 전후 조약들보다 우선적으로 적용된다. 이른바 위계원칙을 규정하고 있다(제1항 위계원칙-유엔헌장 우선 적용(유엔헌장 제103조 규정 적용)).

그리고 전 조약과 후 조약이 충돌하는 경우 어느 조약이 우선하는가는 당사국이 결정하는 것이 원칙이다(제2항, 당사국 자치원칙(당사국 합의 우선)). 제2항에서는 조약이 전 조약 또는 후 조약을 따른다고 명시하고 있거나, 전 조약 또는 후 조약과 양립하지 않는다고 간주되지 않음을 명시하고 있는 경우에는 그 다른 조약의 규정이 우선한다라고 규정하고 있다.

전후 조약의 충돌 시에 어느 조약이 우선적으로 적용되는지에 대한 규정이 없는 상황에서 전 조약의 모든 당사국이 후 조약의 당사국인 경우, 즉 전후 조약의 당사국이 동일한 경우에는 신법(후법)우선원칙이 적용된다(제3항). 신법우선원칙은 조약충돌에 관하여 당사국 간의 합의가 없는 경우에 적용되기 때문에 당사국의 합의에 의해서 신법우선원칙을 배제할 수 있는 것은 당연하다.

후 조약이 전 조약의 모든 당사국은 포함하지 않은 경우, a)두 조약 모두의 당사국 사이에서는 제3항과 같이 후 조약 우선원칙(신법우선원칙)이 적용되고, b)두 조약 모두 당사국과 어느 한 조약만의 당사국인 경우에는 양국이 모두 당사국인 조약이 적용된다(제4항)(조약의 상대성 원칙). 전 조약만의 당사국과 후 조약만의 당사국 사이에는 조약관계가 존재하지 않기 때문에 이러한 국가 간에는 조약의 충돌문제가 발생하지 않는다.

2) 과거에 한국어 공식 번역본은 제30조 제목을 '동일한 주제에 관한 계승적 조약의 적용'이라고 하여 계승적 조약이라는 표현을 사용하고 있는데, 이는 오해를 불러일으킬 수 있다. 제30조에서 언급하고 있는 successive는 "이어받거나 이어 나간다"는 의미가 아니라 "시간상 전후관계에 있는"이라는 의미로 이해하는 것이 적절하다. 따라서 제20조에서 언급하고 있는 계승적 조약은 '서로 전후 관계에 있는 조약'을 말한다. 이에 대해서는 박배근, "조약 간 충돌의 해소 원리에 관한 일고-1969년 조약법협약 제30조 규정을 중심으로", 「국제법평론」 통권 64호, 2023-Ⅰ, 국제법평론회, 3-5면 참조; 2023년 6월 대한민국정부는 조약법에 관한 비엔나협약의 일부 표현을 우리말로 순화하면서 '계승적 조약'을 '전/후 조약'으로 정정하였다.

제 5 절 조약의 해석

1. 조약해석의 의의

성문법 규정은 일반적이고 추상적인 내용으로 되어 있기 때문에 이를 구체적 사실에 적용하기 위해서는 해석이 필요하다. 주로 조약은 주권국가 간의 입장 차이를 모호한 표현으로 합의를 이끌어 내어 체결되기 때문에 국내법률 보디 그 해석이 더 어러운 측면이 있다. 조약의 해석은 국내재판뿐만 아니라 국제재판도 중요하게 직면하는 문제이기 때문에 조약의 해석은 국제법이 발전 및 적용에 매우 중요한 역할을 한다. 조약해석의 임무는 조약의 내용이 무엇인지를 확인하는 것이다.

2. 해석의 일반원칙

조약법에 관한 비엔나협약 제31조는 조약 해석의 일반원칙을 규정하고 있다.

제31조 (해석의 일반규칙)

1. "조약은 조약문의 문맥에서 그리고 조약의 대상 및 목적에 비추어, 그 조약의 문언에 부여되는 통상적 의미에 따라 신의에 좇아 성실하게 해석되어야 한다."

(1. Treaty shall be interpreted in good faith in accordance with the ordinary meaning to be given to the terms of the treaty in their context and in the light of its object and purpose).

※ 제1항은 관습법적 지위에 있음. 즉 비엔나협약 비당사국에게도 적용되는 해석 원칙임

2. 조약 해석의 목적상, 문맥은 조약의 전문 및 부속서를 포함한 조약문에 추가하여 다음으로 구성된다.
   가. 조약 체결과 연계되어 모든 당사자 간에 이루어진 조약에 관한 합의
   나. 조약 체결과 연계되어 하나 또는 그 이상의 당사자가 작성하고, 다른 당사자가 모두 그 조약에 관련된 문서로 수락한 문서

3. 문맥과 함께 다음이 고려된다.
   가. 조약 해석 또는 조약 규정 적용에 관한 당사자 간 후속 합의
   나. 조약 해석에 관한 당사자의 합의를 증명하는 그 조약 적용에 있어서의 후속 관행
   다. 당사자 간의 관계에 적용될 수 있는 관련 국제법 규칙

4. 당사자가 특정 용어에 특별한 의미를 부여하기로 의도하였음이 증명되는 경우에는 그러한 의미가 부여된다.

첫째, 조약의 문언(terms)의 "통상적 의미"(ordinary meaning)를 해석의 출발점으로 삼고 있다. 통상적 의미란 반드시 문법적 분석의 결과만을 의미하는 것이 아니라 조약문의 전체적 상황 속에서 합리적으로 표시되는 의미를 가리킨다. 통상적 의미는 원칙적으로 조약 체결 당시의 통상적 의미를 말한다. 당사자의 주장이 아닌 객관적 판단에 근거하여 조약이 해석되어야 함을 의미한다.[1)]

둘째, 조약해석은 조약의 대상과 목적(object and purpose)에 비추어 이루어져야 한다. 조약해석은 1차적으로 통상적 의미를 규명하고 이를 다시 조약의 대상과 목적에 비추어 그 내용을 확인하고 평가한다.

셋째, 조약해석은 반드시 "문맥상"(in their context) 부여되는 용어의 통상적 의미에 따라 이루어져야 한다. 조약의 모든 내용이 종합적으로 해석되어야 하며 특정부분만을 떼어 내어 해석되어서는 아니 된다. 문맥에는 조약의 본문 이외에 전문(preamble), 부속서(annexes), 그 조약과 관련된 합의, 당사국에 의하여 수락된 관련 문서가 포함된다(제2항). 당사국은 조약 체결시 조약의 해석이나 운영에 관한 합의의사록이나 교환각서라는 별도의 문서를 채택하기도 하는데, 경우에 따라서는 이러한 문서가 조약 운영에 중요한 역할을 한다. 예를 들면, 1966년 한미주둔군지위협정(SOFA)의 경우 합의의사록이 원조약상의 내용 이상의 합의가 담겨 있다.

---

1) 정인섭, 「신국제법강의」(제13판)(박영사, 2023), 332면.

넷째, 조약해석은 신의에 좇아 성실하게(in good faith) 해석되어야 한다.

다섯째, 조약 해석시 문맥과 함께 다음과 같은 사항이 고려되어야 한다. 조약 해석에 있어서는 관련 당사자 간의 후속 합의 및 후속 관행, 관련 국제법 규칙도 고려되어야 한다(제3항). 당사국들은 조약의 의미를 좀 더 명확히 하기 위해 조약 해석 또는 조약 규정 적용에 관한 당사자 간 후속 합의(subsequent agreement)를 고려해야 하며, 조약 해석에 관한 당사자의 합의를 증명하는 그 조약 적용에 있어서의 후속 관행(subsequent practice)을 고려해야 한다. 이점은 많은 국제판례를 통해서도 확인되었다. 그리고 조약은 국제법 체계 전반과 조화를 이루도록 해석되어야 하는데 이를 위하여 당사자 간의 관계에 적용될 수 있는 관련 국제법의 규칙(relevant rule of international law)을 고려해야 한다. 이와 같은 조약해석 과정에서 후속 합의, 후속 관행, 관련 국제법 규칙을 고려하는 것은 의무적이다.

3. 해석의 보충수단

조약해석시 조약의 문언이 모호하거나 애매하거나 불명료한 경우에는 해석의 보충적 수단을 활용할 수 있다. 조약법에 관한 비엔나협약 제32조는 조약해석의 보충적 수단을 규정하고 있다.

제32조 (해석의 보충적 수단)

제31조의 적용으로부터 나오는 의미를 확인하거나, 제31조에 따른 해석 시 다음과 같이 되는 경우 그 의미를 결정하기 위하여 조약의 준비작업 및 체결 시의 사정을 포함한 해석의 보충수단에 의존할 수 있다.

가. 의미가 모호해지거나 불명확하게 되는 경우, 또는

나. 명백히 부조리하거나 불합리한 결과를 초래하는 경우

제31조에 따라 해석하면, 1)의미가 모호해지거나 불명확하게 되는 경우, 또는 2) 명백히 부조리하거나 불합리한 결과를 초래하는 경우에는 조약의 교섭기록, 즉 준비작업(preparatory work) 및 그 체결 시의 사정(circumstances of its conclusion)을 포함함 해석의 보충적 수단에 의존할 수 있다(Recourse may be had to supplementary means of interpretation, ...). 해석의 보충적 수단의 활용은 해석과정에서 필수적인 것은 아니며 선택사항이다. PCIJ는 1927년 Lotus호 사건에서 “조약의 문언이 그 자체만으로 충분하

다면 준비문서를 고려할 필요가 없다"라고 하여 조약해석에서 교섭기록의 보충적 지위를 언급한 바가 있다.

제 6 절

조약의 무효

1. 의 의

일반적으로 조약이 유효하게 성립하기 위해서는 조약체결권(power to conclude a treaty), 동의(the consent of the parties), 합법성(the legality of treaty) 등에서 하자가 없어야 한다.

조약의 무효는 상대적 무효와 절대적 무효로 구분할 수 있다. 상대적 무효는 피해 당사자가 무효를 주장하는 경우에 비로소 무효화시킬 수 있으며, 사후에 피해 당사자의 추인 등을 통해 하자가 치유될 수 있다(추인하는 경우 무효를 주장할 수 없다). 절대적 무효는 조약의 무효를 주장하지 않더라도 처음부터 당연히 그 법적 효력이 부인되며, 피해당사자의 묵인이나 추인을 통해서도 하자가 치유될 수 없다. 상대적 무효인 경우에는 피해 당사자의 무효 주장이 제기되어야 원용할 수 있으나 절대적 무효는 피해 당사자뿐만 아니라 해당 조약의 어떠한 당사자도 무효를 주장할 수 있다. 그리고 절대적 무효인 경우, 내용의 일부(일부 조항)만 분리하여 무효화할 수 없다. 조약 전부가 무효이다(제44조 제5항).

조약법에 관한 비엔나협약은 무효사유 8가지를 규정하고 있다. 국내법 규정의 위반, 국가대표의 권한 위반, 착오, 사기, 국가대표의 부정은 상대적 무효사유(무효원용사유)에 해당하고, 국가대표에 대한 강박, 국가 자체에 대한 강박, 강행규범 위반은 절대적 무효사유(당연무효사유)에 해당한다. 조약법에 관한 비엔나협약에서 규정하고 있는 이러한 8가지 조약의 무효사유는 예시적인 것이 아니라 열거적인 것으로 간주된다.

2. 상대적 무효사유

1) 조약체결권한에 관한 국내법 규정의 위반

조약체결권한에 관한 본질적으로 중요한 국내법 규정을 명백히 위반한 조약에 대해 무효를 원용할 수 있다(제46조). 제46조가 적용되기 위해서는 "본질적으로 중요한 국내법 규칙"(a rule of internal law of fundamental importance)의 "명백한 위반"(manifest violation)이라는 사실이 존재하여야 한다. 여기서 '명백한 위반'이란 일반적으로 신의에 좇아 성실하게 행동하는 '모든 국가에게' 객관적으로 분명하게 위반에 해당하는 경우'를 의미한다.

본질적으로 중요한 국내법 규칙 및 명백한 위반과 관련한 판례

Land and Maritime Boundary Between Cameroon and Nigeria (Cameroon v. Nigeria, ICJ, 2002)

이 사건에서 나이지리아는, 1975년 카메룬과 나이지리아간에 채택한 Maroua Declaration에 대해 자국의 헌법에 따른 비준절차(즉 최고군사위원회의 승인)를 준수하지 않았기 때문에 무효라고 주장하였다. 이에 ICJ는 동 선언이 비준의 필요 없이 서명과 함께 즉시 발효되는 형태를 취하고 있다고 하면서 당시 나이지리아 국가수반에 의해서 서명되었기 때문에 당시 나이지리아 내각이 이 문제를 의논하지 않았다는 사실은 나이지리아 국내법에 대한 "명백한 위반"으로 간주될 수 없다고 판결하였다. "국가를 위하여 서명할 권한에 관한 규칙은 본질적으로 중요한 규칙이다. 그러나 이 점에 있어 국가원수의 자격에 대한 제한은 - 적어도 공표되지 아니하는 한- 제46조 제2항의 의미에서 명백한 것이 아니다"
또한 나이지리아는 각국은 조약체결권의 제한과 같이 국제관계에 영향을 미치는 다른 국가의 입법적 또는 헌법적 발전을 알고 있어야 한다고 주장하였으나 ICJ는 국가에게 그러한 일반적 법적 의무는 없다고 판결하였다.

참고설명 **헌법 절차를 위반하여 체결된 조약의 효력 문제**

〈헌법 제60조 제1항을 위반한 조약에 대해 제46조를 원용하여 해당 조약의 무효를 주장할 수 있는 여부〉

대한민국 헌법 제60조 제1항의 위반을 이유로 어떤 조약을 무효라고 주장하려면 제46조(조약체결권한에 관한 국내법 규정의 위반)를 원용해야 할 것이다. 먼저 문제 법규가 '본질적으로 중요한 국내법 규칙'이라는 요건을 충족해야 하는데, 국내법상 최고규범에 해당하는 헌법 규정(제60조)이 '본질적으로 중요한 국내법 규칙'이라는 점은 다툼이 없겠다. 둘째, 그 위반이 명백(manifest)해야 하는데, 특정사항에 대하여 국회의 비준동의를 요구하는 규정이 모든 국가, 특히 상대국가에서도 분명한지 여부는 확실하지 않다. 헌법 제60조에서 국회의 비준동의를 받아야 하는 조약의 범주가 모든 국가에게 분명히 정해진 것이 아니기 때문이다. 예를 들면, 어떤 조약이 입법사항에 해당하는지 여부는 각국의 헌법에 따라 다를 수 있으며, 어떠한 조약이 중대한 재정적 부담을 주는지 모든 국가에게 객관적으로 분명하지 않기 때문이다. 이렇듯 어떤 조약이 국회의 비준동의를 받아야 하는지에 대해 다른 모든 국가에게도 분명하다고 해석하기는 어려울 것이다.

2) 국가의 동의 표시 권한의 위반

국가의 동의 표시 권한에 특별한 제한이 있는 경우에 그 제한을 위반한 경우에 무효를 원용할 수 있다(제47조). 다시 말해서, 특정 조약에 대한 국가의 기속적 동의를 표시하는 국가대표의 권한에 특별한 제한(specific restriction)이 있는 경우, 그 제한을 위반한 조약에 대하여 무효를 원용할 수 있다(제47조). 다만 무효를 원용하기 위해서는 조약에 대해 동의를 표시하기 전에 그 특별한 제한을 다른 교섭국에 통보하여야(notify) 한다.

3) 착오

조약 동의에 본질적 기초(an essential basis of its consent)를 이루는, '조약 체결 당시에' 존재한 사실(fact) 또는 사태(situation)에 관한 조약상의 착오가 있는 경우 무효를 원용할 수 있다(제48조). 여기서 착오(error)는 사실에 대한 착오이지 법률에 대한 착오를 말하는 것은 아니다. 조약의 자구에만 관련 있는 착오는 조약의 적법성에 영향을 주지 아니하고, 이 경우에는 제79조(조약문 또는 인증등본상의 착오 정정)가 적용된다.

4) 기만

상대방 국가의 기만적 행위에 의해 체결된 조약에 대해서는 무효를 주장할 수 있다(제49조). 기만(fraud)에는 허위 발언, 거짓 증거의 제시, 기타 사기적 행동 등이 이에 해당한다.

5) 국가대표의 부정

국가대표의 부정(corruption)에 의해 체결된 조약에 대해서 무효를 주장할 수 있다

(제50조). 여기서 국가대표는 조약에 구속을 받겠다는 동의를 표시할 권한을 가진 국가기관의 지위에 있는 자를 말한다.

착오와 관련한 판례

Case concerning the Temple of Preah Vihear(프레비히어사원 사건)
(Cambodia v. Thailand, ICJ, 1962)

1. 사실관계

9세기경에 건립된 프레비히어 사원은 캄보디아 평원이 내려다보이는 태국과의 접경지대에 위치한 당렉(DangRek)산맥 정상부근에 근접한 525m 절벽에 위치해 있고, 이 산맥은 양국 간의 국경선의 일부를 형성하고 있다. 1904년과 1907년 태국(당시는 Siam, 1939년에 Thailand로 개명)과 프랑스(당시 캄보디아의 보호국)는 조약을 체결하여 당렉산맥 일대의 양국 간의 국경은 분수령(watershed)에 따라 북쪽은 시암 영토, 남쪽은 캄보디아 영토로 하고(제1조), 사원 일대의 국경을 포함하여 구체적인 국경선획정은 프랑스-시암 공동경계획정위원회에서 결정하기로(제2조) 합의하였다.

그 후 공동경계획정위원회는 2명의 프랑스장교에게 자세한 국경지도의 제작을 의뢰하였다. 그런데 이들에 의하여 제작된 지도가 분수령에 따르지 않고 제작되었다. 프랑스의 착오로 실제로는 산의 북쪽에 있는 사원이 남쪽에 있는 것으로 표기되어 1908년 시암에 전달되었다. 프레비히어 지역은 실제 분수령을 기준으로 할 경우 시암 영역에 속하나 이 지도에서는 캄보디아 영역으로 표기되었다. 지도 전체의 사본이 시암정부에 전달되었을 당시 태국은 별다른 이의제기를 하지 않고 지도를 수령하고 지도 사본을 추가로 요구하여 국내적으로도 활용하였다. 한편 공동경계획정위원회는 이 지도를 최종적인 것으로 승인하는 절차를 취하지는 못한 상태에서 활동을 종료하였다.

1930년 시암의 왕자가 사원을 방문하였을 때 프랑스는 사원에 자국의 국기를 게양하였다. 이는 시암정부의 반응을 확인하려는 행동으로 볼 수 있었는데, 사원에 프랑스 국기가 게양되어 있었음에도 시암은 아무런 반응을 보이지 않았다. 그러다가 여러 해가 지난 뒤인 1934년 이 지역을 탐사한 시암정부는 지도상의 국경선이 분수령과 일치하지 않음을 발견하였고, 이 지역이 자국의 영역이라고 주장하였다. 2차 대전 이후 태국은 이 지역에 일방적으로 경비병을 파견 주둔시켰다.

1953년 프랑스로부터 독립한 캄보디아는 1959년 10월 태국군의 철수와 이 지역이 자국 영토임을 확인하여 달라는 소송을 ICJ에 제기하였다. 태국은 변론과정에서 문제의 지도가 양국 간에 합의했던 공동경계획정위원회의 작업 결과가 아니므로 구속력이 없고, 지도가 분수령을 따르지 않았다는 점에서 중대한 오류를 포함하고 있으며, 자신이 이 지도를 수락하였다고 할지라도 지도상의 국경선이 분수령과 일치한다고 생각한 착오에서 비롯되었다고 주장하였다.

2. 쟁점 및 판결요지

바이 사건의 쟁점은 태국측이 주장한 국경지도에 관한 착오의 수락가능성 여부(조약법에 관한 비엔나협약 제48조 규정과 비교하여 볼 것)와 시효(時效, acquisitive prescription)에 의하여 영토를 취득할 수 있느냐이다. ICJ는 태국이 문제의 지도를 수령한 1908년에 이 내용을 수락하였는지 여부에 대해서는 의문이 있을지라도 이후의 사태 경과를 보면 태국이 뒤늦게 지도를 수락할 수 없다고 주장하는 것은 용인할 수 없다고 판결하였다(1962년 6월 15일). 즉 태국은 문제의 지도를 접수한 후 아무런 이의 없이 이를 광범위하게 배포, 활용하였으며, 1930년 태국왕자가 이 지역을 방문했을 때 프랑스 관리들로부터 환영을 받았으며 사원에 프랑스 국기가 게양되어 있었음에도 별다른 이의를 제기하지 않았다. 이에 대해 ICJ는 만약 태국이 문제의 지도에 동의하지 않았다면 합리적인 기간 내에 이의를 제기하였어야 하는데 그렇지 않은 것은 금반언(禁反言, Estoppel)과 같은 효과를 가진다고 판결하였다. 결론적으로 문제의 지역은 지도상 명백하게 캄보디아 영역으로 표시되어 있었고 지도가 만들어진 정황이나 문제의 지도를 접수한 태국 정부의 태도로 볼 때 뒤늦은 착오의 항변은 수락될 수 없다고 판시하였다.

2. 절대적 무효사유

1) 국가대표에 대한 강박

국가의 기속적 동의가 국가대표에게 정면으로 향한 행동 또는 위협을 통하여 그 대표에 대한 강박(coercion)에 의하여 표시된 경우 그러한 동의는 법적 효력이 없다(제51조). 즉 국가대표를 강제하여 조약이 체결된 경우 그 조약은 원천적으로 무효이다. 국가대표에 대한 강박에는 대표 개인에게 가해지는 모든 종류의 물리적 위협 및 협박(blackmail)을 포함한다. 대표 개인의 신체에 대한 위협뿐만 아니라 개인적인 비리 폭로 위협 또는 가족에 대한 협박 등 극단적인 압력이 이에 해당할 수 있다. 이러한 강제는 비준을 확보하기 위해 이용될 수 있으나 개인에 대한 강제는 그 사례를 찾기 드물다.[1)]

2) 국가에 대한 강박

국가 자체에 대한 강박(coercion)을 통해 조약이 체결된 경우는 그 조약은 당연 무효이다(제52조). 여기에서 말하는 강박에는 정치적·경제적 압력도 조약의 무효사유인 강박에 해당하는가? '유엔헌장에 규정된 국제법 원칙에 위반되는 무력(force)의 위협 또는 사용'을 의미한다. 따라서 단순히 정치적·경제적 압력은 여기서 말하는 강박에는 해당하지 않는다.[2)]

---

1) J. Hill, *Aust's Modern Treaty Law and Practice*, 4th ed., Cambridge Univ. Press, 2023, p.326.

2) Sir Ian Sinclair, *The Vienna Convention on the Law of Treaties*, 2nd ed., Manchester Univ. Press, 1984, pp.177–179.

20세기 초까지 국가의 무력사용을 금지하지 못했기 때문에 많은 조약이 무력사용을 이용하여 조약이 체결되었으나 현대국제법은 무력의 위협 또는 사용을 금지하고 있기 때문에 이러한 무력의 위협 또는 사용을 통해 국가 자체에 대한 강박(제52조)으로 체결된 조약을 무효로 하고 있다.

3) 강행규범의 위반

조약이 체결 당시 강행규범과 충돌하는 경우 그 조약은 절대적으로 무효이다(제53조).

제46조부터 제52조까지의 사유는 조약체결과정에서 발생한 하자에 대해서 무효를 주장하는 것이라면 제53조는 조약의 내용(조약에 내재하는 사유)으로 인해 무효가 되는 경우라고 볼 수 있다.

참고설명 일반국제법상 강행규범

오늘날 강행규범 개념은 국제사법재판소(ICJ)를 포함한 거의 모든 국제재판소뿐만 아니라 여러 국가의 국내법원에서 재판규범으로 적용되고 있다.

'강행규범'이라는 용어의 연혁은 라틴어 '*jus cogens*'에서 찾을 수 있으며, 임의규범(*jus dispositivum*)의 반대개념으로 'peremptory norms' 또는 'imperative law', 'compelling law'라고 표현하기도 한다.[3] '일반국제법의 절대규범'peremptory norm of general international law으로 표현하기도 한다(조약법에 관한 비엔나협약 제53조).

이론적으로는 모든 형태의 국제법 규범이 강행규범으로 인정되는 것이 가능하지만 어떤 규범이 강행규범으로 인정되려면 그 규범이 국제관습법이어야 한다고 보는 것이 일반적인 견해이다.[4] 이와 관련한 것은 ICJ의 2012년 "인도 아니면 소추 의견" 사건에서에서 확인할 수 있다.

"고문의 금지는 국제관습법으로 존재하다가 강행규범이 되었다. 따라서 강행규범으로서의 고문 금지는 광범위한 국가관행과 법적 확신에 근거한다."[5]

UN 국제법위원회(International Law Commission: ILC)는 2019년 강행규범의 개념과 확인방법에 대하여 규정한 총 23개 조항 및 부록으로 구성된 "The Draft conclusions on peremptory norms of general international law (jus cogens)"를 1회독 단계에서 채택하고, 그에 대한 의견을 각국에 요청한 상태이다.[6] 이 문서의 부록(Annex)에는 강행규범으로 다음과 같이 8가지를 예시하고 있다. ①침략행위 금지(the prohibition of aggression), ②제노사이드 금지(the prohibition of genocide), ③인도에 반하는 죄 금지(the prohibition of crimes against humanity), ④국제인도법의 기본원칙[7](the basic

rules of international humanitarian law), ⑤인종 차별 및 분리 금지(the prohibition of racial discrimination and apartheid), ⑥노예 금지(the prohibition of slavery), ⑦고문 금지(the prohibition of torture), ⑧자결권[8](the right of self-determination)
이와 같이 ILC가 강행규범으로 예시한 8가지는 그동안 국제재판소 판례를 통해서도 확인되고 있으며, 국제법 학계의 입장을 반영하고 있는 것으로 볼 수 있다.
Draft Conclusion은 제2조에서 강행규범이 이탈불가성을 갖는 규범임을 명시하고, 제3조에서 강행규범을 "국제사회의 근본가치를 반영하고 보호하는 규범으로서, 다른 국제규범들보다 우위에 있고, 보편성을 갖는다"고 정의하고 있다.

---

3) Robert Kolb, Peremptory *International Law–Jus Cogens: A General Inventory*, London: Hart Publishing, 2015, p.1.
4) Kirsten Schmalenbach, "Article 53. Treaties conflicting with a peremptory norm of general international law," in Oliver Dörr and Kirsten Schmalenbach (eds.), *The Vienna Convention on the Law of Treaties : A commentary*, Berlin: Springer, 2012, paras 30, 47.
5) Questions Relating to the Obligation to Prosecute or Extradite (Belgium v. Senegal), ICJ Judgment 2012, p.457, para. 99.
"99. In the Court's opinion, the prohibition of torture is part of customary international law and it has become a peremptory norm (*jus cogens*). That prohibition is grounded in a widespread international practice and on the opinio juris of States. It appears in numerous international instruments of universal application (in particular the Universal Declaration of Human Rights of 1948, the 1949 Geneva Conventions for the protection of war victims; the International Covenant on Civil and Political Rights of 1966 ; General Assembly resolution 3452/30 of 9 December 1975 on the Protection of All Persons from Being Subjected to Torture and Other Cruel, Inhuman or Degrading Treatment or Punishment), and it has been introduced into the domestic law of almost all States; finally, acts of torture are regularly denounced within national and international fora."
6) ILC, Report on the work of the 71th session(2019), Chapter V(Peremptory norms of general international law(jus cogens)) Annex. https://legal.un.org/ilc/reports/2019/english/chp5.pdf
7) 국제인도법에 포함되는 대표적인 조약은 1949년 체결된 제네바 4개 협약이며, 이들 협약의 공통 조항에 해당하는 제3조는 "무기를 버린 군대의 구성원 등을 포함하여 적대행위에 직접 가담하지 아니한 사람은 인종, 피부색, 종교 등에 근거한 불리한 차별을 받지 않고, 모든 경우에 있어서 인도적으로 대우되어야 한다"고 규정하고 있다.
8) 1960년 12월 14일 UN 총회가 채택한 "식민지독립부여선언"(Declaration on the Granting of Independence to Colonial Countries and Peoples)(결의 1514호) 제2조는 "모든 민족은 자결권이 있다. 그 권리에 따라 그들은 자신들의 정치적 지위를 자유롭게 결정하고 경제적, 사회적 및 문화적 발전을 자유롭게 추구한다."(All peoples have the right to self–determination; by virtue of that right they freely determine their political status and freely pursue their economic, social and cultural development.)라고 선언하고 있다.

3. 조약 무효의 효과

협약에 따라 무효로 확정된 조약은 효력이 없다. 무효인 조약의 규정은 법적 효력이 없다 (제69조 제1항).

"A treaty the invalidity of which is established under the present Convention is void. The Provisions of a void treaty have no legal force."

제 7 절 조약의 개정과 변경

1. 조약의 개정

조약은 당사국이 합의하면 개정(amendment)될 수 있다(제39조). 개별 조약에 개정에 관한 별도의 규정이 있으면 그에 따르고, 그러한 조항이 없는 경우에 비엔나협약이 적용된다(제40조 제1항). 개정을 위한 제안은 모든 체약국에게 통지(notify)되어야 하며, 각 체약국은 개정 조약의 교섭 및 체결에 참여할 권리가 있다(제2항). 조약의 당사국이 될 수 있는 국가는 역시 개정 조약의 당사국이 될 권리를 갖는다(제3항). 예를 들어 지역적 조약인 甲조약에 대해 지역 국가인 A국은 아직 비당사국이다. 갑조약을 개정하는 경우 A국은 개정 甲조약의 당사국이 될 권리가 있다.

개정된 조약은 이에 동의한 국가에게만 적용되며, 이에 동의하지 않은 국가에게는 기존 조약(원조약)이 계속 적용된다(제4항). 예를 들어, B, C, D국은 개정 조약에 동의하였으나 E, F국은 개정조약에 동의하지 않은 경우 B, C, D국과 E, F국 간에는 원조약이 적용된다. 또한 이 경우 B, C, D국 상호간에는 개정 조약이 적용되지만 E, F국 상호간에는 원조약이 적용된다.

개정 조약 발효 후 조약의 당사자가 되는 국가는 a)개정 조약의 당사자로 간주되고, b)개정 조약에 동의하지 않은 국가와는 원조약의 당사자로 간주된다(제5항). 예를 들어, G국이 개정 조약 발효 후 조약에 가입한 경우 G국은 개정 조약의 당사국이 되고(따라서 B, C, D국과는 개정 조약이 적용된다), 개정 조약에 동의하지 아니한 E, F국과는 원조약이 적용된다.

2. 조약의 변경

다자조약은 일부 당사국 간에서만 조약 내용을 변경하는 합의를 할 수 있다. 이것이 이른바 조약의 변경(modification)이다. 이는 오직 일부 당사국 사이에서만 적용되는 조약의 내용을 바뀌는 것이다. 조약의 변경은 원조약은 그대로 유지되고 적용되면서, 일부 당사국 사이에만 조약의 내용을 변경하는 것이다. 예를 들면, 국제환경협약의 일부 당사국들이 원조약보다 더 강화된 환경기준의 적용에 합의할 수 있다.[1)]

조약변경은 다자조약에서 허용되는 것이다. 다자조약이 조약의 변경의 가능성을 규정하고 있는 경우에 조약 변경이 가능하다. 또한 조약의 변경을 다자조약이 금지하고 있지 아니하고 그러한 변경이 다른 당사국의 조약상의 권리 향유 및 의무 이행에 영향을 주지 아니하며 조약의 대상 및 목적의 효과적인 수행과 양립하는 경우 조약의 변경이 가능하다(제41조).

제41조 (일부 당사자 간에만 다자조약을 변경하는 합의)

1. 다자조약의 둘 또는 그 이상의 당사자는 다음의 경우 그들 간에만 조약을 변경하는 합의를 성립시킬 수 있다.
   가. 그러한 변경 가능성이 조약에 규정된 경우, 또는
   나. 해당 변경이 조약상 금지되지 않고,
      1) 다른 당사자가 그 조약에 따라 권리를 향유하거나 의무를 이행하는 데 영향을 주지 않으며,
      2) 어떤 규정으로부터의 이탈이 그 조약 전체의 대상 및 목적의 효과적인 수행과 양립하지 않을 때 그 규정과 관련되지 않은 경우
2. 제1항 가호에 해당하는 경우 조약이 달리 규정하지 않으면, 해당 당사자는 그러한 합의를 성립시키고자 하는 의사와 그 합의가 규정하는 조약의 변경을 다른 당사자에 통보한다.

1) 정인섭, 「신국제법강의」(제13판)(박영사, 2023), 347면.

제 3 장

국가책임법

제1절

국제위법행위에 대한 국가책임

1. 국가책임의 의의

국가책임이란 국가의 국제의무위반에 대한 법적 비난을 말한다. 국제법상 국가책임에 관한 주요한 법원은 국제연합 국제법위원회(UN International Law Commission,[1] 이하 ILC)의 '국제위법행위에 대한 국가책임에 관한 규정초안'(Draft Articles on the Responsibility of States for Internationally Wrongful Acts,[2] 이하 '국가책임법 초안'이라함)이다. 이 초안은 2001년 12월 ILC의 제53차 회기에서 최종 채택되었다. 1947년 설치된 ILC는 1954년부터 전통적인 국가책임과 관련한 조약문을 작성하기 위해 작업을 진행하여 2001년 말에 이르러 국가책임초안을 채택하는 결실을 맺은 것이다.[3] 초안은 현재

---

1) ILC는 UN헌장 제13조 1항 (a)에 규정한 "국제법의 점진적 발전 및 법전화"를 위해 총회의 산하기관으로 1947년 설립되었다. ILC는 다양한 국적을 가진, 즉 전체로서 세계의 문명의 주요 형태와 주요 법체계를 대표하는 34명의 뛰어난 국제법전문가들로 구성되어 있으며, 국제법의 점진적 발전과 법전화에 노력하고 있다. 그 동안 국제법 일반, 조약법, 외교관계, 해양법, 항공우주분야 등의 여러 분야에서 법전화에 기여하였다. ILC 홈페이지 https://legal.un.org/ilc/

2) Report of the International Law Commission, Fifty-third session(23 April – 1 June and 2 July – 10 August 2001), General Assembly, Official Records, Fifty-sixth session, Supplement No. 10(A/56/10), p.59. et seq.(이하 ILC Report(2001)로 약칭함). available at : http://legal.un.org/docs/?path=../ilc/reports/2001/english/chp4.pdf&lang=EFSRAC

3) ILC는 "국가책임"이라는 제목이 '국내법상의 국가책임'과 분명히 구분되지 않는다고 생각하였다. ILC는 이 주제를 다루면서 그 동안 "국제법상의 책임," "국가의 국제책임," "국제위법행위에 대한 국가의 국제책임" 등 여러 가지 다른 제목을 검토하였다. "국제위법행위에 대한 국가의 국제책임"이라는 제목의 장점 중의 하나는 이 제목이 국제법상 금지되지 않는 행위에 대한 국제 "책임"(liability) 개념과 뚜렷이 구분됨으로써, 초안을 다른 언어로 번역하기가 더욱 쉽게 된다는 점이다. ILC는 최종적으로 '국제'라는 단어가 반복되는 것을 피하고자 '책임' 앞에 '국제'라는 단어를 빼고 제목을 "국제위법

조약으로 채택된 것은 아니지만 국제관습법의 지위를 얻고 있다고 할 수 있을 정도로 ICJ를 비롯한 다양한 국제재판소 판결과 각국의 관행, 그리고 국제법학자들에 의해 광범위하게 지지되고 있다.[4] 여기서는 국가책임법 초안을 바탕으로 국제법상 국가책임에 관한 내용을 소개한다. 국제법상 국제책임은 크게 '국가의 국제책임'과 '국제기구의 국제책임'으로 나눌 수 있다. 일반적으로 국제법상 '국가의 국제책임'을 국가책임(state responsibility)이라고 하며, 국가책임이란 '국가'의 국제위법행위에 대한 국제법상의 책임을 말한다. 국제법은 그 주체에게 권리와 의무를 부여함으로써 국제사회에서 규범적 기능을 수행한다. 특히 국제법은 국제법의 주체가 국제의무를 위반하는 경우에는 일정한 법적 책임을 묻기 위한 법적 근거를 제공한다. 전통적으로 국제법은 국가의 국제위법행위에 대하여 국내사법(國內私法) 상의 불법행위의 법리를 원용하여 국제책임을 인정하였다. 그런데 유엔체제의 등장과 함께 ILC의 국제법의 성문화작업이 진행되면서 국제법의 점진적 발전의 결과로 국제위법행위를 국제불법행위(international delict)와 국제범죄(international crime)로 나누어 논의하기에 이르렀다. 그러나 국가의 국제범죄는 비교적 최근에 논의되고 있는 내용으로 국가들 사이에 많은 논란이 제기되고 있는 상황이며 이에 관한 확립된 국제법규가 없는 상태이다. 그리고 국제위법행위에 대한 국가책임과는 별도로, 최근에는 비록 국제법상 적법행위라 할지라도 그로 인하여 손해가 발생한 경우에 발생하는 책임, 즉 해로운 결과에 대한 국제책임을 인정되고 있다. 특히 오늘날 고도로 위험한 활동영역에 있어서 국제법상 금지

행위에 대한 국가책임"으로 정하였다. 초안 규정은 오직 '국제위법행위'만을 대상으로 하며, 다른 위법행위는 규율대상으로 하지 않기 때문에 "위법행위"라는 단어 앞에 "국제"라는 말을 넣는 것이 바람직하다고 판단하였던 것이다.

4) 국가책임법 초안은 국제법상의 조약은 아니기 때문에 그 자체로 법적 구속력이 있는 것은 아니다. 그러나 초안은 반세기가 넘는 동안 다섯 명의 특별보고자의 보고를 토대로 논의 과정을 거쳐 ILC가 작성한 것이다. 또한 UN총회는 20001년 12월 12일의 결의56/83을 통해 'ILC의 국가책임법 초안을 축하하였으며, 각국 정부에게 이 초안에 주목할 것을 권고하였다'. 이후 이 주제는 UN총회 차원에서도 계속 다루어지고 있다. ICJ는 1997년 Case Concerning Gabčíkovo－Nagymaros Project(Slovakia/Hungary)에서 ILC가 제1독회(1980년)에서 잠정 채택했던 초안을 인용한 바가 있으며, 이후 ICJ를 비롯한 국제법정과 국제재판소, 그리고 국제기구에서 '국가책임법 초안'을 인용하는 경우가 늘어나고 있다. 이와 같은 측면에서 볼 때 국가책임법 초안의 상당수 조항은 사실상 '국제관습법'으로 인정되고 있다고 볼 수 있다. 국제재판소 및 기타 국제기구에서 국가책임법 초안의 인용 빈도 및 인용 결정의 국제관습법적 지위에 대해서는 임예준, "국제재판소의 ILC 국가책임조항 인용에 관한 연구," 「국제법평론」, 통권 제58호, 2021－Ⅰ, 국제법평론회, 173－210면 참조; ILC의 국가책임법 초안은 아직 조약으로 채택되지 않았지만 국제법상 국가책임에 관한 국제관습법의 성문화로 간주되고 있다(Alain Pellet, "The ILC's Articles on State Responsibility for Internationally Wrongful Acts and Related Texts," in James Crawford, Alain Pellet and Simon Olleson(eds.), *The Law of International Responsibility*, Oxford: Oxford University Press, 2010, p.87).

된 행위는 아니지만 그와 같은 활동의 결과로 다른 국가에 손해를 야기한 경우에는 그에 대하여 행위국은 국제의무위반여부와 관계없이 책임을 져야 하는 경우가 인정되고 있는 것이다. 전통적인 국제법상 국가책임은 국제위법행위로 인하여 발생하는 책임을 말하며, 통상적으로 'state responsibility'라는 용어도 이를 의미하는 것으로 사용되고 있으며, 국제범죄를 포함하고 있지 않다. 따라서 특별한 언급이 없는 경우에 국가책임이라 함은 좁은 의미로 국제위법행위에 대한 국가의 국제책임을 말한다.

국내법을 위반하는 경우 그에 대한 국내법상 법적 책임을 져야 하듯이 국제법을 위반하는 경우 국제법상 국제책임이 발생한다.[5] 이러한 점은 국가책임법 초안에도 분명히 밝히고 있다. 초안 제1조에 따르면, 국가의 모든 국제위법행위는 국가의 국제책임을 수반한다. 제1조는 국가의 모든 국제위법행위는 그 국가의 국제책임을 수반한다고 하는 국가책임법 초안 전체 조항의 기반이 되는 기본원칙을 서술하고 있다.[6]

제1조 [국제위법행위에 대한 국가책임]

국가의 모든 국제위법행위는 그 국가의 국제책임을 발생시킨다.

Art.1 [Responsibility of a State for its Internationally Wrongful Acts]

"Every internationally wrongful act of a State entails the international responsibility of that State."

상설국제사법재판소(PCIJ)가 호르죠 공장 Chorzów Factory 사건에서 한 국가가 다른 국가에 대하여 국제위법행위를 저지르면 국제책임이 성립한다고 하면서 약속위반이 배상의무를 동반한다는 것은 국제법의 원칙이며 법의 일반개념이라고 판결했고,[7] Rainbow Warrior 사건의 중재법정이 "그 (의무의) 기원이 무엇이든 국가에 의한

---

5) 책임(responsibility)은 법의 기본 개념(cardinal concept)이다. 더 정확히 말하면 책임은 법질서 및 법규범의 근대적 구상(개념)과 분리될 수 없다. 책임이 없으면 법이 아니다(no responsibility, no law). 그리고 책임 개념은 법적 의무의 구속적 성격과 법의 제재가능성(sanctionability)을 반영한다. 법규가 침해되더라도 법적 결과(legal consequences)가 없다면 그것은 법이 구속력 있는 규정(pre-scription)을 포함하고 있지 않다고 말하는 것과 다름없다(Robert Kolb, *The International Law of State Responsibility*, Cheltenham: Edward Elgar Publishing, 2017, p.1).

6) ILC 국가책임법 초안 제1조에 대한 주석(Commentary).

7) Case concerning the Factory Chorzów(Claim for Indemnity)(Merits)(Germany v. Poland), PCIJ(1928), Series A, No.17, p.29.

"the Court observes that it is a principle of international law, and even a general conception of law, that any breach of an engagement involves an obligation to make reparation. .... the Court has already said that reparation is the indispensable complement of a failure to apply a convention, ... "

의무의 위반은 국가책임을 발생시킨다"[8]고 말한 바와 같이 국제의무위반은 배상이라는 법적 책임을 발생시킨다는 점은 명확하다.

2. 국가책임의 성립 요소

어떤 요건이 충족되어야 국가책임이 성립하는가? 이 문제는 국가책임이론의 출발점이자 핵심적인 내용이다. 이에 관해서는 전통적인 국가책임이론, 즉 국제위법행위에 대한 국가책임의 성립요건을 바탕으로 살펴본다. 국가는 자신의 위법행위에 대하여 국제법상 책임을 부담한다. 이는 전통적인 국제법에 뿌리를 두고 있다. 과거에는 국가책임이 주로 외국인 및 그 재산에 대한 위법행위로 제한되어 있었으나 오늘날 국가책임은 국제법 주체의 모든 위법한 행위의 결과에 의해 발생한다는 점이 널리 인식되고 있다.

일반적으로 국가의 모든 국제위법행위(internationally wrongful acts)는 그 국가의 국제책임(international responsibility)을 발생시킨다. 그리고 국가의 특정행위에 국가책임을 귀착시키기 위한 요건은 당해 행위가 국가에 귀속되어야 하고(주관적 요소), 그 행위가 국제법상 국가의무를 위반한 것이어야 한다(객관적 요소). 이러한 기본적인 이분법(dichotomy)은 일찍이 Dickson Car Wheel Co.사건에서 국가책임의 성질에 관한 멕시코-미국일반청구위원회(Mexico-U.S. General Claims Commission)의 중재판정에서 반영되었다.

"모든 협약의 내용과 무관하게 국제법상 국가에 책임이 발생하기 위해서는 국제위법행위가 그 국가에 귀속되어야 하고 국제적인 법률상의 기준에 의해 부과된 의무의 위반이 존재하여야 함이 필요하다."[9]

초안 제2조는 국가의 국제위법행위를 성립시키는데 요구되는 조건을 구체화하고 있다. 즉 국제위법행위의 두 가지 구성요건이 구체화되어 있다. 첫째, 문제의 행위가 국제법상 그 국가로 귀속될 수 있어야 한다. 둘째, 그 행위가 당시 해당국가에 적용되는 국제법상의 의무 위반에 해당하여야 한다. 따라서 제2조에 의하면, 국가책임의 성립요소는 두 가지이다. 첫째는 문제의 행위가 국가의 행위로 귀속되어야 하고, 둘째는 그러한 행위가 국제의무를 위반한 것이어야 한다.

---

8) Rainbow Warrior Case, New Zealand/ France, Special Arbitration Tribunal, RIAA, Vol. XX, p.251, para.75).
9) Dickson Car Wheel Co. Case(U.S. v. Mexico), R. Int'l. Arb. Awards, Vol.4, 1931, p.678.

국제의무위반에 해당하여 국가로 귀속되는 행위(conduct)에는 작위(作爲, action)뿐만 아니라 부작위(不作爲, omission)도 포함된다. 즉 국가가 국제의무를 위반하는 행위를 행한 경우뿐만 아니라 국제의무상 요구된 행위를 하지 않는 경우에 의해서도 국가책임은 성립한다.[10] 따라서 국가는 국제법을 위반하는 입법의 경우뿐만 아니라 국제의무 이행을 위하여 요구되는 국내법률을 제정하지 않은 경우에도 국가책임이 성립한다. 부작위에 기초하여 국가의 국제책임이 추궁되는 사례는 작위에 근거하여 책임이 추궁되는 경우만큼이나 많으며, 양자 사이에는 원칙적으로 차이가 없다.

제2조 [국가의 국제위법행위의 요소]

작위 또는 부작위를 구성하는 행위가 다음과 같은 경우 국가의 국제위법행위가 존재한다.

(a) 국제법상 국가에 귀속되며,

(b) 국가의 국제의무의 위반을 구성하는 경우.

Art.2 [Elements of an internationally wrongful act of a State]

There is an internationally wrongful act of a State when conduct consisting of an action or omission:

(a) Is attributable to the State under international law; and

(b) Constitutes a breach of an international obligation of the State.

3. 국가행위의 국제위법성의 결정

어떤 행위가 국제의무를 위반한 것인지 여부는 행위국의 국내법이 아니라 해당 행위를 규율하는 '국제법'에 의하여 정하여진다. 어떤 행위가 국제의무위반에 해당하는지 여부는 국내법상 적법 여부와 관련이 없으며, 문제의 위반된 의무는 국제법 영역에 속하는 것이어야 한다. 설령 어떤 행위가 행위국의 국내법에 의해 적법한 것이라고 결정하더라도 국제법에 의거하는 경우 위법한 것이라면 그것은 국제법상 위법한 것이라고 결정된다.

---

10) Corfu Channel 사건에서 국제사법재판소는 알바니아가 자국 영해 내 기뢰의 존재를 알았거나 알았어야만 했고 기뢰의 존재에 관하여 제3국에게 통고하지 않았다는 점은 알바니아의 책임에 대한 충분한 근거가 된다고 보았다(ICJ Report 1949, p.4, pp.22－23). US Diplomatic and Consular Staff in Tehran사건 (US v. Iran)에서 국제사법재판소는 이란의 책임은 적절한 조치(appropriate steps)가 명백히 요구되는 상황에서 관련 당국이 그러한 조치를 취하지 않았다는 부작위(不作爲)로부터 발생한다고 판결하였다(ICJ Report 1980, p.3, pp.31－32, paras.63, 67).

제3조 [국가 행위의 국제위법성의 결정]

국가 행위의 국제위법성은 국제법에 의하여 결정된다. 그러한 결정은 그 행위의 국내법상 적법성에 의하여 영향받지 않는다.

Art.3 [Characterization of an act of a State as internationally wrongful]

"The characterization of an act of a State as internationally wrongful is governed by international law. Such characterization is not affected by the characterization of the same act as lawful by internal law."

제 2 절

국가책임의 성립요건

1. 국제법상 국가의 행위(행위의 국가귀속성)

국가는 자기의 위법한 행위에 대하여 국제법상 책임이 있다. 국제법상 국가책임이 성립하기 위해서는 문제의 행위가 국가의 행위이어야 하고 그러한 행위가 국제의무를 위반하는 것이어야 한다. 먼저 국가로 귀속되는 행위는 다음과 같다.

어떤 행위에 대해서 국제위법행위라고 판정되기 위해서는 우선 그 행위가 해당 국가에 귀속될 수 있어야 한다. 국가란 조직화된 정치적 실체로서 국제법상 완전한 행위능력을 지닌 법인격자이다. 그런데 국가는 정치적 이념체로 스스로 행동할 수 없다. 누군가가 국가 자신을 대표하여 행동하게 된다. 문제는 누가 국가를 대표하여 행동하는 것으로 간주되느냐이다. 국가의 기관이 국가를 대표하여 행동한다고 볼 수 있다.

1) 국가기관의 행위

(1) 모든 국가기관의 행위

모든 국가기관의 행위는 국가로 귀속된다. 국가란 조직화된 정치적 이념체로서 국제법상 완전한 행위능력을 지닌 법인격자이다. 그렇다고 하더라도 국가라는 이념체가 스스로 행동할 수 없다. 즉 국가는 자신의 기관이나 대표에 의하여만 행동할 수 있다. 여기서 "국가기관"(State organ)이란 용어는 국가의 조직을 구성하고 국가를 위해 행동하는 모든 개인 또는 집합적인 단체를 포함한다. 이는 국가 내에 있는 지방정부단체의 기관도 포함한다. 따라서 한 국가의 모든 기관의 그 국가의 행위로 간주된다.

행정기관의 행위뿐만 아니라 다른 국가기관의 행위에 의해서도 국가책임은 성립한다. 즉 헌법상의 기관(constituent), 입법부(legislative), 행정부(executive), 사법부(judicial) 또는 기타 권력에 속하든 국가조직상 국가기관에 해당하면 모두 국가로 귀속된다.

(2) 국가기관의 지위 고하 불문

모든 국가기관의 행위는 그 지위의 상하에 관계없이 국가로 귀속된다. 그리고 국가기관원의 지위 고하를 불문하고 국가기관에 속한 자의 행위는 그 국가로 귀속된다. 실제 국가기관의 대리인은 국가공무원이기 때문에 그 지위의 높고 낮음에 관계없이 자국의 모든 공무원의 행위에 대해 책임을 진다.[1)]

(3) 연방국가의 구성국 또는 지방정부의 행위

국가의 중앙정부 기관들의 행위뿐만 아니라 국가의 영토적 단위(territorial unit)의 기관의 행위도 국가로 귀속된다. 즉 지방정부의 행위 및 연방국가의 구성국의 행위도 해당 국가에 귀속된다. 제4조의 취지에 따르면, 연방국가의 구성국의 행위는 연방국가의 행위로 간주되어 연방국가가 책임을 지게 된다. 그리고 한 국가 내에 있는 보조정부(subsidiary government)의 행위도 국가에 귀속된다.

제4조 [국가기관의 행위]

1. 여하한 국가기관의 행위도 국제법상 그 국가의 행위로 간주된다. 이는 그 기관의 기능이 입법적인 것이든, 집행적인 것이든, 사법적인 것이든 또는 기타 여하한 것이든 불문하며, 그 기관이 그 국가 조직 내에 있어서 여하한 지위를 점하고 있든 불문하며, 나아가 그 기관이 그 국가의 중앙정부에 속하든 영토적 단위에 속하든 불문한다.
2. 기관은 그 국가의 국내법에 따라 그러한 지위를 가지는 모든 개인 및 단체를 포함한다.

Art.4 [Conduct of organs of a State]

1. The conduct of any State organ shall be considered an act of that State under international law, whether the organ exercises legislative, executive, judicial or any other functions, whatever position it holds in the organization of the State, and whatever its character as an organ of the central government or of a territorial unit of the State.

---

1) 예를 들면, 멕시코인이 미국인 Massey를 살해한 뒤 멕시코 감옥에 투옥되었다가 교도관의 실수로 탈출한 사건에서, 멕시코정부는 최말단 공무원인 교도관이 저지른 행위이기 때문에 국가책임이 성립하지 않는다고 주장하였으나 멕시코-미국일반청구위원회는 이를 받아들이지 않았다(Massey case(U.S. v. Mexico), Mexico-US General Claims Commission, R. Int'l Arb. Awards, Vol.4, 1927, p.155)

2. An organ includes any person or entity which has that status in accordance with the internal law of the State.

※ 초안 제4조 제2항의 "개인(person) 또는 단체(entity)"라는 용어는 제5조 및 제7조에서도 쓰이고 있다. 이 용어는 모든 자연인이나 법인이 포함되는 넓은 의미로 쓰인다.

(4) 직무상의 행위

일반적으로 국가책임은 국가기관의 직무상 행위에 대하여 성립한다. 국가는 정치적 이념체이며 관념적인 추상체이므로 그 자신이 직접 행위 할 수는 없는 것이므로 국가기관에 속한 개인(즉, 국가기관원, 주로 공무원)이 그 국가를 위하여 대신 행위 할 수밖에 없다. 따라서 국가기관의 행위란 그 국가기관의 지위에 있는 개인의 행위이다. 이 때 그 개인의 행위가 국가직무 수행과 아무런 관련이 없는 경우에는 국가로 귀속되지 않는다. 국가로 귀속되는 행위는 직무상 행위이다. 따라서 직무수행과 관련이 없는 국가공무원의 위법행위는 단지 사인(私人)의 행위로 간주되어 국가의 행위로 간주되지 않는다.

2) 정부권한을 행사하는 개인 또는 단체의 행위

국가기관은 아니지만 국내법에 의하여 공권력을 행사할 권한을 부여받은 개인 또는 단체가 그 같은 자격으로 행동하였다면 그 행위는 국제법상 그 국가의 행위로 간주된다. 이는 과거의 국영기업이 사유화되기는 하였으나 여전히 공적 또는 규제적 기능을 수행하고 있다는 점, 그리고 국가기관의 지위에서 공권력을 행사하는 준국가적 단체가 증대하고 있는 점을 고려한다면 당연한 귀결이다. 초안에서 "단체"(entity)라는 일반적 용어는 국가기관은 아니지만 공권력을 행사할 수 있도록 국내법에 따라 권한을 부여받은 다양한 조직을 반영하는 것이다. 예를 들면, 국가로부터 위임을 받아 교도소를 운영하면서 재소자를 구금하거나 징벌과 같은 공권력을 행사하는 민간기업, 국가의 위임을 받아 공항에서 출입국 또는 검역과 같은 일정한 국가권한을 행사하는 민간항공회사, 경찰권을 행사하는 철도회사 등의 행위는 국가의 행위로 간주될 수 있다.

第5조 [정부권한(공권력)을 행사하는 개인 또는 단체의 행위]

제4조에 의하여 국가기관에 해당하지 않으나 그 국가의 법에 의하여 정부권한(공권력)을 행사하도록 권한을 위임받은 개인 또는 단체의 행위는 국제법상 그 국가의 행위로 간주된다. 단, 이는 그 개인 또는 단체가 그 구체적 경우에 있어서 그러한 자격으로 행동하는 경우에 한한다.

Art.5 [Conduct of persons or entities exercising elements of governmental authority]

The conduct of a person or entity which is not an organ of the State under article 4 but which is empowered by the law of that State to exercise elements of the governmental authority shall be considered an act of the State under international law, provided the person or entity is acting in that capacity in the particular instance.

3) 타국의 통제 하에 맡겨진 기관의 행위

한 국가에 의하여 다른 국가의 통제(처분)하에 맡겨진 기관이 통제국(처분국)의 정부권한(공권력)을 행사하고 있는 경우, 그 행위는 국제법상 통제국(처분국)의 행위로 간주된다. 국가기관이 다른 국가의 통제 하에 있으면서 일시적으로 다른 국가의 이익을 위하여 행동하는 경우 그 국가기관은 그 타국을 위하여 행위하는 것이고, 그 행위는 오로지 그 타국에게 귀속된다(shall). 국가기관의 행위가 처분국의 행위로 귀속되기 위해서는 그 국가기관은 통제국의 국가조직과 결합되어, 처분국의 지시와 통제 하에서 행동하여야 한다. 따라서 이와 같이 처분국의 행위로 귀속되는 것은 조약 등에 의한 국가 간의 협력이나 공조와 같은 일반적인 상황에서 인정되는 것은 아니다.

예를 들어, A국에서 대규모의 자연재해로 인해 심각한 인명 및 재산상의 피해가 발생하자 A국은 B국에게 재난구조대원의 파견을 요청하였고 그 요청으로 B국의 인명구조대가 A국의 재난현장에서 A국 당국의 통제(처분) 하에서 인명구조 활동에 참가였다면, 이 경우 B국 인명구조대원의 활동은 A국의 행위로 간주된다.

第6조 [타국에 의하여 한 국가의 처분에 맡겨진 기관의 행위]

타국에 의하여 한 국가의 처분에 맡겨진 기관의 행위는, 그 기관이 자신이 그 처분에 맡겨진 국가의 정부권한(공권력)의 행사로서 행동하는 경우, 국제법상 이 후자의 국가의 행위로 간주된다.

Art.6 [Conduct of organs placed at the disposal of a State by another State]

The conduct of an organ placed at the disposal of a State by another State shall be considered an act of the former State under international law if the organ is acting in the exercise of elements of the governmental authority of the State at whose disposal it is placed.

4) 권한 밖의 행위와 지시위반행위

공무원이 '직무수행과 관련하여' 국내법에 의하여 부여받은 권한을 넘거나 지시를 위반한 경우에 이를 단순한 그의 개인적 행위로 간주할 것인가? 아니면 당해 국가의 행위로 귀속되는가? 전통적인 견해에 의하면, 국가기관이 권한을 벗어나거나 지시를 위반한 경우에 당해 행위는 국가의 행위로 간주되지 않는다고 보았다. 다시 말해서 국가기관의 권한 밖의 행위는 국가의 행위를 구성하지 않는다고 보았다. 그러나 실제 국가기관이 불법행위를 하도록 권한을 위임 받거나 지시를 받는 경우는 거의 없음에도 불구하고 그 같은 논리에 따르게 되면 국가책임이 성립하는 경우는 거의 존재하기 어렵다. 그러므로 권한을 벗어나거나 지시를 위반한 행위에 대해서도 일정 범위 내에서 국가의 행위로 간주하여야 한다는 합리적 주장이 설득력이 있다.

국가책임초안에 따르면, 국가기관이 국가의 명백한 공권력을 갖고 행동하는 한, 비록 그것이 국내법상 '권한 밖의 행위'(또는 월권행위: ultra vires acts)나 '지시위반행위'라도 그 국가에 귀속된다. 즉 직무수행과 관련하여 국내법상의 권한을 일탈하거나 지시를 위반하여 국제의무를 위반한 경우에도 국가책임은 성립한다. 국가기관의 행위가 국내법상의 권한 범위를 벗어났는지 아닌지는 국내법의 문제이며, 이를 근거로 국제법상의 책임이 면제되는 것은 아니기 때문에 이러한 입장은 타당하다고 할 것이다.

제7조 [월권 또는 지시 위반]

국가기관 또는 정부권한(공권력)을 행사하도록 권한을 위임받은 개인 또는 단체의 행위는 그 기관, 개인 또는 단체가 그 자격으로 행동하는 경우, 그 행위자가 자신의 권한을 넘어서거나 또는 지시를 위반한다 하더라도, 국제법상 그 국가의 행위로 간주된다.

Art.7 [Excess of authority or contravention of instructions]

The conduct of an organ of a State or of a person or entity empowered to exercise elements of the governmental authority shall be considered an act of the State under international law if the organ, person or entity acts in that capacity, even if it exceeds its authority or contravenes instructions.

5) 비국가기관 또는 사인의 행위
- 특수한 관계 또는 상황에서의 사인(私人)의 행위

원칙적으로 국가기관이 아닌 실체, 즉 비(非)국가기관의 행위는 국가의 행위로 간주되지 않는다. 전통적으로 국가는 국가기관의 행위에 대해서만 책임을 진다고 여겨왔으나, 오늘날은 국가기관뿐만 아니라 실제로 국가기능을 유효하게 행사하는 비국가기관 또는 사인(私人)의 행위에 대하여도 국가책임을 인정하려는 경향을 보이고 있다. 원칙적으로 사인의 행위는 국가로 귀속되지 않기 때문에 사인(또는 민간단체)의 행위로 인해 국가책임이 발생하지는 않는다. 개인이 국가를 대리하지 않고 순수한 사인의 지위에서 행동한 경우 국가기능의 행사와는 아무런 관련성이 없기 때문에 당해 행위는 국가에 귀속되지 않는다. 국가책임초안도 이러한 입장을 취하고 있다. 그러나 일정한 경우에는 예외적으로 사인의 행위가 국가책임을 발생시킨다. 이와 관련한 조항을 살펴본다.

(1) 국가에 의하여 지휘 또는 통제된 행위

사인의 행위는 국가로 귀속되지 않으나 사인이 특정 국가의 지시(instructions)를 받거나 국가의 지휘(direction, 지도, 감독) 또는 통제(control) 하에서 행동하는 경우, 그러한 행위는 국제법상 그 국가의 행위로 귀속된다. 국가의 '지시'에 따라 이루어진 사인의 행위가 국가로 귀속되는 점은 논란의 여지가 없다. 다만 어느 정도의 '지도' 또는 '통제 '하에서 이루어진 행위가 해당 국가로 귀속되는가에 대해서는 두 가지, 즉 일반적 통제(general control)와 실효적 통제(effective control)가 제시되고 있다. 초안 제8조에 의하면, 사인 또는 사인 집단이 특정 국가의 지시 또는 통제 하에서 이루어진 행위는 그 국가로 귀속된다. 사인 행위의 국가 귀속 여부와 관련한 쟁점은 통제의 '정도' 문제이다. ICJ는 1986년 Nicaragua 사건[2]에서, 실효적 통제(effective control) 기준을 제시하였다. ILC는 사적 주체의 행위가 국가로 귀속되어 국가책임을 발생시킬 수 있는 통제는 실효적 통제를 요구한다고 하였다.[3] 초안은 "그 행위를 준수함에 있어서"(in carrying out the conduct)라는 단서를 달고 있는데, 이는 실효적 통제를 의미하는 것으로 해석할 수 있다. 문제의 행위가 국가의 지도 또는 통제와 불가분의 관계 속에서 이루어진 경우에 실효적 통제가 있었다고 볼 수 있다. ICJ는 2007년 Genocide협약 적용

2) Military and Paramilitary Activities in and against Nicaragua (Nicaragua v. United States of America), Merits, Judgement, ICJ Report(1986).

3) ILC 국가책임법 초안 제8조 주석.

사건[4]에서도 실효적 통제 기준을 적용하였다. 이 두 판례에 따르면 통제는 의존(dependence)에서 도출된다. 이에 비해 구유고전범재판소(ICTY)는 1999년 Tadić 사건[5]에서, 군대 또는 무장단체와 같이 조직적이며 수직적인 구조를 갖춘 단체의 경우에는 전반적 통제(overall control) 기준이 적용될 수 있을 것이라고 하였다. 이러한 판례들에 의하면, 실효적 통제는 국가책임의 추궁에, 전반적 통제는 개인의 형사책임 추궁에 적용되는 기준이라고 볼 수 있다. 이와 관련하여 ILC는 ICJ의 Nicaragua 사건과 ICTY의 Tadić 사건은 법적 쟁점과 사실적 상황이 다르다고 하면서 양자가 상호배타적인 것은 아니며, 개인의 행위가 특정 국가에 귀속되는지 여부는 해당 행위가 국가에 귀속될 정도의 통제를 했는지의 판단이 문제라는 입장을 보였다.[6]

제8조 [국가에 의하여 지휘 또는 통제된 행위]

사인 또는 사인 집단의 행위는 그들이 그 행위를 수행함에 있어서 사실상 국가의 지시를 받거나 그 지휘 또는 통제 하에서 행동하는 경우 국제법상 그 국가의 행위로 간주된다.

Art.8 [Conduct directed or controlled by a State]

The conduct of a person or group of persons shall be considered an act of a State under international law if the person or group of persons is in fact acting on the instructions of, or under the direction or control of, that State in carrying out the conduct.

판례

Military and Paramilitary Activities in and against Nicaragua Case(니콰라과 사건) (Nicaragua v, USA, ICJ, 1986)

① 사실관계

1979년 니카라과에서는 총선을 통해 친미 성향의 소모사 정권을 이기고 좌익 성향의 산디니스타 정권이 들어섰다. 새로운 정부의 대통령이 된 Daniel Ortega는 반미 정책을 견지하며 미국과 대립하였다. 당시 중미의 여러 국가에서 반미 정권이 수립되는 상황이 전개되자 이의 확산을 우려한 미국은 중미 국가에 대한 적극적인 개입정책을 전개하였다. 1981년 출범한 레이건 정권은 니카라과가 엘살바도르의 게릴라 활동을 군사지원을 했다는 이유로 니카라과 정부의 반정부 단체인 Contra 우익 반군에 대한 군사 원조를 증강하였다. 레이건 미국대통령은 산디니스타 정권을 무너뜨리고자 Contra 우익 반군에게 무기를 제공하

4) Case concerning the Application of the Convention on the Prevention and Punishment of the Crime of Genocide (Bosnia and Herzegovina v. Serbia and Montenegro), Judgement, ICJ Report(2007).

5) ICTY, Prosecutor v. Tadić, Case IT−94−1, Appeal Judgement, 1999.

6) ILC 국가책임법 초안 제8조 주석.

고 군사 훈련을 시키고, 재정 지원 및 병참 지원 활동을 전개하였다.
이와 같은 Contra 반군에 대한 미국의 지원에 대해 니카라과는 강하게 반발하면서 위의 지원 활동은 국내문제 불간섭의무와 무력사용금지 의무를 위반하는 것이라고 주장하며 ICJ에 제소하였다.

② 판결 내용
ICJ는 반군을 무장시키고 훈련시키는 것, 무기제공, 병참지원(logistic support), 기지 제공 등은 간접적 무력사용에 해당하지만, 재정지원은 무력사용에 해당하는 것은 아니라고 판단하였다. 그리고 ICJ는 재정지원을 비롯한 군사훈련, 무기제공, 첩보 그리고 병참지원을 통하여 니카라과 내에 있는 콘트라반군 활동에 대한 미국의 지원은 불간섭원칙의 명백한 위반이라고 판결하였다. 그러나 미국이 니카라과정부에 대해 취한 자발적인 성격(voluntary nature)의 경제원조를 중단한 것은 불간섭원칙의 위반으로 볼 수 없다고 판단하였다.

(2) 공적 기관의 부재 또는 흠결시에 수행된 행위

공공 당국이 부재하거나 마비되어 정부권한 요소의 행사가 요구되는 상황에서 사인 또는 사인의 집단이 사실상 정부권한을 행사한 경우, 그러한 자의 행위는 국가의 행위로 간주된다. 제9조에 해당하는 예로는 내란, 무력충돌, 외국에 의한 군사점령, 극심한 자연재해 등으로 인해, 전국적 차원에서 또는 일부에서 정부권한이 정상적으로 행사될 수 없는 상황에서, 사인 또는 사인의 집단이 정부와 아무런 관련 없이 자발적으로 행동한 경우를 들 수 있다.

제9조 [공적 기관의 부재 또는 흠결시에 수행된 행위]
사인 또는 사인의 집단이 공적 기관의 부재 또는 흠결시에 정부권한(공권력)의 행사가 요구되는 상황에서 사실상 그러한 권한을 행사하는 경우, 그러한 사인 또는 사인 집단의 행위는 국제법상 국가의 행위로 간주된다.

Art.9 [Conduct carried out in the absence or default of the official authorities]
The conduct of a person or group of persons shall be considered an act of a State under international law if the person or group of persons is in fact exercising elements of the governmental authority in the absence or default of the official authorities and in circumstances such as to call for the exercise of those elements of authority.

(3) 반란단체 및 기타 저항운동단체의 행위

한 국가의 신정부를 구성하는데 성공한 반란단체(insurrectional movement, 반도단체)의 행위는 국제법상 그 국가의 행위로 간주된다(제1항). 한 국가 내에서 반란단체가 새로운 정부 수립이라는 투쟁목적을 달성한 경우에 과거 반란단체 시절에 이루어진 자신들의 행위는 그 국가로 귀속된다.

기존 국가의 영토 또는 그 국가의 관할하의 영토에서 신국가를 창설하는 데 성공한 반란단체 또는 기타의 저항운동단체(insurrectional or other movement)의 행위는 국제법상 그 신국가의 행위로 간주된다(제2항). 즉 반란단체 또는 기타의 저항운동단체가 신국가 설립에 성공한 경우에 과거 투쟁하던 때 있었던 자신들의 행위에 대하여 신국가가 책임을 진다.

정통정부가 반란단체의 진압을 위해 적절한 조치를 취하고 실제로 반란을 진압한 경우에 반란단체의 행위가 그 국가로 귀속되지 않는다. 반란단체의 행위는 원칙상 그 영역국의 행위로 간주되지 않는다. 정통정부는 반란단체의 국제위법행위에 대해 불가항력을 원용하여 책임을 면제받을 수 있다.

그리고 해당 반란단체나 기타 저항운동단체의 행위와 관련하여 초인 제4조~제9조상의 국가로의 귀속성이 인정될 수 있다(제3항).

제10조 [반도단체 및 기타 집단의 행위]

1. 한 국가의 신정부를 구성하게 되는 반도단체의 행위는 국제법상 그 국가의 행위로 간주된다.
2. 반도단체이든 기타의 집단이든, 기존 국가의 영토 또는 그 국가의 관할하의 영토에서 신국가를 창설하는 데 성공한 집단의 행위는 국제법상 그 신국가의 행위로 간주된다.
3. 본 조는 제4조로부터 제9조에 의하여 국가의 행위로 간주되는 것으로서 문제 집단의 행위와 여하하든 관련이 있는 행위의 국가로의 귀속을 저해하지 않는다.

Art.10 [Conduct of an insurrectional or other movement]

1. The conduct of an insurrectional movement which becomes the new government of a State shall be considered an act of that State under international law.
2. The conduct of a movement, insurrectional or other, which succeeds in establishing a new State in part of the territory of a pre-existing State or in a territory under its administration shall be considered an act of the new State under international law.
3. This article is without prejudice to the attribution to a State of any conduct, however related to that of the movement concerned, which is to be considered an act of that State by virtue of articles 4 to 9.

(4) 국가에 의해 인정되고 채택된 사인의 행위

원래 국가의 행위로 귀속되지 않는 비국가기관, 즉 사인의 행위를 국가가 자신의 행위로 인정하고 채택하는(acknowledges and adopts) 경우에는 그 범위 내에서 문제의 행위가 그 국가의 행위로 간주된다. US Diplomatic and Consular Staff in Tehran사건(US v. Iran)에서 ICJ는 "이란의 회교지도자 호메이니와 이란 정부가 미국대사관을 점거하고 있는 시위자들의 행위를 승인하고 대사관 점거를 유지시키기로 한 결정은 그러한 행위를 이란의 행위로 전환시켰고, 이것은 시위대가 사실상 이란이라는 국가의 대리인이 되었다고 볼 수 있다. 따라서 대사관을 점거하고 인질잡기를 한 행위에 대하여 이란의 국가책임이 성립한다"고 판결하였다. Eichmann 사건도 제11조와 관련이 있다.7)

사인의 행위가 직접적으로 국가책임을 성립시키지는 않을지라도 국가책임 발생의 유인(incentive)으로 작용할 수 있다. 사인의 행위가 국가책임을 유인하는 경우는 국제의무를 위반에 해당하는 사인의 행위를 방지하기 위하여 사전에 '상당한 주의'(due diligence)를 다하지 않았다는 것과 그 의무위반으로 인한 침해에 대해 사후에 '국내적 구제'(local remedies) 취하지 않은 데에 다. 국가는 사인의 행위에 의해서 야기될 수 있는 행위를 방지하기 위해 상당한 주의를 다해 모든 합리적인 조치들을 취할 의무가 있다.

결론적으로 국가책임초안 제8조~제11조와는 별개로, 국제의무를 위반한 행위가 일반적인 사인의 행위라고 할지라도 사전에 '상당한 주의'로서 이를 방지하지 않았거나 사후에 적절한 '국내적 구제'를 취하지 않은 경우 국가책임이 성립할 수 있다.

US Diplomatic and Consular Staff in Tehran 사건(US v. Iran)에서 ICJ는 시위대의 행위를 이란혁명정부가 인정 또는 시인(endorsement) 함으로써 이란이라는 국가의 책임이 성립되었다는 결론과 함께 이란은 테헤란주재 미국대사관을 보호하기 위한 적절한 조치를 취해야 할 의무를 상당한 주의를 다하여 이행하지 않은 것에 대해서도 이란의 국가책임이 성립한다고 판단했다.

7) 김대순, 「국제법론」(제21판)(삼영사, 2022), 760면.

제11조 [국가에 의하여 자신의 행위로 인정하고 채택된 행위]

앞의 조항들(즉, 제4조~제10조)에 의하여 국가로 귀속되지 않는 행위도, 국가가 그 문제된 행위를 자신의 행위로 승인하고 채택하는 경우, 그 범위 내에서 국제법상 그 국가의 행위로 간주된다.

Art.11 [Conduct acknowledged and adopted by a State as its own]

Conduct which is not attributable to a State under the preceding articles shall nevertheless be considered an act of that State under international law if and to the extent that the State acknowledges and adopts the conduct in question as its own.

판례

Case concerning US Diplomatic and Consular Staff in Teheran(테헤란주재 미대사관인질 사건)(USA v. Iran), ICJ, 1980)

① 사실관계

1979년 이란에서 회교도 혁명이 발발하였고, 이를 지지하는 청년들로 구성된 혁명수호대는 테헤란 주재 미국 대사관에 진입하여 미국 외교관과 영사직원들을 인질로 잡고 그 동안 친미 성향의 팔레비 국왕을 지원한 미국에게 사과할 것을 요구하였다. 미국 대사관에 진입한 시위대에 의한 미국 대사관 점거 및 인질잡기는 444일 동안 계속되있다. 이런 상황에서 이란 혁명정부는 시위대의 행위를 묵인 또는 방조하였다. 이에 미국은 이란 정부의 이러한 행위가 외교관의 불가침권 및 외교공관의 불가침권을 침해에 해당하는 것이라고 주장하며 ICJ에 제소하였다.

② 판결 내용

외교관계에 관한 비엔나협약 제22조(외교공관의 불가침권) 및 제29조(외교관 신체의 불가침권) 등을 위반하였다고 판결하였다. 즉 접수국에게 외교공관의 불가침권이 침해되지 않도록 모든 적절한 조치(all appropriate steps)를 취해야 할 특별한 의무를 부과하고 있는 제22조 2항, 외교관 신체의 불가침권이 침해되지 않도록 모든 적절한 조치(all appropriate steps)를 취하도록 규정하고 있는 제29조를 위반하였다고 판결하였다. 이란 정부는 시위대에 의해 외교공관 및 외교관 신체의 불가침권이 침해되지 않도록 방지하거나 중단시키는 어떠한 조치도 취하지 않았다는 점을 이유로 이와 같이 판결하였다. 즉 이란 정부의 이러한 부작위(inaction)는 미국에 대하여 부담하고 있는 의무를 이란 정부가 명백하고 심각한 위반(clear and serious violation) 한 것이라고 판결하였다.

2. 국제의무의 위반

1) 국제의무위반의 존재

행위가 국가에 귀속된다고 하더라도, 국가책임이 성립하기 위해서는 국제의무위반이 존재하여야 한다. 다시 말해서 국가책임성립의 주관적 요건으로 문제의 행위가 국가에 귀속되고, 객관적 요건으로 그러한 행위가 국제법상의 의무를 위반하는 것이어야 한다. 국제의무위반에 대해서 국가책임을 설정하는 것은 논리적으로 타당하다. 통상적으로 국가행위의 위법성을 '국제법의 위반'(violation of international law)으로 인식하였으나 국가책임법 초안은 국제법상의 모든 위법행위를 국가책임성립의 객관적 요건으로 '국제의무의 위반'(breach of an international obligation)이라는 표현을 쓰고 있다. 국가의 행위가 국제의무에 의하여 그에게 요구되는 것과 일치하지 않는 경우에 그 국가의 국제의무위반이 존재한다.

제12조 [국제의무의 위반의 존재]

국가의 행위가 국제의무에 의하여 그에게 요구되는 것과 일치하지 않는 경우, 그 의무의 연원 또는 성질과 관계없이, 그 국가의 국제의무 위반이 존재한다.

Art.12 [Existence of a breach of an international obligation]

There is a breach of an international obligation by a State when an act of that State is not in conformity with what is required of it by that obligation, regardless of its origin or character.

국가책임의 구성요건으로 국제위법행위의 대상이 되는 의무는 반드시 조약이나 국제관습법에 의해서만 연유하는 것이 아니라 국제재판소의 판결, 국제기구의 구속력 있는 결의, 일방적 행위(unilateral acts)에 의해서도 생성된다. 따라서 국제위법행위란 단순한 국제법위반만을 의미 하는 것은 아니다. 일방적 선언을 국제의무의 연원으로 인정한 대표적인 사례는 1974년 Nuclear Test 사건이다.

2) 행위 시에 구속력 있는 의무의 위반

국가책임이 성립하기 위해서는 행위 발생 당시 책임국에게 구속력 있는 국제의무가 존재하고, 그 의무를 위반해야 한다. 즉 행위 시에 책임국에게 구속력이 있는 국제의무를 위반해야 한다. 이는 소급입법에 의한 국가책임의 추궁을 인정하지 않는다는 취지의 규정이다.

제13조 [국가에게 구속력 있는 의무]

국가의 행위는 그 행위 발생시 그 국가가 문제의 의무에 구속되지 않는 한, 국제의무의 위반을 구성하지 않는다.

Art.13 [International obligation in force for a State]

An act of a State does not constitute a breach of an international obligation unless the State is bound by the obligation in question at the time the act occurs.

3) 국제의무 위반의 시간적 연속

계속성 성격을 갖지 않는 국가행위로 인한 국제의무위반은, 그 효과가 계속된다 하더라도 그 행위가 수행된 시기에 발생한다(제1항). 이러한 범주에 해당하는 것을 편의상 '즉각적 위반'(instantaneous breach)이라고 한다. 이는 행위와 그 결과가 특정시점으로 고정될 수 있음을 의미한다. 반면에 계속적 성격을 갖는 국가행위로 인한 국제의무의 위반은 그 행위가 계속되고 국제의무와 합치되지 않는 상태로 남아 있는 전 기간 동안에 걸쳐 계속된다(제2항). '즉각적 위반'에 대응하여 이러한 범주를 '계속적 위반'(continuing breach)라고 부르기도 한다. 본질적으로 계속적 위법행위는 일정 기간 동안 연장되는 행위 과정을 특징으로 하며, 그 기간 내내 국제법 위반으로 계속 남는다.[8] 그리고 국가에게 일정한 사건을 방지할 것을 요구하는 국제의무의 위반은 그러한 사건이 발생하는 시기에 발생하며 그러한 사건이 지속되어 그 의무와 합치되지 않는 상태로 남아 있는 전 기간 동안에 걸쳐 계속된다(제3항).

제14조 [국제의무위반의 시간적 연속]

1. 계속성을 갖지 않는 국가 행위로 인한 국제의무의 위반은, 그 효과가 계속된다 하더라도 그 행위가 완성된 시기에 발생한다.
2. 계속성을 갖는 국가 행위로 인한 국제의무의 위반은 그 행위가 계속되고 국제의무와 불일치하는 상태로 남아있는 전 기간 동안에 걸쳐 연속된다.

---

8) James Crawford, *State Responsibility: The General Part*, Cambridge Univ. Press, 2013, pp.254, 258–259.

3. 국가에게 일정한 결과를 방지할 것을 요구하는 국제의무의 위반은 그러한 결과가 발생하는 시기에 발생하며 그러한 결과가 계속되어 그 의무와 불일치되는 상태로 남아있는 전 기간 동아에 걸쳐 연속된다.

Art.14 [Extension in time of the breach of an international obligation]

1. The breach of an international obligation by an act of a State not having a continuing character occurs at the moment when the act is performed, even if its effects continue.
2. The breach of an international obligation by an act of a State having a continuing character extends over the entire period during which the act continues and remains not in conformity with the international obligation.
3. The breach of an international obligation requiring a State to prevent a given event occurs when the event occurs and extends over the entire period during which the event continues and remains not in conformity with that obligation

4) 복합행위로 인한 국제의무 위반

전체적(총체적으로)으로 위법한 것으로 규정되는 일련의 작위 또는 부작위, 즉 복합행위(composite act)에 의한 국가의 국제의무 위반은 다른 작위 또는 부작위와 함께 결부하여 그러한 위법행위를 구성하기에 충분한 작위 또는 부작위가 발생한 시기에 성립한다(제1항). 이런 경우, 그 위반은 일련의 작위 또는 부작위 중 최초의 행위가 이루어진 시점으로부터 전 기간에 걸쳐 확대되며, 그러한 작위 또는 부작위가 반복되고 국제의무와 일치하지 않는 상태로 남아 있는 한 계속된다(제2항). 예를 들면 제노사이드, 아파르트헤이트, 인도에 반하는 범죄 등은 일반적으로 복합행위에 의해 이루어진다.

제15조 [복합행위(composite act)로 구성되는 위반]

1. 전체적으로 위법한 것으로 규정되는 일련의 작위 또는 부작위에 의한 국가의 국제의무 위반은, 다른 작위 또는 부작위와 함께 취해짐으로써 그러한 위법행위를 구성하기에 충분한 작위 또는 부작위가 발생한 시기에 성립한다.
2. 그러한 경우, 그 위반은 그 일련의 작위 또는 부작위 중 최초의 행위가 이루어진 시점으로부터 전 기간에 걸쳐 확대되며, 그러한 작위 또는 부작위가 반복되고 국제의무와 불일치하는 상태로 남아 있는 한 계속된다.

Art.15 [Breach consisting of a composite act]

1. The breach of an international obligation by a State through a series of actions or omissions defined in aggregate as wrongful, occurs when the action or omission occurs which, taken with the other actions or omissions, is sufficient to constitute the wrongful act.
2. In such a case, the breach extends over the entire period starting with the first of the actions or omissions of the series and lasts for as long as these actions or omissions are repeated and remain not in conformity with the international obligation.

3. 고의 · 과실 또는 손해의 발생은 국가책임의 성립요건인가?

전통적으로는 국가책임이 성립하기 위해서는 고의·과실 또는 손해의 발생이 필요하다고 보았다. 그러나 ILC의 2001년 국가책임법 초안은 국가책임의 성립요건으로 '행위의 국가귀속성'과 '국제의무위반'이라는 2가지만을 규정하고 있다. 그 이유는 고의·과실 또는 손해의 발생이 국가책임의 성립요건으로 필요한지 여부는 1차 규칙에 달려 있다고 보았기 때문이다. ILC 국가책임법 초안은 2차 규칙을 규정하고 있을 따름이나. 따라서 고의·과실 또는 손해의 발생이 국가책임의 성립요건으로 요구되는지 여부는 1차 규칙*의 내용과 해석에 달렸다. 따라서 이 문제는 2차 규칙*을 담고 있는 ILC 국가책임법 초안에서 규정할 사항이 아니다.

참고설명 **국제법상 규칙의 종류**

1) 1차 규칙(primary rules of conduct)

국제의무의 내용을 한정하고 있는 규칙을 말한다. 즉 국가들에게 의무를 부과하는 규칙(rules that place obligations on States)을 말한다. 국제법이 규율하고 있는 다양한 분야의 수많은 개별 조약상의 규정은 대부분 1차 규칙에 해당한다.

2) 2차 규칙(secondary rules)

1차 규칙을 위반했을 때 비로소 적용되기 시작하는 규칙을 말한다. 1차 규칙을 위반했을 때 적용되는 일반적이고 추상적인 규칙이다.

※ 여기서 다루고 있는 국가책임법 초안은 1차 규칙을 위반했을 때 적용되는 2차 규칙에 해당한다.

국제법학에서는 고의 또는 과실의 국가책임 성립요건인지 여부에 관해 크게 두 가지 이론이 대립한다. 먼저 객관적 책임론(또는 무과실책임론)이다. 이는 국가기관의 국제의무위반'만'으로 국가책임이 성립한다고 주장하는 견해이다. 반면에 주관적 책임론(또는 과실책임론)은 국가기관의 국제의무위반에 추가하여 국가기관(공무원)의 고의 또는 과실이 필요하다는 견해이다. 이와 관련하여 국제관습법의 입장은 분명하지 않다. 과실책임론을 지지한 판례도 있고 그렇지 않은 판례도 있다.

그리고 전통 국제법에 따르면, 국가책임이 성립하기 위해서는 손해발생이 필요하다고 보았다. 국제법상 법률관계를 '가해국' 대(對) '피해국'의 관계로 인식하고 손해가 있어야 당사자적격이 있다고 보았다. 그러나 현대 국제법에서는 구체적인 손해 발생을 국가책임의 필수적인 성립요건으로 보지 않는다. 특히 대세적 의무의 등장으로 국제법상 법률관계가 '가해국' 대(對) '국제공동체 전체'의 구도가 인정되어 실제로 '손해를 입지 않은 국가'(피해국 이외의 국가)도 국제청구를 제기할 수 있게 되어[9] 손해의 발생이 국가책임의 필수불가결한 요소가 아니라는 점을 알 수 있다. ILC도 국가책임의 성립 요소로 손해와 같은 추가요소가 요구되는지 여부는 "1차 의무의 내용(content of the primary obligation)에 달려 있으며, 이 문제에 있어서 일반규칙은 존재하지 않는다"라는 입장을 나타낸 바가 있다.

9) 국가책임법 초안 제48조는 '피해국 이외의 국가'가 국가책임을 추궁할 수 있는 근거를 제공하고 있다.

제 3 절 타국의 행위와 관련한 국가책임

1. 지원국 또는 원조국의 국가책임

다른 국가의 국제위법행위를 지원하거나 원조하는 국가는, 그러한 국제위법행위의 상황을 알면서도 그 같이 행동하며, 그리고 그 행위를 그 국가가 행하였어도 국제적으로 위법할 경우, 그같이 지원하거나 원조한 행위에 대하여 국제책임이 있다. 한 국가가 다른 국가의 국제위법행위 수행을 지원 또는 원조하는 경우 전자의 국가책임도 성립한다는 규정이다. 원조국의 책임이 성립하기 위해서는 주관적 요소인 인식과 의도(knowledge and intent)가 있어야 한다. 즉 원조국은 국제위법행위의 상황에 관하여 알고 있어야 한다. 단지 추정적인 인식이 아니라 국제위법행위를 지원하거나 원조하려는 의도가 있어야 한다.

예를 들면, A국은 B국이 C국을 무력공격할 때 자국의 공군기지가 무력공격에 사용되는 것을 말면서도 이용하게 하였다면 B국의 국가책임과는 별도로 B국은 A국의 국제위법행위를 지원 또는 원조한 국가로 자신의 국제책임이 있다.

제16조 [국제위법행위의 자행에 대한 지원 또는 원조]

타국에 의한 국제위법행위의 자행에 있어서 그 타국을 지원하거나 원조하는 국가는 다음의 경우 그 같이 행동한 데 대하여 국제적으로 책임을 진다.

(a) 그 국가가 그 국제위법행위의 상황을 인식하고 그같이 행동하며,

(b) 그 행위가 그 국가에 의하여 자행된다면 국제적으로 위법할 경우.

Art.16 [Aid or assistance in the commission of an internationally wrongful act]

A State which aids or assists another State in the commission of an internationally wrongful act by the latter is internationally responsible for doing so if:

(a) That State does so with knowledge of the circumstances of the internationally wrongful act; and

(b) The act would be internationally wrongful if committed by that State.

2. 지휘 및 통제국의 국가책임

다른 국가의 국제위법행위를 지휘하고 통제하는 국가(통제국)는, 그러한 국제위법행위의 상황을 알면서도 그 같이 행동하였으며, 그리고 그 행위를 그 국가가 행하였어도 국제적으로 위법이 될 경우, 그 같이 지휘하거나 통제한 행위에 대하여 국제적으로 책임이 있다. 지휘 및 통제(direction and control)는 단순히 잠재적이거나 문서상(on paper)으로가 아니라 실제적이고 실효적으로 이루어져야 한다. 더불어 통제국의 책임이 성립하기 위해서는 주관적 요소인 인식과 의도(knowledge and intent)가 있어야 한다. 즉 통제국은 국제위법행위의 상황에 관하여 알고 있어야 한다.

제17조 [국제위법행위의 자행에 대하여 이루어진 지시 및 통제]

타국에 의한 국제위법행위의 자행에 있어서 그 타국을 지시하고 통제하는 국가는 다음의 경우 그 행위에 대하여 국제적으로 책임을 진다.

(a) 그 국가가 그 국제위법행위의 상황을 인식하고 그같이 행동하며,

(b) 그 행위가 그 국가에 의하여 자행된다면 국제적으로 위법할 경우.

Art.17 [Direction and control exercised over the commission of an internationally wrongful act]

A State which directs and controls another State in the commission of an internationally wrongful act by the latter is internationally responsible for that act if:

(a) That State does so with knowledge of the circumstances of the internationally wrongful act; and

(b) The act would be internationally wrongful if committed by that State.

3. 강제국의 국가책임

다른 국가로 하여금 어떠한 행위를 행하도록 강제하는 국가(강제국)는, 그 강제가 없었더라면 그 행위가 이를 강제받은 국가(피강제국)의 국제위법행위를 구성할 것이며, 그리고 그 국가가 그러한 행위의 상황을 인식하고 그같이 행동하였을 경우, 그 강제 행위에 대하여 국제적으로 책임이 있다. 간단히 말해 다른 국가가 국제위법행위를 하도록 강제(coercion)하여 그런 행위가 발생한 경우라면 그 강제국의 국가책임이 성립한다. 먼저 객관적 요소인 강제국의 행위는 피강제국의 의사를 지배하고 피강제국에게 선택의 여지를 주지 않는다. 여기에 해당하는 행위는 단지 귀찮거나 성가지 정도가 아니라 강요하는 것이어야 한다. 강제국의 책임이 성립하기 위해서는 주관적 요소인 인식과 의도(knowledge and intent)가 있어야 한다.

그리고 여기서의 강제에는 조약법에 관한 비엔나협약 제52조상의 강제, 즉 무력의 위협 또는 사용에 의한 강제 이외의 경제적·정치적 강제도 포함된다.

제18조 [타국에 대한 강제]

타국으로 하여금 어떠한 행위를 행하도록 강제하는 국가는 다음의 경우 그 행위에 대하여 국제적으로 책임을 진다.

(a) 그 강제가 없다면 그 행위가 그 강제된 국가의 국제위법행위를 구성할 것이며,

(b) 강제하는 국가가 그러한 행위의 상황을 인식하고 그같이 행동하는 경우.

Art.18 [Coercion of another State]

A State which coerces another State to commit an act is internationally responsible for that act if:

(a) The act would, but for the coercion, be an internationally wrongful act of the coerced State; and

(b) The coercing State does so with knowledge of the circumstances of the act.

참고설명 **제16조, 제17조 및 제18조의 적용과 고의문제**

어떤 행위가 수행되면 국제위법행위임을 '알면서도'(with knowledge)도 타국의 국제위법행위를 원조 또는 지원하거나(aid or assist)(제16조), 타국의 국제위법행위의 수행을 지휘 및 통제하거나(direct and control)(제17조), 또는 국제위법행위를 하도록 타국을 강제하여야(coerce)(제18조) 비로소 국가책임이 발생한다. 때문에 이들의 경우 국가책임이 성립하기 위해서는 고의(故意)의 존재가 필요하다.

참고설명 **지휘/통제(direction and control)와 강제(coercion)의 차이**

제18조의 강제는 제17조의 지휘/통제의 최고의 극단적인 경우로, 지휘하고 통제하는 국가뿐만 아니라 피통제국의 국가책임이 발생하지만, 강제국은 단독으로 국가책임을 지게 되고 피강제국은 국가책임이 면제된다.[1)]

4. 의무위반국의 국가책임

제19조 [본 장의 효과]

본 장은 문제된 행위를 자행한 국가 또는 여타의 국가들에게 본 조항들의 타 규정에 의하여 부과되는 국제책임을 저해하지 않는다.

Art.19 [Effect of this Chapter]

This Chapter is without prejudice to the international responsibility, under other provisions of these articles, of the State which commits the act in question, or of any other State.

지원국(원조국)이나 지시국(통제국), 또는 강제국의 국가책임과는 별도로 문제의 의무위반국의 국가책임도 성립한다. 다만 다른 국가의 강제에 의해 국제위법행위를 자행한 의무위반국은 불가항력(초안 제23조)이라는 위법성조각사유를 원용할 수 있다.

1) Robert Kolb, *The International Law of State Responsibility*, Cheltenham: Edward Elgar Publishing, 2017, p.220.

제 4 절 위법성조각사유

1. 위법성을 배척하는 6가지 사유

ILC 국가책임법 초안은 일반국제법상 인정되고 있는 위법성조각사유를 제시하고 있다. 초안에서 규정하고 있는 6가지의 위법성조각사유로는 동의(제20조), 자위(제21조), 대응조치(제22조), 불가항력(제23조), 조난(제24조), 그리고 필요성(제25조)이 있다. 이러한 위법성조각사유가 존재하면 국제의무의 위반이 존재하더라도 국가책임이 면제된다. 그러나 일반국제법상의 강행규범을 위반하는 경우에는 위법성이 조각되지 않는다.

1) 피해국의 유효한 동의

피해국의 유효한 동의(valid consent)에 의해 이루어진 타국의 특정한 행위는 그 행위가 그 동의의 범위 안에 한정되는 한, 동의를 한 국가에 대한 관계에서 그 행위의 위법성이 조각된다. 먼저, 피해국의 동의는 '유효한' 동의이어야 한다. 동의가 유효하게 주어질 수 없는 경우가 있는데, 이에 해당하는 경우가 강행규범을 위반하는 행위를 허락하는 것인데 이는 유효한 것이 아니다. 그리고 문제의 행위가 동의의 범위 내에서 이루어진 경우에 그 행위의 위법성이 조각된다.

예를 들면, 타국의 동의 하에 항공기가 타국의 영공을 비행하거나 혹은 선박이 타국의 내수를 통과하거나, 타국의 영토에 시설을 설치하거나, 타국의 영토 내에서 조사활동을 하는 경우 또는 타국의 요청으로 인도적 구조, 타국의 승인 하에 그 국가 영토 내에 있는 사람을 체포·구금하는 경우를 들 수 있다.

A국의 군대가 B국의 영토를 무력으로 점령하였다면 A국은 B국의 영토주권을 침해하고, 무력사용금지의무를 위반한 것이나, B국의 동의 하에 A국 군대가 B국에 주둔하는 것이라면 그러한 행위의 위법성은 조각된다.

위법행위에 대한 동의는 사전에 또는 행위 시에 부여될 수 있다. 그러나 사후에 해당 행위에 대한 동의가 이루어진 경우에는 청구의 포기로 보아 동의한 피해국은 위반국에 대해 국제책임을 주장할 권리를 상실하게 된다(제45조).

제20조 [동의]

한 국가가 타국이 일정한 행위를 취하는 데 대하여 부여한 유효한 동의는 그 행위가 그 동의의 범위 내에서 이루어지는 한, 전자의 국가와 관련하여 그 행위의 위법성을 조각한다.

Art.20 [Consent]

Valid consent by a State to the commission of a given act by another State precludes the wrongfulness of that act in relation to the former State to the extent that the act remains within the limits of that consent.

2) 자위권 행사

국제연합 헌장 제2조 제4항에는 무력의 위협 또는 사용 금지 원칙을 규정하고 있다. 이러한 원칙에 대한 예외로서 자위(self-defence)를 허용하고 있다. 국제연합 헌장 제51조에는 자위권을 국가의 고유한 권리(inherent right)라고 규정하고 있다. 따라서 국제연합 헌장에 부합하는 합법적인 자위조치는 위법성이 조각된다. 자위권의 행사는 현대 국제법의 가장 큰 성과라고 볼 수 있는 무력사용금지원칙의 예외에 해당한다. 그러므로 헌장 제51조상의 자위권을 행사하는 국가는 제2조 제4항을 위반하는 것이 아니다.

제21조 상의 자위는 합법적인 자위조치, 즉 국제법의 한계 내에서 취해진 행위에 한하여 위법성을 조각시킨다. 여기서 "합법적"이라는 개념은 자위라는 개념에 내재된 비례성과 필요성의 요건을 충족시키고, 국제무력충돌에 적용되는 모든 제한 의무를 존중하는 것을 의미한다. 다시 말해서, 자위권을 행사하는 경우 무력행사가 무제한적으로 허용되는 것은 아니며 자위의 경우에도 국제인도법과 국제인권법상의 의무를 준수해야 한다. 또한 자위권의 행사의 합법성 요건으로는 필요성의 원칙과 비례성의 원칙이 있다.

제21조 [자위(自衛)]

국가의 행위가 국제연합헌장에 따라 취해진 자위의 적법한 조치를 구성하는 경우, 그 행위의 위법성이 조각된다.

Art.21 [Self-defence]

The wrongfulness of an act of a State is precluded if the act constitutes a lawful measure of self-defence taken in conformity with the Charter of the United Nations.

1837년 영국의 군인들이 캐나다의 반란세력에게 도움을 주고 있던 미국 선박에 불을 질러 나이아가라 폭포 속으로 집어넣은 Caroline호 사건에서 Daniel Webster(미국 국무부장관)은 1841년 4월 24일 서한에서 "자위권은 그 필요성이 급박하고, 압도적이며, 다른 수단을 선택할 여지가 없고, 숙고할 여지가 전혀 없는 경우에만 허용되며"(a necessity of self−defence, instant, overwhelming, and leaving no choice of means, no moment for deliberation), 또한 "자위권의 필요성에 의해 정당화되는 행위는 바로 그 필요성에 의해 제한되어야 하므로, 명백히 그 범위 내에 있어야 하기 때문에 불합리하거나 과도한 것이어는 아니 된다"(nothing unreasonable or excessive; since the act, justified by the necessity of self−defence, must be limited by that necessity, and kept clearly within it")(필요성의 원칙과 비례성의 원칙)라고 주장한 바가 있다.

Nicaragua사건(1986)에서도 ICJ는 "국제관습법상 잘 확립된 규칙에 의하면, 무력공격에 비례하고(proportional) 그것에 대응하는데 필요한(necessary) 조치들만이 자위의 이름으로 허용된다."라고 판결하였다.

국제연합 헌장 제51조

이 헌장의 어떠한 규정도 국제연합회원국에 대하여 무력공격이 발생한 경우, 안전보장이사회가 국제평화와 안전을 유지하기 위하여 필요한 조치를 취할 때까지 개별적 또는 집단적 지위의 고유한 권리를 침해하지 아니한다. 자위권을 행사함에 있어 회원국이 취한 조치는 즉시 안전보장이사회에 보고된다. 또한 이 조치는, 안전보장이사회가 국제평화와 안전의 유지 또는 회복을 위하여 필요하다고 인정하는 조치를 언제든지 취한다는, 이 헌장에 의한 안전보장 이사회의 권한과 책임에 어떠한 영향도 미치지 아니한다.

Art.51

Nothing in the present Charter shall impair the inherent right of individual or collective self-defence if an armed attack occurs against a Member of the United Nations, until the Security Council has taken measures necessary to maintain international peace and security. Measures taken by Members in the exercise of this right of self-defence shall be immediately reported to the Security Council and shall not in any way affect the authority and responsibility of the Security Council under the present Charter to take at any time such action as it deems necessary in order to maintain or restore international peace and security.

3) 대응조치

타국의 국제위법행위에 대응하여 그 위법행위를 중단시키고 피해에 대해 배상을 받기 위해 취하 비무력적 대응조치는 위법성이 조각된다. 대응조치(countermeasures)란 피해국이 의무위반국의 위법행위를 중단시키고 또 이미 발생한 위법행위에 대한 완전한 손해배상을 얻어내기 위하여 의무위반국에 대해 부담하고 있는 국제의무를 이행하지 아니하는 것을 의미한다. 대응조치란 피해국이 타국의 선행된 국제위법행위에 대해 반응하는 비무력적 행위이다.

일정한 실체적 / 절차적 조건을 만족하는 대응조치가 합법적이라고 인정되어 위법성이 조각되기 위해서는 일정한 실체적 요건 및 절차적 요건을 충족해야 한다(뒤의 국가책임의 추궁에서 기술함). Gabčíkovo-Nagymaros Project 사건[1]에서 ICJ는 일정한 조건을 충족하는 경우 타국의 위법행위에 대하여 취하는 위법행위도 정당화될 수 있다고 보았다.

과거에는 복구(reprisal)라는 이름으로 널리 알려져 있었으나 현대 국제법에서는 더 이상 무력복구를 허용하지 않고 있기 때문에 이의 혼동을 방지하기 위해 대응조치라는 용어를 사용하고 있다. 대응조치는 '국가책임의 이행'과도 관련이 있어서 초안은 제3부 제2장(제49조~제54조)에서 대응조치에 대하여 상세한 규정을 별도로 두고 있다.

1) Gabčíkovo-Nagymaros Project (Hungary/Slovakia), ICJ Reports(1997), p.55, para. 83.

第22条 [국제위법행위에 대한 대응조치]

국가의 행위로서 타국에 대한 국제의무와 일치하지 않는 행위는 그 행위가 제3부 제2장에 따라 그 타국에 대하여 취해지는 대응조치를 구성하는 경우, 그 위법성이 조각된다.

Art.22 [Countermeasures in respect of an internationally wrongful act]

The wrongfulness of an act of a State not in conformity with an international obligation towards another State is precluded if and to the extent that the act constitutes a countermeasure taken against the latter State in accordance with Chapter II of Part Three.

4) 불가항력

불가항력으로 인한 행위는 위법성이 조각된다. 여기서 불가항력이라 함은 국가의 통제 밖에 있어서 그 상황에서 그 의무이행을 실질적으로(materially) 불가능하게 만드는, 저항할 수 없는 힘 또는 예측하지 못한 사건의 발생을 말한다. 위법성조각사유로 불가항력이 인정되기 위해서는 첫째, 문제의 행위가 저항할 수 없는 힘 또는 예측하지 못한 사건의 발생으로 인한 것이며, 둘째, 문제의 행위가 해당국의 통제를 벗어난 것이며, 셋째, 이로 인해 국제의무이행이 실질적으로 불가능하게 되었을 것을 필요로 한다.

힘(force)을 수식하는 "저항할 수 없는"이라는 형용사는 국가가 스스로의 방법에 의해 회피하거나 대항할 수 없는 제한이 있어야 한다는 점을 의미한다. 그리고 "예상하지 못한" 사건이란 예측되지 않았거나, 쉽게 예측할 수 없는 종류의 사건이어야 한다는 것을 의미이다. "저항할 수 없는 힘" 혹은 "예상하지 못한 사건"은 국제의무이행이 실질적으로 불가능한 상황과 인과관계가 있어야 한다. 그리고 불가항력의 상황이 지속되는 한에서 국가 행위의 위법성은 조각된다.

불가항력을 원용할 수 있는 상황으로는 악천후로 항공기가 타국의 영공에 들어간 경우, 홍수, 지진 등 심각한 자연재해, 중앙정부의 실효적 통제를 완전히 벗어난 반란이나 내란의 경우, 타국에 의한 군사 점령 등이 해당한다. 타국에 의한 힘을 포함한 강제라는 특정한 상황도 불가항력이 될 수도 있다. 특히 그러한 상황은 저항할 수 없을 정도로 관련 국가가 그런 상황을 피할 수 있는 가능성이 없어야 한다. 불가항력에는 일반적인 정도의 정치적·경제적 위기로 인해 국제의무이행이 어려워진 상황은 포함되지 않는다. 또한 그러한 상황에 대처할 수 있는 가능한 조치를 적절히 취하지 않는 경우라면 불가항력을 원용할 수 없을 것이다.

그리고 불가항력의 상황에 대한 원인을 제공하거나, 이를 야기한 국가는 불가항력을 주장할 수 없다. 제23조 제2항 (a)호에 따르면 불가항력의 상황의 발생이 단독으로든 다른 요소와 결합하여서든 이를 주장하는 국가의 행위에 기인하는 경우 불가항력을 주장할 수 없다. 요컨대, 제23조 제2항 (a)호가 적용되기 위해서는 당해 국가의 행위 때문에 불가항력의 상황이 발생해야 한다.

또한 불가항력적 상황 발생의 위험을 예측하고 이를 수용한 국가는 불가항력을 원용할 수 없다. 제23조 제2항 (b)호에 따르면 해당 국가가 특정한 상황이 발생하는 것을 예방하기로 약속하였거나 아니면 그러한 위험을 부담하기로 하였다면, 불가항력이 이행의무를 면제시켜주지 않는다. 따라서 어느 국가가 특정한 위험에 대한 책임을 수락했다면, 그 국가는 책임을 회피하기 위하여 불가항력을 원용할 수 없다.

제23조 [불가항력(force *majeure*)]

1. 국가의 행위로서 그 국제의무와 일치되지 않는 행위는 그 행위가 불가항력에 기인하는 경우 위법성이 조각된다. 불가항력이라 함은 그 국가의 통제밖에 있음으로써 그 국가로 하여금 그 상황에서 문제의 의무를 이행하는 것을 실질적으로 불가능하게 만드는 저항할 수 없는 힘 또는 예측하지 못한 사고(사건)의 발생을 말한다.
2. 제1항은 다음의 경우에는 적용되지 않는다.
   (a) 불가항력의 상황이 이를 원용하는 국가의 행위에, 단독적으로 또는 다른 요소들과 결합하여, 기인하는 경우, 또는
   (b) 그 국가가 그러한 상황 발생의 위험을 부담하였던 경우.

Art.23 [Force *majeure*]

1. The wrongfulness of an act of a State not in conformity with an international obligation of that State is precluded if the act is due to force majeure, that is the occurrence of an irresistible force or of an unforeseen event, beyond the control of the State, making it materially impossible in the circumstances to perform the obligation.
2. Paragraph 1 does not apply if:
   (a) The situation of force majeure is due, either alone or in combination with other factors, to the conduct of the State invoking it; or
   (b) The State has assumed the risk of that situation occurring.

Rainbow Warrior 사건에서 프랑스는 자신의 행위에 대하여 위법성을 조각하는 사유로 불가항력을 주장하였으나 중재재판부는 다음과 같이 프랑스의 불가항력 주장을 인정하지 않았다.

"불가항력이 이 사안과는 관련이 없다는 뉴질랜드의 주장이 정당하다. 불가항력은 절대적이고 실질적인 불가능을 말하는 것이며, 의무이행이 좀 더 어려워지거나 부담이 되는 상황은 불가항력에 해당되지 않는다."[2]

어떤 국가가 전쟁 때문에 외채를 상환하는 것이 불가능하다고 주장하는 경우 이는 불가항력에 해당하는가?

5) 조난

자신의 행위가 국가에 귀속되는 자(즉 국가기관)가 조난(distress)을 당하여 '자기 또는 자신의 보호 하에 있는 사람의 생명'을 구할 다른 합리적 방법이 없는 상황에서 문제의 행위가 그 국가의 국제의무에 일치하지 않더라도 위법성이 조각된다. 예를 들어, 악천후와 같은 긴급상황에서 군용기가 동의 없이 타국 영공에 들어간 경우에 조난을 원용하여 위법성이 조각될 수 있다. 조난은 오로지 국가의 기관(agent)이 절박한 상황에서 '사람의 생명'을 구하기 위해서 행동한 경우에 원용할 수 있는 위법성조각사유이다. 그러나 조난 상황이 (단독으로 혹은 다른 요소와 결합하여) 그것을 원용하는 국가의 행위에 기인하거나(due to the conduct of the state invoking it), 또는 문제의 행위가 그에 대등하거나 더 중대한 위험을 발생시킬 우려가 있는 경우에는 원용할 수 없다.

불가항력의 경우와 마찬가지로 원용하는 국가에 의하여 유발된 상황과 관련해서는 조난을 원용할 수 없다. 제2항 (a)호에 따르면 그 국가의 단독 행위이나 다른 요소와 결합된 행위에 의하여 조난상황이 발생한 경우에는 조난을 위법성조각사유로 주장할 수 없다. 이는 불가항력과 관련한 제23조 제2항 (a)호와 동일한 접근방식이다. 그러나 조난 상황에서 행동하는 자는 제23조의 불가항력 상황과 달리 비자발적으로(involuntarily) 행동하는 것은 아니다.

제2항 (b)호에 따르면, 문제의 행위가 그와 대등하거나 더 큰 위험을 만들 가능성이 있는 경우에는 조난이 적용되지 않는다. 따라서 보호하려는 이익이 침해되는 다른 이익보다 명백히 우월한 경우에만 조난에 의한 위법성이 조각된다. 그로 인하여 더 많은 생명이 위협받거나 더 중대한 위험이 야기되면, 그 행위에는 조난이 적용되지 않는다. 예를 들어 폭탄을 적재한 군용기의 비상착륙은 커다란 재난을 초래할 수 있고, 심각한 고장이 발생한 원자력 잠수함이 항구로 대피하는 것은 방사능 오염을 초래하여 항구도시에 살고 있은 사람들에게 더 중대한 위험을 야기할 수 있다.

---

2) Rainbow Warrior (New Zealand/France), UNRIAA, vol. XX, p. 217(1990), p. 253.

제24조 [조난(distress)]

1. 국가의 행위로서 그 국제의무와 일치되지 않는 행위는 그 문제의 행위 주체가 조난의 상황에 처하여 그 행위 주체의 생명 또는 그 행위 주체의 보호에 맡겨진 다른 사람들의 생명의 구조를 위하여 여하한 다른 합리적 수단을 확보하지 못하는 경우, 그 위법성이 조각된다.
2. 제1항은 다음의 경우에는 적용되지 않는다.
   (a) 조난 상황이 이를 원용하는 국가의 행위에, 단독적으로 또는 다른 요소들과 결합하여, 기인하는 경우, 또는
   (b) 그 문제의 행위가 그와 대등한 또는 그보다 더 중대한 위험을 야기할 우려가 있는 경우.

Art.24 [Distress]

1. The wrongfulness of an act of a State not in conformity with an international obligation of that State is precluded if the author of the act in question has no other reasonable way, in a situation of distress, of saving the authors life or the lives of other persons entrusted to the authors care.
2. Paragraph 1 does not apply if:
   (a) The situation of distress is due, either alone or in combination with other factors, to the conduct of the State invoking it; or
   (b) The act in question is likely to create a comparable or greater peril.

조난은 악천후나 그로 인한 기기고장으로 항공기가 다른 국가 영역으로 들어가는 경우와 주로 관련되었다. 그런데 악천후로 항공기가 통제기능을 잃고, 타국의 허가 없이 그 국가의 영공으로 들어간 경우, 조난에 근거하여 위법성이 조각될 것인지 아니면 불가항력에 근거하여 위법성이 조각될 수 있을 것인가? 이 두 가지 사안이 항상 명확하지는 않다. 항공기가 통제할 수 없는 상황에서 타국의 영공으로 들어간 경우는 불가항력을, 항공기 조정사가 승객의 생명을 구하기 위하여 의도적으로 타국의 영공으로 진입한 경우에는 조난을 원용할 수 있을 것이다.

예를 들어 1946년 미군 수송기들이 유고슬라비아 영공을 침범한 것이 그 예이다. 두 차례에 걸쳐 미군 수송기들이 동의 없이 유고슬라비아 영공을 침범하였다가 유고슬라비아 방공부대에 의해 격추되었다. 미국은 자국의 군용기가 오직 극도의 위험을 피하려는 목적으로 유고슬라비아 영공에 들어갔다며 유고슬라비아의 행위에 대하여 항의하였다. 그 후 유고슬라비아는 조난·악천후와 같은 긴급상황에서는 동의 없이도 자국의 영공에 들어올 수 있다는 점을 인정한 바가 있다.

선박이 다른 국가의 영해로 들어간 사례에서도 조난이 주장된 바가 있다. 1975년 영국군함이 아이슬란드 영해에 들어갔는데 영국은 그 함정이 국제관습법상 인정된 악천후로부터의 피난권을 행사하였다고 주장하였다. 아이슬란드는 영국함정이 오로지 분쟁을 야기할 목적으로 영해를 침범하였다고 주장하면서도, 영국함정이 조난에 처하여 있었다면 자신의 영해로 들어올 수 있음을 부인하지는 않았다.[3)]

불가항력 및 / 또는 조난과 관련한 판례

Rainbow Warrior호 사건

1985년 7월 뉴질랜드 오클랜드 항구에 정박 중이던 Rainbow Warrior호가 폭파되어 침몰되었다. 이 사고와 관련하여 프랑스 군인 Mafart소령과 Prieur대위가 뉴질랜드 당국에 의해 혐의자로 체포되어 10년형을 선고받았다. 이 문제로 갈등을 겪던 프랑스와 뉴질랜드는 유엔사무총장에게 중재를 부탁하기로 합의하였고, 1986년 7월 6일 유엔사무총장은 다음과 같이 중재결정을 내렸다. 1)프랑스는 뉴질랜드에 700만 달러 지불하라. 2)프랑스 군인 2명은 프랑스령 폴리네시아 Hao섬 군기지에 3년간 구금하라. 3)합의의 해석 및 적용에 관한 분쟁은 중재재판에 의해 해결한다.

이후 1987년 12월 Mafart소령은 신병치료를 이유로, Prieur대위는 임신을 이유로, 뉴질랜드 동의 없이 Hao섬에서 프랑스로 이송되었다. 이에 뉴질랜드는 프랑스가 중재결정을 위반하였다고 주장하며, 중재재판을 제기하였다.

프랑스는 자신들의 행위에 대해서 불가항력과 조난을 들어 항변하였다. 1990년 4월 30일 중재판정부는 프랑스가 주장한 "불가항력은 비자발적 행위로 이행을 절대적 또는 물리적으로 불가능하게 하는 사유이므로 이 사건에는 해당하지 않는다."고 판정하였다. 상황이 어렵고 부담스런 것으로는 불가항력의 상황을 구성하지는 않으며, 그 같은 변명은 본 사건과 관련이 없다고 결론을 내렸다. 또한 Hao 섬으로부터의 2인 요원의 프랑스로의 이송은 "국가기관인 자연인의 기본적인 인도적 고려에 따른 긴급한 조난상황"에서의 행위였다라는 프랑스 주장에 대하여 중재판정부는 이러한 항변이 원칙적으로 가능하다는 점에 대하여는 전원일치로 긍정하였고, 다수의견은 문제된 2인 중 1인(Mafart소령)에 대하여는 조난이 적용된다고 판정하였다. 그러면서 중재판정부는 프랑스의 행위가 조난으로 정당화되기 위해서는 의학적 또는 기타의 긴급한 상황이 존재할 것(단 다른 이해 당사자가 그러한 예외적 상황의 존재를 추후 인정하거나 프랑스가 그 상황의 존재를 명백히 입증하여야 함), 해당 상황이 종료되면 즉시 당초의 상황을 회복할 것(프랑스로 송환을 정당화 시킬 긴급상황이 소멸된 즉시 2인의 요원을 Hao섬으로 재이송하였을 것), 1986년 협정과 관련하여 뉴질랜드의 동의를 얻기 위해 성실한 노력할 것이라는 3가지 조건이 충족될 필요가 있다라는 판정을 내려 조난도 인정하지 않았다.

실제로 요원 중 1인(Mafart소령)은 비록 생명에 대한 위협은 아니었지만 중대한 위험에 처하여 있었고, 그것이 절박하였다고 할 수 있었다. 반면에 다른 요원(Prieur 대위)의 사유, 즉 임신으로 인한 진료 및 부친 임종은 긴급상황이라고 보기 어려웠다. 그 요원과 태아의 생명이 위협받던 것은 아니었고, 근처에 훌

3) ILC 국가책임법 초안 제24조 주석.

륭한 의료시설도 있었다. 중재판정부는 "이러한 상황이 Prieur 대위을 (프랑스로) 이송한 것과 이 두 요원을 Hao 섬에 재송환하지 않은 프랑스의 책임을 정당화하지 않는 것은 명백하다. 이는 의무위반에 해당된다."라고 판정하여 조난을 인정하지 않았다

참고설명 **조난과 불가항력의 차이**

조난은 국제의무 이행이 물리적으로 불가능한 것은 아니지만 의무를 이행하려면 자기나 자신에게 보호를 위탁한 타인의 생명이 위태로워지는 경우인 반면에 불가항력은 국가의 통제 범위를 벗어나 있는 어떤 저항할 수 없는 힘으로 인해 국제의무의 이행이 불가능하게 된 경우를 말한다. 그리고 불가항력으로 인한 행위는 비자발적(involuntarily)이며 강요된 행위인 반면에 조난은 비자발적인 행위가 아니다.

6) 필요성

필요성(necessity, 또는 긴급피난)의 경우에도 위법성이 조각된다. 필요성이 인정되기 위해서는 두 가지 요건이 필요하다. 첫째, 문제의 피난행위는 그 국가의 중대하고 급박한 위험(a grave and imminent peril)으로부터 국가 또는 국제공동체의 본질적 이익(an essential interest)을 보호하기 위해서 취해진 유일의 방법(only way)이어야 한다. 둘째, 문제의 피난행위로 인하여 의무이행의 상대국(들)(피해국) 또는 국제공동체 전체의 '본질적' 이익이 심각하게 훼손되지 않아야 한다(제1항). 필요성은 이러한 두 가지의 엄격한 요건이 누적적으로 충족되어야만 위법성조각사유로 인정된다. 필요성이란 용어는 중대하고 급박한 위험에 처한 국가의 본질적 이익을 보호할 수 있는 유일한 방법이 중요성이나 긴급성이 덜한 다른 국제의무의 이행을 일시적으로 이행하지 않는 것과 관련이 있다.

한편 문제의 국제의무가 긴급피난을 원용할 수 있는 가능성을 배제하고 있거나, 그러한 상황 발생에 기여한 국가는 위법성조각사유로서 필요성을 원용할 수 없다(제25조 제2항).

제25조 [필요성(necessity)]

1. 다음의 경우를 제외하고는, 필요성은 국가의 국제의무와 일치하지 않는 행위의 위법성을 조각시키기 위한 사유로서 원용될 수 없다.
   (a) 그 행위가 그 국가에게 있어서 중대하고 급박한 위험으로부터 본질적 이익을 보호하기 위한 유일한 수단인 경우, 그리고

(b) 그 행위가 그 의무의 상대국(들) 또는 국제공동체 전체의 본질적 이익을 중대하게 침해하지 않는 경우.

2. 여하한 경우에도, 필요성은 다음의 경우에는 위법성 조각을 위한 근거로서 국가에 의하여 원용될 수 없다.
(a) 문제의 국제의무가 필요성의 원용 가능성을 배제하고 있는 경우, 또는
(b) 그 국가가 필요성의 상황 조성에 기여한 경우.

Art.25 [Necessity]

1. Necessity may not be invoked by a State as a ground for precluding the wrongfulness of an act not in conformity with an international obligation of that State unless the act:
(a) Is the only way for the State to safeguard an essential interest against a grave and imminent peril; and
(b) Does not seriously impair an essential interest of the State or States towards which the obligation exists, or of the international community as a whole.
2. In any case, necessity may not be invoked by a State as a ground for precluding wrongfulness if:
(a) The international obligation in question excludes the possibility of invoking necessity; or
(b) The State has contributed to the situation of necessity.

필요성은 자위권 행사나 대응조치와는 달리 선행된 위법행위에 대한 대응이 아니라는 점에서 다르다. 또한 필요성은 불가항력(제23조)과 달리 비자발적이거나 강요된 행위를 포함하지 않는다. 즉 필요성은 자발적인 행위라는 점에서 불가항력에 기인한 행위는 비자발적이거나 강요된 행위라는 점에서 차이가 있다. 그리고 필요성은 조난과 같이 위험한 상황을 전제로 하지만 조난은 보호하려는 대상이 '사람의 생명'인 반면에 필요성은 '국가(또는 국제공동체)의 본질적 이익'이라는 점에서 다르다. 즉 조난(제24조)과 달리 필요성은 국가기관이 책임지는 사람의 생명에 대한 위험이 아니라, 국가나 국제공동체의 본질적 이익에 대한 중대한 위험을 요건으로 한다.

필요성과 관련한 사례

Caroline호 사건

1837년 Caroline호 사건은 종종 자위권 행사의 예로 언급되지만 실제로는 무력행사에 관한 법이 현재와 매우 달랐던 시기에 있어서의 필요성(긴급피난)에 관한 사례이다. 1837년 영국의 군인들이 캐나다의 반란세력에게 도움을 주고 있던 미국 선박에 불을 질러 나이아가라 폭포 속으로 집어넣어 버렸다. 이는 영

국군이 미국 영역 내에 들어와 캐나다 반란단체(insurgents)에게 무기와 각종 군사물자를 공급하던 미국인 소유의 선박 Caroline호를 공격하여 파괴시킨 사건이다. 미국이 항의하자 워싱턴 주재 영국 공사 Fox가 "자위 및 자기보존의 긴급피난"이라는 의견을 제시하였다. 이에 대해서 Daniel Webster(미국 국무부장관)은 1841년 4월 24일 서한에서 자위는 그 필요성이 급박하고, 압도적이며, 다른 수단을 선택할 여지가 없고, 숙고할 여지가 전혀 없는(a necessity of self-defence, instant, overwhelming, and leaving no choice of means, no moment for deliberation) 경우에만 허용된다라는 입장을 표명하였다.

Torrey Canyon호 사건

필요성의 전형적인 사례로서 Torrey Canyon호 사건을 들 수 있다. 1967년 영국 영해 밖에서 발생한 라이베리아 선적의 유조선인 Torrey Canyon호가 영국영해 인근의 영국해협(English Channel) 외곽 공해상에서 악천후로 좌초되었고, 이로 인해 수송 중이던 대량의 원유가 유출되어 영국 해안 및 인접 수역이 오염될 급박한 위험에 처했다. 영국 정부는 여러 가지 방재조치가 모두 성공을 거두지 못하자 선박의 등록국인 라이베리아의 동의 없이 남아 있는 원유를 소각시키기 위하여 선박을 폭파하였다. 영국 정부는 절박한 위기 상황 속에서 다른 방법이 없었다는 점을 강조하면서 모든 다른 수단이 실패한 후에야 선박폭파 결정이 내려졌다고 밝혔다. 이에 라이베리아 정부도 별다른 항의를 제기하지 않았다.[4)]

Gabčíkovo-Nagymaros Project 사건

ICJ는 위법성조각사유로서 필요성을 인정하였으나 이 사건에서는 문제된 상황에서 필요성의 원용은 인정하지 않았다. ICJ는 다음과 같이 판결하였다.

"필요성 상황이 국제관습법에 의하여 국제의무에 합치되지 않는 행위의 위법성을 배척하는 사유로 인정된다. 그러한 위법성 조각사유는 예외적 상황에서만 수락될 수 있다. ILC도 누적적으로 충족되어야 하는 엄격히 제한된 조건하에서만 필요성 상황이 원용될 수 있는 동일한 의견을 표명한 바가 있다. ...... 이 사건에서는 다음과 같은 기본 조건들이 충족되어야 한다; 그것이 위법행위국의 '본질적 이익'을 보호하기 위하여 행해졌어야한다; 그 이익이 '중대하고 절박한 위험'에 의하여 위협받았어야한다. 그러한 위험은 단순히 염려에 머물지 않고 현실적으로 그 존재를 충분히 확인할 수 있어야 한다; 문제의 행위가 그 이익을 보호하기 위한 '유일한 수단'이었어야한다; 문제의 행위는 의무 상대국의 '본질적 이익을 심각하게 침해'해서는 아니 된다; 행위국은 '필요성 상황의 발생에 기여하지' 않았어야 한다. 이 조건들은 국제관습법을 반영한 것이다."[5)]

결론적으로는 그러한 위험이 절박한 것이라고 인정하기 어렵고 다른 대응 방법이 있었다는 이유로 헝가리의 필요성 원용을 받아들이지 않았다.

---

4) 이 사고 이후 중대한 유류오염 방지를 위하여 개입이 필요한 경우를 규율하기 위한 협약이 체결되었다(International Convention Relating to Intervention on the High Seas in Cases of Oil Pollution Casualties).

5) Gabčíkovo-Nagymaros Project (Hungary/Slovakia), ICJ Reports(1997), pp.40-41, paras.51-52.

2. 위법성조각사유 원용의 불가

앞에서 설명한 6가지 위법성조각사유에 관한 규정은 일반국제법의 강행규범(절대규범) 하에서 나오는 의무를 위반한 경우에는 적용되지 않는다. 즉 강행규범을 위반한 행위는 설령 6가지 사유 중에 하나가 존재할지라도 위법성이 배제되지 않는다. 즉 위법성조각사유가 존재하더라도 국가의 행위가 강행규범 위반에 해당하는 경우에는 종국적으로는 위법성이 조각되지 않는다.

제26조 [강행규범의 이행]

본 장의 여하한 규정도 일반국제법의 강행규범으로부터 발생하는 의무와 일치되지 않는 여하한 국가행위에 대해서도 위법성을 조각시키지 않는다.

Art.26 [Compliance with peremptory norms]

Nothing in this Chapter precludes the wrongfulness of any act of a State which is not in conformity with an obligation arising under a peremptory norm of general international law.

ILC는 강행규범으로 다음과 같이 8가지를 예시하고 있다.[6)]

① 침략행위 금지(the prohibition of aggression)

② 제노사이드 금지(the prohibition of genocide)

③ 인도에 반하는 죄 금지(the prohibition of crimes against humanity)

④ 국제인도법의 기본원칙(the basic rules of international humanitarian law)

⑤ 인종 차별 및 분리 금지(the prohibition of racial discrimination and apartheid)

⑥ 노예 금지(the prohibition of slavery)

⑦ 고문 금지(the prohibition of torture)

⑧ 자결권(the right of self－determination)

---

6) 강행규범에 대해서는 본서 '제3장 조약법'의 '제6절 조약의 무효사유'(56－57면)를 참조 하시오.

3. 위법성조각사유의 원용 결과

1) 책임의 면제

국가의 행위가 국제의무를 위반하였을지라도 위법성조각사유가 존재하는 경우 국가책임이 면제된다.

2) 의무의 계속적 이행

위법성을 배제하는 사유가 존재하더라도 원래의 의무가 종료되거나 무효가 되지 않으며, 그러한 사유가 더 이상 존속하지 않게 된 경우에는 문제의 의무를 계속하여 이행하여야 한다(제27조 (a)). 위법성조각사유가 존재하는 경우에 의무 불이행이 정당화될 뿐이며 그러한 요소가 더 이상 존재하지 않으면 의무 이행이 다시 재개되어야 한다. ICJ는 Gabčíkovo－Nagymaros Project 사건에서 프로젝트 중단의 위법성이 필요성에 의하여 조각된다는 헝가리측 주장에 대하여, ICJ는 "필요성 상황이 사라지고 나면 즉시 조약의무를 준수할 의무가 부활한다"고 판결하였다.[7)]

3) 실질적 손실에 대한 보상

또한 위법성을 배제하는 사유가 존재하더라도 문제의 행위에 의해 발생된 중대한 손실, 즉 실질적 손실(material loss)에 대한 보상을 면제시켜 주는 것은 아니다. 제27조 (b)호가 "compensation"이라는 용어를 사용하고 있으나 이는 금전배상을 뜻하는 제34조상의 "compensation"과는 다른 의미이다. 여기서 말하는 것은 금전배상이 아니라 보상을 의미한다. 제27조 (b)에서 보상의 범위와 관련하여 실질적 손실이라고 표현함으로써 '간접손해'는 설사 그것이 입증된다고 하더라도 보상의 범위에는 포함되지 않는다라는 입장을 보여 주고 있다. 반면에 뒤에서 설명하는 바와 같이 국제위법행위에 대한 배상의 범위에는 정신적·법적 피해도 포함된다. 그리고 피해국의 동의가 있었던 경우나 피해국의 선행된 위법행위가 있었던 경우(자위권 행사, 대응조치)에는 보상문제가 발생하지 않는다. 즉, 자위권행사나 대응조치의 경우에는 보상의무가 없다. 그렇지만 무고한 피해국에 대해서는 보상의 의무가 발생한다. 따라서 조난, 필요성은 위법성조각사유로 인정되지만 이로 인해 발생한 손실에 대해서는 보상을 해야 한다.

---

7) Gabčíkovo－Nagymaros Project (Hungary/Slovakia), ICJ Reports(1997), p.63, para.101.

第27조 [위법성 조각사유의 원용의 결과]

본 장에 따른 위법성 조각사유의 원용은 다음을 저해하지 않는다.

(a) 위법성조각사유가 더 이상 존재하지 않는 경우 그 범위 내에서의 문제 의무의 이행,

(b) 문제의 행위에 의하여 야기된 여하한 중대한 손실에 대한 보상의 문제.

Art.27 [Consequences of invoking a circumstance precluding wrongfulness]

The invocation of a circumstance precluding wrongfulness in accordance with this Chapter is without prejudice to:

(a) Compliance with the obligation in question, if and to the extent that the circumstance precluding wrongfulness no longer exists;

(b) The question of compensation for any material loss caused by the act in question.

제 5 절 국가책임의 내용

1. 일반원칙

1) 국제위법행위의 법적 결과

국제위법행위는 두 가지 형태의 법적 결과(legal consequences)를 수반한다. 첫째, 위법행위를 중지해야 할 의무와 재발을 방지해야 할 의무이다. 둘째, 위법행위에 대한 완전한 배상의무이다. 여기서 법적 결과(legal consequences)는 법적 효과(legal effect)를 의미한다. 국가책임의 해제방법이라고도 볼 수 있다.

제28조 [국제위법행위의 법적 결과]

제1부 규정들에 따라 국제위법행위에 의하여 발생된 국가의 국제책임은 본 부에 의하여 정해진 법적 결과들을 수반한다.

Art.28 [Legal consequences of an internationally wrongful act]

The international responsibility of a State which is entailed by an internationally wrongful act in accordance with the provisions of Part One involves legal consequences as set out in this Part.

2) 의무의 계속적 이행

국제위법행위에 의하여 발생하는 국가책임은 손해배상 등의 법적 결과(legal consequences)를 수반하며, 그러한 법적 결과에도 불구하고 책임국(즉 의무위반국)은 위반한 의무, 즉 본래의 의무를 계속적으로 이행해야 한다. 의무위반은 그 자체로는 해당 의무의 효력을 종료시키지 아니하기 때문이다. 다만 조약의 중대한 위반에 해당하는 의무위반은 조약의 종료 사유가 될 수 있다(조약법에 관한 비엔나 협약 제60조).

제29조 [계속적 이행의 의무]

본 부에 의한 국제위법행위의 법적 결과는 위반된 의무를 이행하여야 할 책임국의 계속적 의무를 저해하지 않는다.

Art.29 [Continued duty of performance]

The legal consequences of an internationally wrongful act under this Part do not affect the continued duty of the responsible State to perform the obligation breached.

3) 의무위반행위의 중지 및 재발방지

국제위법행위에 수반하는 법적 결과 중의 하나는 위법행위를 중지할 의무 및 재발방지의 확보(확약)과 보장 의무이다. 책임국(의무위반국)은 위반한 의무, 즉 본래의 의무를 계속적으로 이행해야 하며, 또한 책임국은 의무위반이 계속되고 있는 경우 이를 중지할 의무, 그리고 필요한 경우 재발방지를 위한 적절한 확보와 보장을 제공할 의무를 진다. 위법행위의 중지는 국제법질서를 정상화하는 1차적인 조치이다. 재발방지의 확보와 보장(assurances and guarantees of non-repetition)은 국제위법행위에 대한 구제수단이기도 하며 재발방지를 위한 방안이기도 하다. 이는 오늘날 국가책임을 해제하는 기능을 하고 있다.1)

제30조 [중지 및 재발방지]

국제위법행위의 책임국은 다음과 같은 의무를 진다.

(a) 그 행위가 계속되고 있는 경우, 이를 중지할 의무.

(b) 상황이 요구하는 경우, 재발방지의 적절한 확보 및 보장을 제공할 의무.

Art.30 [Cessation and non-repetition]

The State responsible for the internationally wrongful act is under an obligation:

(a) To cease that act, if it is continuing;

(b) To offer appropriate assurances and guarantees of non-repetition, if circumstances so require.

---

1) 국가책임법상 재발방지의 확약 및 보장 의무와 관련하여 국제인권재판소와 국제인권기구에서 이것이 활용된 사례에 대해서는 이춘선, "국가책임법상 재발방지의 확약과 보장에 관한 연구," 「국제법학회논총」 제65권 제4호(통권 제159호), 대한국제법학회, 2020, 97-129면 참조.

4) 배상

의무위반국은 위법행위에 의하여 야기된 피해(injury)에 대해 '완전한 배상'(full reparation)을 해 줄 의무가 있다. 피해는 물질적인(material) 것과 정신적인(moral) 것을 모두 포함한다.

제31조 [배상(reparation)]

1. 책임국은 국제위법행위에 의하여 야기된 손해에 대하여 완전한 배상을 할 의무를 부담한다.
2. 손해는 국가의 국제위법행위에 의하여 야기된 여하한 물질적 또는 정신적 손해도 포함한다.

Art.31 [Reparation]

1. The responsible State is under an obligation to make full reparation for the injury caused by the internationally wrongful act.
2. Injury includes any damage, whether material or moral, caused by the internationally wrongful act of a State.

참고설명 **reparation과 compensation**

국가책임법 초안에는 reparation과 compensation이라는 두 용어가 사용되고 있는데 적절한 번역어를 찾기 힘든 단어이다. 국제법 분야 국내문헌에서 reparation을 '배상'으로, compensation을 '보상'으로 번역하는 경우가 많다. 이것은 국내법에서 배상과 보상을 구별하여 '불법행위에 대한 손해배상'과 '적법행위에 대한 손실보상'을 구별하는 것과 관련이 있다. 그러나 국제법 분야에서 이러한 맥락으로 항상 통일적이고 일관되게 사용되는 것이 아니라서 혼란은 불가피하다. 국내법상 확립된 배상과 보상에 관한 용법이 국제법 분야에서도 적용되는 것은 아니라는 점에 유의할 필요가 있다.

reparation의 사전적 의미는 위법을 시정(是正)하는(amend) 행위를 말하며, 손실이나 위법에 대한 금전배상을 포함한다. 국제법상 reparation은 위법에 대한 금전배상을 포함하여 위법행위가 발생하지 않았다면 존재할 상황(상태, situation)으로 되돌리는 것(재확립하는 것, reestablish)으로, 위법행위에 따른 결과를 해소한다는 관념을 담고 있다.[2)]

일반 국제법상 reparation은 금전배상 이외에 다른 요소까지 포함하는 넓은 의미이다. reparation은 손해(damage)를 포함하여 피해(injury)가 발생한 후에 이를 이전의 원래 상태로 되돌리거나 그에 상응하여 금전배상 또는 회복을 실현하는 행위라고 말할 수 있다. 일반적으로 reparation은 국제법 위반의 결과를 교정하는 것으로 다양한 의미로 사용하고 있다, 원상회복, 금전배상, 만족(satisfaction), 재발방지보장(guarantees of non-repetition)을 포함하는 개념이다. 때론 좁은 의미로 배상은 오로지 금전배상만을 의미하는 경우도 있다. 그러나 일반적으로는 국제의무위반에 대해 이용가능한 모든 구제라고 말할 수 있다.[3)]

국가책임법상 reparation은 '배상'(또는 손해배상)으로, compensation은 reparation의 한 형태로서 '금전배상'으로 번역하여 사용한다. 국가책임법 영역에서 배상이란 국가가 국제책임을 해제하기 위해 이용할 수 있는 방법을 표현하는 용어이다. 이러한 방법에는 원상회복, 금전배상, 만족(사죄) 등이 있다. 1928년 PCIJ는 Chorzow Factory 사건에서 배상의 형태로 원상회복을 언급하였다. 이 사건에서 배상의 의미를 위법행위 결과를 제거하고 그러한 위법행위가 행해지지 않았다면 존재했을 이전 상황을 재확립하는 것이라고 판시하였다. 원상회복이 불가능한 경우에는 금전배상을 배상의 형식으로 제시하였다.[4] PCIJ는 이 사건에서 배상의 구체적인 방법을 원상회복과 금전배상에 대해서만 언급하였다. 이후 국제사회의 실행, 판례 등을 통해 위 두 가지 배상 형식과 더불어 비금전적 배상이 확립되었다. 이와 관련하여 ILC는 국가책임과 관련한 작업을 진행하면서 만족(satisfaction)을 배상의 범주에 포함시켰다. 물론 만족에 대한 정의와 이해가 국제사회에서 동일하게 이루어진 것은 아니다. 만족의 성격을 징벌적인(punitive) 것이라고 보는 견해도 있었고, 만족은 비물질적 손해에 대한 배상의 형식으로 이해하는 입장도 있다. 현재 배상의 방식에 포함하고 있는 satisfaction을 '만족'(또는 사죄)이라고 번역하고 있지만 그 의미를 정확하게 담고 있다고 볼 수는 없다.
국가책임법 초안은 국제위법행위의 법적 결과(legal consequence)라는 제목으로 배상을 규정하고 있다.

5) 국제의무위반의 정당화 사유로 국내법 규정의 원용 불가

책임국은 의무 불이행에 대한 정당화의 사유로서 자국의 국내법 규정을 원용할 수 없다. 유사하게 조약법에 관한 비엔나협약 제27조는 "어느 당사국도 조약 불이행에 대한 정당화 방법으로 그 국내법 규정을 원용해서는 아니 된다"라고 규정하고 있다. 어떤 국가가 국제의무위반을 정당화하기 위한 사유로 자신의 국내법을 원용하는 것을 허락하지 않는 것은 국제법의 시각에서는 너무 당연한 원리이다.

제32조 [국내법과의 무관성]

책임국은 본 부의 의무의 불이행을 정당화하기 위하여 국내법 규정에 의존할 수 없다.

Art.32 [Irrelevance of internal law]

The responsible State may not rely on the provisions of its internal law as justification for failure to comply with its obligations under this Part.

---

2) 정경수, "고문 생존자를 위한 효과적인 구제의 규범적 진화," 「국제법평론」, 통권 제58호 2021－Ⅰ, 국제법평론회, 102면.

3) Dinah Shelton, *Remedies in International Humman Rights Law*, 3rd ed., Oxford University Press, 2015, p.16.

4) Chorzow Factory case, PCIJ(1928) Ser. A, No. 17, p.47.

6) 국제의무의 범위

의무위반국의 위반행위의 중지 또는 손해배상 의무는 국제의무의 성격과 내용 그리고 위반의 상황에 따라 어느 한 국가, 여러 국가, 또는 국제공동체 전체를 상대로 부과될 수 있다. 제34조 이하 규정은 국가의 국제책임으로부터 국가 이외의 사람 또는 실체에게 생길 수 있는 어떠한 권리도 침해하지 아니한다.

제33조 [본 부에 규정된 국제의무의 범위]

1. 본 부에 규정된 책임국의 의무는 특히 국제의무의 성격 및 내용 그리고 그 위반의 상황에 따라 어느 하나의 타국, 수 개국 또는 국제공동체 전체를 상대로 부과된다.
2. 본 부는 국가의 국제책임으로부터 국가 이외의 개인 또는 단체에 대하여 직접적으로 주어지는 여하한 권리도 저해하지 않는다.

Art.33 [Scope of international obligations set out in this Part]

1. The obligations of the responsible State set out in this Part may be owed to another State, to several States, or to the international community as a whole, depending in particular on the character and content of the international obligation and on the circumstances of the breach.
2. This Part is without prejudice to any right, arising from the international responsibility of a State, which may accrue directly to any person or entity other than a State.

2. 피해에 대한 손해배상 Reparation for injury

국제위법행위에 책임 있는 국가(의무위반국)는 피해국에게 그 손해에 대한 배상(reparation)을 통해서 자신의 법적 책임을 이행한다.

1) 배상의 형식

손해에 대한 완전한 배상은 원상회복, 금전배상 또는 만족의 형식으로 이행된다. 배상은 이들 중 하나의 형식으로 행해질 수도 있고, '서로 결합하여'(in combination) 복합적으로 행해질 수도 있다.

第34条 [배상의 형식]

국제위법행위에 의하여 야기된 손해에 대한 완전한 배상은 본 장의 규정에 따라 원상회복, 금전배상 및 만족의 형식을 단독적으로 또는 결합적으로 취한다.

Art.34 [Forms of reparation]

Full reparation for the injury caused by the internationally wrongful act shall take the form of restitution, compensation and satisfaction, either singly or in combination, in accordance with the provisions of this Chapter.

(1) 원상회복(restitution)

손해배상의 가장 기본적인 형식은 원상회복이다. 따라서 책임국은 원상회복 의무를 부담한다. 원상회복이란 위법행위가 발생하기 이전에 존재했던 상황(*status quo ante*)으로 돌려놓는 것을 말한다. 국제의무의 위반행위가 존재하지 않았더라면 존속되었을 원래의 상태로 회복시키는 것을 말한다.

그러나 원상회복이 실질적으로 불가능한 경우에는 금전배상 등 다른 배상방법을 찾아야 한다. 또한 금전배상 대신 원상회복을 하는 것이 그로부터 발생하는 이익에 비해 지나치게 불균형하게 부담을 수반하는 경우에도 다른 배상방법을 찾아야 한다.

원상회복이 불가능하다 함은 물리적으로(physically) 불가능한 것 뿐 아니라 '정치적으로'(politically) 불가능한 경우도 포함한다.

第35条 [원상회복]

국제위법행위에 책임 있는 국가는 원상회복, 즉 그 위법행위가 발생하기 이전의 상황을 회복할 의무를 부담한다. 단, 이는 다음과 같은 경우에 한한다.

(a) 원상회복이 실질적으로 불가능하지 않으며,

(b) 원상회복이 금전배상 대신 원상회복으로부터 파생되는 이익과의 비례성을 벗어나는 부담을 초래하지 않는 경우

Art.35 [Restitution]

A State responsible for an internationally wrongful act is under an obligation to make restitution, that is, to re-establish the situation which existed before the wrongful act was committed, provided and to the extent that restitution:

(a) Is not materially impossible;

(b) Does not involve a burden out of all proportion to the benefit deriving from restitution instead of compensation.

(2) 금전배상(compensation)

피해국은 원상회복이 사실상 불가능하거나 부적절하거나, 또는 원상회복만으로는 불충분한 경우 책임국에 대하여 금전배상을 요구할 권리가 있다. 그리고 금전배상은 '금전적으로 산정할 수 있는 손해'(any financially assessable damage)에 대해서만 적용된다. 손해가 금전적·재정적으로 평가 가능하다면, 특히 외교적 보호와 관련해서 사람이 입은 정신적·비물질적 손해도 금전배상의 범위에 포함될 수 있다. 국가책임의 해제방법으로는 원상회복이 원칙이나 실제로는 금전배상이 더 많이 활용된다.

① 기대이익

그리고 금전배상은 위법행위로부터 발생된 일체의 손해를 포함한다. 따라서 손해의 범위에는 직접손해(direct damage) 뿐만 아니라 간접손해(indirect/consequential/special damage), 예를 들면, 기대이익의 상실(loss of expected profits, 일실이익(逸失利益)이라고도 함)도 포함된다.

第36条 [금전배상]

1. 국제위법행위에 책임 있는 국가는 그로 인하여 야기된 손해가 원상회복에 의하여 배상되지 않는 경우, 이에 대하여 금전배상을 하여야 할 의무를 부담한다.
2. 금전배상은 금전적으로 산정 가능한 여하한 손해도 망라하여야 하며, 여기에는 확인될 수 있는 한 일실이익(逸失利益)도 포함된다.

Art.36 [Compensation]

1. The State responsible for an internationally wrongful act is under an obligation to compensate for the damage caused thereby, insofar as such damage is not made good by restitution.
2. The compensation shall cover any financially assessable damage including loss of profits insofar as it is established.

② 이자

완전한 배상(full reparation)을 확보하기 위하여 필요한 경우 원금에 대한 이자도 지급될 수 있어야 한다. 이자는 원금이 지급되어야 할 일자로부터 지불의무가 완수될 때까지 계속 부과된다.

제38조 [이자]

1. 본 장에 의하여 부과되는 원금에 대한 이자는 완전한 배상을 확보하기 위하여 필요한 경우 지급될 수 있어야 한다. 이자율과 계산방식은 그러한 결과에 도달할 수 있도록 결정되어야 한다.
2. 이자는 원금이 지급되어야 할 일자로부터 지불의무가 완수될 때까지 계속 부과된다.

Art.38 [Interest]

1. Interest on any principal sum due under this Chapter shall be payable when necessary in order to ensure full reparation. The interest rate and mode of calculation shall be set so as to achieve that result.
2. Interest runs from the date when the principal sum should have been paid until the date the obligation to pay is fulfilled.

③ 과실상계 및 손익상계

손해발생에 있어 피해국 혹은 피해 개인에게도 고의·과실이 있는 경우에는 과실상계의 원칙이 적용되며, 위법행위에 의하여 손해와 함께 이익도 발생한 경우에는 손익상계의 원칙이 적용된다.

제39조 [피해에 대한 기여]

손해배상의 결정에 있어서, 피해국 또는 손해배상의 추구와 관련된 여하한 개인 또는 단체의 고의 또는 과실에 의한 작위 또는 부작위에 의한 피해에의 기여가 고려되어야 한다.

Art.39 [Contribution to the injury]

In the determination of reparation, account shall be taken of the contribution to the injury by wilful or negligent action or omission of the injured State or any person or entity in relation to whom reparation is sought.

(3) 만족(satisfaction)

국제위법행위에 책임 있는 국가는 그 행위로 인하여 야기된 피해가 원상회복 또는 금전배상에 의하여 구제되지 않는 경우, 이에 대하여 만족을 제공할 의무가 있다. 만족은 국제위법행위로부터 야기된 정신적·비물질적 손해에 적합한 손해배상 형식이다. 만족의 방식으로는 위반사실의 인정, 유감의 표명, 공식 사과(정식사과) 또는 다른 적절한 방식이 있다. 가장 흔한 방식은 사과(apology)이다. 이 밖에도 만족은 관계자에 대한 처벌 혹은 형사 절차의 개시, 비금전적 피해에 대한 상징적(혹은 명목상의) 금전배상, 문제의 행위에 대한 국제재판소의 위법 확인 판결,[5] 장래에 대한 보장 또는 재발방지 약속, 위법행위의 취소 또는 무효 선언 등의 방법이 있다.

그리고 만족은 피해와의 비례성을 넘어서는 아니 되고, 또 책임국에게 모욕감이나 굴욕감을 주는 방식을 취해서는 아니 된다. 과거에 사죄를 위하여 진사사절의 파견이나 피해국의 국기에 대한 경례를 요구한 경우가 있었으나 이러한 방식은 의무위반국에게 모욕감을 주는 것으로 인식되고 있다.[6]

제37조 [만족]

1. 국제위법행위에 책임 있는 국가는 그 행위로 인하여 야기된 피해가 원상회복 또는 금전배상에 의하여 구제되지 않는 경우, 이에 대하여 만족을 제공하여야 할 의무를 부담한다.
2. 만족은 위반의 인정, 유감의 표명, 공식 사과 또는 그 밖의 적절한 방식으로 행해질 수 있다.
3. 만족은 피해와의 비례성을 벗어나면 안 되며, 책임국에게 모욕을 주는 방식을 취할 수 없다.

Art.37 [Satisfaction]

1. The State responsible for an internationally wrongful act is under an obligation to give satisfaction for the injury caused by that act insofar as it cannot be made good by restitution or compensation.
2. Satisfaction may consist in an acknowledgement of the breach, an expression of regret, a formal apology or another appropriate modality.
3. Satisfaction shall not be out of proportion to the injury and may not take a form humiliating to the responsible State.

---

5) 국가책임의 해제와 관련하여, '선언적 판결'을 충분한 구제로 언급한 국제 판례로는 Alleged Violations of Sovereign Rights and Maritime Spaces in the Caribbean Sea(니카라과-콜롬비아 간 카리브해에서의 주권적 권리 및 해역 침해 주장 사건)(Nicaragua v. Colombia, ICJ, 2022), Judgment of 21 April 2022, ICJ Reports(2022), para. para.260)이 있다. 선언적 판결은 국가 간 소송에서 가장 자주 인용되는 구제이다. 법원이 위법행위가 존재함을 선언하는 판결을 내리는 것은 피해국에게 허용되는 최소한의 강제적 구제라고 볼 수 있다. 관련 국가가 법의 지배를 따르는 국가라면 선언적 판결은 위법행위를 끝내게 하고 미래에 유사한 위반을 방지할 수 있는데 효과적이다. 조약을 지지하고 그들의 의무를 신의성실하게 이행하는 국가들에게 판결은 매우 중요한 의미를 갖는다. 의무위반이 존재한다는 구속력 있는 판결은 금지명령(injunction)과 동등한 것으로 볼 수 있다(Dinah Shelton, *op. cit.*, p.285).

6) 김대순, 「국제법론」(제21판)(서울: 삼영사, 2022), 790면.

3. 일반국제법의 강행규범적 의무의 중대한 위반

제3장(제40조와 제41조)에서는 일반국제법상 강행규범에서 연유하는 의무를 대규모적이거나 조직적으로 위반하는 경우 적용되는 규칙을 규정하고 있다. 여기서 일반국제법의 강행규범 하의 의무의 '중대한' 위반('serious' breach)이란 그 의무의 불이행이 대규모적 또는 조직적으로(gross or systematic) 이루어지는 경우를 말한다.

제40조 [본 장의 적용]

1. 본 장은 국가에 의한 일반국제법의 강행규범적 의무의 중대한 위반에 의하여 발생하는 국제책임에 적용된다.
2. 그러한 의무의 위반은 그것이 책임국에 의한 그 의무의 심각한 또는 조직적 불이행이 수반되는 경우에 중대한 것으로 본다.

Art.40 [Application of this Chapter]

1. This Chapter applies to the international responsibility which is entailed by a serious breach by a State of an obligation arising under a peremptory norm of general international law.
2. A breach of such an obligation is serious if it involves a gross or systematic failure by the responsible State to fulfil the obligation.

국가들은 일반국제법의 강행규범 하의 의무의 중대한 위반을 합법적 방법을 통하여 종식시키기 위하여 협력하여야 한다. 그리고 여하한 국가도 중대한 위반에 의하여 창설된 상황을 합법적인 것으로 승인하거나 이러한 상황의 유지에 지원 또는 원조를 제공하면 안 된다. 일반국제법의 강행규범상의 의무의 위반은 앞에서 설명한 국제위법행위의 일반적인 법적 결과를 발생시킴은 물론이다.

A국이 B국을 무력으로 점령한 경우, 든 국가는 그러한 위법한 사태를 합법적인 것으로 승인하지 아니할 의무를 부담하며, 또한 모든 국가는 그 같은 무력점령 상태를 유지하는데 지원 또는 원조를 제공해서는 아니 된다. 또한 모든 국가는 무력 점령 상태를 종식시키기 위해 협력해야 한다.

제41조 [본 장의 의무의 중대한 위반의 특별한 결과]

1. 국가들은 제40조의 의미에 속하는 모든 중대한 위반을 합법적 방법을 통하여 종식시키기 위하여 협력하여야 한다.
2. 여하한 국가도 제40조에 언급된 중대한 위반에 의하여 창설된 상황을 합법적인 것으로 승인하거나 이러한 상황의 유지에 지원 또는 원조를 제공하면 안 된다.
3. 본 조는 본 부에서 언급된 다른 결과 또는 본 장이 적용되는 위반이 국제법상 발생시키는 추후의 결과를 저해하지 아니한다.

Art.41 [Particular consequences of a serious breach of an obligation under this Chapter]

1. States shall cooperate to bring to an end through lawful means any serious breach within the meaning of article 40.
2. No State shall recognize as lawful a situation created by a serious breach within the meaning of article 40, nor render aid or assistance in maintaining that situation.
3. This article is without prejudice to the other consequences referred to in this Part and to such further consequences that a breach to which this Chapter applies may entail under international law.

제 6 절

국가책임의 이행

1. 국가책임의 추궁

국제책임을 '추궁한다' 또는 '원용한다'(invoke)라 함은 다른 국가를 상대로 주장을 제기하거나 제출하거나 또는 국제 법원이나 재판소에 소송절차를 개시하는 것과 같이 상대적으로 공식적인 성격의 조치를 취하는 것 또는 대응조치에 돌입하는 것을 의미한다.[1)]

1) 책임추궁의 주체

국가책임을 추궁(원용, invocation)할 수 있는 주체는 피해국(injured State)(제42조)과 피해국 이외의 국가(a State other than an injured State)(제48조)이다.

원칙적으로 책임을 추궁할 수 있는 주체는 '피해국'(injured State)이다. 제42조에 따르면 피해국은 1)개별의무 위반으로 인한 피해국(a호), 2)집단적 의무(collective obligations) 위반으로 인한 피해국으로 분류할 수 있으며(b호), 후자는 (ⅰ)특별히 영향을 받은 피해국과 (ⅱ)국가의 지위가 급격히 변경된 피해국으로 나뉜다. 개별의무 위반으로 인한 피해국(a호)은 일반적으로 다른 국가의 위법행위로 피해를 입은 개별적인 국가를 말한다. 집단적 의무 위반으로 인한 피해국(b호)에 해당하는 예를 살펴보면, (ⅰ)특별히 영향을 받은 피해국으로는 유엔해양법협약 제194조를 위반하여 공해(公海)를 오염시킨 경우 특별히 1개국 또는 몇몇 국가들에게만 영향을 미칠 수도 있는데, 바로 이러한 국가들이 이에 해당한다. 그리고 (ⅱ)국가의 지위가 급격히 변경된 피해국으로는 조약의 모든 당사국들이

1) ILC 국가책임법 초안 제42조 주석 para.2.

예외 없이 각자의 의무를 이행할 때에만 그 의무를 달성할 수 있는 의무, 이런 의미에서 '상호의존적 의무'로도 불린다. 군축조약, 비핵지대조약, 국제화된 지역에서 주권적 권리의 행사를 금지하고 있는 규칙(남극조약 제1조, 우주조약 제2조) 등이 이러한 의무를 생성하는 것으로 볼 수 있다.[2)]

'집단적 의무'(collective obligations)란 3개국 이상의 국가간에 적용되고, 특정한 경우에 그 이행이 특정국가에 대해 개별적으로 지고 있는 것이 아니라 '국가들의 집단'(a group of States), 심지어는 '국제공동체 전체'(international community as a whole)에 대하여 지고 있는 의무를 말한다. 이러한 집단적 의무 위반에 의하여 (ⅰ)'특별히 영향을 받은'(specially affected) 국가는 '피해국'으로서 책임을 추궁할 수 있으며, (ii) 이 의무위반의 성격이 의무의 계속적 이행과 관련하여 (의무위반국이 의무를 지고 있는) '다른 모든' 국가들의 지위를 '근본적으로 변경'(radically change) 시키는 경우, 다른 모든 국가들은 각기 '피해국'으로서 책임을 추궁할 수 있다.

제42조 [피해국에 의한 책임의 추궁]

국가는 다음의 경우 피해국으로서 타국의 책임을 추궁할 수 있다.

(a) 위반된 의무가 개별적으로 그 국가를 상대로 하는 것이거나, 또는

(b) 위반된 의무가 그 국가를 포함하는 일단의 국가들 또는 국제공동체 전체를 상대로 하는 것이며, 그 의무의 위반이

(i) 그 국가에게 특별히 영향을 주거나, 또는

(ii) 그 의무가 상대로 하는 모든 다른 국가들의 입장을 그 의무의 추후 이행과 관련하여 급격하게 변경하는 성질의 것인 경우.

Art.42 [Invocation of responsibility by an injured State]

A State is entitled as an injured State to invoke the responsibility of another State if the obligation breached is owed to:

(a) That State individually; or

(b) A group of States including that State, or the international community as a whole, and the breach of the obligation:

(i) Specially affects that State; or

(ii) Is of such a character as radically to change the position of all the other States to which the obligation is owed with respect to the further performance of the obligation.

2) 김대순, 「국제법론」(제21판)(삼영사, 2022), 794면.

2) 책임추궁의 절차
- 피해국에 의한 손해배상 청구의 통지

피해국이 책임국(의무위반국)에게 책임을 추궁하고자 하는 경우 먼저 피해국은 책임국에게 자신의 청구를 통고해야 한다. 피해국은 위법행위가 계속되고 있는 경우, 책임국이 위법행위를 중지하기 위해 취해야 할 행위와 원하는 손해배상 형식을 특정하여야 한다.

제43조 [피해국에 의한 손해배상 청구의 통지]

1. 타국의 책임을 추궁하는 피해국은 그 국가에게 손해배상의 청구를 통지한다.
2. 피해국은 특히 다음을 적시할 수 있다.
   (a) 위법행위가 계속되고 있는 경우, 그 중지를 위하여 책임국이 취하여야 할 행위,
   (b) 제2부의 규정에 따라 취해져야 할 배상의 형태.

Art.43 [Notice of claim by an injured State]

1. An injured State which invokes the responsibility of another State shall give notice of its claim to that State.
2. The injured State may specify in particular:
   (a) The conduct that the responsible State should take in order to cease the wrongful act, if it is continuing;
   (b) What form reparation should take in accordance with the provisions of Part Two.

3) 국제청구의 요건

초안 제44조 규정은 국가의 간접침해를 입은 경우에 국가책임의 청구에 적용되는 요건에 관한 것이다. 청구의 수리가능성, 즉 청구의 허용성(admissibility of claims)이 수락되기 위해서는 청구국적(nationality of claims) 원칙과 국내적 구제완료(exhaustion of local remedies) 원칙이 충족되어야 한다. 즉, ① 청구가 청구국적에 관한 원칙에 따라 제기되지 않거나, ② 청구가 국내구제수단완료의 원칙이 적용되는 경우이고 또한 이용가능하고 실효적인 국내구제가 완료되지 않은 경우에는 국가책임을 원용할 수 없다.

국제청구를 제기하기 위해서는 피해의 발생시부터 청구시점까지 피해자는 청구국의 국적을 계속 유지하고 있어야 한다. 이를 국적계속의 원칙이라고 한다. 피해 발생시와 청구시점에 국적이 동일하면 국적은 계속되었다고 추정된다. 그리고 피해자가

가해국에서 이용 가능한 권리구제수단을 모두 밟았음에도 피해를 구제받지 못한 경우에 국제청구가 가능하다. 이를 국내적 구제완료 원칙이라고 한다.

ILC는 2006년에 국가책임초안 제44조의 이행입법에 해당하는 '외교보호에 관한 규정초안'(Draft article on Diplomatic Protection)을 채택하였다. 이 초안은 주로 외교적 보호권을 행사하기 위해 충족해야 할 조건, 즉 '청구의 허용가능성(수리가능성, 수리적격)'(Admissibility of claims)에 관하여 규정하고 있다.

제44조 [청구의 수리가능성]

다음의 경우 국가책임이 추궁될 수 없다.

(a) 청구가 배상청구의 국적에 관하여 적용되는 규칙에 반하여 제기되는 경우,

(b) 청구가 국내적 구제완료의 규칙이 적용되는 것이며, 아직 가용하고 효과적인 국내적 구제가 완료되지 않은 경우.

Art.44 [Admissibility of claims]

The responsibility of a State may not be invoked if:

(a) The claim is not brought in accordance with any applicable rule relating to the nationality of claims;

(b) The claim is one to which the rule of exhaustion of local remedies applies and any available and effective local remedy has not been exhausted.

초안 제44조는 국제법상 외교적 보호권 행사와 깊은 관련이 있다. 외교적 보호권(right of diplomatic protection)이란 타국의 국제위법행위로 인하여 개인이 피해를 입은 경우, 그 피해자 개인의 국적국이 배상을 청구할 수 있는 권리를 말하며, 재외 자국민에 대한 국가의 외교적 보호권이라고 볼 수 있다. 이러한 외교적 보호권은 피해자 개인의 권리가 아니라 피해자 국적국가, 즉 국가 자신의 권리이다.

외교적 보호권은 자국민의 피해(이를 보통 국가의 '간접손해'라도도 한다)에 대해 가해국에게 국가책임을 추궁하는 것으로 이해할 수 있다. 이러한 외교적 보호권을 행사하기 위한 요건으로 1)청구국적원칙과 2)국내적 구제완료 원칙이 있다. 청구국적의 원칙이란 개인의 피해에 대해여는 '피해자의 국적국'만이 외교적 보호권을 행사할 수 있다는 것을 말한다. 이와 관련하여 국적계속의 원칙(principle of continuous nationality)이 요구된다.

4) 책임추궁 권리의 상실

피해국이 명시적 또는 묵시적으로 청구권을 유효하게 포기하였거나, 피해국이 스스로의 행위에 의하여 청구권의 소멸에 대해 유효하게 묵인한 것으로 간주될 수 있는 경우에는 국가책임을 추궁할 수 없다. 국가책임 청구권은 피해국의 의사에 의해 포기될 수 있다는 점을 알 수 있다.

제45조 [책임 추궁권의 상실]

다음의 경우 국가책임이 추궁될 수 없다.

(a) 피해국이 청구를 유효하게 포기한 경우,

(b) 피해국이 그 스스로의 행위에 의하여 청구권의 소멸을 유효하게 묵인한 것으로 간주되는 경우.

Art.45 [Loss of the right to invoke responsibility]

The responsibility of a State may not be invoked if:

(a) The injured State has validly waived the claim;

(b) The injured State is to be considered as having, by reason of its conduct, validly acquiesced in the lapse of the claim.

5) 복수의 피해국

동일한 국제위법행위로 인해 복수의 피해국이 발생할 수 있다. 이런 경우 피해국은 각자 개별적으로(단독으로)(separately) 그 국제위법행위를 행한 국가를 상대로 국가책임을 주장할 수 있다. 제46조는 '복수의 피해국'(Plurality of injured States)라는 제목하에 '동일한 국제위법행위로부터 복수의 국가가 피해를 입은 경우 피해국은 개별적으로 위법행위국의 책임을 추궁할 수 있다'고 규정하고 있다. 예를 들어 월경성 대기오염(transboundary air pollution)이나 미세먼지 오염으로 인해 복수의 피해국이 발생할 수 있다. 이러한 오염은 여러 국가가 동시에 배출한 오염원의 결합으로, 즉 여러 국가의 독립적인 행위들이 결합하여(in aggregate) 복수의 국가에게 피해를 야기하고 있다. 이러한 피해국들은 각각 개별적으로 오염원인국들을 상대로 국가책임을 추궁할 수 있다.[3)]

3) 박병도, "국제법상 월경성 오염에 대한 국가책임-미세먼지 피해에 대한 책임을 중심으로," 「일감법학」 제38호, 건국대학교 법학연구소, 2017, 342-343면.

제46조 [피해국의 복수성]

수 개국이 동일한 국제위법행위에 의하여 피해를 입은 경우, 각각의 피해국은 국제위법행위를 범한 국가의 책임을 개별적으로 추궁할 수 있다.

Art.46 [Plurality of injured States]

Where several States are injured by the same internationally wrongful act, each injured State may separately invoke the responsibility of the State which has committed the internationally wrongful act.

6) 복수의 책임국

수개의 복수 국가의 국제위법행위로 손해가 발생할 수 있다. 즉 동일한 국제위법행위에 대한 책임을 복수의 국가가 부담해야 하는 경우가 존재한다. 이러한 경우에 대해 국가책임초안 제47조 제1항은 '복수의 책임국'(Plurality of responsible States)이라는 제목 하에 "복수의 국가가 동일한 국제위법행위에 책임이 있는 경우, 그 행위와 관련하여 각각의 국가들의 책임이 추궁될 수 있다"고 규정하고 있다. 다만, 피해국은 자신이 입은 손해보다 많은 것을 금전배상을 통해 회복할 수 없다. ILC의 해석에 따르면, 이 규정은 영미법상의 공동책임(joint and several responsibility)을 인정하는 것은 아니며, 복수의 책임국들은 각자에게 귀속되는 위법행위에 대하여만 개별적으로 책임을 진다는 것이다.[4] 다시 말해서 둘 또는 그 이상의 국가들이 동일한 국제위법행위를 행한 경우 이러한 복수의 행위국들은 각자의 국제의무와 관련하여 각자의 행위에 대해서만 책임을 진다는 것이다.[5] 다만 책임국 상호간에 구상권, 즉 상환청구권(right of recourse) 행사가 가능하다고 규정하여(제2항 (b)호) 복수의 책임국 중 한 국가가 손해에 대한 배상금 전액을 지불한 경우 그 국가는 다른 책임국에게 구상권을 행사할 수 있을 길을 열어 놓았다.[6]

4) ILC 국가책임법 초안 제4조 주석.

5) 김석현, 「국제법상 국가책임」(삼영사, 2007), 526-527면.

6) 위의 책, 528면.

제47조 [책임국의 복수성]

1. 수 개의 국가들이 동일한 국제위법행위에 대하여 책임이 있는 경우, 그 행위와 관련하여 각각의 국가들의 책임이 추궁될 수 있다.
2. 제1항은,
   (a) 여하한 피해국에 대해서도 스스로 입은 손해 이상을 금전배상에 의하여 회복하는 것을 허용하지 않으며,
   (b) 다른 책임국에 대한 구상의 권리를 저해하지 않는다.

Art.47 [Plurality of responsible States]

1. Where several States are responsible for the same internationally wrongful act, the responsibility of each State may be invoked in relation to that act.
2. Paragraph 1:
   (a) Does not permit any injured State to recover, by way of compensation, more than the damage it has suffered;
   (b) Is without prejudice to any right of recourse against the other responsible States.

전통적으로 국제법상 국가책임은 개별책임원칙을 따른다. 국제법에서는 영미법상의 공동책임(joint and several responsibility)[7] 또는 대륙법상의 연대책임은 인정되지 않고 있다.[8][9] ILC는 복수의 책임국이 존재하는 경우 개별책임원칙을 지지하면서 국내법 체계에서의 공동책임 법리를 국제법 체계에 직접적으로 원용하는 것을 경계했다. 국내법체계에서 공동책임을 일컫는 용어는 각 국가의 법체계에 따라 다르고 그

---

7) 'joint and several responsibility'는 영미법상의 용어로서, 대륙법에서 사용하는 연대책임과 동일하다(Black's Law Dictionary, 7th ed., 1999, p.926); ILC는 공동책임(joint responsibility) 또는 연대책임(solidary responsibility)은 법적 전통의 다름에서 유래하는 것이기에 유추는 주의하여 적용되어야 한다고 주장한다(ILC Report(2001), Commentary to Art. 47, para.(3), p.314).

8) Ian Brownlie, System of the Law of Nations: State Responsibility, Part Ⅰ, Oxford: Clarendon Press, 1988, p.189: Smith는 국제법에서 'joint and several liability'의 적용 가능성에 대해 의문을 제기하였다(B.D. Smith, *State Responsibility and the Marine Environment: The Rules of Decision*, Oxford: Clarendon Press, 1988, pp.61-62): 국가책임규정초안의 특별보고자 Crawford는 복수 국가에 의한 공동위법행위에 대하여 국제법은 연대책임을 인정하지 않으며, 이 경우 각국은 자신의 행위에 대해서만 개별적으로 책임을 진다고 설명한다(James Crawford, "The Third Report on State Responsibility," A/CN.4/507, 2000, p.25, para. 272).

9) 다만 1972년 우주물체에 의하여 야기된 손해에 대한 국제책임에 관한 협약 제Ⅳ조 제2항에서 공동책임(joint and several responsibility)을 인정하고 있다. 그러나 이 협약은 특별법(lex specialis)이며, 위법행위에 대한 책임과 관련이 있는 것이 아니라 적법행위에 대한 책임과 관련이 있다(ILC Report(2001), Commentary to Art. 47, pp.316-317, para.(5)).

개념 및 실행이 다양하게 나타나고 있다는 점에서 국제법상 공동책임과 연대책임의 개념을 이해하는데 국내법상의 개념을 유추·적용하는 것에 신중해야 한다.[10)]

7) 피해국 이외의 국가에 의한 책임의 추궁

초안 제42조상의 피해국이 아닌 국가도 책임을 추궁할 수 있다. 제48조에 의하면 '피해국 이외의 국가'(a State other than an injured State)도 의무위반국의 책임을 추궁할 수 있는 경우가 있다. 피해국 이외의 국가(제1항)(a State other than an injured State)도 다음 두 가지 경우에 의무위반국의 책임을 추궁할 수 있다. 첫째, 당사자간 대세적 의무(obligations *erga omnes partes*)를 위반한 경우(제1항 a호)이다. 이러한 의무는 특정체제의 모든 당사자에 대하여 지고 있는 의무를 말하며, 조약(주로 다자조약)에 근거한 의무로서 그 이행에 모든 조약당사자가 법적 이익(소의 이익)을 갖는 것을 말한다.[11)] 둘째는 대세적 의무 (obligations *erga omnes*)를 위반한 경우(제1항 b호)이다. 대세적 의무란 "한 국가의 국제공동체 전체에 대한 의무"(the obligations of a state towards the international community as a whole)를 말하며, 이는 '본래적 의미'에서의 대세적 의무이다.

국가가 대세적 의무 또는 당사자간 대세적 의무를 위반한 경우 피해국이 아닌 국가라도 그 국가의 책임을 추궁할 수 있다. 대세적 의무는 각 국가가 국제공동체 전체에 대해 지는 의무이며, 동시에 다른 모든 국가들에게 개별적으로도 지고 있는 의무라고 할 것이다.

---

10) 최지우, "국제법상 복수 행위자의 공동책임에 대한 검토," 「서울국제법연구」, 제30권 1호, 서울국제법연구원, 2023, 203면.

11) 당사자간 대세적 의무(obligations *erga omnes partes*)란 "국가들의 집단(a group of States)에 대하여 지고 있는 의무로서, 그 집단의 집단적 이익(collective interest)의 보호를 위해 수립된 것"을 말한다(제48조 1항 a호). 당사자간 대세적 의무를 부과하고 있는 전형적인 예로는 1949년 4개의 제네바협약의 공통 제1조 "체약국은 모든 경우에 있어서 본 협약을 존중할 것과 본 협약의 존중을 보장할 것을 약정한다"(The High Contracting States undertake to respect and to ensure respect for the present Convention in all circumstances) 그리고 1977년 제1 추가의정서의 제1조 1항 "체약국은 모든 경우에 있어서 본 의정서를 존중할 것과 본 협약의 존중을 보장할 것을 약정한다"(The High Contracting States undertake to respect and to ensure respect for the present Protocol in all circumstances). 그러나 어떤 다자조약이 '당사자간 대세적 의무'를 창설하는 것인지를 확인하는 것이 반드시 쉬운 문제는 아니다. 전쟁/무력충돌 희생자 보호에 관한 1949년 4개 제네바협약은 ①육전에 있어서의 군대의 부상자 및 병자의 상태개선에 관한 협약(제1협약), ②해상에 있어서의 군대의 부상자, 병자 및 조난자의 상태개선에 관한 협약(제2협약), ③포로의 대우에 관한 협약(제3협약), ④전시에 있어서의 민간인의 보호에 관한 협약(제4협약)을 말한다.

'피해국 이외의 국가'가 책임국에게 청구할 수 있는 것은 '피해국'이 청구할 수 있는 것과 차이가 있다. 즉 피해국 이외의 국가는 첫째, 제30조에 따른 위법행위의 중지과 재발방지의 확약 및 보장, 둘째, 피해국 또는 위반된 의무의 수익주체를 위하여 손해배상을 이행하라고 요구할 수 있을 뿐 자신을 위해 손해배상을 요구할 수는 없다. 피해국 이외의 국가는 자신에게 피해가 없기 때문이다. 피해국 또는 위반된 의무의 수익주체(the beneficiaries of the obligation breached)를 위한 손해배상을 이행하라고 요구할 수 있다(제2항).

그리고 '피해국 이외의 국가'가 책임국에게 책임을 추궁함에 있어서도 초안 제43조(피해국에 의한 손해배상 청구의 통고), 제44조(청구의 수리가능성), 제45조(책임 추궁권의 상실)의 규정이 적용된다.

한편, 동일한 국제위법행위에 대해 제42조상의 피해국과 제48조상의 '피해국 이외의 국가'가 각자 그리고 동시에 책임을 청구할 수도 있다.

제48조 [피해국 이외의 국가에 의한 책임의 추궁]

1. 다음의 경우, 피해국 이외의 여하한 국가도 제2항에 따라 타국의 책임을 추궁할 권리를 가진다.
   (a) 위반된 의무기 그 국가를 포함한 국가군을 상대로 하며, 이들 국가군의 집단적 이익의 보호를 위하여 확립된 경우, 또는
   (b) 위반된 외무가 국제공동체 전체를 상대로 하는 경우.
2. 제1항에 의하여 책임을 추궁할 권리를 가지는 여하한 국가도 책임국에 대하여 다음을 요구할 수 있다.
   (a) 제30조에 따라 국제위법행위의 중지하고 재발방지를 확보 및 보장할 것,
   (b) 피해국 및 그 위반된 의무의 수익주체들을 위하여 앞의 조항들에 따라 손해배상의무를 이행할 것.
3. 제43조, 44조 및 45조에 의한 피해국의 책임추궁을 위한 요건들은 제1항에 따라 그 같은 권리를 가지는 국가들에 의한 책임 추궁에도 적용된다.

Art.48 [Invocation of responsibility by a State other than an injured State]

1. Any State other than an injured State is entitled to invoke the responsibility of another State in accordance with paragraph 2 if:
   (a) The obligation breached is owed to a group of States including that State, and is established for the protection of a collective interest of the group; or
   (b) The obligation breached is owed to the international community as a whole.
2. Any State entitled to invoke responsibility under paragraph 1 may claim from the responsible State:

(a) Cessation of the internationally wrongful act, and assurances and guarantees of non-repetition in accordance with article 30; and

(b) Performance of the obligation of reparation in accordance with the preceding articles, in the interest of the injured State or of the beneficiaries of the obligation breached.

3. The requirements for the invocation of responsibility by an injured State under articles 43, 44 and 45 apply to an invocation of responsibility by a State entitled to do so under paragraph 1.

대세적 의무와 관련한 판례

Barcelona Traction, Light and Power Co. Ltd. case(바르셀로나 전력회사 사건) (Belgium v. Spain), ICJ, 1970)

19ICJ는 이 사건의 판결의 부수적 의견(obiter dictum)에서 처음으로 대세적 의무(Obligations erga omnes)가 언급되었고, 그 후 강행규범(*jus cogens*)과 대세적 의무 개념이 국제법에서 주목을 받았다. "한 국가의 국제공동체 전체에 대한 의무(obligation of a State towards the international community as a whole)와 외교적 보호 분야에서 다른 국가에 대하여 발생하는 의무는 본질적인 구별하여야 한다. 바로 이러한 성격에 의하여 전자는 모든 국가의 관심사이다. 관련 권리의 중요성에 비추어 모든 국가가 이의 보호에 법적 이익(legal interest)을 가질 수 있다. 이것이 대세적 의무(obligations *erga omnes*)이다."(ICJ Reports(1970), p.32, para.33). ICJ는 모든 국가는 국제공동체의 구성원이라는 사실에 기하여 일정한 기본적 권리의 보호와 기본적 의무의 이행에 법적 이익을 가진다고 하면서 이러한 의무는 "침략행위 및 제노사이드의 불법화에서 도출되며, 또한 노예제도 및 인종차별로부터의 보호를 포함한 기본적 인권에 관한 원칙과 규칙으로부터 도출된다"고 하였다(Ibid., p.32, para.34).

참고설명 **대세적 의무와 강행규범과의 관계**

한 국가의 국제공동체 전체에 대한 의무(obligation of a State towards the international community as a whole)에 해당하는 대세적 의무(obligation *erga omnes*)와 강행규범은 어느 정도 중복된다. 이런 의미에서 강행규범은 때론 대세적 의무와 기능적 구별이 쉽지 않다. 대세적 의무는 강행규범에서도 연유한다. 그러나 대세적 의무는 반드시 강행규범의 배타적 영역에 있는 것은 아니다. 강행규범은 모두 대세적 의무를 수반하지만 모든 대세적 의무가 강행규범으로부터 도출되는 것은 아니다.[12)]

모든 강행규범이 대세적 성격을 지닌다 하더라도 모든 대세적 의무가 필연적으로 강행규범의 성격을 띠는 것은 아니다.[13)] 강행규범은 모두 대세적 효력을 가지지만, 대세적 효력을 갖는 모든 권리나 의무가 강행규범에서만 발생하지는 않는다. 이와 같이 강행규범은 대세적 의무보다 그 범주가 좁다. 그럼에도 두 개념은 구별되지만 사실상 동연관계(coextensive, 同延)에 있다.

ICJ는 Barcelona Traction Co. 사건에서 강행규범이라는 용어를 명시적으로 언급하지 않았지만 대세적 의무로 제시한 유형에 그것을 내포하였다고 해석할 수 있다. 대세적 의무라고 제시한 침략행위 불법화(outlawing), 제노사이드의 불법화, 노예제도 및 인종차별의 금지 등은 절대적 성격을 갖는 것으로 폭넓게 인정되고 있는 점을 고려할 때 그러한 의무는 근본적인 성격(fundamental nature)으로 인해 이탈이 허용되지 않고, 모든 국가는 그 보호에 법적 이익을 향유한다고 볼 수 있다.
강행규범이 일차적으로 국제법의 서열화를 위해 도입된 실체법적 개념이라면, 대세적 의무는 직접적으로 침해를 입지 아니한 국가도 이의를 제기할 수 있나는 점에서 양 개념은 구별 된다. 대세적 의무는 모든 국제관계를 가해국 대(對) 피해국의 1대 1의 관계로만 보던 전통국제법의 관점을 벗어나 가해국 대 국제공동체 전체의 관점을 도입하기 위한 것이라는 점에서 이것은 법적 이익(혹은 소의 이익)과 관련이 있다. 따라서 한 국가가 대세적 의무를 위반하는 경우 다른 모든 국가가 그 국가의 책임을 추궁할 수 있다.[14)]

2. 대응조치

1) 의의

대응조치(countermeasures)란 피해국이 타국의 선행된 위법행위에 대해 반응하는 행위를 말한다. 대응조치에 해당하는 행위가 설령 위법행위에 해당하더라도 타국의 선행된 위법행위를 중지시키고 또 이미 발생한 위법행위에 대한 완전한 손해배상을 얻어내기 위하여 의무위반국에 대해 부담하고 있는 국제의무를 이행하지 아니하는 것을 의미한다. 또한 피해에 대해 손해배상을 받기 위한 조치이기 때문에 위법성이 조각된다. 자력구제(self-help)의 한 유형에 해당한다.

대응조치의 목적은 책임국(의무위반국)으로 하여금 국제의무를 이행하도록 유도하는 데 있는 것이지, 복수하는데 있는 것이 아니기 때문에 입은 피해에 비례하여야 한다. 현대 국제법에서는 무력사용이 금지되고 있기 때문에 무력을 수반한 대응조치는 허용되지 않는다.

대응조치의 목적이 위법한 행위를 한 국가로 하여금 이를 중지하도록 하고 손해배상 의무를 이행하도록 유도하는데 있기 때문에 국가책임 이행에 중요한 역할을 한다. 제50조 내지 제53조 및 제55조의 규정을 보면 대응조치는 그 요건을 엄격하게 규정하여 그 남용을 제한하고 있다.

---

12) Stefan Talmon, "Jus Cogens after Germany v. Italy: Substantive and Procedural Rules Distinguished," *Leiden Journal of International Law*, Vol. 25, No.4, 2012, p.995.

13) 김대순, 앞의 책, 138면.

14) 김대순, 위의 책, 136-137면.

과거에는 복구(reprisal)라는 이름으로 널리 알려져 있었으나 현대 국제법에서는 더 이상 무력복구를 허용하지 않고 있기 때문에 이의 혼동을 방지하기 위해 대응조치라는 용어를 사용하고 있다.

대응조치는 설사 그것이 국제위법행위에 대응하는 것이라 할지라도, 국가의 어떠한 국제법상 의무에도 저촉되지 않는 '비우호적'(unfriendly) 행동인 보복(retorsion)과는 다르다. 보복행위는 외교관계 단절, 여러 종류의 금수조치(embargo) 또는 경제적 원조의 중단 등이 있다.

2) 대응조치의 목적과 제한

초안 제49조는 피해국이 책임국(의무위반국)을 상대로 대응조치를 취할 수 있는 목적을 규정하고, 그 범위에 일정한 한계를 두고 있다. 대응조치는 "오직"(only) 의무위반국으로 하여금 제2부상의 의무를 준수하도록 하기 위하여만, 즉 국제위법행위가 계속되고 있다면 그것을 중단하고, 피해국에게 손해배상을 하도록 하기 위해서, 피해국에 의해서만 취해질 수 있다. 대응조치는 위법행위에 대한 징벌(punishment)의 형태로 의도된 것이 아니라, 의무위반국에게 자신의 의무를 준수하도록 하는 수단으로 의도되었다.

합법적 대응조치의 기본적인 전제조건은 대응조치를 취하는 국가에게 피해를 준 선행의 국제위법행위의 존재이다.

그리고 위법성조각사유로서 대응조치(제22조)가 취해졌다고 하여도, 본래의 의무가 종료되거나 정지되는 것은 아니다. 해당 행위의 위법성은 대응조치를 취할 필요요건을 만족시키는 동안에 한하여, 대응조치라는 성격에 의하여 일시적으로만 조각된다.

제49조 [대응조치의 대상 및 제한]

1. 피해국은 오로지 국제위법행위에 책임있는 국가로 하여금 제2부에 규정된 의무를 이행하도록 유도하기 위하여 그 국가를 상대로 대응조치를 취할 수 있다.
2. 대응조치는 그 조치를 취하는 국가가 책임국에 대하여 국제의무를 당분간 일시적으로 불이행하는 것으로 제한된다.
3. 대응조치는 가능한 한 문제의 의무의 이행의 재개를 가능하게 하는 방법으로 취해져야 한다.

Art.49 [Object and limits of countermeasures]

1. An injured State may only take countermeasures against a State which is responsible for an internationally wrongful act in order to induce that State to comply with its obligations under Part Two.
2. Countermeasures are limited to the non-performance for the time being of international obligations of the State taking the measures towards the responsible State.
3. Countermeasures shall, as far as possible, be taken in such a way as to permit the resumption of performance of the obligations in question.

3) 대응조치의 한계 - 허용되지 않는 대응조치

초안 제50조는 대응조치에 의해 훼손될 수 없는 의무를 규정하고 있다. 피해국은 책임국과의 관계에서 이러한 의무들을 계속해서 존중해야 한다. 따라서 제50조상의 의무는 불가침이며 이를 위반하는 대응조치는 허용되지 않는다. 제1항은 대응조치에 의해 영향을 받아서는 아니 되는 기본적이고 실질적인 의무 4가지를 규정하고 있다. 즉 ① UN헌장에 구현되어 있는 무력의 위협 또는 사용의 금지 의무, ② 기본적 인권의 보호 의무, ③ 복구가 금지되는 인도적 성격의 의무, ④ 기타 일반국제법의 강행규범 하의 의무 등을 위반하는 대응조치는 허용되지 않는다.

제50조 제1항 상의 대응조치의 실질적인 제한에 더하여, 제2항은 대응조치를 취하더라도 다음 두 가지 의무 즉, ① 피해국과 책임국 사이에 적용되는 분쟁해결절차를 따를 의무와 ② 외교관·영사·공관·공문서·서류의 불가침을 존중할 의무 등의 이행을 면제받지 못한다고 규정하고 있다. 예를 들어, A국은 B국이 자국의 국내문제에 불법적으로 간섭을 하지 국내문제 불간섭의 의무를 위반했다고 주장하며 B국의 외교관을 인질로 잡고 이것은 A국의 대응조치에 해당한다고 주장한다면 이는 허용될 수 없다.

제50조 [대응조치에 의하여 영향받지 않는 의무]

1. 대응조치는 다음에 영향을 주어서는 안 된다.
   (a) 국제연합헌장에서 구현된 무력의 위협 및 사용의 금지 의무,
   (b) 기본적 인권의 보호 의무,
   (c) 복구가 금지되는 인도적 성격의 의무,
   (d) 기타 일반국제법의 강행규범상의 의무

2. 대응조치를 취하는 국가는 다음 의무의 이행을 면제받지 않는다.
   (a) 그 국가와 책임국간에 적용되는 분쟁해결절차상의 의무,
   (b) 외교 및 영사 관원, 공관, 문서 및 서류의 불가침 존중의 의무.

Art.50 [Obligations not affected by countermeasures]

1. Countermeasures shall not affect:
   (a) The obligation to refrain from the threat or use of force as embodied in the Charter of the United Nations;
   (b) Obligations for the protection of fundamental human rights;
   (c) Obligations of a humanitarian character prohibiting reprisals;
   (d) Other obligations under peremptory norms of general international law.
2. A State taking countermeasures is not relieved from fulfilling its obligations:
   (a) Under any dispute settlement procedure applicable between it and the responsible State;
   (b) To respect the inviolability of diplomatic or consular agents, premises, archives and documents.

4) 비례성

비례성은 국가의 관행과 원칙, 그리고 법철학적으로도 폭 넓게 인정되는 것으로 대응조치를 취함에 있어서는 잘 확립된 필요조건이다. 대응조치는 문제의 국제위법행위와 권리의 중대성을 고려하여, 피해국이 입은 침해에 상응하는 것이어야 한다. 대응조치는 의무위반국(책임국)에게 회복 불가능한 피해를 주는 방식으로 행사되어서는 안 되며, 피해에 비례하여야 한다. 여기서 비례는 위법행위와 대응조치 사이의 등가(equivalence)를 의미한다.

제51조 [비례성]

대응조치는 받은 피해에 비례하여야 하며, 아울러 국제위법행위의 심각성과 문제의 권리가 고려되어야 한다.

Art.51 [Proportionality]

Countermeasures must be commensurate with the injury suffered, taking into account the gravity of the internationally wrongful act and the rights in question.

대응조치의 비례성과 관련한 판례

Gabčíkovo-Nagymaros Project (Hungary/Slovakia), ICJ, 1997

Gabčikovo-Nagymaros Project 사건에서 ICJ는 체코슬로바키아가 분배된 자원을 일방적으로 자신의 통제 하에 둠으로써, Danube 강의 자연자원을 동등하고 합리적으로 분배받을 수 있는 헝가리의 권리를 빼앗고, 하천을 우회시킴으로써 해당 하천 지역의 생태환경에 지속적인 영향을 미쳐 국제법상 요구되는 비례성을 존중하는데 실패하였다고 판단하였다. 그러면서 ICJ는 Danube 강의 우회는 비례성을 상실하였기 때문에 적법한 대응조치가 아니라고 판결하였다(ICJ Reports(1997), p.56, paras. 85, 87).

5) 대응조치의 절차적 요건

대응조치에 호소하기 위해서는 앞에서 설명한 실체적 요건 이외에 절차적 요건도 충족하여야 한다. 즉, 피해국은 대응조치를 취하기에 앞서서, 첫째, 책임국(의무위반국)에게 위법행위를 중지하고 또 이미 발생한 위법행위에 대해서는 손해배상을 해주도록 요구하고, 둘째 책임국(의무위반국)에게 대응조치를 취하기로 한 결정을 통지하고 교섭을 제의하여야 한다(제1항). 다만, 피해국은 자신의 권리를 보존하기 위하여 필요한 긴급 대항조치를 그 같은 통지나 교섭 제의 이전에라도 취할 수 있다(제2항).

국제위법행위가 종료(중지)되고 또한 분쟁이 당사국들에게 구속력 있는 결정을 내릴 수 있는 재판소 또는 법원에 계류중(pending)인 경우에는 대응조치를 취해서는 안 되며, 이미 대응조치가 취해졌다면 그것은 부당하게 지체함이 없이 중단되어야 한다(제3항). 다만 책임국이 분쟁해결절차를 성실하게 이행하지 않는 경우에는 그러하지 아니 하다(제4항).

제52조 [대응조치에의 호소에 관한 조건]

1. 대응조치를 취하기 앞서 피해국은,
   (a) 제43조에 따라 책임국에게 제2부에 규정된 의무들을 이행할 것을 요구한다.
   (b) 대응조치를 취한다는 모든 결정을 책임국에 통보하며, 그 국가와의 교섭을 제의한다.
2. 제1항 (b)에도 불구하고, 피해국은 자국의 권리를 보존하기 위하여 필요한 긴급 대응조치를 취할 수 있다.
3. 다음의 경우, 대응조치는 취해져서는 안되며, 이미 취해진 경우 지체 없이 중지되어야 한다.
   (a) 국제위법행위가 종료된 경우, 그리고
   (b) 분쟁이 당사자들에게 구속력 있는 결정을 내릴 권한이 있는 재판소 또는 법원에 계류 중인 경우.
4. 제3항은 책임국이 분쟁해결절차를 성실하게 이행하지 않는 경우에는 적용되지 않는다.

Art.52 [Conditions relating to resort to countermeasures]

1. Before taking countermeasures, an injured State shall:
   (a) Call on the responsible State, in accordance with article 43, to fulfil its obligations under Part Two;
   (b) Notify the responsible State of any decision to take countermeasures and offer to negotiate with that State.
2. Notwithstanding paragraph 1(b), the injured State may take such urgent countermeasures as are necessary to preserve its rights.
3. Countermeasures may not be taken, and if already taken must be suspended without undue delay if:
   (a) The internationally wrongful act has ceased, and
   (b) The dispute is pending before a court or tribunal which has the authority to make decisions binding on the parties.
4. Paragraph 3 does not apply if the responsible State fails to implement the dispute settlement procedures in good faith.

6) 대응조치의 종료

대응조치는 의무위반국(책임국)이 위법행위를 중지하고 손해배상의무를 이행하는 즉시 종료되어야 한다. 다시 말해서 피해국은 대응조치의 그 필요성이 소멸하면 이를 즉시 종료하여야 한다.

제53조 [대응조치의 종료]

대응조치는 책임국이 국제위법행위와 관련하여 제2부 상의 의무를 이행하는 즉시 종료되어야 한다.

Art.53 [Termination of countermeasures]

Countermeasures shall be terminated as soon as the responsible State has complied with its obligations under Part Two in relation to the internationally wrongful act.

7) 피해국 이외의 국가에 의하여 취하여진 조치

앞에서 설명한 바와 같이(제49조) 대응조치의 주체는 피해국이다. 그렇다면 제48조 제1항에서 말하는 '피해국 이외의 국가'는 대응조치를 취할 수 없는가? 제54조는 이러한 문제와 관련이 있다. 제48조 제1항의 대세적 의무 또는 당사자간 대세적 의무를 위반한 경우에 피해국 이외의 국가도 대응조치를 취할 수 있는가? 제54조를 보면,

대세적 의무 또는 당사자간 대세적 의무를 위반한 경우에 피해국 이외의 국가가 책임국(의무위반국)을 상대로 '적법한 조치'(lawful measures)를 취할 수 있다고 밝히고 있다. 그런데 제54조에서 말하는 적법한 조치에 대응조치도 포함되는지 여부가 확실하지 않으며 학자들의 의견도 나뉘고 있다. ILC는 제54조에 대한 주석에서 이 문제에 대한 현재의 국제법 상황은 불확실하며, 국가관행도 빈약하고, 제한된 수의 국가들과 관련되어 있다고 하면서, 그러나 제54조를 법의 미래발전을 해하지 않는 유보(단서)조항(saving clause)으로 설명하고 있다.[15)]

제54조 [피해국 이외의 국가에 의하여 취하여지는 조치]

본 장은 제48조 제1항에 의하여 타국의 책임을 추궁할 자격을 가지는 여하한 국가도 그 국가를 상대로 위반의 중지 및 피해국 또는 위반된 의무의 수익 주체들의 이익을 위한 손해배상을 확보하기 위하여 적법한 조치를 취할 권리를 가짐을 저해하지 않는다.

Art.54 [Measures taken by States other than an injured State]

This Chapter does not prejudice the right of any State, entitled under article 48, paragraph 1 to invoke the responsibility of another State, to take lawful measures against that State to ensure cessation of the breach and reparation in the interest of the injured State or of the beneficiaries of the obligation breached.

---

15) 김대순, 앞의 책, 801면.

제 7 절

일반규정

1. 특별법 우선의 법칙

특별법이 일반법에 우선한다(lex specialis derogat legi generali)는 법언은 법의 일반원칙으로 받아들여 진다. 일반적이고 추상적인 2차 규칙을 법전화한 국가책임법 초안은 국가책임법의 일반규칙이다. 따라서 국가책임의 내용 및 이행과 관련한 '국제법의 특별법(lex specialis)'이 존재하는 경우에는 2001년 국가책임법 초안이 적용되지 않는다. 국가책임법 초안과 다른 특별 조약규정이 있는 경우, 즉 특별법 우선의 원칙이 적용된다. 예를 들면, 무력충돌법은 그 위반이 있는 경우의 국가책임에 관한 특정한 규칙을 두고 있는데,[1] 이 경우에는 국가책임법 초안이 아니라 무력충돌법이 적용된다.

제55조 [특별법]

본 조항들은 국제위법행위의 존재의 요건 또는 국가의 국제책임의 내용 또는 이행이 국제법의 특별규칙에 의하여 규율되는 경우 그 범위 내에서는 적용되지 않는다.

Art.55 [Lex specialis]

These articles do not apply where and to the extent that the conditions for the existence of an internationally wrongful act or the content or implementation of the international responsibility of a State are governed by special rules of international law.

1) 제네바협약 제1추가의정서 제91조(책임)는 "[제네바 4개협약과 의정서]를 위반하는 충돌 당사국은 필요한 경우에 배상할 책임이 있다"라고 규정하여 무력충돌법의 일정한 규정들이 위반되었을 때의 배상(compensation)을 규정하고 있다.

2. 초안에 규율되지 않은 사항

국가책임법 초안에 규정되지 않은 사항은 관련 국제법이 적용된다.

第56조 [본 조항들에 의하여 규율되지 않는 국가책임의 문제들]

국제위법행위에 대한 국가책임의 문제들이 본 조항들에 의하여 규율되지 않는 범위 내에서는 이 문제들에 대하여 국제법의 적용 가능한 규칙들이 계속 적용된다.

Art.56 [Questions of State responsibility not regulated by these articles]

The applicable rules of international law continue to govern questions concerning the responsibility of a State for an internationally wrongful act to the extent that they are not regulated by these articles.

3. 국제기구의 책임

국가책임법 초안은 국제기구의 행위에 대한 국가의 책임문제, 즉 국제기구가 행위자에 해당하고 국가가 그 기구의 행위에 관여하였다거나 그 기구의 회원국이라는 이유로 인하여 책임져야 할 상황을 다루지 않는다. 따라서 '국제기구'의 국제책인에 관한 사항은 국가책임법 초안에 규정된 '국가'의 국제책임과는 별도로 다루어진다. 국제기구 책임에 관해서는 ILC의 2011년 "국제기구의 책임에 관한 규정초안"(Draft articles on the responsibility of international organizations)이 채택되었다.

第57조 [국제기구의 책임]

본 조항들은 국제기구의 행위에 대한 국제기구 또는 국가의 국제법상 책임과 관련된 여하한 문제도 저해하지 않는다.

Art.57 [Responsibility of an international organization]

These articles are without prejudice to any question of the responsibility under international law of an international organization, or of any State for the conduct of an international organization.

4. 개인의 책임

제58조는 국가책임법 초안이 국가를 대신하여 행동하는 개인의 국제법상 책임에 관한 어떤 문제도 규정하지 않는다는 점을 명백히 하고 있다. 초안은 국제위법행위에 대한 '국가'의 국제책임을 규정하고 있으며 이는 성격상 국내법상의 민사책임에 가깝다. 이와는 별도로 이러한 위법행위에 관여한 개인이 국제법상 형사책임을 지게 되는 경우가 있을 수 있다. 예를 들면, 제노사이드가 발생한 경우에 그러한 행위를 관련한 국가의 국제책임과 별도로 그러한 국제범죄를 수행한 개인이 국제형사재판소에 소추되어 형사처벌을 받을 수 있다. 이러한 점을 명시하고 있는 규정이 제58조이다.

제58조 [개별적 책임]

본 조항들은 국가를 위하여 행동하는 여하한 사람의 국제법상 개인적 책임과 관련된 여하한 문제도 저해하지 않는다.

Art.58 [Individual responsibility]

These articles are without prejudice to any question of the individual responsibility under international law of any person acting on behalf of a State.

5. 국제연합헌장과의 관계

국가책임법 초안의 규정은 국제연합헌장을 침해하는 것이 아니다. 다시 말해서 국제연합헌장이 이 규정초안 보다 상위법이다. 따라서 제59조는 본 초안이 국제연합헌장에 영향을 줄 수 없다는 점을 명시한 것이다. 헌장 제103조은 "국제연합 회원국의 헌장상의 의무와 다른 국제협정상의 의무가 상충되는 경우에는 이 헌장상의 의무가 우선한다."라고 규정하고 있다. 따라서 국가책임법 초안도 모든 면에서 국제연합헌장에 합치되게 해석되어야 한다.

제59조 [국제연합헌장]

본 조항들은 국제연합헌장을 저해하지 않는다.

Art.59 [Charter of the United Nations]

These articles are without prejudice to the Charter of the United Nations.

제 4 장

국제경제법

제 1 절

WTO의 기본원칙

WTO의 기본원칙은 WTO의 Pillar라고도 말할 수 있으며, WTO체제의 근간이 되는 법원칙들을 말한다. GATT에는 WTO협정 전체의 근간이라 할 수 있는 원칙들을 규정하고 있다. WTO의 기본적인 원칙과 예외는 1947년 GATT에 정해졌으며, 지금까지 거의 수정되지 않은 GATT 규정을 의미한다. 따라서 GATT 1994의 주요원칙이라고도 말할 수 있다.

GATT는 규정 앞부분에 기본원칙을 규정하고 있으며, 나머지 규정들의 상당 부분은 이러한 기본원칙들에 대한 예외적인 내용을 규정하고 있다. 분야별 협정은 이러한 예외 조항의 남용을 방지하기 위하여 세부사항을 규정하고 있다.

GATT/WTO의 기본 원칙은 무엇인가? 비차별원칙, 시장접근원칙, 공정무역원칙, 개발도상국 우대원칙 등이 기본원칙으로 제시되고 있다. 여기서는 앞의 두 원칙, 즉 무역자유화와 밀접한 관련이 있는 비차별원칙과 시장접근원칙을 중심으로 살펴본다.

비차별원칙(principle of non-discrimination)은 GATT/WTO의 기본원칙이며 공정무역(fair trade)의 핵심원칙이다. GATT의 양대 원칙인 최혜국대우(MFN)와 내국민대우(NT)는 비차별원칙에 해당하는 주요 원칙이다. 비차별원칙은 공정 경쟁의 토대로 상품을 국적에 따라 차별하지 않는 것을 의미한다. 수입상품 간의 차별을 금지하는 최혜국대우원칙, 그리고 수입상품과 국내상품 간의 차별을 금지하는 내국민대우원칙은 비차별원칙에 해당한다. GATT/WTO협정상 규제의 대상이 되는 차별은 어떤 것인가? 차별(discrimination)과 차등(differentiation, 구별)은 다른 개념이다. 같은 대상을 다르게 대우하는 것이 차별이고, 다른 대상을 다르게 대우하는 것이 차등(구별)이다. 예를 들어 같은 상품에 다른 관세를 부과하는 것이 차별이고, 다른 상품에 다른 관세를 부과하는 것은 구별이다. 그래서 핵심은 과연 무엇을 기준으로 '같은(like) 상품', 즉 동종 상품(like product)인지 여부를 판단할 것인가이다. 이에 대해서는 뒤에서 자세히 살펴본다.

시장접근(market access) 원칙은 시장개방원칙을 말한다. 시장접근이란 상품이 수입국 시장으로 진입하는 것을 보장하는 것을 의미한다. 관세양허와 수량제한금지원칙은 시장접근원칙에 해당하며 자유무역(free trade)과 관련이 있다. 자유무역을 실현하기 위해서는 관세 이외의 장벽을 철폐하여 시장을 개방하고 관세를 점차적으로 인하하거나 철폐해야 한다. 또한 수출입의 수량을 인위적으로 제한해서는 안 된다.

여기서는 GATT에 규정되어 있는 기본원칙으로 최혜국대우원칙, 내국민대우원칙, 관세양허, 수량제한금지원칙에 대해서 살펴본다.

제 2 절 최혜국대우원칙

1. 최혜국대우의 의의

최혜국대우원칙(most favored nation treatment: MFN)이란 어느 특정 국가의 상품에만 혜택을 주지 않고 모든 국가의 '동종상품'을 동등하게 대우한다는 원칙을 말한다. 상품의 원산지와 관계없이 모든 회원국의 모든 상품을 동등하게 대우해야 한다는 원칙이다. 이는 교역상대국을 차별하지 말아야 한다는 것으로 상품의 국적에 따라 차별하지 말라는 원칙이다. 즉 수입상품 상호간의 비차별을 의미한다. 최혜국대우원칙은 제3국에게 부여한 대우보다 불리하지 않은 대우를 상대국에게 부여할 의무를 국가에게 부과하는 원칙이다. 제3국에게 부여한 가장 유리한 대우를 상대국에게도 부여해야 한다는 원칙이다. 즉 어떤 국가에 부여한 최고의 대우를 다른 국가에도 부여하여야 한다는 원칙이다. 한마디로 모든 국가를 동등하게 대우해 줄 것을 의무화하고 있는 원칙이다.

최혜국대우원칙은 상이한 회원국들(원산지)이 보내는 동종상품 간에 차별을 금지하는 것뿐만 아니라 상이한 회원국들(행선지)로 보내지는 동종상품 간에 차별도 금지하는 것이다. EC-Banana Ⅲ 사건(1999)에서 상소기구는 비차별의무의 본질은 동종상품이 그 원산지와 관계없이 동등하게 대우받아야 하는 것이라고 판정하였다. 이러한 최혜국대우원칙은 국제통상질서의 보편적 원칙으로 모든 국가의 상품이 동등한 대우를 받아야 한다는 것이다. 이 원칙의 기능은 무역자유화를 촉진하는 데 있다.

참고설명 **법률상 차별과 사실상 차별**

최혜국대우는 법률상(*de jure*)의 차별뿐만 아니라 사실상(*de facto*)의 차별도 금지한다. 법률상의 차별이란 법률 또는 규칙 등의 문언에서 차별을 확인할 수 있는 경우인 반면에 사실상의 차별이란 법률 또는 규칙 등의 문언에서는 차별이 나타나지 않지만 해당 조치의 적용에 관련한 모든 사실을 고려해 볼 때 실제로 차별이 분명한 경우를 말한다.[1)] Canada-Autos 사건(2000)에서 상소기구는 최혜국대우원칙을 규정하고 있는 GATT 제1조 1항은 법률상 차별과 사실상 차별의 금지를 모두 포함한다고 판정하였다. Dominican Republic-Import and Sale of Cigarettes 사건(2005)에서 패널은 도미니카 공화국에서 판매되고 있는 모든 담배 갑에 납세필증을 부착하도록 한 조치가 비록 국내상품과 수입상품에게 동일한 방식으로 적용되었다고 하더라도 수입담배에 대하여 다른 방식의 납세필증 요건을 적용하여 사실상(*de facto*)의 불리한 대우를 했다고 밝히면서 이는 제3조 제4항(내국민대우 의무) 위반이라고 판단하였다. 이와 같이 내국민대우원칙도 법률상의 차별뿐만 아니라, 사실상의 차별도 금지하고 있다.

참고설명 **비회원국에 부여한 혜택**

최혜국대우원칙은 WTO 회원국이 비회원국에 부여한 특혜에 관해서도 동 회원국과 여타 회원국과의 관계에 대해서도 적용된다. 예를 들어, WTO 회원국인 중국이 비회원국인 북한에 부여한 특혜는 회원국인 한국에 대해서도 동등하게 부여되어야 한다.

참고설명 **내국민대우와 다른 점**

최혜국대우원칙이 수입상품 간에 차별하지 말라는 것이라면 이에 비해 내국민대우원칙은 수입상품을 국내상품에 비해 차별하지 말라는 원칙을 말한다. 최혜국대우원칙은 수입상품 간의 차별을 금지하는 것이라면 내국민대우원칙은 수입상품과 국내상품 간의 차별을 금지하는 것이다. 최혜국대우원칙과 내국민대우원칙은 모두 비차별원칙에 해당한다.

2. GATT 제1조의 구조 - 최혜국대우원칙의 적용범위

GATT 제1조 제1항은 상품무역과 관련하여 무조건적인 최혜국대우의 적용범위를 매우 광범위하고 명시하고 있다. 최혜국대우원칙은 ① 수입 또는 수출에 대하여, 또는 수입 또는 수출과 관련하여 부과되는 관세 및 모든 과징금에 관하여, ② 수입 또는

1) 김민서, “GATT 제1조의 해석과 적용,” 「국제법평론」, 2012－Ⅱ(통권 제35호), 국제법평론회, 66면.

수출에 대한 지불의 국제적 이전에 대하여 부과되는 관세 및 모든 과징금에 관하여, ③ 그러한 관세 및 과징금의 부과방법에 관하여, ④ 수입과 수출에 관련한 모든 규칙 및 절차에 관하여, ⑤ 제3조 제2항에 기재된 모든 사항(수입상품에 대한 직간접의 내국세 및 국내과징금에 관한 모든 사항)에 관하여, ⑥ 제3조 제4항에 기재된 모든 사항(수입상품의 국내 판매·운송·배포·사용에 관한 법규나 요건과 관련한 모든 사항)에 관하여(제1조 제1항 전단), 어떤 회원국이 타국을 원산지로 하거나 타국을 행선지로 하는 상품에 대하여 부여한 편의, 호의, 특권 또는 면제는 다른 모든 회원국의 영토를 원산지로 하거나 행선지로 하는 동종상품(like product)에 대하여 즉시 그리고 무조건적으로 부여되어야 한다(제1조 제1항 후단).

※ 용어: charges를 '과징금' 또는 '부과금'으로 표현

3. 최혜국대우원칙의 적용대상 범위

GATT 제1조 제1항의 최혜국대우원칙이 적용되는 대상 범위는 다음과 같다.

1) '이익 등'을 제공하는 조치

최혜국대우원칙은 ① 수출입시 부과되는 관세 및 모든 종류의 과징금(예, 수입과징금, 수출세, 통관료, 품질검사비 등), ② 수출입 대금의 국제적 지불에 대하여 부과되는 관세 및 모든 과징금, ③ 그러한 관세 및 과징금의 부과방법(예, 관세 또는 과징금의 부과기준에 대한 평가방법), ④ 수입과 수출에 관련한 각종 규칙 및 절차, ⑤ 수입상품에 대한 직간접의 내국세 및 국내과징금(제3조 제2항의 사항), ⑥ 수입상품의 국내 판매·운송·배포·사용에 관한 국내 법규나 요건이라는 6가지 사항에 대하여 적용된다.

그리고 위의 6가지 사항과 관련하여 어떤 회원국이 어떤 상품에 부여한 이익(편의, advantage)·혜택(호의, 특전, 특혜, favour)·특권(privilege) 또는 면제(immunity) ('이익 등'으로 약칭해서 사용, 또는 '혜택 등'으로 약칭)는 모든 회원국의 모든 동종상품에 부여되어야 한다.

여기서 말하는 '이익, 혜택, 특권 또는 면제'의 개념에 대해 정확하게 정의내리기는 어렵지만 EC－Bananas Ⅲ 사건(1997)에서 패널은 '이익 등'에 대해 '더 호의적인 경쟁 기회(more favourable competitive opportunities)를 부여하거나 원산지가 다른 동종상품 간의 경쟁관계에 영향을 주는 조치'라고 말한 바가 있다.

Canada－Autos 사건에서 상소기구는 제1조 제1항의 문언은 어떠한 이익이 아닌 ‘모든 이익’, 어떠한 상품이 아닌 ‘모든 상품’, 그리고 어떠한 회원국이 아닌 ‘모든 다른 회원국’의 동종상품에 적용된다고 판단하였다. 즉 한 회원국이 어떠한 다른 회원국의 어떠한 상품에 부여한 어떠한 이익은 모든 다른 회원국의 모든 다른 상품에 부여되어야 한다는 것이다.

US－TunaⅡ 사건(2012)에서 패널은 돌고래 안전 라벨이 상업적 가치가 있기 때문에 이러한 안전 라벨에의 접근이 미국 시장에서 ‘이익’을 제공한다고 판단하였다.

Spain－Unroasted Coffee 사건(1981)에서 패널은 커피 원두 중 일부에 대해서만 ‘관세를 부과하지 않는 조치’는 동종의 수입 원두커피에 대한 차별로 최혜국대우원칙 위반이라고 판정하였다.

이익·혜택·특권 또는 면제 (‘이익 등’)에 관한 사례

Belgium-Family Allowance 사건(벨기에 가족수당 사건)(1952년)

① 사건개요

벨기에는 1930년에 가족수당[2]과 관련된 자국 입법을 통해, 1951년 당시 일정한 가족수당을 부여하는 요건을 충족하지 못하는 국가에서 수입된 상품을 공공기관이 구입할 때 그 상품 공급자에게 7.5%의 과징금(charge)을 부과하는 조치를 시행하였다. 그런데 벨기에는 네덜란드, 프랑스, 이탈리아, 영국, 스웨덴, 룩셈부르크의 상품에 대해서는 이러한 가족수당과 관련한 요건을 면제해 주었다. 이것은 결국 덴마크와 노르웨이 상품에 대해서는 7.5%의 과징금이 부과되는 결과를 낳았다. 이에 대해 덴마크와 노르웨이는 GATT 위반이라고 GATT에 제소하였다.

② 패널의 판정

패널은 벨기에가 제1조 제1항을 위반하였다고 판정하였다. 패널은 이러한 과징금 부과가 수입시에 이루어지는 것이 아니라 정부기관이 공공조달 상품구매시 적용되므로, 수입과징금(import charge)이 아니라, 제3조 제2항에서 말하는 국내과징금(internal charge)이라고 할 수 있고, 또한 벨기에가 자국의 가족수당에 대한 요건을 특정 국가의 상품에 대해서 면제하는 법률요건은 제3조 제4항과 관련이 있다고 보았다. 그리하여 벨기에는 네덜란드, 이태리, 프랑스, 영국, 스웨덴 등의 상품에는 이 과징금을 부과하지 않으면서, 노르웨이와 덴마크 상품에는 이를 부과하는 차별을 행하였으므로 이는 GATT 제1조 제1항의 위반에 해당한다고 판정하였다. 이 때 패널은 벨기에의 이러한 과징금의 면제는 제1조 제1항에서 규정하고 있는 “제3조 제2항과 제4항에 기재된 사항에 관하여” 부여하는 ‘이익 등’에 해당한다고 판정하였다.

---

2) 부양가족의 수에 따라 일정액 또는 일정 비율로 지급되는 수당

2) 동종상품

최혜국대우원칙의 적용 대상은 '동종상품'(同種商品, like products)이다. 즉 회원국이 어떤 회원국에게 부여하는 '이익 등'은 다른 모든 회원국의 '동종상품'에도 동등하게 부여되어야 한다. 이와 같이 최혜국대우원칙은 동종상품에만 적용되기 때문에 동종상품이 아닌 경우에는 상이한 대우가 부여될 수 있다. 동종상품을 어떻게 정하느냐에 따라 최혜국대우원칙의 적용범위가 결정될 것이다. 최혜국대우원칙의 적용을 회피하는 것을 차단하기 위해서는 명확하고 상세한 상품분류가 필요하다. 그런데 GATT 규정 어디에도 동종상품에 대한 정의는 존재하지 않는다. 동종상품은 규정에 따라 동일한 의미로 적용되지 않으며 동일한 규정이라도 문맥과 상황에 따라 다르게 적용될 수 있다. 따라서 GATT/WTO 사례를 살펴보는 것이 중요하다.

그럼 동종상품이란 무엇인가? 예를 들면, 볶은 커피원두와 볶지 않은 커피원두, 소주와 보드카, 소나무와 삼나무, 쌀과 보리, 유기농 쌀과 일반 쌀, 디젤자동차와 가솔린 자동차, 승용차와 버스는 각각 동종상품인가?

참고설명 **동종상품이란 용어**

GATT 규정에는 동종상품이 무엇을 의미하는지에 대한 정의가 없다. 그 용어도 다양하다. GATT협정은 제1조 제1항상의 like product와 유사한 용어로 like domestic product(제2조 제2항(a), 제11조 제2항(c), like domestic products(제3조 제2항), like products(제3조 제4항), like commodity(제6조 제7항), like merchandise(제7조 제2항), like or directly competitive products(제19조 제1항) 등을 사용하고 있다. 그러나 이들 용어 간의 의미 차이도 명확하게 정의되어 있지 않으며, 동종상품 각각의 범위는 협정 내 상이한 위치에서의 문맥과 상황에 따라 다르게 해석된다. 동종상품에 대한 판단기준은 개별 사안별로 패널 및 상소기구의 해석과 적용을 통해 발전해 왔다. 더 자세한 내용은 '제3절 내국민대우원칙'의 관련 부분('동종상품'의 판단기준)을 참조할 것

GATT와 WTO에서는 상품의 동종성을 밝히는데 다양한 기준을 사용하여 왔다. 최혜국대우에서 동종성의 판단기준으로 제품의 물리적 특성(characteristics), 제품의 최종용도(end use), 소비자의 기호와 습관, 상품의 관세분류 등을 들 수 있다. 이러한 판단기준이 구체적인 사건에서 적용되는 정도는 다양하다. 그 동안 사례를 보면 제1조 제1항은 관세양허의 이행과 양허효과를 보호하기 위한 규정이므로 최혜국대우원칙 위반과 관련한 경우 상품의 관세분류를 중요한 판단기준으로 고려하였다.

상품의 동종성에 대한 일차적 판단은 해당국 정부에 있고, 상품의 관세분류와 관련한 정책은 기본적으로 각국 정부의 재량에 속한다는 것이 패널의 입장이다. 교역상대국을 차별해서는 안 되지만 그것이 동종상품인지에 대한 판단은 일차적으로 관세를 부과하는 국가의 재량에 속한다는 것이 패널의 입장이다. 그리고 제1조의 동종상품과 제3조의 동종상품은 그 적용범위가 동일하지는 않지만 동종성의 판단기준과 평가방법은 상관성이 있다.

동종상품의 판단기준과 관련한 사례

Spain-Unroasted Coffee 사건(1981)

① 사건 개요 및 쟁점

스페인은 1979년 7월 기존의 법을 개정하여 커피 종류를 5가지로 나누어 고급커피인 2종의 마일드(mild) 커피(수세식 아라비카)에 대해서는 관세를 부과하지 않고 건조식 아라비카를 포함한 나머지 3종의 커피에 대해서는 7%의 관세를 부과하였다. 스페인에 커피를 수출하는 주요 국가인 브라질은 7%의 관세가 부과되는 건조식 아라비카를 주로 수출하였고, 로버스타도 수출하였다. 이에 대하여 브라질은 커피가 하나의 단일 품목인데 커피를 여러 가지로 구분하여 마일드 커피에만 관세를 부과하지 않는 이익을 부여한 스페인의 조치가 GATT 제1조 제1항의 동종상품에 대한 차별에 해당하여 최혜국대우원칙의 위반이라고 주장하였다. 이 사건은 마일드 커피(고급)와 기타 커피가 동종상품인지 여부가 주된 쟁점이었다.

② 브라질의 주장

브라질은 마일드 커피와 기타 커피가 동종상품이고 이를 다르게 대우하는 것은 GATT 제1조의 최혜국대우의무의 위반이라고 주장하였다.

③ 스페인의 주장

스페인 국민은 고급 커피를 선호하며. 고급 커피를 무관세로 수입하는 이유는 소비자물가지수에 커피가 차지하는 비중이 2%가 넘기 때문이라고 주장하였다. 스페인은 고급 커피인 마일드 커피와 기타 커피 간에는 맛과 향 등에서 질적인 차이가 있고 스페인 소비자들은 이들 제품을 다른 제품이라고 인식하고 있기 때문에 관세가 다른 것은 정당하다고 주장하였다.

④ 패널의 판정

커피는 지리적 요소, 경작 방법, 가공방법, 유전적 요소에 따라 맛과 향의 차이는 나지만 이것은 농산물에서 흔한 현상이라고 판단하였다. 그리고 커피는 일반적으로 그 종류와 관계없이 혼합되어(blend) 판매된다는 점과 커피의 최종 용도가 마시는 음료라는 점에 비추어 볼 때 모든 종류의 커피는 '동종상품'이므로 차별적인 관세를 부과하고 있는 스페인의 조치는 최혜국대우의무를 위반한 것이라고 판정하였다.

패널의 판정은 동종상품의 판단에 있어서 소비자의 기호와 습관을 고려하지 않았다고 평가할 수 있다.

3) '이익 등'의 '즉시' 그리고 '무조건적'인 부여

최혜국대우원칙에 따르면 '이익 등'을 다른 모든 회원국들에게 즉각적이고(immediately) 무조건적으로(unconditionally) 부여되어야 한다.

(1) '즉각적으로'의 의미

여기서 '즉각적으로'(immediately)란 어느 한 회원국 상품에 대한 혜택부여와 다른 회원국의 동종상품에 대한 혜택부여 간에 시간적 경과가 없어야 함을 의미한다,

(2) '무조건으로'의 의미

여기서 '무조건적으로'(unconditionally)란 혜택이 베풀어지는 경우 어떤 조건도 부여되어서는 아니 된다는 의미이다. 이와 같이 GATT체제하에서 최혜국대우의무는 자동적인 것이며, 무조건적으로 적용되어야 한다.

EC－Bananas 사건(1997)에서 패널은 '이익, 혜택, 특권 또는 면제'('이익 등')와 관련해서, 일정의 관세가 부과된 다른 원산지산 바나나와 비교하여 ACP 국가들(아프리카카리브태평양국가연합 소속 국가들)에서 생산되는 바나나에 대해 관세를 면제해준 소치는 '이익'을 구성한다고 판정하였다. 그리고 다른 회원국으로부터 수입된 바나나에 대해 ACP산 바나나에게 부여된 '이익 등'이 '즉각적으로' 그리고 '무조건적으로' 부여되지 않았으므로 제1조 제1항의 위반에 해당한다고 판정하였다.

4. 최혜국대우원칙의 예외

GATT는 최혜국대우원칙의 예외 사유를 다양하게 인정하고 있다.

1) 일반회원국에 대한 예외

어느 회원국이든 GATT에서 규정한 일정한 조건만 구비하면 최혜국대우원칙에서 일탈하는 조치를 취할 수 있는 것을 말한다.

① 국제수지악화를 이유로 한 예외(제14조)
② 긴급수입제한제도(safeguard, 제19조)
③ 회원국의 GATT상 의무에 대한 일반적 예외(제20조),
④ 안전보장을 위한 예외(제21조)

⑤ Waiver규정(제25조 5항)

2) 특정회원국에 대한 예외

① 특정국가간의 특혜관세제도(GATT 제1조 2항 및 부속서): GATT는 영연합지역, 프랑스동맹지역, 베네룩스관세동맹지역, 미국과 쿠바 간에 배타적으로 유효한 특혜, 칠레와 그 인접지역, 레바논 및 시리아와 그 인접지역에 대해 특혜관세가 적용됨을 인정하고 있다.

② 일반특혜관세제도(GSP)로 대표되는 개발도상국에 대한 특별조치(제18조)

③ 국경무역(frontier trade), 관세동맹(Customs Unions), 자유무역지대(Free Trade Areas), 관세동맹 또는 자유무역지대로의 이행을 위한 잠정협정 등에 대한 특별조치(제24조)

④ 특정 회원국 간의 비적용조항(제35조)

참고설명 WTO 분쟁해결절차

WTO분쟁해결절차는 사실상 1심에 해당하는 패널(Panel) 심리와 2심이자 최종심인 상소기구(Appellate Body) 심리로 구성된다. 이 중 상소기구는 1995년 WTO 출범 이후 WTO협정 하에서 발생하는 분쟁을 해결하는 최고 권위 있는 분쟁해결 기관으로서 WTO 다자무역체제의 안정성과 예측가능성 제고에 기여해 왔다.

제 3 절

내국민대우원칙

1. 내국민대우원칙의 의의

내국민대우원칙은 수입상품을 국내상품에 비해 불공정하게 대우하지 말라는 원칙이다. 상대국 국민에게도 자국민과 동등하게 대우하라는 것이다. 최혜국대우원칙과 함께 비차별을 확보하기 위한 것으로 GATT의 기본원칙이다. 수입상품 간의 차별을 금지하는 것이 최혜국대우원칙이라면 내국민대우원칙은 국내상품과 수입상품 간의 차별을 금지는 것이다.

내국민대우원칙은 수입상품에 대해 동종의 국내상품보다 불리하지 않는 대우를 해주어야 한다는 것이다. 이는 수입국이 내국세 또는 기타 국내법규를 통해 국내상품을 보호하려는 것을 차단하고, 국내상품과 수입상품의 동등한 경쟁조건을 확보하기 위한 것이다. US-Section 337 Tariff Act 사건(1989)에서 국내상품과 상이한 특허침해 소송을 동종의 수입상품에 적용하는 조치는 내국민대우 위반이라고 판정하였다.

서비스교역을 다루고 있는 GATS 제17조, 지적재산권 분야를 다루고 있는 TRIPS 제3조에도 내국민대우원칙을 규정하고 있다.

2. 내국민대우원칙의 내용

내국민대우에 대해 규정하고 있는 GATT 제3조는 10개항으로 구성되어 있다. 먼저 제1항은 내국민대우의 목적을 비롯한 기본원칙을 선언한 규정이다. 제2항은 내국세 및 기타 국내과징금과 관련하여 차별을 금지하는 규정(재정조치 규정)이고, 제4항은 국내 법률, 규정, 요건(internal laws, regulations, requirements)에 관하여 국내상품 보다 불리한 대우(덜 유리한 대우; less favourable treatment)를 해서는 안 된다는 규정(비재정조치 규정)이다. 제5항은 국내수량규정(internal quantitative regulations)에 관한 내용이며, 제8항은 정부조달과 국내 보조금의 예외를 규정하고 있다.

1) 지도원칙

제1항에서는 내국세 및 내국 과징금(제2항), 국내 법률·규정·요건(4제항), 국내수량규정(제5항)이 국내생산을 보호하기 위해 수입상품과 국내상품을 차별해서는 안 된다는 점을 천명하고 있다. 이런 점에서 제1항은 제3조 상의 다른 조항들의 지도원칙(guiding principle)이라고 볼 수 있다.

GATT 제3조의 내국민대우는 기본적으로 수입상품과 동종의 국내상품에 대해 경쟁조건을 동등하게 보장하라는 것이다.

2) 제3조 제2항의 구조
- 재정조치의 차별 금지

GATT 회원국은 수입상품에 대하여 동종의 국내상품(like domestic products)에 부과된 내국세(internal taxes) 또는 기타 국내과징금(내국과징금, internal charges)을 초과하여(in excess of) 부과해서는 아니 된다(제3조 제2항 제1문). 그리고 국내상품과 직접적으로 경쟁적이거나 대체가능한 상품(directly competitive or substitutable product)에 대하여 국내생산을 보호할 목적으로 양자에 대해서 유사하지 않게(not similarly, 비슷하지 않게) 내국세 또는 기타 국내과징금을 부과해서는 아니 된다(제3조 제2항 제2문 및 GATT 부속서 I 주(註) 및 보충적 규정(Notes and Supplementary Provisions) 제3조 제2항(Ad Artcle Ⅲ para.2)).

(1) 제3조 제2항의 내용

제3조 제2항은 제1문과 제2문으로 나누어 구성되어 있으며, 내국세 또는 국내과징금의 부과에 있어 국내상품과 수입상품의 차별을 금지하면서(즉 재정조치의 차별을 금지하고 있으며), 제1문과 제2문의 적용범위와 요건을 달리하고 있다. 제1문은 동종상품, 제2문은 직접 경쟁 또는 대체 상품에 대해 적용된다. 제2문은 제1문의 보충규정이다. 따라서 제1문의 위반이 확인되는 경우에는 동일 사안에 대해서 제2문의 위반 여부를 판단할 필요가 없다. 그러므로 제1문을 위반하지 않았더라고 제2문의 위반이 될 수 있다.

정리하면, 제3조 제2항은 수입상품에 직간접적으로 부과되는 '내국세 및 기타 국내과징금'을 적용대상으로 하며, 제1문 '동종상품'에 대한 초과과세 금지 규정과 제2문 '직접 경쟁 또는 대체 상품'에 대한 유사과세 금지 규정으로 구성되어 있다. 그동안 분쟁사례를 보면 일반적으로 제소국이 제1문 동종상품에 대한 초과과세를 주장하면서 예비적 청구로 제2문 직접 경쟁 또는 대체 상품에 대한 유사과세를 주장하는 것을 알 수 있다.

(2) 제2항 제1문과 제2문의 공통요건
- 내국세 또는 국내과징금(재정조치(fiscal measures))

제2항은 내국세 및 국내과징금, 즉 재정조치와 관련한 규정이다. 제2항의 내국세 및 국내과징금은 '상품'에 직접 또는 간접적으로 부과되는 내국세 또는 국내과징금을 의미한다. 예를 들면, 판매세, 소비세, 부가가치세, 환경세 등은 이에 해당하나 상품에 부과되는 것이 아닌 소득세는 여기에 포함되지 않는다.

그리고 제2항의 내국세 또는 국내과징금은 관세 또는 수입과징금과는 다르다. 내국세는 기본적으로 수입(통관) 이후에 부과되는 조세로 정의할 수 있다.

(3) 제2항 제1문('동종상품'에 대한 내국세 또는 국내과징금에 관한 규정)의 요건

제1문의 위반에 해당하기 위해서는 다음 두 가지 요건이 충족되어야 한다.

① '동종상품'인지 여부

제1문의 적용대상은 '동종상품'이다. 제1문상의 동종상품은 제2문의 직접 경쟁 또는 대체 상품 보다는 좁은 의미로 해석할 수 있다. 즉 '직접 경쟁 또는 대체 상품'의 개념이 동종상품보다 광의의 개념이다.

상품의 동종성의 판단은 내국민대우의 해석과 적용에 있어 가장 핵심적인 요소의 하나이다. 그동안 GATT/WTO의 분쟁해결기구는 상품의 동종성 여부에 대해서는, 사례별로(case-by-case basis)로, 1970년 '국경세조정보고서'에서 제시한 3가지 요소, 즉 ① 상품의 최종용도, ② 소비자의 기호와 습관, ③ 상품의 물리적 특성을 고려하여 판단하였다('동종상품'의 판단 요소에 대해서는 뒤(156면 이하)의 설명을 참조하시오).

Mexico-Taxes on Soft Drinks 사건(2006)에서 패널은 사탕수수를 사용하여 생산한 탄산음료 및 시럽과, 사탕무 또는 HFCS(액상과당)를 사용하여 생산한 탄산음료 및 시럽이 동종상품인지 여부가 판단되었다. 패널은 동종성을 판단함에 있어 상품의 최종용도, 소비자의 기호와 습관, 상품의 물리적 특성, 그리고 관세품목분류를 그 판단

기준으로 고려하여, 사탕수수를 사용하여 생산한 탄산음료/시럽과, 사탕무 또는 액상과당(HFCS)을 사용하여 생산한 탄산음료/시럽은 제3조 제2항 제1문의 동종상품에 해당한다고 판정하였다.

② 내국세 또는 국내과징금을 '초과하여' 부과되었는지 여부

수입상품에 대한 내국세(또는 국내과징금)가 국내상품에 대한 내국세(또는 국내 과징금)를 '초과하여'(in excess of) 부과되는 경우에 제1문 위반에 해당한다. 초과 자체가 위반에 해당하기 때문에 어느 정도 초과했느냐는 중요하지 않다. 그 초과는 양이 아무리 미미한 차이라도 허용되지 않는다. 즉 "가장 작은 양의 초과조차 너무 많다"(Even the smallest amount of 'excess' is too much).[1] 즉 제2문과는 달리 초과여부 판단에 최소수준(de minimis)은 적용되지 않는다. 즉 수입상품과 국내상품에 대한 과세는 동일해야 하며 최소수준의 차이도 허용되지 않는다.

(4) 제2항 제2문('직접 경쟁 또는 대체 상품'에 대한 내국세 또는 국내과징금에 관한 규정)의 요건

제2항 제2문의 위반에 해당하기 위해서는 다음 세 가지 요건이 누적적으로 충족되어야 한다.(*제2문에 대한 온전한 이해를 위해서는 '제3조 제2항 제2문에 대한 GATT 부속서 I (주(註) 및 보충을 함께 검토하여야 함)

① '직접 경쟁 또는 대체 상품'인지 여부

제2문의 적용대상은 '직접 경쟁 또는 대체 상품'(directly competitive or substitutable product: DCSP)이다.

수입상품과 국내상품이 제1문의 동종상품이 아니더라도 직접 경쟁 또는 대체 가능한 상품인 경우 내국민대우원칙의 위반이 될 수 있다. 직접 경쟁 또는 대체 상품의 범주는 동종상품의 범주보다 넓게 해석해야 한다(Korea – Taxes on Alcoholic Beverages(1999)). 제3조 제2항의 문맥상으로 제1문의 동종상품에 해당하지 않지만 그 상품의 성격과 관련 시장에서 경쟁 조건상 제2문의 직접 경쟁 또는 대체 상품인 경우를 규율하기 위한 것이므로 동종상품보다 넓은 개념으로 해석하는 것이 마땅하다. 직접 경쟁 또는 대체 상품이 동종상품보다 얼마나 폭넓은 개념인지는 당해 사건의 관련 사실을 종합하여 결정한다. 즉 사례별로 검토하여 판단해야 한다.

---

1) 이 표현은 *Japan–Alcoholic Beverages II* 사건(1996)에서 상소기구가 언급한 내용이다.

'경쟁적인'(competitive) 또는 '대체적인'(substitutable)이란 수입상품과 국내상품이 경쟁관계 있으며 상호 교환 가능하거나 특정한 수요 또는 기호를 충족시키는 대안적 방법을 제공하는 것을 의미한다. 완전한 대체가능성을 의미하지 않는다. 호환 가능성에 따라 판단한다. '직접적으로'(directly)는 국내상품과 수입상품의 경쟁관계에서 일정한 근접성이 요구된다는 의미한다.

Philippines－Distilled Spirits 사건(2012)에서 패널은 직접 경쟁 또는 대체 상품인지 판단하는 기준으로 ① 상품의 유통경로, ② 상품의 물리적 특성, ③ 상품의 최종용도와 마케팅, ④ 관세품목분류, ⑤ 상품에 대한 국내규칙 등이 제시된 바가 있다(이 사건에서 패널은 필리핀산 증류주와 외국산 증류주가 '직접 경쟁 또는 대체 가능한 상품'에 해당한다고 판정하였다). 그러나 여기서 제시된 기준은 절대적인 기준이 아니고 사례별로 다른 여러 요소를 고려하여 판단한다.

Korea – Taxes on Alcoholic Beverages(일명, 한국주세사건)(1999)

이 사건에서 패널은 물리적 특성과 최종용도 등에서 한국산 소주와 수입산 증류주(위스키) 간의 유사성을 인정하였으며, 판매·유통 방식이 상당부분 중첩되며 소주와 위스키 간에 상당한 가격 차이가 있지만 그 차이가 경쟁관계를 부인할 만큼 결정적인 요인은 아니라고 하여 소주와 위스키는 직접 경쟁 또는 대체 상품이라고 판정하였다.
상소기구는 '직접 경쟁적이고 또는 대체가능한 관계'에서 '경쟁적인'이란 현재의 경쟁뿐만 아니라 잠재적 경쟁도 포함한다고 하면서 상품이 호환가능하거나 특정 수요나 맛을 만족시키는 대안적인 방법을 제공할 때 경쟁적이거나 대체가능한 것으로 볼 수 있다고 판단하였다.

Japan-Alcoholic Beverages II 사건(1996)

이 사건에서 패널은 일본산 소주와 수입산 증류주(위스키, 브랜디)는 공통의 최종용도를 갖고 있고, 시장에서 경쟁관계[2]에 있다는 점을 이유로 일본산 소주와 수입산 증류주(위스키, 브랜디 등)는 직접 경쟁 또는 대체 가능한 상품에 속한다고 판정하였다.

2) 시장에서의 경쟁은 대체탄력성(elasticity of substitution)으로 확인할 수 있는데, 예를 들어, 어느 한 상품의 가격 변화가 다른 제품의 수요량의 변화에 영향을 미치는 정도를 보여주는 수요의 교차탄력성(cross－price elasticity of demand)을 산출하여 두 상품 간의 대체탄력성을 평가함으로써 두 상품 간에 직접 경쟁 또는 대체관계가 존재하는지를 평가할 수 있다(김대순·김민서, "GATT/WTO 판례를 통한 GATT 제3조의 분석과 평가," 「국제법학회논총」 제59권 제3호(통권 제134호), 2014, 22면).

② '유사하지 않게 과세되었는지' 여부

제3조 제2항 제2문은 제1문의 '초과하여' 과세라는 용어와 달리 '유사하지 않게' 과세라는 문언을 사용함으로써 제1문과 구별하고 있다. 직접 경쟁 또는 대체 관계에 있는 수입상품과 국내상품에 대하여 내국세 및 국내과징금이 '유사하지 않게'(not similarly) 과세된 경우에 제2문의 위반에 해당한다. 제1문의 동종상품과 달리 직접 경쟁 또는 대체 상품에 대해서는 동일한 과세가 요구되는 것이 아니라 유사한 과세가 요구된다.

제2문의 '유사하지 않게'는 제1문의 '초과하여'와는 다르다. 제1문의 초과하여(in excess of)와 제2문의 유사하지 않게(not similarly)의 차이를 살펴보면, 제1문은 어떠한 조세의 차이도 허용하지 않겠다는 의미이며, 제2문은 최소허용기준을 넘지 않는 조세의 미소한 차이는 허용된다는 것이다(Japan - Taxes on Alcoholic Beverages(일본주세분쟁)(1996)). 제2문은 제1문과 달리 수입상품에 국내상품에 부과되는 내국세 또는 국내과징금을 초과하여 과세하는 것 자체가 위반은 아니다. 직접 경쟁 또는 대체 관계에 있는 수입상품에 국내상품과 유사하지 않게 과세되었을 때 문제가 된다. 직접 경쟁 또는 대체 상품에 대하여 수입상품에 대한 내국세를 초과하여 과세하더라도 국내상품과 유사하게 과세된 경우라면 제2문의 위반문제가 발생하지 않는다. 직접 경쟁 또는 대체 상품의 경우에는 동종상품과 달리 최소수준(*de minimis*)을 넘는 경우에 비로소 유사하지 않게 과세된 것으로 평가된다. 최소수준이 어느 정도인지는 사례별로(case-by-case basis) 결정된다. 결론적으로 동종상품 간에는 정확히 동일한 조세가 부과되어야 하는 것이고, 직접 경쟁 또는 대체 상품 간에는 과세의 미세한 차이는 허용되는 것이다.

Korea - Taxes on Alcoholic Beverages(한국주세사건)(1999)

이 사건에서 패널은 한국산 소주에 대해서 38.5%, 보드카 등 외국산 증류주에는 104%를 과세하는 것은 미미한 수준의 차이를 넘는 것으로 판단하였다.

Philippines-Distilled Spirits 사건(2012)

이 사건에서 패널은 필리핀산 증류주에 비에 수입산 증류주에 대해 10배에서 40배에 달하는 과세를 부과하는 것은 '유사하지 읺게' 과세한 것이라고 판단하였다.

③ '국내생산을 보호하기 위한 것인지' 여부

직접 경쟁 또는 대체 상품에 대하여 유사하지 않게 과세되었다 하더라도 그러한 조치가 국내생산(domestic production)을 보호하는 것이 아니라면 제2문의 위반은 아니다. 제3조 제2항의 제2문의 위반에 해당하기 위해서는 직접 경쟁 또는 대체 상품에 대하여 내국세 및 국내과징금을 유사하게 과세하지 않은 목적이 '국내생산을 보호하도록 하기 위한 것'(so as to afford protection to domestic production)이이야 한다. 동종상품과는 달리 직접 경쟁 또는 대체 상품은 이 요건을 별도로 검토해야 한다.[3)]

직접 경쟁 또는 대체 상품에 대하여 유사하게 과세되었다면 '국내생산을 보호하기 위한 것'이라는 요건을 검토할 필요가 없다. 유사하지 않게 과세된 경우에만 '국내생산을 보호하기 위한 것인지' 여부를 검토할 필요가 있다.[4)] '국내생산을 보호하기 위한 것인지' 여부에 대한 판단은 내국세 및 기타 국내과징금의 설계, 구성, 외부로 드러난 구조(design, architecture, revealing structure)등을 통해 판단할 수 있으며, 내국세율이 현저하게 차이가 있는 경우 국내생산을 보호하기 위한 것으로 볼 수 있다. Korea – Taxes on Alcoholic Beverages(한국주세사건)(1999)에서 상소기구는 대부분의 한국산 주류는 저율의 내국세가 부과되고 수입산 주류에 대해서는 고율이 적용되는 구조를 근거로 국내생산을 보호하기 위한 것이라고 판단하였다.

제3조 제2항(재정조치) 제1문과 제2문의 위반 판단 요소

제2항 제1문(동종상품)
① 문제된 상품이 동종상품인지 여부
② 내국세 및 기타 국내과징금이 '초과하여'(in excessive of) 부과되었는지

제2항 제2문(직접 경쟁 및 대체 상품)
① 문제의 상품이 직접 경쟁 및 대체 상품인지 여부
② 내국세 및 기타 국내과징금이 '유사하지 않게'(not similarly) 과세되었는지
③ 국내생산을 보호하기 위한 것인지

---

3) 이 요건은 제2문의 "제1항에 명시된 원칙에 반하는 방식으로"라는 표현에 해당한다.

4) 김명자, 「EU 탄소국경조정 메커니즘의 WTO 규범과의 합치성 연구」, 박사학위논문, 연세대학교 대학원, 2021, 123면.

3) 제3조 제4항의 구조
- 비재정조치의 차별 금지

GATT회원국은 수입상품에 대하여 국내판매(internal sale), 판매를 위한 제공(offering for sale), 구매(purchase), 운송(transportation), 유통(distribution) 또는 사용(use)에 영향을 미치는 모든 법률(laws), 규정(regulations) 및 요건(requirements)에 관하여 국내원산의 동종상품(like products)에 부여하는 대우보다 불리하지 않은 대우를 부여하여야 한다(제3조 제4항).

(1) 제4항의 규정 내용

제4항은 국내 법률, 규정, 요건(internal laws, regulations, requirements)과 관련이 있다. 제2항이 재정조치와 관련한 규정이라면 제4항은 '비재정조치'에 해당한다. 제4항은 국내 법규(즉, 국내 규제)의 적용에 있어서 수입상품과 국내상품의 차별하지 말라는 내용이다.

(2) 제4항(법률, 규정 및 요건에 관한 규정)의 적용 요건

다음 세 가지 요건이 누적적으로 충족되어야 제4항의 위반이 된다.

① 수입국의 조치가 판매 등에 영향을 주는 국내 법규 또는 요건인지 여부

제4항은 국내 판매, 판매를 위한 제공, 구매, 운송, 유통 또는 사용에 영향을 주는 모든 법률(laws), 규정(regulations) 및 요건(requirements)에 적용된다. '영향을 주는'(affecting)이라는 의미에는 직접 판매 또는 구매의 조건에 적용되는 법규뿐만 아니라 국내상품과 수입상품 간의 경쟁 조건을 불리하게 수정하는 모든 법규를 포함한다. WTO 패널의 입장은 제한을 가하려는 모든 시도를 내국민대우원칙을 훼손시킬 수 있는 정부행동 범위에 포함시키고 있다.

법률(laws)과 규정(regulations)은 '일반적으로 적용되는 구속력 있는 규칙'(mandatory rules applying across-the board)인 반면에, 요건(requirements)은 개별적인 조치(isolated cases)에 해당한다.

② 수입상품과 국내상품이 동종상품인지 여부

제4항은 동종상품에 적용된다. 직접 경쟁 또는 대체 상품은 제4항의 적용범위에 해당하지 않는다. 그러면 제2항 제1문에서 사용하는 동종상품과 같은 의미인가? 제4항의 동종상품의 범위는 제2항 제1문의 동종상품의 범위와 다르다. 제4항의 동종상품

은 제2항 제1문의 동종상품보다는 넓게 해석되어야 한다는 입장이 지배적이다.[5)]

제3조 제4항의 동종상품에 대한 판단에 있어서도 제3조 제2항의 동종상품에 대한 판단과 같이 상품의 최종용도, 소비자의 기호와 습관, 상품의 물리적 특성 및 관세품목분류를 종합적으로 고려하여 판단한다.

③ 동종의 국내상품보다 '불리하지 않은 대우'가 수입상품에 부여되었는지 여부

수입국은 동종의 수입상품에 국내상품보다 '불리하지 않은 대우'(treatment no less favourable)를 부여해야 한다. 따라서 수입상품에 오히려 유리한 대우를 부여하는 것(즉, 역차별)은 허용된다. '불리하지 않은 대우'란 상품의 국내 판매, 판매를 위한 제공, 구매, 운송, 유통 또는 사용에 영향을 주는 국내법규의 적용에 관하여 수입상품에 대하여 기회의 실효적인 동등성(effective equality of opportunity)을 보장하는 것을 의미한다(US－Section 337 Tariff Act 사건(1989). '불리한 대우'란 수입상품에 손해(detriment)가 되게 관련 시장에서 경쟁조건을 변경하는 것을 말한다(Korea–Various Measures on Beef 사건(2001)). 즉 불리한 대우의 여부는 경쟁조건에 미치는 영향을 중심으로 판단한다. 시장에서의 문제된 조치가 실제로 수입상품과 동종의 국내상품 간 경쟁 기회에 해로운 영향을 미친 경우가 이에 해당하며 문제된 조치와 경쟁 기회에 대한 해로운 영향(detrimental effect) 사이에 진정한 관련성(genuine relationship)이 존재해야 한다(Thailand － Cigarettes 사건(2001))

Korea–Various Measures on Beef 사건(2001)

이 사건에서 패널은 한국 정부가 원산지 허위 표시를 방지하기 위한 수단의 하나로 일정 규모 미만의 소매 정육점에서는 국산 소고기와 수입산 소고기중 하나만을 선택해서 판매하도록 한 조치에 대해 제3조 제4항 위반이라고 판정하였다. 상소기구도 한국정부의 조치(구분판매제)로 인해 수입소고기의 경쟁 기회가 감소했기 때문에 GATT 제3조 제4항의 위반이라고 판정하였다. 구분판매제도가 수입소고기에 대한 유해한 방향으로 경쟁조건을 변경하였다고 판단한 것이다.

5) 김대순 · 김민서, 앞의 논문, 28면.

◈ '동종상품'의 판단 기준

'직접 경쟁 또는 대체 상품'의 개념을 포함하여 상품의 동종성(likeness)은 최혜국대우원칙과 내국민대우원칙의 핵심적 요건으로 이를 판단하는 기준으로는 다음과 같은 견해가 있다.

1) 상품성질설(BTA approach)

동종상품인지 여부는 ① 해당 시장에서 상품의 최종용도(the products end-uses in a given market), ② 국가마다 다를 수 있는 소비자의 기호와 습관(consumers tastes and habits, which change from country to country), ③ 상품의 속성과 성질 및 특질(the products properties, nature and quality), ④ 상품의 관세분류(tariff classification)(관세품목분류) 등을 기준으로 판단하여야 한다는 입장이다. 1970년 국경세조정 작업반의 '국경세조정보고서'에는 3가지 요소, 즉 ①②③을 동종성 판단기준으로 제시하였고, 이후 ④는 GATT/WTO판정을 통해 고려요소로 추가되었다.

※ BTA(Border Tax Adjustment, 국경세조정) 방식이라는 용어는 1970년의 '국경세조정보고서'(the Border Tax Adjustment Report)에서 '동종상품' 여부를 판정하는 방법으로 적용된 이후 GATT/WTO가 주로 이에 의존한데서 유래하였다. 이 보고서 이후 GATT/WTO는 '동종상품' 및 '직접 경쟁 또는 대체 상품' 여부를 판단할 때 동 보고서 내용을 언급해 왔다.[6)]

Japan - Taxes on Alcoholic Beverages(Japan-Alcoholic Beverages II) 사건 (일명, 일본주류분쟁)(1996)

이 사건에서 패널은 일본산 소주와 수입산 보드카에 대해서 소주와 보드카가 모두 증류주(white/clean spirits)이고 원료가 유사하고, 최종용도가 거의 같다는 이유로 동종상품이라고 판단하였다. 또한 관세품목분류 측면에서도 일본 소주와 보드카는 동종상품에 속한다고 판정하였다. 소주에 관한 일본 소비자의 전통적인 습관으로부터 볼 때도 보드카를 동종상품으로 고려하지 않을 이유가 없다고 판정하였다.[7)]

---

6) 최원목, 「국제통상법의 이해」(박영사, 2023), 199면.
7) 김명자, 앞의 박사학위논문, 101-102면.

2) 의도효과기준설(aim and effect test approach)

의도효과기준설은 조치목적설(aim－purpose approach) 또는 목적효과설(aim and effect theory)이라고도 한다. 동종상품 여부 결정은 해당조치를 통해서 달성하고자 했던 '의도' 또는 '목적'(aim)을 고려해야 한다는 견해이다.

예를 들어 종이컵과 플라스틱컵에 대해 환경세를 차별해서 부과한 경우, 상품성질설에 따르면 두 상품의 최종용도, 물리적 특성, 관세품목분류가 동일하여 결국 동종상품으로 판정될 것이다. 이에 비해 의도효과기준설에 따르면 환경세 차별 부과의 '의도' 또는 '목적'을 고려하여 판단하여야 하는데, 환경보호를 위해 환경세 차별 조치를 취한 것이라면 두 제품은 동종상품이 아니라고 판정될 것이다.[8)]

1990년대 초반에 GATT 패널은 다음 사건에서 차별받는 두 상품이 동종상품인가를 결정하기 위해서는 해당 차별이 '국내생산을 보호하기 위하여' 부여된 것인가를 검토하는 것이 필요하다고 함으로써, 전통적인 상품성질설에서 벗어나 의도효과기준설의 기초를 제공하였다.

U.S.-Measures affecting Alcoholic and Malt Beverages 사건 (일명, 미국주류분쟁)(1992)

이 사건에서 패널은 동동상품인가를 결정하기 위해서는 해당 차별이 국내생산을 보호하기 위하여 부여된 것인지에 대해 고려할 필요가 있다고 판단하였다. 그리하여 패널은 알코올 도수가 높은 맥주와 낮은 맥주간의 차별대우를 취한 미국의 조치가 국내생산을 보호하기 위한 것이 아니고 청소년의 생명과 건강을 보호하려는 목적(aim)에 입각하고 있음을 동종상품 판정의 결정적 요소로 반영하였다. 알코올 도수가 높은 맥주와 낮은 맥주 간의 차별대우 조치는 인간의 생명과 건강을 보호하기 위한 것이지 국내생산을 보호하기 위한 것이 아니라고 판단하여 두 상품은 동종상품이 아니라고 결정하였다.

U.S.-Taxes on Automobiles 사건 (일명, 미국자동차세분쟁)(1994)

이 사건에서 패널은 미국주류분쟁에서의 페널의 판정, 즉 서로 다른 대우를 받는 상품이 동종상품인지를 결정할 때 그러한 차별대우가 국내생산을 보호하기 위한 것인지에 대해 고려할 필요가 있다는 판정을 인용하면서, 3만 달러 이상의 고급 승용차와 그 이하의 저가 승용차간의 과세 차별을 둔 미국의 조치가 승용차의 국내생산을 보호하기 위한 것이 아니고 환경보호라는 정당한 목적에 입각하고 있음을 '동종상품' 판정 과정에 반영하였다. 결국 3만 달러 이상의 고급 승용차와 그 이하의 저가 승용차는 동종상품이 아니라고 판정하였다.

---

8) 최원목, 앞의 책, 202－203면.

이들 사건 이후에 의도효과기준설은 지지를 받지 못했고 그 이후 사례에서도 적용되지 않았다.

3) 시장기반설(market-based approach)

시장기반설은 비교되는 상품이 판매 소비되는 객관적인 시장 환경적 요소를 반영하여 동종상품 여부를 판단하여야 한다는 입장이다. 이 견해는 소비자의 수요를 고려하여 판단해야 한다는 입장이다.[9)]

Japan - Taxes on Alcoholic Beverages(Japan-Alcoholic Beverages II) 사건 (일명, 일본주세분쟁)(1996)

이 사건에서 패널은 의도효과기준이 GATT 제3조 제2항의 문구와 일치하지 않는다고 하여 배척하였고, 이러한 입장은 상소기구에 의해서도 지지되었다. 그리고 상소기구는 패널의 동종성 결정은 항상 개별적이고 재량적 판단의 불가피함을 포함하는 것으로, 한 가지 판단 방법이 모든 사례에 적절할 수 없다고 하였다. 즉 무엇이 동종인가에 대하여 명확하고 절대적인 유일의 정의가 있을 수 없고, 동종성(likeness)의 개념은 아코디언의 이미지를 연상케 하는 상대적인 것이라고 하였다. 동종성의 범위는 사건 별로, 때로는 좁게 때로는 넓게 인정될 수 있는데, 동종성의 이런 탄력적인 적용은 아코디언 연주에 비유되었다.[10)] 이 사건에서 WTO 상소기구의 판단에 의하면, 동종성의 개념은 절대적이 아니라 상대적(relative)이고, 따라서 동종성의 판단은 사례별로(case-by-case basis) 접근해야 하고, 이 때 이에 대한 판단은 자의적인 결정이 아니라 불가피하게 개별적이고 재량적 판단의 요소(element of individual, discretionary decision)가 수반된다고 하였다. 이러한 접근 방법은 제1조(최혜국대우원칙)상의 동종상품을 판단하는데도 유효하다.[11)]

정리해보면, 상품의 동종성에 대해서 WTO 패널과 상소기구에서는 구체적인 사안에 따라 위와 같은 기준을 종합적으로 고려하여 개별적으로 판단했다. 즉 각각의 개별 사례별로(case-by-case basis) 독립적으로 판단했다.

---

9) 시장기반설에 대해서는 최원목, 위의 책, 207-212 참조.

10) 물론 그 연주자는 WTO 패널과 상소기구이다.

11) 김대순·김민서, 앞의 논문, 19면, 34면.

4) 수량규제와 내국민대우원칙

WTO회원국은 특정 상품의 원자재 또는 부품으로서 수입상품과 국내상품을 합성하여 쓰는 경우 상품의 혼합(mixture), 가공((processing) 또는 사용(use) 등에 있어서 국내산(domestic source)을 특정 수량 또는 비율로 공급되어야 함을 요구하는 수량제한의 규정을 설정하거나 유지해서는 아니 된다(제3조 제5항).

3. 내국민대우원칙의 예외

① 회원국의 GATT상 의무에 대한 일반적 예외조항(제20조)

② 국가안전보장을 위한 예외(제21조)

③ 스크린쿼터제(screen quota)(제3조 제10항, 제4조)

 -국내제작 영화의 의무적 상영시간 할당

④ 정부조달

 회원국 정부기관이 물품을 정부용(비상업적 사용)으로 구입하는 경우에 국내상품을 우선적으로 구입할 수 있다. 즉 정부기관에 의하여 정부의 목적을 위하여 구매되는 상품의 조달을 규율하는 법률, 규정 또는 요건에는 적용되지 아니한다(제3조 제8항(a)). 다만 복수국간무역협정(PTA)의 하나인 정부조달협정에 가입하면 정부조달협정상의 내국민대우의무가 적용된다.

⑤ 국내생산자에 대한 보조금(subsidies) 지급(제3조 제8항(b))

제 4 절 관세양허

1. 의 의

관세(tariff, customs)란 수입품에 대해 수입시점에 부과되는 재정적 부과금이다.[1] 이러한 관세는 관세선(customs line)을 통과하는 물품에 부과된다. 관세를 부과하게 되면 세수의 증대로 국가재정이 확충될 뿐만 아니라 수입이 억제됨에 따라 국내산업이 보호되는 효과가 있다.[2] 이러한 이유로 오래 전부터 수입국은 관세정책을 주권 사항으로 보고 합법적인 보호무역조치로 활용하여왔다. 그러나 GATT/WTO는 시장개방을 통해 자유무역을 확대하기 위해 관세양허를 통해 관세장벽을 철폐하는 것을 정책방향으로 설정하고 있다.

관세양허(tariff concession, tariff bindings)란 GATT 회원국이 특정품목에 대하여 일정수준(상한선) 이상의 관세를 부과하지 않겠다는 약속을 말한다. 이 약속은 각 회원국의 관세양허표(Schedule)에 기재되며, 관세양허표에 명시된 품목을 양허품목, 양허표에 기재된 관세율 상한선을 '양허세율'(bound rate)이라고 한다.

관세양허표는 제1부와 제2부로 구성되는데, 제1부는 일반적으로 최혜국대우가 적용되는 양허관세율을 기재한다((GATT 제2조 제1항 (b)). 제2부에는 최혜국대우의무의 예외로 인정되는 여러 특혜관세를 적용받는 특혜관세율을 기재한다(제2조 제1항 (c)).

회원국은 GATT/WTO에 가입할 때 무역상대국과 협상을 통해 합의한 상품별 관세율의 상한선을 정하여 이를 자국의 관세양허표에 기재한 후, GATT 제2조에 첨부하여야 한다. 이에 따라 회원국은 수입상품에 대해 자국의 양허세율보다 높은 관세를

1) 국제경제법학회(편), 「국제경제법」(제4판)(박영사, 2022), 92면.
2) 최원목, 「국제통상법의 이해」(박영사, 2023), 76면.

부과하게 되면 수입상품에 대해 관세양허표에 기재된 대우보다 '불리하지 아니한'(no less favourable) 대우를 부여하여야 한다는 GATT 제2조상의 의무를 위반하게 된다(제2조 제1항 (a)). 반면에 양허세율보다 같거나 낮은 세율을 부과하는 것은 관세양허표에 기재된 대우보다 불리한 대우가 아니므로 이것은 문제가 되지 않는다. 실제로 많은 국가들이 양허세율보다 낮은 관세율, 즉 실행관세율(applied rate)을 적용하는 경우가 허다하다.

※ 실행관세율(applied rate, 양허관세율보다 낮은 관세율)이 양허관세율을 초과하지 않더라도 차별적으로 관세를 부과하게 되면 최혜국대우의무의 위반이 된다. 최혜국대우의무는 실행관세율과 관계가 있기 때문에 회원국이 여러 국가로부터 수입되는 동종상품 간에 다른 실행관세율을 적용하면 GATT 제2조는 위반하지 않더라도 GATT 제1조의 위반에 해당한다.

관세양허표에 포함된 양허품목은 GATT/WTO에 가입할 때 합의한 관세상한선이 정해져 있기 때문에 추후 관세의 인상은 금지되고, 이후에 진행되는 관세인하 협상을 통해 지속적으로 관세를 인하함으로써 궁극적으로 관세장벽을 철폐 또는 완화하여 상품무역의 자유화에 기여할 수 있다.

2. 관세를 양허한 회원국의 의무

관세를 양허한 회원국은 다음과 같은 의무를 부담한다. ① 양허품목에 해당하는 수입상품에 대하여 관세양허표에 규정한 것 보다 높은 관세부과 금지(양허세율보다 낮은 세율을 부과하는 것은 허용된다), ② 양허세율의 유지, ③ 관세 이외의 기타 과징금의 부과금지, ④ 관세양허의 가치를 손상시키는 관세평가방법 및 통화환산방법의 변경금지, ⑤ 양허품목에 대한 수입독점의 제한, ⑥ 양허품목에 대한 신규보조금의 제한

3. 관세양허의무의 범위

GATT 제2조 관세양허의무의 범위에 해당하지 않는 것으로는 내국세(조세), 반덤핑관세 및 상계관세, 그리고 수입관련 서비스 수수료 등이 있다. 내국세는 관세가 아니며 수입상품이 수입된 이후에 국내상품과 동등하게 부과되는 것이다. 반덤핑관세와 상계관세는 수입관세가 아니다. 각각 덤핑과 보조금에 대해 부과되는 관세이다. 따라서 반덤핑관세율과 상계관세율은 해당 수입상품에 대해 부과된 관세가 양허관세율을

초과하였는지를 판단하기 위한 합산에서 제외된다(제2조 제2항 (b)).

상품이 수입되는 과정에서 제공되는 통관수수료 등의 정당한 '용역사용료'는 수입관세라 볼 수 없으므로 양허관세율과 관계없이 부과될 수 있다(제2조 제2항 (c)). 다만 실제로 제공된 용역의 가치에 상응하는(commensurate) 사용료만큼만 부과할 수 있는 것이고, 그 이상의 과도한 사용료를 부과하게 되면 그 차액은 기타 과징금(other charge)에 해당하게 되어 양허관세율을 초과하게 되었는지를 판단하는데 합산하게 된다.

4. 양허의무의 예외

Waiver(의무면제, 제25조), 일반적 예외(제20조) 및 국가 안보 예외(제21조)가 적용되는 경우에 양허관세율을 초과하여 관세를 부과하더라도 정당화 된다. 이러한 예외를 제외하고 회원국이 양허관세율을 초과하는 수입관세를 부과하고자 한다면, 관세재협상 과정을 거쳐 새로이 관세 양허를 하는 수밖에 없다.

제 5 절

수량제한금지원칙

1. 수량제한이란?

수량제한이란 상품의 수출입 양을 인위적으로 제한하여 수출입제한의 효과를 가져 오는 조치를 말한다. 한마디로 수량제한은 수출입을 제한하는 모든 조치를 말한다. 대표적으로 일정기간 동안 특정상품의 수입량을 할당하고 그 양을 초과하는 상품의 수입을 허용하지 않는 수입제한조치를 쿼터(Quota)라고 하는데 이는 자유무역에 역행하는 조치로 비난을 받아왔다. 수량제한은 대표적인 비관세장벽(non－tariff barrier)에 해당한다. 관세를 철폐하더라도 수입상품의 수입량을 제한한다면 관세양허의 효과는 사라지게 된다. 이러한 이유로 GATT 제11조는 회원국에게 수출입금지, 쿼터(quota), 수출입허가 등의 조치를 취하는 것을 원칙적으로 금지하고 있다. 수량제한은 주로 수입국이 적용하는 조치이지만 제11조는 수출국이 수출량을 인위적으로 제한하는 조치에도 적용된다. 즉 제11조는 '수입'에 대한 제한뿐만 아니라 '수출'에 대한 제한을 금지하고 있다.

2. GATT 제11조의 수량제한금지 규정

GATT 제11조는 수량제한의 일반적 철폐(General Elimination of Quantitative Restrictions)라는 제목 아래 수량제한을 금지하는 내용을 규정하고 있다. 제11조는 수량제한금지에 대하여 매우 포괄적으로 규정하고 있다. 제11조 제1항은 회원국이 관세, 조세 또는 기타 과징금을 제외한 어떠한 금지 또는 제한을 수출 또는 수입에 대해 설정하거나 유지할 수 없도록 하는 수량제한금지원칙을 천명하고 있다. 즉 전통적이고 대표적인 비관세장벽(non－tariff barriers)에 해당하는 수량제한을 원칙적으로 금지하고 있다.

GATT가 상품무역의 자유화를 위해 채택한 기본정책은 관세를 무역장벽의 합법적인 수단으로 인정하는 반면에 수량제한을 원칙적으로 금지하는 접근방법이었다.[1)]

GATT성립 이전 각국은 자국의 국내산업을 보호하기 위하여 외국상품의 수입에 대하여 광범위한 쿼터조치를 실시하였는데 이는 자유무역을 크게 후퇴하게 하는 조치였다. 이에 GATT는 수출입에 있어서 관세, 조세 또는 기타 과징금 부과 이외의 수량제한을 원칙적으로 금지하고 있다. 따라서 회원국이 수출입금지, 쿼터, 수출입허가 등의 조치를 취하는 것이 원칙적으로 금지된다.

> 제11조 제1항 : 수출입 상품에 대하여, 쿼타, 수출 또는 수입 허가 또는 그 밖의 조치 중 어느 것을 통하여 시행되는지를 불문하고, 관세, 조세 또는 그 밖의 과징금 이외의 어떠한 금지 또는 제한도 체약당사자에 의하여 설정되거나 유지되어서는 아니 된다.

3. 제11조 적용 범위

1) GATT 제11조의 수량제한금지원칙은 쿼터나 수출입금지, 수출입허가 또는 그 밖의 조치에 적용된다. 그러나 이런 경우에 국한되지 않고 제11조는 포괄적인 의미로 해석되고 있다. 즉 제11조는 "관세, 조세 또는 그 밖의 과징금 이외의 수입, 수출 또는 수출을 위한 판매를 금지 또는 제한하기 위해 체약당사국이 시행하거나 유지하는 모든 조치"에 적용된다(Japan－Semi－Conductors 사건(1988)). 수출입을 제한하는 '모든 조치'가 규제 대상에 해당한다. 이는 GATT가 관세 이외의 장벽, 즉 비관세장벽을 제11조를 통해 원칙적으로 금지하려는 의도가 반영된 것이다. 구체적으로는 다음과 같은 내용이 수량제한에 해당한다.[2)]

- 수출입할당이나 수출입허가는 대표적인 수량제한이다.
  수입조치뿐만 아니라 수출조치도 규제 대상에 해당한다.
- 수출입량 제한뿐만 아니라 수출입 금지(import prohibition or export prohibition)도 일종의 'zero quota'를 할당하는 것이므로 수량제한에 해당한다.
- 자동적 수입허가는 수량제한이 아니다(EEC－Minium Import Price 사건(1978))
  자동적 수입허가는 모든 수입업자에게 허가를 부여하는 것이기에 수입을 제한하지 않는다.

---

1) 김민서, "GATT 제11조의 해석과 적용,"「국제법평론」2016－Ⅰ(통권 제43호), 국제법평론회, 52면.
2) 위의 논문, 61－63면.

- 비자동적 수입허가는 경우에 따라 수입이 허용되지 않을 수 있기 때문에 수량제한에 해당한다(India－Quantitative Restrictions 사건(1999)).
- 수입국과 수출국 간의 협상에 의하여 수출국이 자국의 수출물량을 제한하는 조치인 수출자율규제(Voluntary Export Restrain, VER)도 수입국의 각종 무역규제를 회피하는 일종의 변형된 형태의 수량제한조치라고 볼 수 있다.
- 상품과 관련 없는 공정 및 생산방법(non－product related process and production methods)에 의한 수입제한조치도 수량제한에 해당한다(US－Tuna/Dolphin 사건(1991)).
- 최저수입가격도 수량제한이 될 수 있다. 최저수입가격이 수입량을 제한하는 효과를 가질 수 있기 때문이다(EEC－Minium Import Price 사건(1978)). 또는 최저수입가격 제도가 그 이하로 수입된 제품에 대한 가격상승요인으로 작용할 수 있기 때문에 수입제한 효과가 발생할 수 있다(EEC－Processed Fruits and Vegetable 사건(일명, EEC－가공청과류 최저수입가에 대한 사건)(1978)).
- 최저수출가격은 수출량을 제한하는 효과를 가질 수 있기 때문에 수량제한이 될 수 있다(China－Raw Materials 사건(2012)). 동 사건에서 중국의 생산자들은 최저수출가격 이하로 희토류를 수출하는 것이 금지되었는데, 패널은 이런 제한이 제11조 제1항의 위반이라고 판단하였다.
- '법률상'의 제한조치 뿐만 아니라 '사실상'의 제한조치도 규제대상에 해당한다(Argentina － Hides and Leather 사건(2001)).
- 관세할당(tariff quota)은 수량제한인가? 관세로서의 성격과 쿼터로서의 성격을 지니고 있기 때문에 수량제한금지원칙 위반이라는 주장이 가능하다. 그러나 관세할당은 쿼터가 아닌 관세의 일종으로 수량제한이 아니다. 관세할당은 수입을 금지하거나 제한하지 않기 때문이다.
- 수출세(export duties)도 수출량을 제한하는 효과를 가져올 수 있기 때문에 수량제한 금지에 해당하는가? 수출세도 수출량을 제한하는 효과를 가질 수 있지만 수출세는 (관세, 조세 또는 그 밖의 과징금 이외의 경우에) 적용되는 제11조의 적용 대상이 아니기 때문에 수량제한조치에 해당하지 않는다. GATT는 명시적으로 수출세를 금지하거나 제한하고 있지 않다.

2) '그 밖의 조치'(other measures)에는 법률(laws) 또는 규정(regulations)을 당연히 포함된다. 여기서 법률이나 규정이 아니라 '조치'로 규정함으로서 제11조를 넓게 해석하는 근거를 제공하고 있다. 그래서 수입 또는 수출을 제한하기 위해 회원국이 취하는 '모든 조치'에 제11조가 적용되는 것으로 해석된다. 또한 이는 법률상의 수량제한뿐만 아니라 사실상의 수량제한도 금지하는 근거로 해석된다.

3) 제11조 제1항의 위반이 되기 위해서는 수량제한 조치로 인해 수입 또는 수출이 제한되는 효과가 '실제'로 발생해야 하는가? Argentina–Hides and Leather 사건(2001)에서 제11조도 제1조 또는 제2조나 제3조와 마찬가지로 실제의 무역 효과가 아니라 경쟁의 기회를 보장하기 위한 것이므로 실제의 무역 효과를 입증할 필요가 없다고 판정하였다.

4. 수량제한금지원칙의 예외

GATT는 다양한 사유에 의해 수량제한을 예외적으로 허용하고 있다. 다만 수량제한조치를 취하는 경우에도 모든 국가에게 동일하게 대우하여야 하며 특정국가에 대하여 보다 불리한 대우를 해서는 아니 된다.

예를 들어, GATT 제19조의 긴급수입제한조치, 제20조의 일반적 예외, 제21조의 안전보장의 예외뿐만 아니라 제11조 제2항의 세 가지 예외와 수지균형의 예외(GATT 제12조와 제18조B절)가 인정된다. 즉 다음과 같은 경우에는 수량제한금지원칙은 적용되지 않는다. 그리고 GATT 제13조는 이처럼 수량제한이 예외적으로 허용되는 경우에 적용되는 기준을 규정하고 있다. 즉 제13조는 원칙적으로 수출에 대한 모든 수량제한을 금지되지만 예외적으로 수량제한을 하는 경우 모든 제3국의 동종상품에 대해서도 비차별(non–discrimination)을 요구하고 있다.

① 식량 또는 수출국에 불가결한 중요상품의 부족상태를 방지 또는 완화하기 위하여 일시적으로 적용하는 수출의 금지 또는 제한(제11조 제2항 a호)

② 국제무역에서 상품의 분류, 등급, 판매를 위한 기준 또는 규칙의 적용에 필요한(necessary) 수출과 수입의 금지 또는 제한(상품의 분류 또는 등급에 관한 기준 적용을 위해 필요한 수출입제한)(제11조 제2항 b호)

③ 국내 농수산물 시장을 안정시키기 위한 수입제한(제11조 제2항 c호)

④ 국제수지방어를 위한 수입제한(제12조)
⑤ 개발도상국의 특정산업의 보호를 위한 수입제한(제18조)
⑥ 국내산업의 심각한 피해 우려로 인한 긴급수입제한(제19조)
⑦ 일반적 예외 조치를 근거로 한 수출입 제한(제20조)
⑧ 국가안전보장을 위한 수출입 제한(제21조)
⑨ 보복조치로서의 수입제한(제23조)
⑩ Waiver에 의한 수입제한(제25조 제5항)

참고설명 **국경조치 vs 국내조치**

GATT에서 회원국의 무역제한조치는 전통적으로 '국경조치'(border measure)와 '국내조치'(internal measure)로 구분되었다. 최혜국대우원칙과 수량제한금지원칙은 국경조치에 해당하고 내국민대우원칙은 국내조치에 해당한다. 국경조치 중에서 관세, 조세, 기타 과징금에 대해서는 최혜국대우원칙이 그리고 기타의 제한조치에는 수량제한금지원칙이 적용되는 것으로 이해되었다. 이런 접근방법을 취하는 경우 이 세 가지 원칙은 그 적용범위가 다르기 때문에 하나의 조치에서 세 가지 원칙이 중복될 가능성이 없다고 해석될 수 있다.
그러나 수량제한금지원칙이 국경조치인지 아니면 국내조치인지에 대한 의문이 존재한다. 회원국의 무역제한조치를 국경조치와 국내조치로 구분하여 최혜국대우원칙, 내국민대우원칙, 수량제한금지원칙을 적용하는 관행이 제한된 범위에서 나름대로의 의미를 가질 수 있지만, 이러한 구분보다는 수입상품 간의 차별 금지, 수입상품과 국내상품 간의 차별 금지, 수출입제한조치의 금지가 각 원칙의 토대라고 생각된다. 요컨대 무역제한조치에 대한 각 원칙의 적용 여부를 이런 관점에서 접근한다면 하나의 조치에 그 조치의 다양한 효과에 따라 각 원칙이 중복될 가능성을 배제할 수 없다.
또한 제3조는 수입상품과 동종의 국내상품을 차별하는 것을 금지하는 반면에 제11조 제1항은 양자의 차별 여부에 관계없이 수출입제한조치를 금지한다. 따라서 비차별적인 수출입제한조치는 제1조 또는 제3조 위반은 아니지만 제11조 제1항의 위반이 될 수 있다. 아울러 제3조나 제1조에 비해 제11조 제1항은 그 요건이 비교적 간단해서 위반 여부의 판단이나 입증이 용이하다는 점도 주목할 필요가 있다.
(출처: 김민서, "GATT 제11조의 해석과 적용," 「국제법평론」 2016-Ⅰ(통권 제43호), 58-61면)

제 6 절 GATT 제20조 일반적 예외

1. 의 의

GATT 제1조의 최혜국대우원칙, 제2조의 관세양허, 제3조의 내국민대우원칙, 제11조의 수량제한금지원칙을 위반하는 조치가 어떤 경우에 정당화될 수 있는가? WTO 체제는 GATT의 기본원칙에서 나오는 의무로부터 면제되는 여러 가지 예외를 인정하고 있다. 대표적으로 제20조는 특별한 상황에서 GATT의 의무로부터 일반적으로 면제될 수 있는 법적 근거를 규정하고 있다. 제20조는 공통요건에 해당하는 두문(頭文, chapeau)과 10가지 개별사유로 구성되어 있다.

제20조에 따르면, “동일한 여건이 지배적인 국가간에 자의적이거나 정당화할 수 없는 차별의 수단을 구성하거나 국제무역에 대한 위장된 제한을 구성하는 방식으로 적용되지 않는” 범위 내에서 일정한 예외 사유(10가지)에 해당하는 조치는 GATT의 기본적 의무 규정의 예외로 인정되고 있다. 다시 말해서 제20조는 일정한 조건 아래 최혜국대우원칙, 내국민대우원칙, 수량제한금지원칙 등을 위반하는 조치를 정당화하는 예외를 인정하고 있다. 즉 회원국의 조치가 GATT 규정의 위반에 해당하더라고 제20조에 따라 정당화될 수 있다. 이러한 제20조의 적용을 판단하기 전에 우선적으로 GATT 규정의 위반이 존재하는지 먼저 심사하여야 한다. GATT 규정의 위반이 존재하지 않는다면 제20조를 검토할 필요가 없기 때문이다. 즉 제20조는 회원국의 조치가 GATT 규정과 일치하지 않는 경우에 한해 적용될 수 있는 규정이다.

2. GATT 제20조의 구성

제20조는 두 가지 요건으로 구성되어 있다. 개별사유와 공통요건이다. 이 두 가지 요건을 모두 충족해야 예외가 인정된다. 즉 회원국의 조치가 제20조에 의해 정당화되기 위해서는 ①제20조에 열거되어 있는 10가지 개별사유 중 최소한 하나에 해당하며, 동시에 ②제20조 서두에 있는 공통요건, 즉 두문(頭文, chapeau)(또는 모두(冒頭)라고도 함)의 조건을 충족해야 한다.

제20조의 구성	개별사유(10가지)	+	공통요건(두문요건)

3. 2단계 분석법

개별사유와 공통요건(두문요건)의 적용 순서는 존재하는가? 제20조를 검토함에 있어서 먼저 10가지 개별사유 중 어느 사유에 해당하는지를 검토한 후, 그에 해당한다면 공통요건(두문, chapeau)의 해당 여부를 심사하는 순서로 심의한다. 이른바 2단계 분석법(two-tire approach))이 적용된다. US-Gasoline 사건(1996)와 US-Shrimp/Turtle 사건(1998)에서 상소기구가 2단계 분석법을 해석기준으로 제시한 이후 WTO 패널 및 상소기구에서 관행으로 확립되었다.

4. 개별사유

제20조에서 인정하고 있는 10가지 개별사유는 다음과 같다.

(a) 공중도덕을 보호하기 위하여 필요한 조치(공중도덕)
(b) 인간, 동물 또는 식물의 생명이나 건강을 보호하기 위하여 필요한 조치 (공중보건)
(c) 금 또는 은의 수출입에 관한 조치(금·은의 수출입)
(d) GATT 규정에 불합치되지 아니하는 국내 법률이나 규정의 준수를 확보하기 위하여 필요한 조치(국내법규의 준수)
(e) 교도소 노동상품에 관한 조치(수형자가 만든 상품)

(f) 미술적, 역사적, 고고학적 가치가 있는 국보의 보호를 위하여 부과되는 조치(국보의 보호)
(g) 고갈될 수 있는 천연자원의 보존에 관한 조치(천연자원의 보존)
(h)정부간 상품협정상의 의무에 따른 조치(상품협정의 의무이행)
(i) 국내가격의 안정화를 위하여 국내 가공산업에 필수적인 원료의 수출을 제한하는 조치(국내원료의 수출제한)
(j) 공급이 부족한 상품의 획득 또는 분배를 위하여 불가결한 조치(공급부족상품의 공정한 배분)

제20조에서 규정하고 있는 예외사유 10가지는 예시조항이 아니라 열거조항이다. 따라서 이 10가지 이외의 사유는 인정되지 않는다. 그리고 개별사유가 존재하는지에 대한 입증책임은 그 사유의 존재를 주장하는 국가에게 있다.

10가지 개별사유 중 그 동안 분쟁사례에서 (a), (b), (d), (g), (j)호의 사유가 예외로 다루어진 바가 있으며 나머지 개별사유가 직접 적용된 사례는 없다. 여기서는 10가지 개별사유 중 4가지 (a), (b), (d), (g)에 대해서 살펴본다.

5. GATT/WTO에서 주로 다루어진 주요 개별사유에 대한 검토

1) 공중도덕 조치

(1) 근거 조항

제20조 (a)호에는 공중도덕 조치를 일반적 예외로 규정하고 있다.

(a) 공중도덕을 보호하기 위하여 필요한 조치(공중도덕조치)

공중도덕(public moral)의 개념에 대한 명확한 합의가 없지만 공중도덕 예외를 최초로 심리한 US－Gambling Service 사건(2004)에서 패널은 "공동체 또는 국가에 의해서나 공동체 또는 국가를 대신해서 유지되는 옳고 그른 행위의 기준"이라고 해석하였다. 일반적으로 공중도덕이란 국가적·지역적 차원에서 뿌리 깊고 지배적인 문화적, 사회적, 윤리적 관념 및 가치의 광의의 영역을 지칭하는 개념이다.[1)]

---

1) 한국국제경제법학회(편), 「신국제경제법」(제4판)(박영사, 2022), 155면.

(2) 제20조 (a)호의 적용요건

첫째, 해당 조치가 공중도덕(public moral)을 보호하기 위한 것이어야 한다.

둘째, 그 조치가 위의 목적을 달성하기 위하여 '필요한' 조치이어야 한다(일명, 필요성 테스트). 공공도덕을 지키기 위한 조치는 그러한 목적에 '필요한' 것이어야 한다. 이른바 '필요성 테스트'에 대해서는 (b)호에 대한 설명 부분을 참고하라.

(3) 관련 사례 및 해설

EC－Seal Products 사건(2014)에서, EU는 물개 제품의 유럽 내 유통을 원칙적으로 금지하면서도, 원주민인 이뉴이트족의 생존을 위해 사냥한 물개로 생산된 제품이나 물개의 개체수 조절을 위해 사냥된 물개로 생산된 제품에 대해서만 예외적으로 판매를 허용하는 조치를 실시하였다. 이로 인해 캐나다와 노르웨이산 제품의 EU 내 판매가 제한되는 것이어서 캐나다와 노르웨이는 GATT 제1조와 제3조 위반을 이유로 WTO에 제소하였다. 이에 대해 EU는 물개사냥의 잔인성에 대해 20조 (a)호를 원용하여 공중도덕의 보호를 위한 필요성을 이유로 원주민의 물개사냥만을 허용하고 다른 물개사냥으로 인한 제품의 유통을 금지하는 것은 정당하다고 주장한 바가 있다. 패널은 EU측이 주장한 '공중도덕을 보호하기 위하여 필요한 조치'로서 예외가 인정된다는 주장에 대해 '조치의 목적을 달성하는 데 기여의 정도', '덜 무역 제한적인지' '가능한 대안이 있는지' 등을 검토하여 필요성 요건의 충족 여부를 판단하여야 한다는 기준을 제시하였다. 이를 바탕으로 EU의 물개 제품 규제조치는 'EU 공공의 도덕적 관심을 표명하기 위한 것이며 이 조치로 물개 제품에 대한 수요를 줄이고 비인도적으로 사냥한 물개로 만든 제품에 대중이 노출되는 것을 감소시키는데 기여를 한다고 보았다. (더불어 제소국이 제시한 동물보호 인증제도 도입은 합리적으로 이용 가능한 방법이 아니라고 보았다.) 그래서 패널은 EU의 물개 제품 규제조치가 제20조 (a)호의 '필요한 조치'라고 판정하였다.[2] 그러나 원주민의 물개사냥 방식이 덜 잔인하다는 것을 입증할 수 없는 사정 등을 고려하여 볼 때 EU의 조치는 자의적이지 않은 차별에 해당하여 정당화되지 못하다고 판정하였다. 결론적으로는 제20조 일반적 예외로 인정받지 못하였다. 즉 패널은 이 사건에서 개별요건은 충족하였으나 공통요건은 충족하지 못하여 제20조의 일반적 예외로 인정받지 못하고, 제1조와 제3조 위반이라고 판단하였다.

2) 최원목, 「국제통상법의 이해」(박영사, 2023), 350면 참조.

2) 보건조치

(1) 근거 조항

제20조 (b)호에는 일종의 보건조치를 일반적 예외로 적용할 수 있다고 규정하고 있다.

> (b) 인간, 동물 또는 식물의 생명 또는 건강을 보호하기 위하여 필요한 조치
> (보건조치 health measures)

(2) 20조 (b)호의 적용요건

첫째, 해당 조치가 인간, 동물 또는 식물의 생명이나 건강을 보호하기 위한 것이어야 한다.

둘째, 그 조치가 위의 목적을 달성하기 위하여 '필요한' 조치이어야 한다.

① 인간, 동물 또는 식물의 생명이나 건강의 보호를 위한 조치

패널과 상소기구는 무역제한 조치의 구도(design)와 구조(structure)를 검토하여 그 조치의 목적이 인간, 동물 또는 식물의 생명 또는 건강의 보호를 위한 것인지 여부를 결정하였다. 이를 결정할 때 해당 조치의 정책 목적에 대한 당사국의 입장을 존중하였기 때문에 그 인정 폭이 상대적으로 넓다.

그 동안의 사례에서 담배수입금지는 담배의 소비를 줄여 국민의 건강을 보호하기 위한 조치(Thailand－Cigarettes 사건(1990)), 자동차의 배기가스로 인한 대기오염을 줄이기 위한 조치(US－Gasoline 사건(1996)), 1급 발암물질인 온석면(chrysotile asbestos)을 함유한 제품의 사용을 금지한 조치(EC－Asbestos 사건(2001)), 병원균을 옮기는 모기 번식의 온상이 되고 연소시에 유해 가스를 배출하는 폐타이어 더미를 줄이기 위한 조치(Brazil－Retreated Tyres 사건(2007)) 등이 인간, 동물 또는 식물의 생명 또는 건강을 보호하기 위한 정책 목적을 가지고 있다고 판단하였다.[3]

---

3) 김대순·김민서, "GATT/WTO 판례를 통한 GATT 제20조의 분석과 평가," 「통상법률」, 통권 제119호, 법무부, 2014, 51－52면.

② 필요성의 원칙

회원국의 조치는 사람, 동물 또는 식물의 생명 또는 건강을 보호하기 위해 필요한(necessary) 조치이어야 한다(일명 '필요성 테스트').[4] 필요성의 판단 기준은 당사국이 정한 건강보호수준을 달성하기 위하여 합리적으로 이용 가능한 대안(a reasonably available alternative)이 존재하지 않는 경우 당사국의 조치는 필요성이 인정되어 제20조 (b)호가 적용된다. 합리적으로 이용 가능한 내안이 존재하지 않는 경우에 예외가 인정된다(보충성의 원리). GATT 규정과 부합하고 합리적으로 이용 가능한 대안이 없는 경우 필요성의 원칙이 충족된다. 합리적으로 이용 가능한 대안의 존재 여부는 필요성을 판단하는 결정적인 기준이다.[5] 당사국의 조치 외에 합리적으로 이용 가능한 대안이 존재한다면 필요성이 부정되기 때문이다. 합리적으로 이용가능한 대인의 존재 여부에 관한 입증책임은 제소국에 있다.

WTO 상소기구는 해당 조치가 목적 달성에 기여하는 정도, 조치의 무역 제한성, 피해 최소성 등도 필요성의 판단 기준을 적용한다. 즉 대안조치가 목적 달성에 기여하고(법집행의 기여도가 높고), 가장 덜 제한적인 무역조치이어야 하고, 해당 조치로 인한 무역피해가 최소로 나타나는 것이어야 한다. 즉 덜 침해적이고 덜 무역제한적인 조치가 있으면 필요성의 기준은 충족되지 않는다. 덜 무역제한적인 조치가 있지 않아야 필요성 기준을 충족하는 것이다. 합리적으로 이용 가능한 대안수단이 부재하고, 피해를 최소화하려는 다른 대체수단이 없는 경우 필요성이 충족된다고 설명하는 경우도 있다.

Thailand-Cigarettes 사건(1990)에서 '필요성'에 대한 판단

태국은 미국산 담배의 수입을 금지하면서 미국산 담배는 태국 담배보다 인체에 미치는 해가 더 크고, 그 인지도로 인해 사람이 더 소비하게 되므로 그러한 수입금지 조치는 국민의 건강을 보호하기 위해 필요한 조치라고 주장하였다. 이에 대해 패널은 태국이 그 보건정책 목적을 달성하기 위해 합리적으로(reasonably) 적용할 수 있을 것으로 기대되며 덜 무역제한적인 다른 대안이 없는 경우에만 제20조 b호의 필요한 조치에 해당한다고 판단하면서 표지부착 의무, 재정조치, 광고 금지, 금연교육, 공공장소 금연 등과 같이 GATT 의무에 위반하지 않으면서도 그 목적을 달성할 수 있는 대안이 존재하므로 태국의 조치는 제20조 b호의 필요성 기준을 통과하지 못한다고 판정하였다.[6]

---

4) GATT 제20조 일반적 예외에서 논의되는 '필요성'에 대해서는 이길원, "GATT 제XX조상의 '필요성' 요건에 대한 검토," 「법학연구」, 제31권 제3호, 충남대 법학연구소, 2020, 119-145면 참조.

5) 김대순·김민서, 앞의 논문, 53면.

3) 국내법규의 준수를 위한 조치

(1) 근거 조항

제20조 (d)호에 국내법규의 준수를 확보하기 위한 조치를 일반적 예외로 규정하고 있다.

> **(d) GATT규정에 불합치되지 아니하는 국내 법률이나 규정의 준수를 확보하기 위하여 필요한 조치(국내법규의 준수)**

제20조 (d)는 '관세의 시행, 제2조 제4항 및 제17조에 따라 운영되는 독점의 시행, 특허권·상표권·저작권의 보호 그리고 기만적 관행의 방지와 관련된 법률 또는 규정을 포함하여 이 협정의 규정에 불합치되지 아니하는 법률 또는 규정의 준수를 확보하기 위하여 필요한 조치'를 예외로 규정하고 있다. (d)호는 WTO 회원국이 국내의 정책적 필요에 따라 무역자유화 보다 GATT에 부합하는 자국 법령 준수에 우선권을 부여할 수 있도록 허용하고 있는 규정이다.

(2) 제20조 (d)호의 적용 요건

첫째, GATT에 불합치되지 아니하는 법률((laws)이나 규정(regulations)의 준수를 보장(확보)하기 위하여(to secure compliance) 고안된 조치이어야 한다.

둘째, 그 조치는 그러한 준수를 보장(확보)하기 위하여 '필요한'(necessary) 조치이어야 한다.

① GATT에 불합치되지 아니하는 법률((laws)이나 규정(regulations)의 준수를 확보(보장)하기 위한 조치

여기서 법률(laws)이나 규정(regulations)은 '국내' '법규'를 의미한다. WTO 상소기구는 '회원국의 국내법 체계를 구성하는 법'을 의미한다고 해석하였다.[7] 따라서 국제법규의 경우에도 국내법규로 수용되거나 직접적으로 자국의 국내법 체계에 효과가 발생하는 경우에는 이에 해당될 수 있다. 여기에서 규정에 '불합치되지 않는'(not inconsistent with)이라는 표현은 '반하지 않는' 또는 '부합하는'이라는 의미이다.

---

6) 최원목, 앞의 책, 343면.

7) 이길원, 앞의 논문, 107-120면.

'GATT규정에 반하지 아니하는 법규'란 회원국의 조치가 아니라 '법규' 자체가 GATT에 반하지 않아야 한다는 의미이다. 따라서 '법규'가 GATT 위반인 경우와 '조치'가 GATT 위반인 경우를 구별해야 한다. 따라서 '법규'는 GATT에는 부합하지만 그 법규의 준수를 보장하기 위한 '조치'가 GATT 위반인 경우에 (d)호가 적용 가능하다. 따라서 GATT규정에 부합하지 아니하는 법률 또는 규정에 근거하여 (d)를 정당화할 수는 없다.

예) 원산지협정에 따라 원산지 허위표시를 규제하기 위한 국내법규를 제정했다고 하자. 소고기 원산지를 속여 판매하는 행위를 막고자 소고기를 구분하여(수입산 소고기와 국내산 소고기) 판매하게 하는 제도(이른바 구분판매제도)(즉, 조치)는 GATT규정에 부합하는 국내법규를 준수 보장하기 위한 조치라고 볼 수 있다. GATT는 원산지 허위 표시를 규제하는 내용의 규정(예, 원산지 협정)을 두고 있다.

② 필요성 테스트

여기서 '필요한'지의 여부는 필수불가결한(indispensable)에 가까운 의미로 해석하며, 합리적으로 이용 가능한 (WTO 협정에 반하지 않는) 다른 대안적 조치가 존재하는지 여부를 여부에 따라 판단한다(Korea -Various Measures on Beef 사건(2001)에서 상소기구 판정내용). 즉 당사국의 조치가 필요한 조치인지에 대한 결정은 해당 조치 이외에 당사국에게 합리적으로 이용 가능한 대안(a reasonably available alternative)이 존재하는지 여부에 따라 결정된다. 이런 대안이 존재한다면 해당 조치의 필요성은 인정되지 않는다.

4) 천연자원 보존조치

(1) 근거조항

제20조 (g)호에서는 유한천연자원의 보존에 관한 조치가 일반적 예외에 해당할 수 있음을 규정하고 있다.

(g) 고갈될 수 있는 천연자원의 보존에 관한 조치 (천연자원의 보존)

(2) 제20조 (g)호의 적용 요건

고갈될 수 있는(=유한) 천연자원을 보존하기 위한 조치는 그러한 목적과 '관련이 있는'(relating to) 것이어야 하며 또한 '유한천연자원의 생산 또는 소비에 관련된 국내적 제한과 결부되어 유효하여야' 한다.

첫째, 당사국의 조치의 목적은 유한천연자원의 보존(conservation)을 위한 것이어야 한다.
둘째, 그러한 조치는 유한천연자원의 보존과 관련되어야(relating to) 한다(관련성의 원칙).
셋째, 당사국의 조치가 국내 생산 또는 소비의 제한과 관련하여 효과적(effective)이어야 한다.

① 유한천연자원의 보존을 위한 조치

당사국 조치의 목적은 고갈될 수 있는 천연자원의 보존을 위한 것이어야 한다. 고갈될 수 있는 천연자원에는 재생불가능한 광물자원 또는 비생물자원에 국한되지 않고 생물자원도 모두 포함된다. US－Shrimp/Turtle 사건(1998)에서 상소기구는 바다거북은 번식을 통해 재생가능한 생물자원이지만 멸종위기 종으로 지정되어 있다는 점을 근거로 바다거북이 천연자원일 뿐만 아니라 유한자원이라는 점을 인정하였다. 제20조 (g)호가 보호하고자 하는 천연자원은 비생물자원으로 한정되는 것으로 아니라 생물자원으로 포함되는 것으로 판단하였고, 생물자원의 경우에도 인간활동으로 인해 고갈될 수 있다면 (g)호의 천연자원에 해당한다고 볼 수 있다. 1982년 유엔해양법협약 등 다른 국제협정들도 천연자원에 생물과 비생물자원을 모두 포함하고 있음을 지적하였다. 또한 1995년 WTO 협정 전문에서 지속가능한 발전 목표를 명시적으로 포함하고 있다는 점을 들어, (g)호 '천연자원' 범위도 정적인 것이 아니라 시대적 우려(contemporary concern)를 반영해야 하는 것으로 보았다.

US－Gasoline 사건(1996)에서 '대기'(air)가 (g)호의 대상인지 문제되었고 패널은 대기가 자원이고 천연적이며 고갈될 수 있다고 판단하였고 더불어 대기의 고갈을 감소시키는 정책은 제20조 (g)호의 유한천연자원의 보존을 위한 조치에 해당한다고 판정하였다.

② 관련성의 원칙 – '관하여'(relating to)

당사국의 조치는 유한천연자원의 보존과 관련된 조치이어야 한다. Canada–Herring and Salmon 사건(1988)에서 패널은 제20조 (g)호가 '필요한' 또는 '본질적인'이라는 표현이 아닌 '관하여'라는 용어를 사용하고 있는 점에 주목하여 당사국의 조치는 유한천연자원의 보존을 위해 필수적이거나 본질적일 필요는 없으며, '관련성 요건'을 충족하려면 유한천연자원의 보존을 '주된 목적으로'(primarily aimed at) 하면 된다고 하였다. 따라서 (b) 또는 (d)의 필요성 요건의 경우보다는 상대적으로 상호관련성의 입증이 수월하다고 볼 수 있다. US–Shrimp/Turtle 사건(1998)에서 상소기구는 문제의 조치와 정책적 목적 사이에 '밀접하고 진정한 관련성'(close and genuine relationship)이 있어야 한다고 판정하였다. 이 사건에서 상소기구는 바다거북에 부정적인 영향을 주는 상업적 기술로 어획된 새우에 대한 수입금지조치를 취하는 미국의 Section 609와 그 이행규칙은 바다거북의 보존이라는 정책목적과 '합리적으로 관련이 있는'(reasonably related to) 것이라고 판정하였다.

③ 국내 생산 또는 소비의 제한과 결부되어 유효하게 되는 조치

세 번째 요건은 당사국의 유한천연자원의 보존과 관련한 조치가 국내의 생산 또는 소비에 대한 제한과 결부되어 유효하게(effective) 되어야 한다. 이의 의미에 대해서 Canada–Herring and Salmon 사건(1988)에서 패널은 국내 생산 또는 소비의 제한을 효과적이게 하는 것을 '주된 목적으로'(primarily aimed at) 하는 경우 비로소 효과적인 것으로 간주될 수 있다고 판단하였다.

US–Gasoline 사건(1996)에서 상소기구는 '결부되어'(in conjunction with)를 '함께 또는 공동으로'라는 의미로 해석하여 (g)호 상의 조치가 수입상품뿐만 아니라 국내상품에 대해서도 '함께 또는 공동으로' 제한이 부과되어야 한다는 의미로 해석했다. 만약 (g)호 상의 조치가 수입상품에 대해서만 제한을 부과하고 국내상품에 대해서 아무런 제한도 하지 않는다면 이런 조치는 주로 유한천연자원의 보존이라는 목적의 이행을 위해 고안되었다고 할 수 없으며, 이는 단지 국내상품을 보호하기 위한 차별에 불과하다고 보았다. 따라서 보존을 위해 유한천연자원의 생산 또는 소비에 제한을 부과하는데 있어 수입상품과 국내상품 간에 공평성(even–handedness)이 요구된다고 보았다. 여기서 수입상품과 국내상품에 '함께 또는 공동으로' 제한이 부과되면 공평성을 충족한 것으로 보았다.

참고설명 **환경보호를 위한 조치도 일반적 예외에 해당하는가?**

어떤 국가가 GATT의 기본원칙을 위반하고 이러한 자국의 행위를 정당화하는 사유로 환경보호를 위한 조치를 원용하는 경우 이것이 제20조의 일반적 예외에 해당하는가?
제20조 일반적 예외가 적용될 수 있는 개별사유에 환경보호조치는 명문으로 규정되어 있지 않다. GATT가 체결될 당시 환경보호는 국제사회의 현안 문제로 논의되지 않은 결과이다. 그렇지만 오늘날 무역과 환경보호는 밀접한 관계에 있으며 환경보호를 위한 조치가 무역을 제한하는 경우가 빈번하게 발생한다. 현재 환경보호를 위한 조치가 일반적 예외에 해당한다고 주장하기 위해서는 (b)호 내지 (g)호를 원용할 수 있다. US-Shrimp 사건(1998)에서 (g)호가 1947년에 작성된 문구라고 하면서 환경보호에 대한 현재의 국제공동체 우려에 비추어 해석되어야 함을 강조하였다.
오늘날 국제사회의 현안문제인 '기후변화'라는 국제적 환경문제에 대응하기 위한 조치와 관련해서도 제20조 각호 중 (b)호 내지 (g)호가 원용될 수 있을 것이다.

6. 공통요건(=두문요건)

회원국의 GATT 위반 조치에 제20조의 예외가 적용되기 위해서는 먼저 그 조치가 10가지 개별사유 중의 하나에 해당되어야 하고, 뿐만 아니라 그 조치가 동일한 여건(same conditions)이 지배적인 국가 간에 자의적이거나 정당화할 수 없는 차별의 수단을 구성하거나 국제무역에 있어서 위장된 제한을 가하는 방식으로 적용되지 않아야 한다. 이러한 '자의적 차별금지 원칙'과 '위장된 무역제한금지 원칙'의 취지는 제20조를 남용하는 방법으로 적용하는 것을 방지하기 위한 것이다. 다시 말해서 두문의 목적은 제20조 10가지 예외사유의 남용(abuse)을 방지하는 것이다. 개별사유의 존재여부에 대한 입증책임과 마찬가지로 두문요건의 입증책임은 제20조의 일반적 예외를 원용하는 국가가 부담하며, 개별사유의 경우보다 입증책임의 정도가 더 높다. 두문요건에 대해서 좀 더 자세히 살펴보자.

두문의 첫 번째 조건은 조치가 동일한 여건이 지배적인 국가 간에 "자의적이고 정당화할 수 없는 차별의 수단"으로 적용되는 것을 금지하고 있다(자의적 차별금지 원칙). 이 조건은 타국의 경쟁 상품에 비하여 특정 국가 상품에 미치는 경제적 영향을 불균형하게 악화시키는 조치를 금지하는 것이다. 그러나 이러한 금지는 동일한 여건이 지배적인 국가로부터의 경쟁상품에 불균형하게 영향을 미칠 때만 문제된다.

두문의 두 번째 조건은 조치가 "국제무역의 위장된 제한을 구성"하는 방식으로 적용되는 것을 금지하고 있다(위장된 무역제한금지 원칙). 이 요건의 의미가 충분히 명확하지 않기 때문에 WTO 패널 및 상소기구는 이 요건을 자주 다루지 않아 왔다. 해당 조치가 공표되지 않으면 위장된 것이라고 간주된 적도 있었다. 이 요건은 외견상 합법적인 목적을 통하여 국제무역에 불법적 제한을 가하는 것과 관련된다. 명백하게 보호주의적 목적으로 도입된 조치는 이 요건을 위반한 불법적인 조치로 해석될 것이다.[8)]

1) 자의적인 차별금지 원칙

문제의 조치가 자의적이거나 정당화할 수 없는 차별(arbitrary or unjustifiable discrimination)을 구성하는 수단이 아니어야 한다. 여기서 '자의적'이란 임의적이고 변덕스럽고 예측 불가능한 방식으로 적용한다는 의미이고, 차별인지 여부는 해당 조치의 적용을 엄격하게 하고 있는지(rigidity, 엄격성), 관련 체약 당사국에게 의견 개진 기회(opportunity to be heard)를 부여하고 있는지를 기준으로 판단한다.

그리고 '정당화할 수 없는'(부당한)이란, 조치의 차별에 대해 논리적으로 정당화가 불가능하다는 의미이고, 관련국에게 다른 대안 조치를 고려하지 아니하고 일방적으로 강압적 효과(coercive effect)를 가져오는 조치를 취하였는지 여부, 관련국과 문제해결을 위한 진지한 협상 노력(engage in serious) 여부, 조치의 목적과 차별의 이유간 합리적인 연관성(rational connection)이 있는지 여부를 기준으로 판단한다.

또한 예견가능성이 없는 차별조치도 정당화할 수 없는 차별에 해당한다.

2) 위장된 무역제한금지 원칙

문제의 조치가 국제무역에 있어서 위장된 제한(disguised restriction on international trade)을 부과하는 것이 아니어야 한다. 문제의 조치가 단지 무역제한적 목적을 숨기려는 데 있었다면 이는 위장된 제한(disguised restriction)이라고 볼 수 있다. 이에 대한 판단은 해당 조치가 공개되었는지 여부, 자의적이거나 정당화할 수 없는 차별 가능성, 해당 조치의 디자인(design), 구조(architecture), 형태 등을 검토하여 판단한다. 또한 조치의 투명성이 확보되었는지, 조치를 취할 때 공개적인 의견수렴 절차 등을 여부에 따라 판단한다.

---

8) Lorand Bartels, "The Chapeau of the General Exceptions in the WTO GATT and GATS Agreements: A Reconstruction," *American Journal of International Law*, Vol.109, No.1, 2015, pp.95–125.

그동안의 분쟁사례를 살펴보면 두문의 중요성을 알 수 있다. 두문에 규정된 요건은 일정 사건에서 결정적인 역할을 하였다. 예를 들어 US－Gasoline 사건(1996)에서 미국은 청정 대기를 보호하기 위하여 특정 기준을 도입하였으나 그러한 기준을 베네수엘라에 대하여 정당화될 수 없는 차별을 구성하는 방식으로 적용하였기에 두문요건을 충족하지 못한 것으로 판단되었고, 결국 제20조 일반적 예외에 의해 정당화되지 못했다. 또한 US－Shrimp/Turtle 사건(1998)에서 미국은 바다거북을 보호하기 위하여 새우 수입을 금지하였으나 역시 그러한 조치를 부과함에 있어 인도, 말레이시아, 파키스탄 및 태국에 대하여 자의적이고 정당화될 수 없는 차별을 하였기에 두문요건을 넘지 못하였다.[9)]

9) *Ibid.*

부 록

국제법 기본조약

1. 국제연합 헌장
2. 국제사법재판소 규정
3. 조약법에 관한 비엔나협약
4. 국제위법행위에 대한 국가책임규정 초안
5. 관세 및 무역에 관한 일반협정

1. 국제연합 헌장

Charter of the United Nations	국제연합 헌장
PREAMBLE	서문
WE THE PEOPLES OF THE UNITED NATIONS DETERMINED	우리 연합국 국민들은
to save succeeding generations from the scourge of war, which twice in our lifetime has brought untold sorrow to mankind, and	우리 일생중에 두 번이나 말할 수 없는 슬픔을 인류에 가져온 전쟁의 불행에서 다음 세대를 구하고,
to reaffirm faith in fundamental human rights, in the dignity and worth of the human person, in the equal rights of men and women and of nations large and small, and	기본적 인권, 인간의 존엄 및 가치, 남녀 및 대소 각국의 평등권에 대한 신념을 재확인하며,
to establish conditions under which justice and respect for the obligations arising from treaties and other sources of international law can be maintained, and	정의와 조약 및 기타 국제법의 연원으로부터 발생하는 의무에 대한 존중이 계속 유지될 수 있는 조건을 확립하며,
to promote social progress and better standards of life in larger freedom,	더 많은 자유속에서 사회적 진보와 생활수준의 향상을 촉진할 것을 결의하였다.
AND FOR THESE ENDS	그리고 이러한 목적을 위하여
to practice tolerance and live together in peace with one another as good neighbours, and	관용을 실천하고 선량한 이웃으로서 상호간 평화롭게 같이 생활하며,
to unite our strength to maintain international peace and security, and	국제평화와 안전을 유지하기 위하여 우리들의 힘을 합하며,
to ensure, by the acceptance of principles and the institution of methods, that armed force shall not be used, save in the common interest, and	공동이익을 위한 경우 이외에는 무력을 사용하지 아니한다는 것을, 원칙의 수락과 방법의 설정에 의하여, 보장하고,
to employ international machinery for the promotion of the economic and social advancement of all peoples,	모든 국민의 경제적 및 사회적 발전을 촉진하기 위하여 국제기관을 이용한다는 것을 결의하면서,
HAVE RESOLVED TO COMBINE OUR EFFORTS TO ACCOMPLISH THESE AIMS	이러한 목적을 달성하기 위하여 우리의 노력을 결집할 것을 결정하였다.
Accordingly, our respective Governments, through representatives assembled in the city of San Francisco, who have exhibited their full powers found to be in good and due form, have agreed to	따라서, 우리 각자의 정부는, 샌프란시스코에 모인, 유효하고 타당한 것으로 인정된 전권위임장을 제시한 대표를 통하여, 이 국제연합헌장에 동의하고, 국제연합이라는 국제기구를 이에 설립한다.

the present Charter of the United Nations and do hereby establish an international organization to be known as the United Nations.

CHAPTER I PURPOSES AND PRINCIPLES

제 1 장 목적과 원칙

Article 1

The Purposes of the United Nations are:

1. To maintain international peace and security, and to that end: to take effective collective measures for the prevention and removal of threats to the peace, and for the suppression of acts of aggression or other breaches of the peace, and to bring about by peaceful means, and in conformity with the principles of justice and international law, adjustment or settlement of international disputes or situations which might lead to a breach of the peace;
2. To develop friendly relations among nations based on respect for the principle of equal rights and self-determination of peoples, and to take other appropriate measures to strengthen universal peace;
3. To achieve international co-operation in solving international problems of an economic, social, cultural, or humanitarian character, and in promoting and encouraging respect for human rights and for fundamental freedoms for all without distinction as to race, sex, language, or religion; and
4. To be a centre for harmonizing the actions of nations in the attainment of these common ends.

제 1 조

국제연합의 목적은 다음과 같다.

1. 국제평화와 안전을 유지하고, 이를 위하여 평화에 대한 위협의 방지, 제거 그리고 침략행위 또는 기타 평화의 파괴를 진압하기 위한 유효한 집단적 조치를 취하고 평화의 파괴로 이를 우려가 있는 국제적 분쟁이나 사태의 조정·해결을 평화적 수단에 의하여 또한 정의와 국제법의 원칙에 따라 실현한다.

2. 사람들의 평등권 및 자결의 원칙의 존중에 기초하여 국가간의 우호관계를 발전시키며, 세계평화를 강화하기 위한 기타 적절한 조치를 취한다.

3. 경제적·사회적·문화적 또는 인도적 성격의 국제문제를 해결하고 또한 인종·성별·언어 또는 종교에 따른 차별없이 모든 사람의 인권 및 기본적 자유에 대한 존중을 촉진하고 장려함에 있어 국제적 협력을 달성한다.

4. 이러한 공동의 목적을 달성함에 있어서 각국의 활동을 조화시키는 중심이 된다.

Article 2

The Organization and its Members, in pursuit of the Purposes stated in Article 1, shall act in accordance with the following Principles.

1. The Organization is based on the principle of the sovereign equality of all its Members.

제 2 조

이 기구 및 그 회원국은 제1조에 명시한 목적을 추구함에 있어서 다음의 원칙에 따라 행동한다.

1. 기구는 모든 회원국의 주권평등 원칙에 기초한다.

2. All Members, in order to ensure to all of them the rights and benefits resulting from membership, shall fulfill in good faith the obligations assumed by them in accordance with the present Charter.

2. 모든 회원국은 회원국의 지위에서 발생하는 권리와 이익을 그들 모두에 보장하기 위하여, 이 헌장에 따라 부과되는 의무를 성실히 이행한다.

3. All Members shall settle their international disputes by peaceful means in such a manner that international peace and security, and justice, are not endangered.

3. 모든 회원국은 그들의 국제분쟁을 국제평화와 안전 그리고 정의를 위태롭게 하지 아니하는 방식으로 평화적 수단에 의하여 해결한다.

4. All Members shall refrain in their international relations from the threat or use of force against the territorial integrity or political independence of any state, or in any other manner inconsistent with the Purposes of the United Nations.

4. 모든 회원국은 그 국제관계에 있어서 다른 국가의 영토보전이나 정치적 독립에 대하여 또는 국제연합의 목적과 양립하지 아니하는 어떠한 기타 방식으로도 무력의 위협이나 무력행사를 삼간다.

5. All Members shall give the United Nations every assistance in any action it takes in accordance with the present Charter, and shall refrain from giving assistance to any state against which the United Nations is taking preventive or enforcement action.

5. 모든 회원국은 국제연합이 이 헌장에 따라 취하는 어떠한 조치에 있어서도 모든 원조를 다하며, 국제연합이 방지조치 또는 강제조치를 취하는 대상이 되는 어떠한 국가에 대하여도 원조를 삼간다.

6. The Organization shall ensure that states which are not Members of the United Nations act in accordance with these Principles so far as may be necessary for the maintenance of international peace and security.

6. 기구는 국제연합의 회원국이 아닌 국가가, 국제평화와 안전을 유지하는데 필요한 한, 이러한 원칙에 따라 행동하도록 확보한다.

7. Nothing contained in the present Charter shall authorize the United Nations to intervene in matters which are essentially within the domestic jurisdiction of any state or shall require the Members to submit such matters to settlement under the present Charter; but this principle shall not prejudice the application of enforcement measures under Chapter Vll.

7. 이 헌장의 어떠한 규정도 본질상 어떤 국가의 국내 관할권 안에 있는 사항에 간섭할 권한을 국제연합에 부여하지 아니하며, 또는 그러한 사항을 이 헌장에 의한 해결에 맡기도록 회원국에 요구하지 아니한다. 다만, 이 원칙은 제7장에 의한 강제조치의 적용을 해하지 아니한다.

CHAPTER II MEMBERSHIP

제 2 장 회원국의 지위

Article 3

The original Members of the United Nations shall be the states which, having participated in the United

제 3 조

국제연합의 원회원국은, 샌프란시스코에서 국제기구에 관한 연합국 회의에 참가한 국가 또는

Nations Conference on International Organization at San Francisco, or having previously signed the Declaration by United Nations of 1 January 1942, sign the present Charter and ratify it in accordance with Article 110.

1942년 1월 1일의 연합국 선언에 서명한 국가로서, 이 헌장에 서명하고 제110조에 따라 이를 비준한 국가이다.

Article 4

1. Membership in the United Nations is open to all other peace-loving states which accept the obligations contained in the present Charter and, in the judgment of the Organization, are able and willing to carry out these obligations.

2. The admission of any such state to membership in the United Nations will be effected by a decision of the General Assembly upon the recommendation of the Security Council.

제 4 조

1. 국제연합의 회원국 지위는 이 헌장에 규정된 의무를 수락하고, 이러한 의무를 이행할 능력과 의사가 있다고 기구가 판단하는 그밖의 평화애호국 모두에 개방된다.

2. 그러한 국가의 국제연합 회원국으로의 승인은 안전보장이사회의 권고에 따라 총회의 결정에 의하여 이루어진다.

Article 5

A Member of the United Nations against which preventive or enforcement action has been taken by the Security Council may be suspended from the exercise of the rights and privileges of membership by the General Assembly upon the recommendation of the Security Council. The exercise of these rights and privileges may be restored by the Security Council.

제 5 조

안전보장이사회에 의하여 취하여지는 방지조치 또는 강제조치의 대상이 되는 국제연합 회원국에 대하여는 총회가 안전보장이사회의 권고에 따라 회원국으로서의 권리와 특권의 행사를 정지시킬 수 있다. 이러한 권리와 특권의 행사는 안전보장이사회에 의하여 회복될 수 있다.

Article 6

A Member of the United Nations which has persistently violated the Principles contained in the present Charter may be expelled from the Organization by the General Assembly upon the recommendation of the Security Council.

제 6 조

이 헌장에 규정된 원칙을 끈질기게 위반하는 국제연합 회원국은 총회가 안전보장이사회의 권고에 따라 기구로부터 제명할 수 있다.

CHAPTER III ORGANS

제 3 장 기 관

Article 7

1. There are established as the principal organs

제 7 조

1. 국제연합의 주요기관으로서 총회·

of the United Nations:
a General Assembly
a Security Council
an Economic and Social Council
a Trusteeship Council
an International Court of Justice
and a Secretariat.

안전보장이사회·
경제사회 이사회·
신탁통치이사회·
국제사법재판소 및 사무국을 설치한다.

2. Such subsidiary organs as may be found necessary may be established in accordance with the present Charter.

2. 필요하다고 인정되는 보조기관은 이 헌장에 따라 설치될 수 있다.

Article 8

The United Nations shall place no restrictions on the eligibility of men and women to participate in any capacity and under conditions of equality in its principal and subsidiary organs.

제 8 조

국제연합은 남녀가 어떠한 능력으로서든 그리고 평등의 조건으로 그 주요기관 및 보조기관에 참가할 자격이 있음에 대하여 어떠한 제한도 두어서는 아니된다.

CHAPTER IV THE GENERAL ASSEMBLY

제 4 장 총 회

COMPOSITION

구 성

Article 9

1. The General Assembly shall consist of all the Members of the United Nations.
2. Each Member shall have not more than five representatives in the General Assembly.

제 9 조

1. 총회는 모든 국제연합 회원국으로 구성된다.
2. 각 회원국은 총회에 5인 이하의 대표를 가진다.

FUNCTIONS and POWERS

임무 및 권한

Article 10

The General Assembly may discuss any questions or any matters within the scope of the present Charter or relating to the powers and functions of any organs provided for in the present Charter, and, except as provided in Article 12, may make recommendations to the Members of the United Nations or to the Security Council or to both on

제 10 조

총회는 이 헌장의 범위안에 있거나 또는 이 헌장에 규정된 어떠한 기관의 권한 및 임무에 관한 어떠한 문제 또는 어떠한 사항도 토의할 수 있으며, 그리고 제12조에 규정된 경우를 제외하고는, 그러한 문제 또는 사항에 관하여 국제연합 회원국 또는 안전보장이사회 또는 이 양자에 대하여 권고할 수 있다.

any such questions or matters.

제 11 조

Article 11

1. The General Assembly may consider the general principles of co-operation in the maintenance of international peace and security, including the principles governing disarmament and the regulation of armaments, and may make recommendations with regard to such principles to the Members or to the Security Council or to both.

1. 총회는 국제평화와 안전의 유지에 있어서의 협력의 일반원칙을, 군비축소 및 군비규제를 규율하는 원칙을 포함하여 심의하고, 그러한 원칙과 관련하여 회원국이나 안전보장이사회 또는 이 양자에 대하여 권고할 수 있다.

2. The General Assembly may discuss any questions relating to the maintenance of international peace and security brought before it by any Member of the United Nations, or by the Security Council, or by a state which is not a Member of the United Nations in accordance with Article 35, paragraph 2, and, except as provided in Article 12, may make recommendations with regard to any such questions to the state or states concerned or to the Security Council or to both. Any such question on which action is necessary shall be referred to the Security Council by the General Assembly either before or after discussion.

2. 총회는 국제연합 회원국이나 안전보장이사회 또는 제35조 제2항에 따라 국제연합 회원국이 아닌 국가에 의하여 총회에 회부된 국제평화와 안전의 유지에 관한 어떠한 문제도 토의할 수 있으며, 제12조에 규정된 경우를 제외하고는 그러한 문제와 관련하여 1 또는 그 이상의 관계국이나 안전보장이사회 또는 이 양자에 대하여 권고할 수 있다. 그러한 문제로서 조치를 필요로 하는 것은 토의의 전 또는 후에 총회에 의하여 안전보장 이사회에 회부된다.

3. The General Assembly may call the attention of the Security Council to situations which are likely to endanger international peace and security.

3. 총회는 국제평화와 안전을 위태롭게 할 우려가 있는 사태에 대하여 안전보장이사회의 주의를 환기할 수 있다.

4. The powers of the General Assembly set forth in this Article shall not limit the general scope of Article 10.

4. 이 조에 규정된 총회의 권한은 제10조의 일반적 범위를 제한하지 아니한다.

제 12 조

Article 12

1. While the Security Council is exercising in respect of any dispute or situation the functions assigned to it in the present Charter, the General Assembly shall not make any recommendation with regard to that dispute or situation unless the Security Council so requests.

1. 안전보장이사회가 어떠한 분쟁 또는 사태와 관련하여 이 헌장에서 부여된 임무를 수행하고 있는 동안에는 총회는 이 분쟁 또는 사태에 관하여 안전보장이사회가 요청하지 아니하는 한 어떠한 권고도 하지 아니한다.

2. The Secretary-General, with the consent of the Security Council, shall notify the General Assembly

2. 사무총장은 안전보장이사회가 다루고 있는 국제평화와 안전의 유지에 관한 어떠한 사항도 안전보장이사회의 동의를 얻어 매 회기중 총회에 통고

at each session of any matters relative to the maintenance of international peace and security which are being dealt with by the Security Council and shall similarly notify the General Assembly, or the Members of the United Nations if the General Assembly is not in session, immediately the Security Council ceases to deal with such matters.

하며, 또한 사무총장은, 안전보장이사회가 그러한 사항을 다루는 것을 중지한 경우, 즉시 총회 또는 총회가 회기중이 아닐 경우에는 국제연합 회원국에 마찬가지로 통고한다.

Article 13

1. The General Assembly shall initiate studies and make recommendations for the purpose of:

a. promoting international co-operation in the political field and encouraging the progressive development of international law and its codification;

b. promoting international co-operation in the economic, social, cultural, educational, and health fields, and assisting in the realization of human rights and fundamental freedoms for all without distinction as to race, sex, language, or religion.

2. The further responsibilities, functions and powers of the General Assembly with respect to matters mentioned in paragraph 1 (b) above are set forth in Chapters IX and X.

제 13 조

1. 총회는 다음의 목적을 위하여 연구를 발의하고 권고한다.

가. 정치적 분야에 있어서 국제협력을 촉진하고, 국제법의 점진적 발달 및 그 법전화를 장려하는 것.

나. 경제, 사회, 문화, 교육 및 보건분야에 있어서 국제협력을 촉진하며 그리고 인종, 성별, 언어 또는 종교에 관한 차별없이 모든 사람을 위하여 인권 및 기본적 자유를 실현하는데 있어 원조하는 것.

2. 전기 제1항 나호에 규정된 사항에 관한 총회의 추가적 책임, 임무 및 권한은 제9장과 제10장에 규정된다.

Article 14

Subject to the provisions of Article 12, the General Assembly may recommend measures for the peaceful adjustment of any situation, regardless of origin, which it deems likely to impair the general welfare or friendly relations among nations, including situations resulting from a violation of the provisions of the present Charter setting forth the Purposes and Principles of the United Nations.

제 14 조

제12조 규정에 따를 것을 조건으로 총회는 그 원인에 관계없이 일반적 복지 또는 국가간의 우호관계를 해할 우려가 있다고 인정되는 어떠한 사태도 이의 평화적 조정을 위한 조치를 권고할 수 있다. 이 사태는 국제연합의 목적 및 원칙을 정한 이 헌장규정의 위반으로부터 발생하는 사태를 포함한다.

Article 15

1. The General Assembly shall receive and consider

제 15 조

1. 총회는 안전보장이사회로부터 연례보고와 특별

annual and special reports from the Security Council; these reports shall include an account of the measures that the Security Council has decided upon or taken to maintain international peace and security.

보고를 받아 심의한다. 이 보고는 안전보장이사회가 국제평화와 안전을 유지하기 위하여 결정하거나 또는 취한 조치의 설명을 포함한다.

2. The General Assembly shall receive and consider reports from the other organs of the United Nations.

2. 총회는 국제연합의 다른 기관으로부터 보고를 받아 심의한다.

Article 16

The General Assembly shall perform such functions with respect to the international trusteeship system as are assigned to it under Chapters XII and XIII, including the approval of the trusteeship agreements for areasnot designated as strategic.

제 16 조

총회는 제12장과 제13장에 의하여 부과된 국제신탁통치제도에 관한 임무를 수행한다. 이 임무는 전략지역으로 지정되지 아니한 지역에 관한 신탁통치협정의 승인을 포함한다.

Article 17

1. The General Assembly shall consider and approve the budget of the Organization.

2. The expenses of the Organization shall be borne by the Members as apportioned by the General Assembly.

3. The General Assembly shall consider and approve any financial and budgetary arrangements with specialized agencies referred to in Article 57 and shall examine the administrative budgets of such specialized agencies with a view to making recommendations to the agencies concerned.

제 17 조

1. 총회는 기구의 예산을 심의하고 승인한다.

2. 기구의 경비는 총회에서 배정한 바에 따라 회원국이 부담한다.

3. 총회는 제57조에 규정된 전문기구와의 어떠한 재정약정 및 예산약정도 심의하고 승인하며, 당해 전문기구에 권고할 목적으로 그러한 전문기구의 행정적 예산을 검사한다.

VOTING

표 결

Article 18

1. Each member of the General Assembly shall have one vote.

2. Decisions of the General Assembly on important questions shall be made by a two-thirds majority of the members present and voting. These questions shall include: recommendations with respect to the maintenance of international peace and

제 18 조

1. 총회의 각 구성국은 1개의 투표권을 가진다.

2. 중요문제에 관한 총회의 결정은 출석하여 투표하는 구성국의 3분의 2의 다수로 한다. 이러한 문제는 국제평화와 안전의 유지에 관한 권고, 안전보장이사회의 비상임이사국의 선출, 경제사회이사회의 이사국의 선출, 제86조 제1항 다호에 의한 신탁

security, the election of the non-permanent members of the Security Council, the election of the members of the Economic and Social Council, the election of members of the Trusteeship Council in accordance with paragraph 1 (c) of Article 86, the admission of new Members to the United Nations, the suspension of the rights and privileges of membership, the expulsion of Members, questions relating to the operation of the trusteeship system, and budgetary questions.

통치이사회의 이사국의 선출, 신회원국의 국제연합 가입의 승인, 회원국으로서의 권리 및 특권의 정지, 회원국의 제명, 신탁통치제도의 운영에 관한 문제 및 예산문제를 포함한다.

3. Decisions on other questions, including the determination of additional categories of questions to be decided by a two-thirds majority, shall be made by a majority of the members present and voting.

3. 기타 문제에 관한 결정은 3분의 2의 다수로 결정될 문제의 추가적 부문의 결정을 포함하여 출석하여 투표하는 구성국의 과반수로 한다.

Article 19

A Member of the United Nations which is in arrears in the payment of its financial contributions to the Organization shall have no vote in the General Assembly if the amount of its arrears equals or exceeds the amount of the contributions due from it for the preceding two full years. The General Assembly may, nevertheless, permit such a Member to vote if it is satisfied that the failure to pay is due to conditions beyond the control of the Member.

제 19 조

기구에 대한 재정적 분담금의 지불을 연체한 국제연합 회원국은 그 연체금액이 그때까지의 만 2년간 그 나라가 지불하였어야 할 분담금의 금액과 같거나 또는 초과하는 경우 총회에서 투표권을 가지지 못한다. 그럼에도 총회는 지불의 불이행이 그 회원국이 제어할 수 없는 사정에 의한 것임이 인정되는 경우 그 회원국의 투표를 허용할 수 있다.

PROCEDURE

절 차

Article 20

The General Assembly shall meet in regular annual sessions and in such special sessions as occasion may require. Special sessions shall be convoked by the Secretary-General at the request of the Security Council or of a majority of the Members of the United Nations.

제 20 조

총회는 연례정기회기 및 필요한 경우에는 특별회기로서 모인다. 특별회기는 안전보장이사회의 요청 또는 국제연합 회원국의 과반수의 요청에 따라 사무총장이 소집한다.

Article 21

The General Assembly shall adopt its own rules of procedure. It shall elect its President for each session.

제 21 조

총회는 그 자체의 의사규칙을 채택한다. 총회는 매회기마다 의장을 선출한다.

Article 22

The General Assembly may establish such subsidiary organs as it deems necessary for the performance of its functions.

제 22 조

총회는 그 임무의 수행에 필요하다고 인정되는 보조기관을 설치할 수 있다.

CHAPTER V THE SECURITY COUNCIL

제 5 장 안전보장이사회

COMPOSITION

구 성

Article 23

1. The Security Council shall consist of fifteen Members of the United Nations. The Republic of China, France, the Union of Soviet Socialist Republics, the United Kingdom of Great Britain and Northern Ireland, and the United States of America shall be permanent members of the Security Council. The General Assembly shall elect ten other Members of the United Nations to be non-permanent members of the Security Council, due regard being specially paid, in the first instance to the contribution of Members of the United Nations to the maintenance of international peace and security and to the other purposes of the Organization, and also to equitable geographical distribution.

2. The non-permanent members of the Security Council shall be elected for a term of two years. In the first election of the non-permanent members after the increase of the membership of the Security Council from eleven to fifteen, two of the four additional members shall be chosen for a term of one year. A retiring member shall not be eligi-

제 23 조

1. 안전보장이사회는 15개 국제연합 회원국으로 구성된다. 중화민국, 불란서, 소비에트사회주의공화국연방, 영국 및 미합중국은 안전보장 이사회의 상임이사국이다. 총회는 먼저 국제평화와 안전의 유지 및 기구의 기타 목적에 대한 국제연합 회원국의 공헌과 또한 공평한 지리적 배분을 특별히 고려하여 그외 10개의 국제연합 회원국을 안전보장이사회의 비상임이사국으로 선출한다.

2. 안전보장이사회의 비상임이사국은 2년의 임기로 선출된다. 안전보장이사회의 이사국이 11개국에서 15개국으로 증가된 후 최초의 비상임이사국 선출에서는, 추가된 4개이사국중 2개이사국은 1년의 임기로 선출된다. 퇴임이사국은 연이어 재선될 자격을 가지지 아니한다.

ble for immediate re-election.

3. Each member of the Security Council shall have one representative.

3. 안전보장이사회의 각 이사국은 1인의 대표를 가진다.

FUNCTIONS and POWERS

임무와 권한

Article 24

제 24 조

1. In order to ensure prompt and effective action by the United Nations,its Members confer on the Security Council primary responsibility for the maintenance of international peace and security, and agree that in carrying out its duties under this responsibility the Security Council acts on their behalf.

1. 국제연합의 신속하고 효과적인 조치를 확보하기 위하여, 국제연합 회원국은 국제평화와 안전의 유지를 위한 일차적 책임을 안전보장이사회에 부여하며, 또한 안전보장이사회가 그 책임하에 의무를 이행함에 있어 회원국을 대신하여 활동하는 것에 동의한다.

2. In discharging these duties the Security Council shall act in accordance with the Purposes and Principles of the United Nations. The specific powers granted to the Security Council for the discharge of these duties are laid down in Chapters VI, VII, VIII, and XII.

2. 이러한 의무를 이행함에 있어 안전보장이사회는 국제연합의 목적과 원칙에 따라 활동한다. 이러한 의무를 이행하기 위하여 안전보장이사회에 부여된 특정한 권한은 제6장, 제7장, 제8장 및 제12장에 규정된다.

3. The Security Council shall submit annual and, when necessary, special reports to the General Assembly for its consideration.

3. 안전보장이사회는 연례보고 및 필요한 경우 특별보고를 총회에 심의하도록 제출한다.

Article 25

제 25 조

The Members of the United Nations agree to accept and carry out the decisions of the Security Council in accordance with the present Charter.

국제연합 회원국은 안전보장이사회의 결정을 이 헌장에 따라 수락하고 이행할 것을 동의한다.

Article 26

제 26 조

In order to promote the establishment and maintenance of international peace and security with the least diversion for armaments of the world's human and economic resources, the Security Council shall be responsible for formulating, with the assistance of the Military Staff Committee referred to in Article 47, plans to be submitted to the Members of the United Nations for the estab-

세계의 인적 및 경제적 자원을 군비를 위하여 최소한으로 전용함으로써 국제평화와 안전의 확립 및 유지를 촉진하기 위하여, 안전보장이사회는 군비규제체제의 확립을 위하여 국제연합 회원국에 제출되는 계획을 제47조에 규정된 군사참모위원회의 원조를 받아 작성할 책임을 진다.

lishment of a system for the regulation of armaments.

VOTING

Article 27

1. Each member of the Security Council shall havc one vote.

2. Decisions of the Security Council on procedural matters shall be made by an affirmative vote of nine members.

3. Decisions of the Security Council on all other matters shall be made by an affirmative vote of nine members including the concurring votes of the permanent members; provided that, in decisions under Chapter VI, and under paragraph 3 of Article 52, a party to a dispute shall abstain from voting.

PROCEDURE

Article 28

1. The Security Council shall be so organized as to be able to function continuously. Each member of the Security Council shall for this purpose be represented at all times at the seat of the Organization.

2. The Security Council shall hold periodic meetings at which each of itsmembers may, if it so desires, be represented by a member of thegovernment or by some other specially designated representative.

3. The Security Council may hold meetings at such places other than the seat of the Organization as in its judgment will best facilitate its work.

Article 29

The Security Council may establish such subsidiary organs as it deems necessary for the per-

표 결

제 27 조

1. 안전보장이사회의 각 이사국은 1개의 투표권을 가진다.

2. 절차사항에 관한 안전보장이사회의 결정은 9개 이사국의 찬성투표로써 한다.

3. 그외 모든 사항에 관한 안전보장이사회의 결정은 상임이사국의 동의 투표를 포함한 9개이사국의 찬성투표로써 한다. 다만, 제6장 및 제52조 제3항에 의한 결정에 있어서는 분쟁당사국은 투표를 기권한다.

절 차

제 28 조

1. 안전보장이사회는 계속적으로 임무를 수행할 수 있도록 조직된다. 이를 위하여 안전보장이사회의 각 이사국은 기구의 소재지에 항상 대표를 둔다.

2. 안전보장이사회는 정기회의를 개최한다. 이 회의에 각 이사국은 희망하는 경우, 각료 또는 특별히 지명된 다른 대표에 의하여 대표될 수 있다.

3. 안전보장이사회는 그 사업을 가장 쉽게 할 수 있다고 판단되는 기구의 소재지외의 장소에서 회의를 개최할 수 있다.

제 29 조

안전보장이사회는 그 임무의 수행에 필요하다고 인정되는 보조기관을 설치할 수 있다.

formance of its functions.

Article 30

The Security Council shall adopt its own rules of procedure, including the method of selecting its President.

Article 31

Any Member of the United Nations which is not a member of the Security Council may participate, without vote, in the discussion of any question brought before the Security Council whenever the latter considers that the interests of that Member are specially affected.

Article 32

Any Member of the United Nations which is not a member of the Security Council or any state which is not a Member of the United Nations, if it is a party to a dispute under consideration by the Security Council, shall be invited to participate, without vote, in the discussion relating to the dispute. The Security Council shall lay down such conditions as it deems just for the participation of a state which is not a Member of the United Nations.

CHAPTER VI PACIFIC SETTLEMENT OF DISPUTES

Article 33

1. The parties to any dispute, the continuance of which is likely to endanger the maintenance of international peace and security, shall, first of all, seek a solution by negotiation, enquiry, mediation, conciliation, arbitration, judicial settlement, resort to regional agencies or arrangements, or other peaceful means of their own choice.

제 30 조

안전보장이사회는 의장선출방식을 포함한 그 자체의 의사규칙을 채택한다.

제 31 조

안전보장이사회의 이사국이 아닌 어떠한 국제연합 회원국도 안전보장이사회가 그 회원국의 이해에 특히 영향이 있다고 인정하는 때에는 언제든지 안전보장이사회에 회부된 어떠한 문제의 토의에도 투표권없이 참가할 수 있다.

제 32 조

안전보장이사회의 이사국이 아닌 국제연합 회원국 또는 국제연합 회원국이 아닌 어떠한 국가도 안전보장이사회에서 심의중인 분쟁의 당사자인 경우에는 이 분쟁에 관한 토의에 투표권없이 참가하도록 초청된다. 안전보장이사회는 국제연합 회원국이 아닌 국가의 참가에 공정하다고 인정되는 조건을 정한다.

제 6 장 분쟁의 평화적 해결

제 33 조

1. 어떠한 분쟁도 그의 계속이 국제평화와 안전의 유지를 위태롭게 할 우려가 있는 것일 경우, 그 분쟁의 당사자는 우선 교섭, 심사, 중개, 조정, 중재재판, 사법적 해결, 지역적 기관 또는 지역적 약정의 이용 또는 당사자가 선택하는 다른 평화적 수단에 의한 해결을 구한다.

2. The Security Council shall, when it deems necessary, call upon the parties to settle their dispute by such means.

2. 안전보장이사회는 필요하다고 인정하는 경우 당사자에 대하여 그 분쟁을 그러한 수단에 의하여 해결하도록 요청한다.

Article 34

The Security Council may investigate any dispute, or any situation which might lead to international friction or give rise to a dispute, in order to determine whether the continuance of the dispute or situation is likely to endanger the maintenance of international peace and security.

제 34 조

안전보장이사회는 어떠한 분쟁에 관하여도, 또는 국제적 마찰이 되거나 분쟁을 발생하게 할 우려가 있는 어떠한 사태에 관하여도, 그 분쟁 또는 사태의 계속이 국제평화와 안전의 유지를 위태롭게 할 우려가 있는지 여부를 결정하기 위하여 조사할 수 있다.

Article 35

1. Any Member of the United Nations may bring any dispute, or any situation of the nature referred to in Article 34, to the attention of the Security Council or of the General Assembly.

2. A state which is not a Member of the United Nations may bring to the attention of the Security Council or of the General Assembly any dispute to which it is a party if it accepts in advance, for the purposes of the dispute, the obligations of pacific settlement provided in the present Charter.

3. The proceedings of the General Assembly in respect of matters brought to its attention under this Article will be subject to the provisions of Articles 11 and 12.

제 35 조

1. 국제연합 회원국은 어떠한 분쟁에 관하여도, 또는 제34조에 규정된 성격의 어떠한 사태에 관하여도, 안전보장이사회 또는 총회의 주의를 환기할 수 있다.

2. 국제연합 회원국이 아닌 국가는 자국이 당사자인 어떠한 분쟁에 관하여도, 이 헌장에 규정된 평화적 해결의 의무를 그 분쟁에 관하여 미리 수락하는 경우에는 안전보장이사회 또는 총회의 주의를 환기할 수 있다.

3. 이 조에 의하여 주의가 환기된 사항에 관한 총회의 절차는 제11조 및 제12조의 규정에 따른다.

Article 36

1. The Security Council may, at any stage of a dispute of the nature referred to in Article 33 or of a situation of like nature, recommend appropriate procedures or methods of adjustment.

2. The Security Council should take into consideration any procedures for the settlement of the dispute which have already been adopted by the parties.

제 36 조

1. 안전보장이사회는 제33조에 규정된 성격의 분쟁 또는 유사한 성격의 사태의 어떠한 단계에 있어서도 적절한 조정절차 또는 조정방법을 권고할 수 있다.

2. 안전보장이사회는 당사자가 이미 채택한 분쟁해결절차를 고려하여야 한다.

3. In making recommendations under this Article the Security Council should also take into consideration that legal disputes should as a general rule be referred by the parties to the International Court of Justice in accordance with the provisions of the Statute of the Court.

3. 안전보장이사회는, 이 조에 의하여 권고를 함에 있어서, 일반적으로 법률적 분쟁이 국제사법재판소규정의 규정에 따라 당사자에 의하여 동 재판소에 회부되어야 한다는 점도 또한 고려하여야 한다.

Article 37

1. Should the parties to a dispute of the nature referred to in Article 33 fail to settle it by the means indicated in that Article, they shall refer it to the Security Council.

2. If the Security Council deems that the continuance of the dispute is in fact likely to endanger the maintenance of international peace and security, it shall decide whether to take action under Article 36 or to recommend such terms of settlement as it may consider appropriate.

제 37 조

1. 제33조에 규정된 성격의 분쟁당사자는, 동조에 규정된 수단에 의하여 분쟁을 해결하지 못하는 경우, 이를 안전보장이사회에 회부한다.

2. 안전보장이사회는 분쟁의 계속이 국제평화와 안전의 유지를 위태롭게 할 우려가 실제로 있다고 인정하는 경우 제36조에 의하여 조치를 취할 것인지 또는 적절하다고 인정되는 해결조건을 권고할 것인지를 결정한다.

Article 38

Without prejudice to the provisions of Articles 33 to 37, the Security Council may, if all the parties to any dispute so request, make recommendations to the parties with a view to a pacific settlement of the dispute.

제 38 조

제33조 내지 제37조의 규정을 해하지 아니하고, 안전보장이사회는 어떠한 분쟁에 관하여도 모든 당사자가 요청하는 경우 그 분쟁의 평화적 해결을 위하여 그 당사자에게 권고할 수 있다.

CHAPTER VII ACTION WITH RESPECT TO THREATS TO THE PEACE, BREACHES OF THE PEACE, AND ACTS OF AGGRESSION

제 7 장 평화에 대한 위협, 평화의 파괴 및 침략행위에 관한 조치

Article 39

The Security Council shall determine the existence of any threat to the peace, breach of the peace, or act of aggression and shall make recommendations, or decide what measures shall be taken in accordance with Articles 41 and 42, to maintain or restore international peace and security.

제 39 조

안전보장이사회는 평화에 대한 위협, 평화의 파괴 또는 침략행위의 존재를 결정하고, 국제평화와 안전을 유지하거나 이를 회복하기 위하여 권고하거나, 또는 제41조 및 제42조에 따라 어떠한 조치를 취할 것인지를 결정한다.

Article 40

In order to prevent an aggravation of the situation, the Security Council may, before making the recommendations or deciding upon the measures provided for in Article 39, call upon the parties concerned to comply with such provisional measures as it deems necessary or desirable. Such provisional measures shall be without prejudice to the rights, claims, or position of the parties concerned. The Security Council shall duly take account of failure to comply with such provisional measures.

제 40 조

사태의 악화를 방지하기 위하여 안전보장이사회는 제39조에 규정된 권고를 하거나 조치를 결정하기 전에 필요하거나 바람직하다고 인정되는 잠정조치에 따르도록 관계당사자에게 요청할 수 있다. 이 잠정조치는 관계당사자의 권리, 청구권 또는 지위를 해하지 아니한다. 안전보장 이사회는 그러한 잠정조치의 불이행을 적절히 고려한다.

Article 41

The Security Council may decide what measures not involving the use of armed force are to be employed to give effect to its decisions, and it may call upon the Members of the United Nations to apply such measures. These may include complete or partial interruption of economic relations and of rail, sea, air, postal, telegraphic, radio, and other means of communication, and the severance of diplomatic relations.

제 41 조

안전보장이사회는 그의 결정을 집행하기 위하여 병력의 사용을 수반하지 아니하는 어떠한 조치를 취하여야 할 것인지를 결정할 수 있으며, 또한 국제연합 회원국에 대하여 그러한 조치를 적용하도록 요청할 수 있다. 이 조치는 경제관계 및 철도, 항해, 항공, 우편, 전신, 무선통신 및 다른 교통통신수단의 전부 또는 일부의 중단과 외교관계의 단절을 포함할 수 있다.

Article 42

Should the Security Council consider that measures provided for in Article 41 would be inadequate or have proved to be inadequate, it may take such action by air, sea, or land forces as may be necessary to maintain or restore international peace and security. Such action may include demonstrations, blockade, and other operations by air, sea, or land forces of Members of the United Nations.

제 42 조

안전보장이사회는 제41조에 규정된 조치가 불충분할 것으로 인정하거나 또는 불충분한 것으로 판명되었다고 인정하는 경우에는, 국제평화와 안전의 유지 또는 회복에 필요한 공군, 해군 또는 육군에 의한 조치를 취할 수 있다. 그러한 조치는 국제연합 회원국의 공군, 해군 또는 육군에 의한 시위, 봉쇄 및 다른 작전을 포함할 수 있다.

Article 43

1. All Members of the United Nations, in order to contribute to the maintenance of international peace and security, undertake to make available to the

제 43 조

1. 국제평화와 안전의 유지에 공헌하기 위하여 모든 국제연합 회원국은 안전보장이사회의 요청에 의하여 그리고 1 또는 그 이상의 특별협정에 따라,

Security Council, on its call and in accordance with a special agreement or agreements, armed forces, assistance, and facilities, including rights of passage, necessary for the purpose of maintaining international peace and security.

국제평화와 안전의 유지 목적상 필요한 병력, 원조 및 통과권을 포함한 편의를 안전보장이사회에 이용하게 할 것을 약속한다.

2. Such agreement or agreements shall govern the numbers and types of forces, their degree of readiness and general location, and the nature of the facilities and assistance to be provided.

2. 그러한 협정은 병력의 수 및 종류, 그 준비정도 및 일반적 배치와 제공될 편의 및 원조의 성격을 규율한다.

3. The agreement or agreements shall be negotiated as soon as possible on the initiative of the Security Council. They shall be concluded between the Security Council and Members or between the Security Council and groups of Members and shall be subject to ratification by the signatory states in accordance with their respective constitutional processes.

3. 그 협정은 안전보장이사회의 발의에 의하여 가능한 한 신속히 교섭되어야 한다. 이 협정은 안전보장이사회와 회원국간에 또는 안전보장이사회와 회원국 집단간에 체결되며, 서명국 각자의 헌법상의 절차에 따라 동 서명국에 의하여 비준되어야 한다.

Article 44

When the Security Council has decided to use force it shall, before calling upon a Member not represented on it to provide armed forces in fulfilment of the obligations assumed under Article 43, invite that Member, if the Member so desires, to participate in the decisions of the Security Council concerning the employment of contingents of that Member's armed forces.

제 44 조

안전보장이사회는 무력을 사용하기로 결정한 경우 이사회에서 대표되지 아니하는 회원국에게 제43조에 따라 부과된 의무의 이행으로서 병력의 제공을 요청하기 전에 그 회원국이 희망한다면 그 회원국 병력중 파견부대의 사용에 관한 안전보장이사회의 결정에 참여하도록 그 회원국을 초청한다.

Article 45

In order to enable the United Nations to take urgent military measures, Members shall hold immediately available national air-force contingents for combined international enforcement action. The strength and degree of readiness of these contingents and plans for their combined action shall be determined within the limits laid down in the special agreement or agreements referred to in Article 43, by the Security Council with the assistance of the Military Staff Committee.

제 45 조

국제연합이 긴급한 군사조치를 취할 수 있도록 하기 위하여, 회원국은 합동의 국제적 강제조치를 위하여 자국의 공군파견부대를 즉시 이용할 수 있도록 유지한다. 이러한 파견부대의 전력과 준비정도 및 합동조치를 위한 계획은 제43조에 규정된 1 또는 그 이상의 특별협정에 규정된 범위안에서 군사참모위원회의 도움을 얻어 안전보장이사회가 결정한다.

Article 46

Plans for the application of armed force shall be made by the Security Council with the assistance of the Military Staff Committee.

제 46 조

병력사용계획은 군사참모위원회의 도움을 얻어 안전보장이사회가 작성한다.

Article 47

1. There shall be established a Military Staff Committee to advise and assist the Security Council on all questions relating to the Security Council's military requirements for the maintenance of international peace and security, the employment and command of forces placed at its disposal, the regulation of armaments, and possible disarmament.

2. The Military Staff Committee shall consist of the Chiefs of Staff of the permanent members of the Security Council or their representatives. Any Member of the United Nations not permanently represented on the Committee shall be invited by the Committee to be associated with it when the efficient discharge of the Committee's responsibilities requires the participation of that Member in its work.

3. The Military Staff Committee shall be responsible under the Security Council for the strategic direction of any armed forces placed at the disposal of the Security Council. Questions relating to the command of such forces shall be worked out subsequently.

4. The Military Staff Committee, with the authorization of the Security Council and after consultation with appropriate regional agencies, may establish regional sub-committees.

제 47 조

1. 국제평화와 안전의 유지를 위한 안전보장이사회의 군사적 필요, 안전보장이사회의 재량에 맡기어진 병력의 사용 및 지휘, 군비규제 그리고 가능한 군비축소에 관한 모든 문제에 관하여 안전보장이사회에 조언하고 도움을 주기 위하여 군사참모위원회를 설치한다.

2. 군사참모위원회는 안전보장이사회 상임이사국의 참모총장 또는 그의 대표로 구성된다. 이 위원회에 상임위원으로서 대표되지 아니하는 국제연합 회원국은 위원회의 책임의 효과적인 수행을 위하여 위원회의 사업에 동 회원국의 참여가 필요한 경우에는 위원회에 의하여 그와 제휴하도록 초청된다.

3. 군사참모위원회는 안전보장이사회하에 안전보장이사회의 재량에 맡기어진 병력의 전략적 지도에 대하여 책임을 진다. 그러한 병력의 지휘에 관한 문제는 추후에 해결한다.

4. 군사참모위원회는 안전보장이사회의 허가를 얻어 그리고 적절한 지역기구와 협의한 후 지역소위원회를 설치할 수 있다.

Article 48

1. The action required to carry out the decisions of the Security Council for the maintenance of international peace and security shall be taken by all the Members of the United Nations or by some of

제 48 조

1. 국제평화와 안전의 유지를 위한 안전보장이사회의 결정을 이행 하는데 필요한 조치는 안전보장이사회가 정하는 바에 따라 국제연합 회원국의 전부 또는 일부에 의하여 취하여진다.

them, as the Security Council may determine.

2. Such decisions shall be carried out by the Members of the United Nations directly and through their action in the appropriate international agencies of which they remembers.

2. 그러한 결정은 국제연합 회원국에 의하여 직접적으로 또한 국제연합 회원국이 그 구성국인 적절한 국제기관에 있어서의 이들 회원국의 조치를 통하여 이행된다.

Article 49

The Members of the United Nations shall join in affording mutual assistance in carrying out the measures decided upon by the Security Council.

제 49 조

국제연합 회원국은 안전보장이사회가 결정한 조치를 이행함에 있어 상호원조를 제공하는 데에 참여한다.

Article 50

If preventive or enforcement measures against any state are taken by the Security Council, any other state, whether a Member of the United Nations or not, which finds itself confronted with special economic problems arising from the carrying out of those measures shall have the right to consult the Security Council with regard to a solution of those problems.

제 50 조

안전보장이사회가 어느 국가에 대하여 방지조치 또는 강제조치를 취하는 경우, 국제연합 회원국인지 아닌지를 불문하고 어떠한 다른 국가도 자국이 이 조치의 이행으로부터 발생하는 특별한 경제문제에 직면한 것으로 인정하는 경우, 동 문제의 해결에 관하여 안전보장이사회와 협의할 권리를 가진다.

Article 51

Nothing in the present Charter shall impair the inherent right of individual or collective self-defence if an armed attack occurs against a Member of the United Nations, until the Security Council has taken measures necessary to maintain international peace and security. Measures taken by Members in the exercise of this right of self-defence shall be immediately reported to the Security Council and shall not in any way affect the authority and responsibility of the Security Council under the present Charter to take at any time such action as it deems necessary in order to maintain or restore international peace and security.

제 51 조

이 헌장의 어떠한 규정도 국제연합 회원국에 대하여 무력공격이 발생한 경우, 안전보장이사회가 국제평화와 안전을 유지하기 위하여 필요한 조치를 취할 때까지 개별적 또는 집단적 지위의 고유한 권리를 침해하지 아니한다. 자위권을 행사함에 있어 회원국이 취한 조치는 즉시 안전보장이사회에 보고된다. 또한 이 조치는, 안전보장이사회가 국제평화와 안전의 유지 또는 회복을 위하여 필요하다고 인정하는 조치를 언제든지 취한다는, 이 헌장에 의한 안전보장이사회의 권한과 책임에 어떠한 영향도 미치지 아니한다.

CHAPTER VIII REGIONAL ARRANGEMENTS

Article 52

1. Nothing in the present Charter precludes the existence of regional arrangements or agencies for dealing with such matters relating to the maintenance of international peace and security as are appropriate for regional action provided that such arrangements or agencies and their activities are consistent with the Purposes and Principles of the United Nations.

2. The Members of the United Nations entering into such arrangements or constituting such agencies shall make every effort to achieve pacific settlement of local disputes through such regional arrangements or by such regional agencies before referring them to the Security Council.

3. The Security Council shall encourage the development of pacific settlement of local disputes through such regional arrangements or by such regional agencies either on the initiative of the states concerned or by reference from the Security Council.

4. This Article in no way impairs the application of Articles 34 and 35.

Article 53

1. The Security Council shall, where appropriate, utilize such regional arrangements or agencies for enforcement action under its authority. But no enforcement action shall be taken under regional arrangements or by regional agencies without the authorization of the Security Council, with the exception of measures against any enemy state, as defined in paragraph 2 of this Article, provided for pursuant to Article 107 or in regional arrangements directed against renewal of aggressive policy on the part of any such state, until such time as the

제 8 장 지역적 약정

제 52 조

1. 이 헌장의 어떠한 규정도, 국제평화와 안전의 유지에 관한 사항으로서 지역적 조치에 적합한 사항을 처리하기 위하여 지역적 약정 또는 지역적 기관이 존재하는 것을 배제하지 아니한다. 다만, 이 약정 또는 기관 및 그 활동이 국제연합의 목적과 원칙에 일치하는 것을 조건으로 한다.

2. 그러한 약정을 체결하거나 그러한 기관을 구성하는 국제연합 회원국은 지역적 분쟁을 안전보장이사회에 회부하기 전에 이 지역적 약정 또는 지역적 기관에 의하여 그 분쟁의 평화적 해결을 성취하기 위하여 모든 노력을 다한다.

3. 안전보장이사회는 관계국의 발의에 의하거나 안전보장이사회의 회부에 의하여 그러한 지역적 약정 또는 지역적 기관에 의한 지역적 분쟁의 평화적 해결의 발달을 장려한다.

4. 이 조는 제34조 및 제35조의 적용을 결코 해하지 아니한다.

제 53 조

1. 안전보장이사회는 그 권위하에 취하여지는 강제조치를 위하여 적절한 경우에는 그러한 지역적 약정 또는 지역적 기관을 이용한다. 다만, 안전보장이사회의 허가없이는 어떠한 강제조치도 지역적 약정 또는 지역적 기관에 의하여 취하여져서는 아니된다. 그러나 이 조 제2항에 규정된 어떠한 적국에 대한 조치이든지 제107조에 따라 규정된 것 또는 적국에 의한 침략 정책의 재현에 대비한 지역적 약정에 규정된 것은, 관계정부의 요청에 따라 기구가 그 적국에 의한 새로운 침략을 방지할 책임을 질 때까지는 예외로 한다.

Organization may, on request of the Governments concerned, be charged with the responsibility for preventing further aggression by such a state.

2. The term enemy state as used in paragraph 1 of this Article applies to any state which during the Second World War has been an enemy of any signatory of the present Charter.

2. 이 조 제1항에서 사용된 적국이라는 용어는 제2차 세계대전중에 이 헌장 서명국의 적국이었던 어떠한 국가에도 적용된다.

Article 54

The Security Council shall at all times be kept fully informed of activities undertaken or in contemplation under regional arrangements or by regional agencies for the maintenance of international peace and security.

제 54 조

안전보장이사회는 국제평화와 안전의 유지를 위하여 지역적 약정 또는 지역적 기관에 의하여 착수되었거나 또는 계획되고 있는 활동에 대하여 항상 충분히 통보받는다.

CHAPTER IX INTERNATIONAL ECONOMIC AND SOCIAL CO-OPERATION

제 9 장 경제적 및 사회적 국제협력

Article 55

With a view to the creation of conditions of stability and well-being which are necessary for peaceful and friendly relations among nations based on respect for the principle of equal rights and self-determination of peoples, the United Nations shall promote:

a. higher standards of living, full employment, and conditions of economic and social progress and development;
b. solutions of international economic, social, health, and related problems; and international cultural and educational cooperation; and
c. universal respect for, and observance of, human rights and fundamental freedoms for all without distinction as to race, sex, language, or religion.

제 55 조

사람의 평등권 및 자결원칙의 존중에 기초한 국가간의 평화롭고 우호적인 관계에 필요한 안정과 복지의 조건을 창조하기 위하여, 국제연합은 다음을 촉진한다.

가. 보다 높은 생활수준, 완전고용 그리고 경제적 및 사회적 진보와 발전의 조건
나. 경제, 사회, 보건 및 관련국제문제의 해결 그리고 문화 및 교육상의 국제협력
다. 인종, 성별, 언어 또는 종교에 관한 차별이 없는 모든 사람을 위한 인권 및 기본적 자유의 보편적 존중과 준수

Article 56

All Members pledge themselves to take joint and separate action in co-operation with the Organization for the achievement of the purposes set forth in Article 55.

제 56 조

모든 회원국은 제55조에 규정된 목적의 달성을 위하여 기구와 협력하여 공동의 조치 및 개별적 조치를 취할 것을 약속한다.

Article 57

1. The various specialized agencies, established by intergovernmental agreement and having wide international responsibilities, as defined in their basic instruments, in economic, social, cultural, educational, health, and related fields, shall be brought into relationship with the United Nations in accordance with the provisions of Article 63.

2. Such agencies thus brought into relationship with the United Nations are hereinafter referred to as specialized agencies.

제 57 조

1. 정부간 협정에 의하여 설치되고 경제, 사회, 문화, 교육, 보건분야 및 관련분야에 있어서 기본적 문서에 정한대로 광범위한 국제적 책임을 지는 각종 전문기구는 제63조의 규정에 따라 국제연합과 제휴관계를 설정한다.

2. 이와 같이 국제연합과 제휴관계를 설정한 기구는 이하 전문기구라 한다.

Article 58

The Organization shall make recommendations for the co-ordination of the policies and activities of the specialized agencies.

제 58 조

기구는 전문기구의 정책과 활동을 조정하기 위하여 권고한다.

Article 59

The Organization shall, where appropriate, initiate negotiations among the states concerned for the creation of any new specialized agencies required for the accomplishment of the purposes set forth in Article 55.

제 59 조

기구는 적절한 경우 제55조에 규정된 목적의 달성에 필요한 새로운 전문기구를 창설하기 위하여 관계국간의 교섭을 발의한다.

Article 60

Responsibility for the discharge of the functions of the Organization set forth in this Chapter shall be vested in the General Assembly and, under the authority of the General Assembly, in the Economic and Social Council, which shall have for this purpose the powers set forth in Chapter X.

제 60 조

이 장에서 규정된 기구의 임무를 수행할 책임은 총회와 총회의 권위 하에 경제사회이사회에 부과된다. 경제사회이사회는 이 목적을 위하여 제10장에 규정된 권한을 가진다.

CHAPTER X THE ECONOMIC AND SOCIAL COUNCIL

COMPOSITION

Article 61

1. The Economic and Social Council shall consist of fifty-four Members of the United Nations elected by the General Assembly.
2. Subject to the provisions of paragraph 3, eighteen members of the Economic and Social Council shall be elected each year for a term of three years. A retiring member shall be eligible for immediate re-election.
3. At the first election after the increase in the membership of the Economic and Social Council from twenty-seven to fifty-four members, in addition to the members elected in place of the nine members whose term of office expires at the end of that year, twenty-seven additional members shall be elected. Of these twenty-seven additional members, the term of office of nine members so elected shall expire at the end of one year, and of nine other members at the end of two years, in accordance with arrangements made by the General Assembly.
4. Each member of the Economic and Social Council shall have one representative.

FUNCTIONS and POWERS

Article 62

1. The Economic and Social Council may make or initiate studies and reports with respect to international economic, social, cultural, educational, health, and related matters and may make recommendations with respect to any such matters to the General Assembly to the Members of the United Nations, and to the specialized agencies

제 10 장 경제사회이사회

구 성

제 61 조

1. 경제사회이사회는 총회에 의하여 선출된 54개 국제연합 회원국으로 구성된다.
2. 제3항의 규정에 따를 것을 조건으로, 경제사회이사회의 18개 이사국은 3년의 임기로 매년 선출된다. 퇴임이사국은 연이어 재선될 자격이 있다.
3. 경제사회이사회의 이사국이 27개국에서 54개국으로 증가된 후 최초의 선거에서는, 그 해 말에 임기가 종료되는 9개 이사국을 대신하여 선출되는 이사국에 더하여, 27개 이사국이 추가로 선출된다. 총회가 정한 약정에 따라, 이러한 추가의 27개 이사국중 그렇게 선출된 9개 이사국의 임기는 1년의 말에 종료되고, 다른 9개 이사국의 임기는 2년의 말에 종료된다.
4. 경제사회이사회의 각 이사국은 1인의 대표를 가진다.

임무와 권한

제 62 조

1. 경제사회이사회는 경제, 사회, 문화, 교육, 보건 및 관련국제사항에 관한 연구 및 보고를 하거나 또는 발의할 수 있으며, 아울러 그러한 사항에 관하여 총회, 국제연합 회원국 및 관계전문기구에 권고할 수 있다.

concerned.

2. It may make recommendations for the purpose of promoting respect for, and observance of, human rights and fundamental freedoms for all.

3. It may prepare draft conventions for submission to the General Assembly, with respect to matters falling within its competence.

4. It may call, in accordance with the rules prescribed by the United Nations,international conferences on matters falling within its competence.

2. 이사회는 모든 사람을 위한 인권 및 기본적 자유의 존중과 준수를 촉진하기 위하여 권고할 수 있다.

3. 이사회는 그 권한에 속하는 사항에 관하여 총회에 제출하기 위한 협약안을 작성할 수 있다.

4. 이사회는 국제연합이 정한 규칙에 따라 그 권한에 속하는 사항에 관하여 국제회의를 소집할 수 있다.

Article 63

1. The Economic and Social Council may enter into agreements with any of the agencies referred to in Article 57, defining the terms on which the agency concerned shall be brought into relationship with the United Nations. Such agreements shall be subject to approval by the General Assembly.

2. It may co-ordinate the activities of the specialized agencies through consultation with and recommendations to such agencies and through recommendations to the General Assembly and to the Members of the United Nations.

제 63 조

1. 경제사회이사회는 제57조에 규정된 어떠한 기구와도, 동 기구가 국제연합과 제휴관계를 설정하는 조건을 규정하는 협정을 체결할 수 있다. 그러한 협정은 총회의 승인을 받아야 한다.

2. 이사회는 전문기구와의 협의, 전문기구에 대한 권고 및 총회와 국제연합 회원국에 대한 권고를 통하여 전문기구의 활동을 조정할 수 있다.

Article 64

1. The Economic and Social Council may take appropriate steps to obtain regular reports from the specialized agencies. It may make arrangements with the Members of the United Nations and with the specialized agencies to obtain reports on the steps taken to give effect to its own recommendations and to recommendations on matters falling within its competence made by the General Assembly.

2. It may communicate its observations on these reports to the General Assembly.

제 64 조

1. 경제사회이사회는 전문기구로부터 정기보고를 받기 위한 적절한 조치를 취할 수 있다. 이사회는, 이사회의 권고와 이사회의 권한에 속하는 사항에 관한 총회의 권고를 실시하기 위하여 취하여진 조치에 관하여 보고를 받기 위하여, 국제연합 회원국 및 전문기구와 약정을 체결할 수 있다.

2. 이사회는 이러한 보고에 관한 의견을 총회에 통보할 수 있다.

Article 65

The Economic and Social Council may furnish information to the Security Council and shall assist the Security Council upon its request.

제 65 조

경제사회이사회는 안전보장이사회에 정보를 제공할 수 있으며, 안전보장이사회의 요청이 있을 때에는 이를 원조한다.

Article 66

1. The Economic and Social Council shall perform such functions as fall within its competence in connexion with the carrying out of the recommendations of the General Assembly.
2. It may, with the approval of the General Assembly, perform services at the request of Members of the United Nations and at the request of specialized agencies.
3. It shall perform such other functions as are specified elsewhere in the present Charter or as may be assigned to it by the General Assembly.

제 66 조

1. 경제사회이사회는 총회의 권고의 이행과 관련하여 그 권한에 속하는 임무를 수행한다.
2. 이사회는 국제연합 회원국의 요청이 있을 때와 전문기구의 요청이 있을 때에는 총회의 승인을 얻어 용역을 제공할 수 있다.
3. 이사회는 이 헌장의 다른 곳에 규정되거나 총회에 의하여 이사회에 부과된 다른 임무를 수행한다.

VOTING

표 결

Article 67

1. Each member of the Economic and Social Council shall have one vote.
2. Decisions of the Economic and Social Council shall be made by a majority of the members present and voting.

제 67 조

1. 경제사회이사회의 각 이사국은 1개의 투표권을 가진다.
2. 경제사회이사회의 결정은 출석하여 투표하는 이사국의 과반수에 의한다.

PROCEDURE

절 차

Article 68

The Economic and Social Council shall set up commissions in economic and social fields and for the promotion of human rights, and such other commissions as may be required for the performance of its functions.

제 68 조

경제사회이사회는 경제적 및 사회적 분야의 위원회, 인권의 신장을 위한 위원회 및 이사회의 임무수행에 필요한 다른 위원회를 설치한다.

Article 69

The Economic and Social Council shall invite any

제 69 조

경제사회이사회는 어떠한 국제연합 회원국에 대

Member of the United Nations to participate, without vote, in its deliberations on any matter of particular concern to that Member.

하여도, 그 회원국과 특히 관계가 있는 사항에 관한 심의에 투표권 없이 참가하도록 초청한다.

Article 70

The Economic and Social Council may make arrangements for representatives of the specialized agencies to participate, without vote, in its deliberations and in those of the commissions established by it, and for its representatives to participate in the deliberations of the specialized agencies.

제 70 조

경제사회이사회는 전문기구의 대표가 이사회의 심의 및 이사회가 설치한 위원회의 심의에 투표권 없이 참가하기 위한 약정과 이사회의 대표가 전문기구의 심의에 참가하기 위한 약정을 체결할 수 있다.

Article 71

The Economic and Social Council may make suitable arrangements for consultation with non-governmental organizations which are concerned with matters within its competence. Such arrangements may be made with international organizations and, where appropriate, with national organizations after consultation with the Member of the United Nations concerned.

제 71 조

경제사회이사회는 그 권한내에 있는 사항과 관련이 있는 비정부간 기구와의 협의를 위하여 적절한 약정을 체결할 수 있다. 그러한 약정은 국제기구와 체결할 수 있으며 적절한 경우에는 관련 국제연합 회원국과의 협의후에 국내기구와도 체결할 수 있다.

Article 72

1. The Economic and Social Council shall adopt its own rules of procedure, including the method of selecting its President.
2. The Economic and Social Council shall meet as required in accordance with its rules, which shall include provision for the convening of meetings on the request of a majority of its members.

제 72 조

1. 경제사회이사회는 의장의 선정방법을 포함한 그 자체의 의사규칙을 채택한다.
2. 경제사회이사회는 그 규칙에 따라 필요한 때에 회합하며, 동 규칙은 이사국 과반수의 요청에 의한 회의소집의 규정을 포함한다.

CHAPTER XI DECLARATION REGARDING NON-SELF-GOVERNING TERRITORIES

제 11 장 비자치지역에 관한 선언

Article 73

Members of the United Nations which have or assume responsibilities for the administration of

제 73 조

주민이 아직 완전한 자치를 행할 수 있는 상태에 이르지 못한 지역의 시정(施政)의 책임을 지거나

territories whose peoples have not yet attained a full measure of self-government recognize the principle that the interests of the inhabitants of these territories are paramount, and accept as a sacred trust the obligation to promote to the utmost, within the system of international peace and security established by the present Charter, the well-being of the inhabitants of these territories, and, to this end:

a. to ensure, with due respect for the culture of the peoples concerned, their political, economic, social, and educational advancement, their just treatment, and their protection against abuses;
b. to develop self-government, to take due account of the political aspirations of the peoples, and to assist them in the progressive development of their free political institutions, according to the particular circumstances of each territory and its peoples and their varying stages of advancement;
c. to further international peace and security;
d. to promote constructive measures of development, to encourage research, and to co-operate with one another and, when and where appropriate, with specialized international bodies with a view to the practical achievement of the social, economic, and scientific purposes set forth in this Article; and
e. to transmit regularly to the Secretary-General for information purposes, subject to such limitation as security and constitutional considerations may require, statistical and other information of a technical nature relating to economic, social, and educational conditions in the territories for which they are respectively responsible other than those territories to which Chapters XII and XIII apply.

또는 그 책임을 맡는 국제연합 회원국은, 그 지역주민의 이익이 가장 중요하다는 원칙을 승인하고, 그 지역주민의 복지를 이 헌장에 의하여 확립된 국제평화와 안전의 체제안에서 최고도로 증진시킬 의무와 이를 위하여 다음을 행할 의무를 신성한 신탁으로서 수락한다.

가. 관계주민의 문화를 적절히 존중함과 아울러 그들의 정치적, 경제적, 사회적 및 교육적 발전, 공정한 대우, 그리고 학대로부터의 보호를 확보한다.
나. 각지역 및 그 주민의 특수사정과 그들의 서로 다른 발전단계에 따라 자치를 발달시키고, 주민의 정치적 소망을 적절히 고려하며, 또한 주민의 자유로운 정치제도의 점진적 발달을 위하여 지원한다.
다. 국제평화와 안전을 증진한다.
라. 이 조에 규정된 사회적, 경제적 및 과학적 목적을 실제적으로 달성하기 위하여 건설적인 발전조치를 촉진하고 연구를 장려하며 상호간 및 적절한 경우에는 전문적 국제단체와 협력한다.
마. 제12장과 제13장이 적용되는 지역외의 위의 회원국이 각각 책임을 지는 지역에서의 경제적, 사회적 및 교육적 조건에 관한 기술적 성격의 통계 및 다른 정보를, 안전보장과 헌법상의 고려에 따라 필요한 제한을 조건으로 하여, 정보용으로 사무총장에 정기적으로 송부한다.

Article 74

Members of the United Nations also agree that their policy in respect of the territories to which this Chapter applies, no less than in respect of their metropolitan areas, must be based on the general principle of good-neighbourliness, due account being taken of the interests and well-being of the rest of the world, in social, economic, and commercial matters.

제 74 조

국제연합 회원국은 이 장이 적용되는 지역에 관한 정책이, 그 본국 지역에 관한 정책과 마찬가지로 세계의 다른 지역의 이익과 복지가 적절히 고려되는 가운데에, 사회적, 경제적 및 상업적 사항에 관하여 선린주의의 일반원칙에 기초하여야 한다는 점에 또한 동의한다.

CHAPTER XII INTERNATIONAL TRUSTEESHIP SYSTEM

제 12 장 국제신탁통치제도

Article 75

The United Nations shall establish under its authority an international trusteeship system for the administration and supervision of such territories as may be placed thereunder by subsequent individual agreements. These territories are hereinafter referred to as trust territories.

제 75 조

국제연합은 금후의 개별적 협정에 의하여 이 제도하에 두게 될 수 있는 지역의 시정 및 감독을 위하여 그 권위하에 국제신탁통치제도를 확립한다. 이 지역은 이하 신탁통치지역이라 한다.

Article 76

The basic objectives of the trusteeship system, in accordance with the Purposes of the United Nations laid down in Article 1 of the present Charter, shall be:

a. to further international peace and security;

b. to promote the political, economic, social, and educational advancement of the inhabitants of the trust territories, and their progressive development towards self-government or independence as may be appropriate to the particular circumstances of each territory and its peoples and the freely expressed wishes of the peoples concerned, and as may be provided by the terms of each trusteeship agreement;

제 76 조

신탁통치제도의 기본적 목적은 이 헌장 제1조에 규정된 국제연합의 목적에 따라 다음과 같다.

가. 국제평화와 안전을 증진하는 것.

나. 신탁통치지역 주민의 정치적, 경제적, 사회적 및 교육적 발전을 촉진하고, 각 지역 및 그 주민의 특수사정과 관계주민이 자유롭게 표명한 소망에 적합하도록, 그리고 각 신탁통치 협정의 조항이 규정하는 바에 따라 자치 또는 독립을 향한 주민의 점진적 발달을 촉진하는 것.

c. to encourage respect for human rights and for fundamental freedoms for all without distinction as to race, sex, language, or religion, and to encourage recognition of the interdependence of the peoples of the world; and

d. to ensure equal treatment in social, economic, and commercial matters for all Members of the United Nations and their nationals, and also equal treatment for the latter in the administration of justice, without prejudice to the attainment of the foregoing objectives and subject to the provisions of Article 80.

다. 인종, 성별, 언어 또는 종교에 관한 차별없이 모든 사람을 위한 인권과 기본적 자유에 대한 존중을 장려하고, 전세계 사람들의 상호의존의 인식을 장려하는 것.

라. 위의 목적의 달성에 영향을 미치지 아니하고 제80조의 규정에 따를 것을 조건으로, 모든 국제연합 회원국 및 그 국민을 위하여 사회적, 경제적 및 상업적 사항에 대한 평등한 대우 그리고 또한 그 국민을 위한 사법상의 평등한 대우를 확보하는 것.

Article 77

1. The trusteeship system shall apply to such territories in the following categories as may be placed thereunder by means of trusteeship agreements:

a. territories now held under mandate;

b. territories which may be detached from enemy states as a result of the Second World War; and

c. territories voluntarily placed under the system by states responsiblefor their administration.

2. It will be a matter for subsequent agreement as to which territories in the foregoing categories will be brought under the trusteeship system and upon what terms.

제 77 조

1. 신탁통치제도는 신탁통치협정에 의하여 이 제도하에 두게 될 수 있는 다음과 같은 범주의 지역에 적용된다.

가. 현재 위임통치하에 있는 지역

나. 제2차 세계대전의 결과로서 적국으로부터 분리될 수 있는 지역 다..시정에 책임을 지는 국가가 자발적으로 그 제도하에 두는 지역

2. 위의 범주안의 어떠한 지역을 어떠한 조건으로 신탁통치제도하에 두게 될 것인가에 관하여는 금후의 협정에서 정한다.

Article 78

The trusteeship system shall not apply to territories which have become Members of the United Nations, relationship among which shall be based on respect for the principle of sovereign equality.

제 78 조

국제연합 회원국간의 관계는 주권평등원칙의 존중에 기초하므로 신탁통치제도는 국제연합 회원국이 된 지역에 대하여는 적용하지 아니한다.

Article 79

The terms of trusteeship for each territory to be placed under the trusteeship system, including any

제 79 조

신탁통치제도하에 두게 되는 각 지역에 관한 신탁통치의 조항은, 어떤 변경 또는 개정을 포함하여

alteration or amendment, shall be agreed upon by the states directly concerned, including the mandatory power in the case of territories held under mandate by a Member of the United Nations, and shall be approved as provided for in Articles 83 and 85.

직접 관계국에 의하여 합의되며, 제83조 및 제85조에 규정된 바에 따라 승인된다. 이 직접 관계국은 국제연합 회원국의 위임통치하에 있는 지역의 경우, 수임국을 포함한다.

Article 80

1. Except as may be agreed upon in individual trusteeship agreements, made under Articles 77, 79, and 81, placing each territory under the trusteeship system, and until such agreements have been concluded, nothing in this Chapter shall be construed in or of itself to alter in any manner the rights whatsoever of any states or any peoples or the terms of existing international instruments to which Members of the United Nations may respectively be parties.

2. Paragraph 1 of this Article shall not be interpreted as giving grounds for delay or postponement of the negotiation and conclusion of agreements for placing mandated and other territories under the trusteeship system as provided for in Article 77.

제 80 조

1. 제77조, 제79조 및 제81조에 의하여 체결되고, 각 지역을 신탁통치제도하에 두는 개별적인 신탁통치협정에서 합의되는 경우를 제외하고 그리고 그러한 협정이 체결될 때까지, 이 헌장의 어떠한 규정도 어느 국가 또는 국민의 어떠한 권리, 또는 국제연합 회원국이 각기 당사국으로 되는 기존의 국제문서의 조항도 어떠한 방법으로도 변경하는 것으로 직접 또는 간접으로 해석되지 아니한다.

2. 이 조 제1항은 제77조에 규정한 바에 따라 위임통치지역 및 기타지역을 신탁통치제도하에 두기 위한 협정의 교섭 및 체결이 지체 또는 연기를 위한 근거를 부여하는 것으로 해석되지 아니한다.

Article 81

The trusteeship agreement shall in each case include the terms under which the trust territory will be administered and designate the authority which will exercise the administration of the trust territory. Such authority, hereinafter called the administering authority, may be one or more states or the Organization itself.

제 81 조

신탁통치협정은 각 경우에 있어 신탁통치지역을 시정하는 조건을 포함하며, 신탁통치지역의 시정을 행할 당국을 지정한다. 그러한 당국은 이하 시정권자라 하며 1 또는 그 이상의 국가, 또는 기구 자체일 수 있다.

Article 82

There may be designated, in any trusteeship agreement, a strategic area or areas which may include part or all of the trust territory to which

제 82 조

어떠한 신탁통치협정에 있어서도 제43조에 의하여 체결되는 특별 협정을 해하지 아니하고 협정이 적용되는 신탁통치지역의 일부 또는 전부를 포함하

the agreement applies, without prejudice to any special agreement or agreements made under Article 43.

는 1 또는 그 이상의 전략지역을 지정할 수 있다.

Article 83

1. All functions of the United Nations relating to strategic areas, including the approval of the terms of the trusteeship agreements and of their alteration or amendment shall be exercised by the Security Council.

2. The basic objectives set forth in Article 76 shall be applicable to the people of each strategic area.

3. The Security Council shall, subject to the provisions of the trusteeship agreements and without prejudice to security considerations, avail itself of the assistance of the Trusteeship Council to perform those functions of the United Nations under the trusteeship system relating to political, economic, social, and educational matters in the strategic areas.

제 83 조

1. 전략지역에 관한 국제연합의 모든 임무는 신탁통치협정의 조항과 그 변경 또는 개정의 승인을 포함하여 안전보장이사회가 행한다.

2. 제76조에 규정된 기본목적은 각 전략지역의 주민에 적용된다.

3. 안전보장이사회는, 신탁통치협정의 규정에 따를 것을 조건으로 또한 안전보장에 대한 고려에 영향을 미치지 아니하고, 전략지역에서의 정치적, 경제적, 사회적 및 교육적 사항에 관한 신탁통치제도하의 국제연합의 임무를 수행하기 위하여 신탁통치이사회의 원조를 이용한다.

Article 84

It shall be the duty of the administering authority to ensure that the trust territory shall play its part in the maintenance of international peace and security. To this end the administering authority may make use of volunteer forces, facilities, and assistance from the trust territory in carrying out the obligations towards the Security Council undertaken in this regard by the administering authority, as well as for local defence and the maintenance of law and order within the trust territory.

제 84 조

신탁통치지역이 국제평화와 안전유지에 있어 그 역할을 하는 것을 보장하는 것이 시정권자의 의무이다. 이 목적을 위하여, 시정권자는 이점에 관하여 시정권자가 안전보장이사회에 대하여 부담하는 의무를 이행함에 있어서 또한 지역적 방위 및 신탁통치지역안에서의 법과 질서의 유지를 위하여 신탁통치지역의 의용군, 편의 및 원조를 이용할 수 있다.

Article 85

1. The functions of the United Nations with regard to trusteeship agreements for all areas not designated as strategic, including the approval of

제 85 조

1. 전략지역으로 지정되지 아니한 모든 지역에 대한 신탁통치협정과 관련하여 국제연합의 임무는, 신탁통치협정의 조항과 그 변경 또는 개정의 승인

the terms of the trusteeship agreements and of their alteration or amendment, shall be exercised by the General Assembly.

2. The Trusteeship Council, operating under the authority of the General Assembly shall assist the General Assembly in carrying out these functions.

CHAPTER XIII THE TRUSTEESHIP COUNCIL

COMPOSITION

Article 86

1. The Trusteeship Council shall consist of the following Members of the United Nations:

a. those Members administering trust territories;

b. such of those Members mentioned by name in Article 23 as are not administering trust territories; and

c. as many other Members elected for three-year terms by the General Assembly as may be necessary to ensure that the total number of members of the Trusteeship Council is equally divided between those Members of the United Nations which administer trust territories and those which do not.

2. Each member of the Trusteeship Council shall designate one specially qualified person to represent it therein.

FUNCTIONS and POWERS

Article 87

The General Assembly and, under its authority, the Trusteeship Council, in carrying out their functions, may:

a. consider reports submitted by the administering authority;

을 포함하여, 총회가 수행한다.

2. 총회의 권위하에 운영되는 신탁통치이사회는 이러한 임무의 수행에 있어 총회를 원조한다.

제 13 장 신탁통치이사회

구 성

제 86 조

1. 신탁통치이사회는 다음의 국제연합 회원국으로 구성한다.

가. 신탁통치지역을 시정하는 회원국

나. 신탁통치지역을 시정하지 아니하나 제23조에 국명이 언급된 회원국

다. 총회에 의하여 3년의 임기로 선출된 다른 회원국. 그 수는 신탁통치이사회의 이사국의 총수를 신탁통치지역을 시정하는 국제연합 회원국과 시정하지 아니하는 회원국간에 균분하도록 확보하는 데 필요한 수로 한다.

2. 신탁통치이사회의 각 이사국은 이사회에서 자국을 대표하도록 특별한 자격을 가지는 1인을 지명한다.

임무와 권한

제 87 조

총회와, 그 권위하의 신탁통치이사회는 그 임무를 수행함에 있어 다음을 할 수 있다.

가. 시정권자가 제출하는 보고서를 심의하는 것

b. accept petitions and examine them in consultation with the administering authority;
c. provide for periodic visits to the respective trust territories at times agreed upon with the administering authority; and
d. take these and other actions in conformity with the terms of the trusteeship agreements.

나. 청원의 수리 및 시정권자와 협의하여 이를 심사하는 것
다. 시정권자와 합의한 때에 각 신탁통치지역을 정기적으로 방문하는 것
라. 신탁통치협정의 조항에 따라 이러한 조치 및 다른 조치를 취하는 것

Article 88

The Trusteeship Council shall formulate a questionnaire on the political, economic, social, and educational advancement of the inhabitants of each trust territory, and the administering authority for each trust territory within the competence of the General Assembly shall make an annual report to the General Assembly upon the basis of such questionnaire.

제 88 조

신탁통치이사회는 각 신탁통치지역 주민의 정치적, 경제적, 사회적 및 교육적 발전에 질문서를 작성하며, 또한 총회의 권능안에 있는 각 신탁통치지역의 시정권자는 그러한 질문서에 기초하여 총회에 연례보고를 행한다.

VOTING

표 결

Article 89

1. Each member of the Trusteeship Council shall have one vote.
2. Decisions of the Trusteeship Council shall be made by a majority of the members present and voting.

제 89 조

1. 신탁통치이사회의 각 이사국은 1개의 투표권을 가진다.
2. 신탁통치이사회의 결정은 출석하여 투표하는 이사국의 과반수로 한다.

PROCEDURE

절 차

Article 90

1. The Trusteeship Council shall adopt its own rules of procedure, including the method of selecting its President.
2. The Trusteeship Council shall meet as required in accordance with its rules, which shall include provision for the convening of meetings on the request of a majority of its members.

제 90 조

1. 신탁통치이사회는 의장 선출방식을 포함한 그 자체의 의사규칙을 채택한다.
2. 신탁통치이사회는 그 규칙에 따라 필요한 경우 회합하며, 그 규칙은 이사국 과반수의 요청에 의한 회의의 소집에 관한 규정을 포함한다.

Article 91

The Trusteeship Council shall, when appropriate, avail itself of the assistance of the Economic and Social Council and of the specialized agencies in regard to matters with which they are respectively concerned.

제 91 조

신탁통치이사회는 적절한 경우 경제사회이사회 그리고 전문기구가 각각 관련된 사항에 관하여 전문기구의 원조를 이용한다.

CHAPTER XIV THE INTERNATIONAL COURT OF JUSTICE

제 14 장 국제사법재판소

Article 92

The International Court of Justice shall be the principal judicial organ of the United Nations. It shall function in accordance with the annexed Statute, which is based upon the Statute of the Permanent Court of International Justice and forms an integral part of the present Charter.

제 92 조

국제사법재판소는 국제연합의 주요한 사법기관이다. 재판소는 부속된 규정에 따라 임무를 수행한다. 이 규정은 상설국제사법재판소 규정에 기초하며, 이 헌장의 불가분의 일부를 이룬다.

Article 93

1. All Members of the United Nations are ipso facto parties to the Statute of the International Court of Justice.

2. A state which is not a Member of the United Nations may become a party to the Statute of the International Court of Justice on conditions to be determined in each case by the General Assembly upon the recommendation of the Security Council.

제 93 조

1. 모든 국제연합 회원국은 국제사법재판소 규정의 당연 당사국이다.

2. 국제연합 회원국이 아닌 국가는 안전보장이사회의 권고에 의하여 총회가 각 경우에 결정하는 조건으로 국제사법재판소 규정의 당사국이 될 수 있다.

Article 94

1. Each Member of the United Nations undertakes to comply with the decision of the International Court of Justice in any case to which it is a party.

2. If any party to a case fails to perform the obligations incumbent upon it under a judgment rendered by the Court, the other party may have recourse to the Security Council, which may, if it deems necessary, make recommendations or decide

제 94 조

1. 국제연합의 각 회원국은 자국이 당사자가 되는 어떤 사건에 있어서도 국제사법재판소의 결정에 따를 것을 약속한다.

2. 사건의 당사자가 재판소가 내린 판결에 따라 자국이 부담하는 의무를 이행하지 아니하는 경우에는 타방의 당사자는 안전보장이사회에 제소할 수 있다. 안전보장이사회는 필요하다고 인정하는 경우 판결을 집행하기 위하여 권고하거나 취하여야 할

upon measures to be taken to give effect to the judgment.

조치를 결정할 수 있다.

Article 95

Nothing in the present Charter shall prevent Members of the United Nations from entrusting the solution of their differences to other tribunals by virtue of agreements already in existence or which may be concluded in the future.

제 95 조

이 헌장의 어떠한 규정도 국제연합 회원국이 그들간의 분쟁의 해결을 이미 존재하거나 장래에 체결될 협정에 의하여 다른 법원에 의뢰하는 것을 방해하지 아니한다.

Article 96

1. The General Assembly or the Security Council may request the International Court of Justice to give an advisory opinion on any legal question.
2. Other organs of the United Nations and specialized agencies, which may at any time be so authorized by the General Assembly, may also request advisory opinions of the Court on legal questions arising within the scope of their activities.

제 96 조

1. 총회 또는 안전보장이사회는 어떠한 법적 문제에 관하여도 권고적 의견을 줄 것을 국제사법재판소에 요청할 수 있다.
2. 총회에 의하여 그러한 권한이 부여될 수 있는 국제연합의 다른 기관 및 전문기구도 언제든지 그 활동범위안에서 발생하는 법적 문제에 관하여 재판소의 권고적 의견을 또한 요청할 수 있다.

CHAPTER XV THE SECRETARIAT

제 15 장 사무국

Article 97

The Secretariat shall comprise a Secretary-General and such staff as the Organization may require. The Secretary-General shall be appointed by the General Assembly upon the recommendation of the Security Council. He shall be the chief administrative officer of the Organization.

제 97 조

사무국은 1인의 사무총장과 기구가 필요로 하는 직원으로 구성한다. 사무총장은 안전보장이사회의 권고로 총회가 임명한다. 사무총장은 기구의 수석행정직원이다.

Article 98

The Secretary-General shall act in that capacity in all meetings of the General Assembly, of the Security Council, of the Economic and Social Council, and of the Trusteeship Council, and shall

제 98 조

사무총장은 총회, 안전보장이사회, 경제사회이사회 및 신탁통치 이사회의 모든 회의에 사무총장의 자격으로 활동하며, 이러한 기관에 의하여 그에게 위임된 다른 임루를 수행한다. 사무총장은 기구의

perform such other functions as are entrusted to him by these organs. The Secretary-General shall make an annual report to the General Assembly on the work of the Organization.

사업에 관하여 총회에 연례보고를 한다.

Article 99

The Secretary-General may bring to the attention of the Security Council any matter which in his opinion may threaten the maintenance of international peace and security.

제 99 조

사무총장은 국제평화와 안전의 유지를 위협한다고 그 자신이 인정하는 어떠한 사항에도 안전보장이사회의 주의를 환기할 수 있다.

Article 100

1. In the performance of their duties the Secretary-General and the staff shall not seek or receive instructions from any government or from any other authority external to the Organization. They shall refrain from any action which might reflect on their position as international officials responsible only to the Organization.

2. Each Member of the United Nations undertakes to respect the exclusively international character of the responsibilities of the Secretary-General and the staff and not to seek to influence them in the discharge of their responsibilities.

제 100 조

1. 사무총장과 직원은 그들의 임무수행에 있어서 어떠한 정부 또는 기구외의 어떠한 다른 당국으로부터도 지시를 구하거나 받지 아니한다. 사무총장과 직원은 기구에 대하여만 책임을 지는 국제공무원으로서의 지위를 손상할 우려가 있는 어떠한 행동도 삼간다.

2. 각 국제연합 회원국은 사무총장 및 직원의 책임의 전적으로 국제적인 성격을 존중할 것과 그들의 책임수행에 있어서 그들에게 영향을 행사하려 하지 아니할 것을 약속한다.

Article 101

1. The staff shall be appointed by the Secretary-General under regulations established by the General Assembly.

2. Appropriate staffs shall be permanently assigned to the Economic and Social Council, the Trusteeship Council, and, as required, to other organs of the United Nations. These staffs shall form a part of the Secretariat.

3. The paramount consideration in the employment of the staff and in the determination of the conditions of service shall be the necessity of securing the highest standards of efficiency, com-

제 101 조

1. 직원은 총회가 정한 규칙에 따라 사무총장에 의하여 임명된다.

2. 경제사회이사회, 신탁통치이사회 그리고 필요한 경우에는 국제연합의 다른 기관에 적절한 직원이 상임으로 배속된다. 이 직원은 사무국의 일부를 구성한다.

3. 직원의 고용과 근무조건의 결정에 있어서 가장 중요한 고려사항은 최고수준의 능률, 능력 및 성실성을 확보할 필요성이다. 가능한 한 광범위한 지리적 기초에 근거하여 직원을 채용하는 것의 중요성

petence, and integrity. Due regard shall be paid to the importance of recruiting the staff on as wide a geographical basis as possible.

에 관하여 적절히 고려한다.

CHAPTER XVI MISCELLANEOUS PROVISIONS

제 16 장 잡 칙

Article 102

1. Every treaty and every international agreement entered into by any Member of the United Nations after the present Charter comes into force shall as soon as possible be registered with the Secretariat and published by it.

2. No party to any such treaty or international agreement which has not been registered in accordance with the provisions of paragraph 1 of this Article may invoke that treaty or agreement before any organ of the United Nations.

제 102 조

1. 이 헌장이 발효한 후 국제연합 회원국이 체결하는 모든 조약과 모든 국제협정은 가능한 한 신속히 사무국에 등록되고 사무국에 의하여 공표된다.

2. 이 조 제1항의 규정에 따라 등록되지 아니한 조약 또는 국제협정의 당사국은 국제연합의 어떠한 기관에 대하여도 그 조약 또는 협정을 원용할 수 없다.

Article 103

In the event of a conflict between the obligations of the Members of the United Nations under the present Charter and their obligations under any other international agreement, their obligations under the present Charter shall prevail.

제 103 조

국제연합 회원국의 헌장상의 의무와 다른 국제협정상의 의무가 상충되는 경우에는 이 헌장상의 의무가 우선한다.

Article 104

The Organization shall enjoy in the territory of each of its Members such legal capacity as may be necessary for the exercise of its functions and the fulfilment of its purposes.

제 104 조

기구는 그 임무의 수행과 그 목적의 달성을 위하여 필요한 법적 능력을 각 회원국의 영역 안에서 향유한다.

Article 105

1. The Organization shall enjoy in the territory of each of its Members such privileges and immunities as are necessary for the fulfilment of its purposes.

제 105 조

1. 기구는 그 목적의 달성에 필요한 특권 및 면제를 각 회원국의 영역 안에서 향유한다.

2. Representatives of the Members of the United Nations and officials of the Organization shall similarly enjoy such privileges and immunities as are necessary for the independent exercise of their functions in connexion with the Organization.

2. 국제연합 회원국의 대표 및 기구의 직원은 기구와 관련된 그들의 임무를 독립적으로 수행하기 위하여 필요한 특권과 면제를 마찬가지로 향유한다.

3. The General Assembly may make recommendations with a view to determining the details of the application of paragraphs 1 and 2 of this Article or may propose conventions to the Members of the United Nations for this purpose.

3. 총회는 이 조 제1항 및 제2항의 적용세칙을 결정하기 위하여 권고하거나 이 목적을 위하여 국제연합 회원국에게 협약을 제안할 수 있다.

CHAPTER XVII TRANSITIONAL SECURITY ARRANGEMENTS

제 17 장 과도적 안전보장조치

Article 106

Pending the coming into force of such special agreements referred to in Article 43 as in the opinion of the Security Council enable it to begin the exercise of its responsibilities under Article 42, the parties to the Four-Nation Declaration, signed at Moscow, 30 October 1943, and France, shall, in accordance with the provisions of paragraph 5 of that Declaration, consult with one another and as occasion requires with other Members of the United Nations with a view to such joint action on behalf of the Organization as may be necessary for the purpose of maintaining international peace and security.

제 106 조

안전보장이사회가 제42조상의 책임의 수행을 개시할 수 있다고 인정하는 제43조에 규정된 특별협정이 발효할 때까지, 1943년 10월 30일에 모스크바에서 서명된 4개국 선언의 당사국 및 불란서는 그 선언 제5항의 규정에 따라 국제평화와 안전의 유지를 위하여 필요한 공동조치를 기구를 대신하여 취하기 위하여 상호간 및 필요한 경우 다른 국제연합 회원국과 협의한다.

Article 107

Nothing in the present Charter shall invalidate or preclude action, in relation to any state which during the Second World War has been an enemy of any signatory to the present Charter, taken or authorized as a result of that war by the Governments having responsibility for such action.

제 107 조

이 헌장의 어떠한 규정도 제2차 세계대전중 이 헌장 서명국의 적이었던 국가에 관한 조치로서, 그러한 조치에 대하여 책임을 지는 정부가 그 전쟁의 결과로서 취하였거나 허가한 것을 무효로 하거나 배제하지 아니한다.

CHAPTER XVIII AMENDMENTS

Article 108

Amendments to the present Charter shall come into force for all Members of the United Nations when they have been adopted by a vote of two thirds of the members of the General Assembly and ratified in accordance with their respective constitutional processes by two thirds of the Members of the United Nations, including all the permanent members of the Security Council.

Article 109

1. A General Conference of the Members of the United Nations for the purpose of reviewing the present Charter may be held at a date and place to be fixed by a two-thirds vote of the members of the General Assembly and by a vote of any nine members of the Security Council. Each Member of the United Nations shall have one vote in the conference.

2. Any alteration of the present Charter recommended by a two-thirds vote of the conference shall take effect when ratified in accordance with their respective constitutional processes by two thirds of the Members of the United Nations including all the permanent members of the Security Council.

3. If such a conference has not been held before the tenth annual session of the General Assembly following the coming into force of the present Charter, the proposal to call such a conference shall be placed on the agenda of that session of the General Assembly, and the conference shall be held if so decided by a majority vote of the members of the General Assembly and by a vote of any seven members of the Security Council.

제 18 장 개 정

제 108 조

이 헌장의 개정은 총회 구성국의 3분의 2의 투표에 의하여 채택되고, 안전보장이사회의 모든 상임이사국을 포함한 국제연합 회원국의 3분의 2에 의하여 각자의 헌법상 절차에 따라 비준되었을 때, 모든 국제연합 회원국에 대하여 발효한다.

제 109 조

1. 이 헌장을 재심의하기 위한 국제연합 회원국 전체회의는 총회 구성국의 3분의 2의 투표와 안전보장이사회의 9개 이사국의 투표에 의하여 결정되는 일자 및 장소에서 개최될 수 있다. 각 국제연합 회원국은 이 회의에서 1개의 투표권을 가진다.

2. 이 회의의 3분의 2의 투표에 의하여 권고된 이 헌장의 어떠한 변경도, 안전보장이사회의 모든 상임이사국을 포함한 국제연합 회원국의 3분의 2에 의하여 그들 각자의 헌법상 절차에 따라 비준되었을 때 발효한다.

3. 그러한 회의가 이 헌장의 발효후 총회의 제10차 연례회기까지 개최되지 아니하는 경우에는 그러한 회의를 소집하는 제안이 총회의 동 회기의 의제에 포함되어야 하며, 회의는 총회 구성국의 과반수의 투표와 안전보장이사회의 7개 이사국의 투표에 의하여 결정되는 경우에 개최된다.

CHAPTER XIX RATIFICATION AND SIGNATURE

Article 110

1. The present Charter shall be ratified by the signatory states in accordance with their respective constitutional processes.

2. The ratifications shall be deposited with the Government of the United States of America, which shall notify all the signatory states of each deposit as well as the Secretary-General of the Organization when he has been appointed.

3. The present Charter shall come into force upon the deposit of ratifications by the Republic of China, France, the Union of Soviet Socialist Republics, the United Kingdom of Great Britain and Northern Ireland, and the United States of America, and by a majority of the other signatory states. A protocol of the ratifications deposited shall thereupon be drawn up by the Government of the United States of America which shall communicate copies thereof to all the signatory states.

4. The states signatory to the present Charter which ratify it after it has come into force will become original Members of the United Nations on the date of the deposit of their respective ratifications.

Article 111

The present Charter, of which the Chinese, French, Russian, English, and Spanish texts are equally authentic, shall remain deposited in the archives of the Government of the United States of America. Duly certified copies thereof shall be transmitted by that Government to the Governments of the other signatory states.

제 19 장 비준 및 서명

제 110 조

1. 이 헌장은 서명국에 의하여 그들 각자의 헌법상 절차에 따라 비준된다.

2. 비준서는 미합중국 정부에 기탁되며, 동 정부는 모든 서명국과 기구의 사무총장이 임명된 경우에는 사무총장에게 각 기탁을 통고한다.

3. 이 헌장은 중화민국, 불란서, 소비에트사회주의공화국연방, 영국과 미합중국 및 다른 서명국의 과반수가 비준서를 기탁한 때에 발효한다. 비준서 기탁 의정서는 발효시 미합중국 정부가 작성하여 그 등본을 모든 서명국에 송부한다.

4. 이 헌장이 발효한 후에 이를 비준하는 이 헌장의 서명국은 각자의 비준서 기탁일에 국제연합의 원회원국이 된다.

제 111 조

중국어, 불어, 러시아어, 영어 및 스페인어본이 동등하게 정본인 이 헌장은 미합중국 정부의 문서보관소에 기탁된다. 이 헌장의 인증등본은 동 정부가 다른 서명국 정부에 송부한다.

IN FAITH WHEREOF the representatives of the Governments of the United Nations have signed the present Charter.

이상의 증거로서, 연합국 정부의 대표들은 이 헌장에 서명하였다.

DONE at the city of San Francisco the twenty-sixth day of June, one thousand nine hundred and forty-five.

1945년 6월 26일 샌프란시스코시에서 작성하였다.

2. 국제사법재판소 규정

Statute of the International Court of Justice

국제사법재판소 규정

Article 1

The International Court of Justice established by the Charter of the United Nations as the principal judicial organ of the United Nations shall be constituted and shall function in accordance with the provisions of the present Statute.

제 1 조

국제연합의 주요한 사법기관으로서 국제연합 헌장에 의하여 설립되는 국제사법재판소는 재판소 규정의 규정들에 따라 조직되며 임무를 수행한다.

CHAPTER I ORGANIZATION OF THE COURT

제 1 장 재판소의 조직

Article 2

The Court shall be composed of a body of independent judges, elected regardless of their nationality from among persons of high moral character, who possess the qualifications required in their respective countries for appointment to the highest judicial offices, or are jurisconsults of recognized competence in international law.

제 2 조

재판소는 덕망이 높은 자로서 각국가에서 최고법관으로 임명되는데 필요한 자격을 가진 자 또는 국제법에 정통하다고 인정된 법률가중에서 국적에 관계없이 선출되는 독립적 재판관의 일단으로 구성된다.

Article 3

1. The Court shall consist of fifteen members, no two of whom may be nationals of the same state.
2. A person who for the purposes of membership in the Court could be regarded as a national of more than one state shall be deemed to be a national of the one in which he ordinarily exercises civil and political rights.

제 3 조

1. 재판소는 15인의 재판관으로 구성된다. 다만, 2인이상이 동일국의 국민이어서는 아니된다.
2. 재판소에서 재판관의 자격을 정함에 있어서 2 이상의 국가의 국민으로 인정될 수 있는 자는 그가 통상적으로 시민적 및 정치적 권리를 행사하는 국가의 국민으로 본다.

Article 4

1. The members of the Court shall be elected by the General Assembly and by the Security Council from a list of persons nominated by the national groups in the Permanent Court of Arbitration, in accordance with the following provisions.

제 4 조

1. 재판소의 재판관은 상설중재재판소의 국별재판관단이 지명한 자의 명부중에서 다음의 규정들에 따라 총회 및 안전보장이사회가 선출한다.

2. In the case of Members of the United Nations not represented in the Permanent Court of Arbitration, candidates shall be nominated by national groups appointed for this purpose by their governments under the same conditions as those prescribed for members of the Permanent Court of Arbitration by Article 44 of the Convention of The Hague of 1907 for the pacific settlement of international disputes.

2. 상설중재재판소에서 대표되지 아니하는 국제연합 회원국의 경우에는, 재판관 후보자는 상설중재재판소 재판관에 관하여 국제분쟁의 평화적 해결을 위한 1907년 헤이그협약 제44조에 규정된 조건과 동일한 조건에 따라 각국 정부가 임명하는 국별재판관단이 지명한다.

3. The conditions under which a state which is a party to the present Statute but is not a Member of the United Nations may participate in electing the members of the Court shall, in the absence of a special agreement, be laid down by the General Assembly upon recommendation of the Security Council.

3. 재판소 규정의 당사국이지만 국제연합의 비회원국인 국가가 재판소의 재판관 선거에 참가할 수 있는 조건은, 특별한 협정이 없는 경우에는, 안전보장 이사회의 권고에 따라 총회가 정한다.

Article 5

제 5 조

1. At least three months before the date of the election, the Secretary-General of the United Nations shall address a written request to the members of the Permanent Court of Arbitration belonging to the states which are parties to the present Statute, and to the members of the national groups appointed under Article 4, paragraph 2, inviting them to undertake, within a given time, by national groups, the nomination of persons in a position to accept the duties of a member of the Court.

1. 선거일부터 적어도 3월 전에 국제연합 사무총장은, 재판소 규정의 당사국인 국가에 속하는 상설중재재판소 재판관 및 제4조 제2항에 의하여 임명되는 국별재판관단의 구성원에게, 재판소의 재판관의 직무를 수락할 지위에 있는 자의 지명을 일정한 기간내에 각 국별재판관단마다 행할 것을 서면으로 요청한다.

2. No group may nominate more than four persons, not more than two of whom shall be of their own nationality. In no case may the number of candidates nominated by a group be more than double the number of seats to be filled.

2. 어떠한 국별재판관단도 4인을 초과하여 후보자를 지명할 수 없으며, 그중 3인이상이 자국국적의 소유자이어서도 아니된다. 어떠한 경우에도 하나의 국별재판관단이 지명하는 후보자의 수는 충원할 재판관석 수의 2배를 초과하여서는 아니된다.

Article 6

제 6 조

Before making these nominations, each national group is recommended to consult its highest court of justice, its legal faculties and schools of law,

이러한 지명을 하기 전에 각 국별재판관단은 자국의 최고법원· 법과대학·법률학교 및 법률연구에 종사하는 학술원 및 국제학술원의 자국지부와 협의

and its national academies and national sections of international academies devoted to the study of law.

하도록 권고받는다.

Article 7

제 7 조

1. The Secretary-General shall prepare a list in alphabetical order of all the persons thus nominated. Save as provided in Article 12, paragraph 2, these shall be the only persons eligible.

2. The Secretary-General shall submit this list to the General Assembly and to the Security Council.

1. 사무총장은 이와 같이 지명된 모든 후보자의 명부를 알파벳순으로 작성한다. 제12조 제2항에 규정된 경우를 제외하고 이 후보자들만이 피선될 자격을 가진다.

2. 사무총장은 이 명부를 총회 및 안전보장이사회에 제출한다.

Article 8

제 8 조

The General Assembly and the Security Council shall proceed independently of one another to elect the members of the Court.

총회와 안전보장이사회는 각각 독자적으로 재판소의 재판관을 선출한다.

Article 9

제 9 조

At every election, the electors shall bear in mind not only that the persons to be elected should individually possess the qualifications required, but also that in the body as a whole the representation of the main forms of civilization and of the principal legal systems of the world should be assured.

모든 선서에 있어서 선거인은 피선거인이 개인적으로 필요한 자격을 가져야 할 뿐만 아니라 전체적으로 재판관단이 세계의 주요 문명형태 및 주요 법체계를 대표하여야 함에 유념한다.

Article 10

제 10 조

1. Those candidates who obtain an absolute majority of votes in the General Assembly and in the Security Council shall be considered as elected.

2. Any vote of the Security Council, whether for the election of judges or for the appointment of members of the conference envisaged in Article 12, shall be taken without any distinction between permanent and non-permanent members of the Security Council.

3. In the event of more than one national of the same state obtaining an absolute majority of the votes both of the General Assembly and of the

1. 총회 및 안전보장이사회에서 절대다수표를 얻은 후보자는 당선된 것으로 본다.

2. 안전보장이사회의 투표는, 재판관의 선거를 위한 것이든지 또는 제12조에 규정된 협의회의 구성원의 임명을 위한 것이든지, 안전보장이사회의 상임이사국과 비상임이사국간에 구별없이 이루어진다.

3. 2인이상의 동일국가 국민이 총회 및 안전보장이사회의 투표에서 모두 절대다수표를 얻은 경우에는 그중 최연장자만이 당선된 것으로 본다.

Security Council, the eldest of these only shall be considered as elected.

Article 11

If, after the first meeting held for the purpose of the election, one or more seats remain to be filled, a second and, if necessary, a third meeting shall take place.

제 11 조

선거를 위하여 개최된 제1차 회의후에도 충원되어야 할 1 또는 그 이상의 재판관석이 남는 경우에는 제2차 회의가, 또한 필요한 경우 제3차 회의가 개최된다.

Article 12

1. If, after the third meeting, one or more seats still remain unfilled, a joint conference consisting of six members, three appointed by the General Assembly and three by the Security Council, may be formed at any time at the request of either the General Assembly or the Security Council, for the purpose of choosing by the vote of an absolute majority one name for each seat still vacant, to submit to the General Assembly and the Security Council for their respective acceptance.

2. If the joint conference is unanimously agreed upon any person who fulfills the required conditions, he may be included in its list, even though he was not included in the list of nominations referred to in Article 7.

3. If the joint conference is satisfied that it will not be successful in procuring an election, those members of the Court who have already been elected shall, within a period to be fixed by the Security Council, proceed to fill the vacant seats by selection from among those candidates who have obtained votes either in the General Assembly or in the Security Council.

4. In the event of an equality of votes among the judges, the eldest judge shall have a casting vote.

제 12 조

1. 제3차 회의후에도 충원되지 아니한 1 또는 그 이상의 재판관석이 여전히 남는 경우에는, 3인은 총회가, 3인은 안전보장이사회가 임명하는 6명으로 구성되는 합동협의회가 각 공석당 1인을 절대다수표로써 선정하여 총회 및 안전보장이사회가 각각 수락하도록 하기 위하여 총회 또는 안전보장이사회 중 어느 일방의 요청에 의하여 언제든지 설치될 수 있다.

2. 요구되는 조건을 충족한 자에 대하여 합동협의회가 전원일치로 동의한 경우에는, 제7조에 규정된 지명명부 중에 기재되지 아니한 자라도 협의회의 명부에 기재될 수 있다.

3. 합동협의회가 당선자를 확보할 수 없다고 인정하는 경우에는 이미 선출된 재판소의 재판관들은 총회 또는 안전보장이사회 중 어느 일방에서 라도 득표한 후보자중에서 안전보장이사회가 정하는 기간내에 선정하여 공석을 충원한다.

4. 재판관간의 투표가 동수인 경우에는 최연장재판관이 결정투표권을 가진다.

Article 13

1. The members of the Court shall be elected for

제 13 조

1. 재판소의 재판관은 9년의 임기로 선출되며 재

nine years and may be re-elected; provided, however, that of the judges elected at the first election, the terms of five judges shall expire at the end of three years and the terms of five more judges shall expire at the end of six years.

선될 수 있다. 다만, 제1회 선거에서 선출된 재판관 중 5인의 재판관의 임기는 3년후에 종료되며, 다른 5인의 재판관의 임기는 6년후에 종료된다.

2. The judges whose terms are to expire at the end of the above-mentioned initial periods of three and six years shall be chosen by lot to be drawn by the Secretary-General immediately after the first election has been completed.

2. 위에 규정된 최초의 3년 및 6년의 기간후에 임기가 종료되는 재판관은 제1회 선거가 완료된 직후 사무총장이 추첨으로 선정한다.

3. The members of the Court shall continue to discharge their duties until their places have been filled. Though replaced, they shall finish any cases which they may have begun.

3. 재판소의 재판관은 후임자가 충원될 때까지 계속 직무를 수행한다. 충원후에도 재판관은 이미 착수한 사건을 완결한다.

4. In the case of the resignation of a member of the Court, the resignation shall be addressed to the President of the Court for transmission to the Secretary-General. This last notification makes the place vacant.

4. 재판소의 재판관이 사임하는 경우 사표는 재판소장에게 제출되며, 사무총장에게 전달된다. 이러한 최후의 통고에 의하여 공석이 생긴다.

Article 14

Vacancies shall be filled by the same method as that laid down for the first election subject to the following provision: the Secretary-General shall, within one month of the occurrence of the vacancy, proceed to issue the invitations provided for in Article 5, and the date of the election shall be fixed by the Security Council.

제 14 조

공석은 후단의 규정에 따를 것을 조건으로 제1회 선거에 관하여 정한 방법과 동일한 방법으로 충원된다. 사무총장은 공석이 발생한 후 1월이내에 제5조에 규정된 초청장을 발송하며, 선거일은 안전보장이사회가 정한다.

Article 15

A member of the Court elected to replace a member whose term of office has not expired shall hold office for the remainder of his predecessor's term.

제 15 조

임기가 종료되지 아니한 재판관을 교체하기 위하여 선출된 재판소의 재판관은 전임자의 잔임기간동안 재직한다.

Article 16

1. No member of the Court may exercise any po-

제 16 조

1. 재판소의 재판관은 정치적 또는 행정적인 어떠

litical or administrative function, or engage in any other occupation of a professional nature.

2. Any doubt on this point shall be settled by the decision of the Court.

한 임무도 수행할 수 없으며, 또는 전문적 성질을 가지는 다른 어떠한 직업에도 종사할 수 없다.

2. 이 점에 관하여 의문이 있는 경우에는 재판소의 결정에 의하여 해결한다.

Article 17

1. No member of the Court may act as agent, counsel, or advocate in any case.

2. No member may participate in the decision of any case in which he has previously taken part as agent, counsel, or advocate for one of the parties, or as a member of a national or international court, or of a commission of enquiry, or in any other capacity.

3. Any doubt on this point shall be settled by the decision of the Court.

제 17 조

1. 재판소의 재판관은 어떠한 사건에 있어서도 대리인·법률고문 또는 변호인으로서 행동할 수 없다.

2. 재판소의 재판관은 일방당사자의 대리인·법률고문 또는 변호인으로서, 국내법원 또는 국제법원이 법관으로서, 조사위원회의 위원으로서, 또는 다른 어떠한 자격으로서도, 이전에 그가 관여하였던 사건의 판결에 참여할 수 없다.

3. 이 점에 관하여 의문이 있는 경우에는 재판소의 결정에 의하여 해결한다.

Article 18

1. No member of the Court can be dismissed unless, in the unanimous opinion of the other members, he has ceased to fulfill the required conditions.

2. Formal notification thereof shall be made to the Secretary-General by the Registrar.

3. This notification makes the place vacant.

제 18 조

1. 재판소의 재판관은, 다른 재판관들이 전원일치의 의견으로써 그가 요구되는 조건을 충족하지 못하게 되었다고 인정하는 경우를 제외하고는, 해임될 수 없다.

2. 해임의 정식통고는 재판소서기가 사무총장에게 한다.

3. 이러한 통고에 의하여 공석이 생긴다.

Article 19

The members of the Court, when engaged on the business of the Court, shall enjoy iplomatic privileges and immunities.

제 19 조

재판소의 재판관은 재판소의 업무에 종사하는 동안 외교특권 및 면제를 향유한다.

Article 20

Every member of the Court shall, before taking up his duties, make a solemn declaration in open court that he will exercise his powers impartially and conscientiously.

제 20 조

재판소의 모든 재판관은 직무를 개시하기 전에 자기의 직권을 공평하고 양심적으로 행사할 것을 공개된 법정에서 엄숙히 선언한다.

Article 21

1. The Court shall elect its President and Vice-President for three years; they may be re-elected.

2. The Court shall appoint its Registrar and may provide for the appointment of such other officers as may be necessary.

제 21 조

1. 재판소는 3년 임기로 재판소장 및 재판소부소장을 선출한다. 그들은 재선될 수 있다.

2. 재판소는 재판소서기를 임명하며 필요한 다른 직원의 임명에 관하여 규정할 수 있다.

Article 22

1. The seat of the Court shall be established at The Hague. This, however, shall not prevent the Court from sitting and exercising its functions elsewhere whenever the Court considers it desirable.

2. The President and the Registrar shall reside at the seat of the Court.

제 22 조

1 .재판소의 소재지는 헤이그로 한다. 다만, 재판소가 바람직하다고 인정하는 때에는 다른 장소에서 개정하여 그 임무를 수행할 수 있다.

2. 재판소장 및 재판소서기는 재판소의 소재지에 거주한다.

Article 23

1. The Court shall remain permanently in session, except during the judicial vacations, the dates and duration of which shall be fixed by the Court.

2. Members of the Court are entitled to periodic leave, the dates and duration of which shall be fixed by the Court, having in mind the distance between The Hague and the home of each judge.

3. Members of the Court shall be bound, unless they are on leave or prevented from attending by illness or other serious reasons duly explained to the President, to hold themselves permanently at the disposal of the Court.

제 23 조

1. 재판소는 재판소가 휴가중인 경우를 제외하고는 항상 개정하며, 휴가의 시기 및 기간은 재판소가 정한다.

2. 재판소의 재판관은 정기휴가의 권리를 가진다. 휴가의 시기 및 기간은 헤이그와 각 재판관의 가정간의 거리를 고려하여 재판소가 정한다.

3. 재판소의 재판관은 휴가중에 있는 경우이거나 질병 또는 재판소장에 대하여 정당하게 해명할 수 있는 다른 중대한 사유로 인하여 출석할 수 없는 경우를 제외하고는 항상 재판소의 명에 따라야 할 의무를 진다.

Article 24

1. If, for some special reason, a member of the Court considers that he should not take part in the decision of a particular case, he shall so inform the President.

2. If the President considers that for some special reason one of the members of the Court should not

제 24 조

1. 재판소의 재판관은 특별한 사유로 인하여 특정사건의 결정에 자신이 참여하여서는 아니된다고 인정하는 경우에는 재판소장에게 그 점에 관하여 통보한다.

2. 재판소장은 재판소의 재판관중의 한 사람이 특별한 사유로 인하여 특정 사건에 참여하여서는 아

sit in a particular case, he shall give him notice accordingly.

3. If in any such case the member Court and the President disagree, the matter shall be settled by the decision of the Court.

니된다고 인정하는 경우에는 그에게 그 점에 관하여 통보한다.

3. 그러한 모든 경우에 있어서 재판소의 재판관과 재판소장의 의견이 일치하지 아니하는 때에는 그 문제는 재판소의 결정에 의하여 해결한다.

Article 25

1. The full Court shall sit except when it is expressly provided otherwise in the present Statute.

2. Subject to the condition that the number of judges available to constitute the Court is not thereby reduced below eleven, the Rules of the Court may provide for allowing one or more judges, according to circumstances and in rotation, to be dispensed from sitting.

3. A quorum of nine judges shall suffice to constitute the Court.

제 25 조

1. 재판소규정에 달리 명문의 규정이 있는 경우를 제외하고는 재판소는 전원이 출석하여 개정한다.

2. 재판소를 구성하기 위하여 응할 수 있는 재판관의 수가 11인 미만으로 감소되지 아니할 것을 조건으로, 재판소규칙은 상황에 따라서 또한 윤번으로 1인 또는 그 이상의 재판관의 출석을 면제할 수 있음을 규정할 수 있다.

3. 재판소를 구성하는데 충분한 재판관의 정족수는 9인으로 한다.

Article 26

1. The Court may from time to time form one or more chambers, composed of three or more judges as the Court may determine, for dealing with particular categories of cases; for example, labour cases and cases relating to transit and communications.

2. The Court may at any time form a chamber for dealing with a particular case. The number of judges to constitute such a chamber shall be determined by the Court with the approval of the parties.

3. Cases shall be heard and determined by the chambers provided for in this article if the parties so request.

제 26 조

1. 재판소는 특정한 부류의 사건, 예컨대 노동사건과 통과 및 운수 통신에 관한 사건을 처리하기 위하여 재판소가 결정하는 바에 따라 3인 또는 그 이상의 재판관으로 구성되는 1 또는 그 이상의 소재판부를 수시로 설치할 수 있다.

2. 재판소는 특정사건을 처리하기 위한 소재판부를 언제든지 설치할 수 있다. 그러한 소재판부를 구성하는 재판관의 수는 당사자의 승인을 얻어 재판소가 결정한다.

3. 당사자가 요청하는 경우에는 이 조에서 규정된 소재판부가 사건을 심리하고 결정한다.

Article 27

A judgment given by any of the chambers provided for in Articles 26 and 29 shall be considered as rendered by the Court.

제 27 조

제26조 및 제29조에 규정된 소재판부가 선고한 판결은 재판소가 선고한 것으로 본다.

Article 28

The chambers provided for in Articles 26 and 29 may, with the consent of the parties, sit and exercise their functions elsewhere than at The Hague.

제 28 조

제26조 및 제29조에 규정된 소재판부는 당사자의 동의를 얻어 헤이그 외의 장소에서 개정하여, 그 임무를 수행할 수 있다.

Article 29

With a view to the speedy dispatch of business, the Court shall form annually a chamber composed of five judges which, at the request of the parties, may hear and determine cases by summary procedure. In addition, two judges shall be selected for the purpose of replacing judges who find it impossible to sit.

제 29 조

업무의 신속한 처리를 위하여 재판소는, 당사자의 요청이 있는 경우 간이소송절차로 사건을 심리하고 결정할 수 있는, 5인의 재판관으로 구성되는 소재판부를 매년 설치한다. 또한 출석할 수 없는 재판관을 교체하기 위하여 2인의 재판관을 선정한다.

Article 30

1. The Court shall frame rules for carrying out its functions. In particular, it shall lay down rules of procedure.

2. The Rules of the Court may provide for assessors to sit with the Court or with any of its chambers, without the right to vote.

제 30 조

1. 재판소는 그 임무를 수행하기 위하여 규칙을 정한다. 재판소는 특히 소송절차규칙을 정한다.

2. 재판소규칙은 재판소 또는 그 소재판부에 투표권없이 출석하는 보좌인에 관하여 규정할 수 있다.

Article 31

1. Judges of the nationality of each of the parties shall retain their right to sit in the case before the Court.

2. If the Court includes upon the Bench a judge of the nationality of one of the parties, any other party may choose a person to sit as judge. Such person shall be chosen preferably from among those persons who have been nominated as candidates as provided in Articles 4 and 5.

3. If the Court includes upon the Bench no judge of the nationality of the parties, each of these parties may proceed to choose a judge as provided in paragraph 2 of this Article.

제 31 조

1. 각당사자의 국적재판관은 재판소에 제기된 사건에 출석할 권리를 가진다.

2. 재판소가 그 재판관석에 당사자중 1국의 국적재판관을 포함시키는 경우에는 다른 어느 당사자도 재판관으로서 출석할 1인을 선정할 수 있다. 다만, 그러한 자는 되도록이면 제4조 및 제5조에 규정된 바에 따라 후보자로 지명된 자중에서 선정된다.

3. 재판소가 그 재판관석에 당사자의 국적재판관을 포함시키지 아니한 경우에는 각 당사자는 제2항에 규정된 바에 따라 재판관을 선정할 수 있다.

4. The provisions of this Article shall apply to the case of Articles 26 and 29. In such cases, the President shall request one or, if necessary, two of the members of the Court forming the chamber to give place to the members of the Court of the nationality of the parties concerned, and, failing such, or if they are unable to be present, to the judges specially chosen by the parties.

4. 이 조의 규정은 제26조 및 제29조의 경우에 적용된다. 그러한 경우에 재판소장은 소재판부를 구성하고 있는 재판관중 1인 또는 필요한 때에는 2인에 대하여, 관계당사자의 국적재판관에게 또한 그러한 국적 재판관이 없거나 출석할 수 없는 때에는 당사자가 특별히 선정하는 재판관에게, 재판관석을 양보할 것을 요청한다.

5. Should there be several parties in the same interest, they shall, for the purpose of the preceding provisions, be reckoned as one party only. Any doubt upon this point shall be settled by the decision of the Court.

5. 동일한 이해관계를 가진 수개의 당사자가 있는 경우에, 그 수개의 당사자는 위 규정들의 목적상 단일당사자로 본다. 이 점에 관하여 의문이 있는 경우에는 재판소의 결정에 의하여 해결한다.

6. Judges chosen as laid down in paragraphs 2, 3, and 4 of this Article shall fulfil the conditions required by Articles 2, 17 (paragraph 2), 20, and 24 of the present Statute. They shall take part in the decision on terms of complete equality with their colleagues.

6. 제2항·제3항 및 제4항에 규정된 바에 따라 선정되는 재판관은 재판소 규정의 제2조·제17조(제2항)·제20조 및 제24조가 요구하는 조건을 충족하여야 한다. 그러한 재판관은 자기의 동료와 완전히 평등한 조건으로 결정에 참여한다.

Article 32

제 32 조

1. Each member of the Court shall receive an annual salary.

1. 재판소의 각 재판관은 연봉을 받는다.

2. The President shall receive a special annual allowance.

2. 재판소장은 특별년차수당을 받는다.

3. The Vice-President shall receive a special allowance for every day on which he acts as President.

3. 재판소부소장은 재판소장으로서 활동하는 모든 날자에 대하여 특별수당을 받는다.

4. The judges chosen under Article 31, other than members of the Court, shall receive compensation for each day on which they exercise their functions.

4..제31조에 의하여 선정된 재판관으로서 재판소의 재판관이 아닌 자는 자기의 임무를 수행하는 각 날자에 대하여 보상을 받는다.

5. These salaries, allowances, and compensation shall be fixed by the General Assembly. They may not be decreased during the term of office.

5. 이러한 봉급수당 및 보상은 총회가 정하며 임기중 감액될 수 없다.

6. The salary of the Registrar shall be fixed by the General Assembly on the proposal of the Court.

6. 재판소서기의 봉급은 재판소의 제의에 따라 총회가 정한다.

7. Regulations made by the General Assembly shall fix the conditions under which retirement pensions may be given to members of the Court and to the Registrar, and the conditions under which members of the Court and the Registrar shall have their travelling expenses refunded.

8. The above salaries, allowances, and compensation shall be free of all taxation.

7. 재판소의 재판관 및 재판소서기에 대하여 퇴직연금이 지급되는 조건과 재판소의 재판관 및 재판소서기가 그 여비를 상환받는 조건은 총회가 제정하는 규칙에서 정하여진다.

8. 위의 봉급·수당 및 보상은 모든 과세로부터 면제된다.

Article 33

The expenses of the Court shall be borne by the United Nations in such a manner as shall be decided by the General Assembly.

제 33 조

재판소의 경비는 총회가 정하는 방식에 따라 국제연합이 부담한다.

CHAPTER II COMPETENCE OF THE COURT

제 2 장 재판소의 관할

Article 34

1. Only states may be parties in cases before the Court.

2. The Court, subject to and in conformity with its Rules, may request of public international organizations information relevant to cases before it, and shall receive such information presented by such organizations on their own initiative.

3. Whenever the construction of the constituent instrument of a public international organization or of an international convention adopted thereunder is in question in a case before the Court, the Registrar shall so notify the public international organization concerned and shall communicate to it copies of all the written proceedings.

제 34 조

1. 국가만이 재판소에 제기되는 사건의 당사자가 될 수 있다.

2. 재판소는 재판소규칙이 정하는 조건에 따라 공공 국제기구에게 재판소에 제기된 사건과 관련된 정보를 요청할 수 있으며, 또한 그 국제 기구가 자발적으로 제공하는 정보를 수령한다.

3. 공공 국제기구의 설립문서 또는 그 문서에 의하여 채택된 국제협약의 해석이 재판소에 제기된 사건에서 문제로 된 때에는 재판소서기는 당해 공공 국제기구에 그 점에 관하여 통고하며, 소송절차상의 모든 서류의 사본을 송부한다.

Article 35

1. The Court shall be open to the states parties to the present Statute.

2. The conditions under which the Court shall be open to other states shall, subject to the special

제 35 조

1. 재판소는 재판소 규정의 당사국에 대하여 개방된다.

2. 재판소를 다른 국가에 대하여 개방하기 위한 조건은 현행 제조약의 특별한 규정에 따를 것을 조

provisions contained in treaties in force, be laid down by the Security Council, but in no case shall such conditions place the parties in a position of inequality before the Court.

건으로 안전보장이사회가 정한다. 다만, 어떠한 경우에도 그러한 조건은 당사자들을 재판소에 있어서 불평등한 지위에 두게 하는 것이어서는 아니된다.

3. When a state which is not a Member of the United Nations is a party to a case, the Court shall fix the amount which that party is to contribute towards the expenses of the Court. This provision shall not apply if such state is bearing a share of the expenses of the Court.

3. 국제연합의 회원국이 아닌 국가가 사건의 당사자인 경우에는 재판소는 그 당사자가 재판소의 경비에 대하여 부담할 금액을 정한다. 그러한 국가가 재판소의 경비를 분담하고 있는 경우에는 적용되지 아니한다.

Article 36

제 36 조

1. The jurisdiction of the Court comprises all cases which the parties refer to it and all matters specially provided for in the Charter of the United Nations or in treaties and conventions in force.

1. 재판소의 관할은 당사자가 재판소에 회부하는 모든 사건과 국제연합헌장 또는 현행의 제조약 및 협약에서 특별히 규정된 모든 사항에 미친다.

2. The states parties to the present Statute may at any time declare that they recognize as compulsory ipso facto and without special agreement, in relation to any other state accepting the same obligation, the jurisdiction of the Court in all legal disputes concerning:

a. the interpretation of a treaty;
b. any question of international law;
c. the existence of any fact which, if established, would constitute a breach of an international obligation;
d. the nature or extent of the reparation to be made for the breach of an international obligation.

2. 재판소규정의 당사국은 다음 사항에 관한 모든 법률적 분쟁에 대하여 재판소의 관할을, 동일한 의무를 수락하는 모든 다른 국가와의 관계에 있어서 당연히 또한 특별한 합의없이도, 강제적인 것으로 인정한다는 것을 언제든지 선언할 수 있다.

가. 조약의 해석
나. 국제법상의 문제
다. 확인되는 경우, 국제의무의 위반에 해당하는 사실의 존재
라. 국제의무의 위반에 대하여 이루어지는 배상의 성질 또는 범위

3. The declarations referred to above may be made unconditionally or on condition of reciprocity on the part of several or certain states, or for a certain time.

3. 위에 규정된 선언은 무조건으로, 수개 국가 또는 일정 국가와의 상호주의의 조건으로, 또는 일정한 기간을 정하여 할 수 있다.

4. Such declarations shall be deposited with the Secretary-General of the United Nations, who shall transmit copies thereof to the parties to the Statute and to the Registrar of the Court.

4. 그러한 선언서는 국제연합사무총장에게 기탁되며, 사무총장은 그 사본을 재판소규정의 당사국과 국제사법재판소서기에게 송부한다.

5. Declarations made under Article 36 of the Statute of the Permanent Court of International Justice and which are still in force shall be deemed, as between the parties to the present Statute, to be acceptances of the compulsory jurisdiction of the International Court of Justice for the period which they still have to run and in accordance with their terms.

6. In the event of a dispute as to whether the Court has jurisdiction, the matter shall be settled by the decision of the Court.

Article 37

Whenever a treaty or convention in force provides for reference of a matter to a tribunal to have been instituted by the League of Nations, or to the Permanent Court of International Justice, the matter shall, as between the parties to the present Statute, be referred to the International Court of Justice.

Article 38

1. The Court, whose function is to decide in accordance with international law such disputes as are submitted to it, shall apply:

a. international conventions, whether general or particular, establishing rules expressly recognized by the contesting states;
b. international custom, as evidence of a general practice accepted as law;
c. the general principles of law recognized by civilized nations;
d. subject to the provisions of Article 59, judicial decisions and the teachings of the most highly qualified publicists of the various nations, as subsidiary means for the determination of rules of law.

2. This provision shall not prejudice the power of the Court to decide a case ex aequo et bono, if the parties agree thereto.

5. 상설국제사법재판소규정 제36조에 의하여 이루어진 선언으로서 계속 효력을 가지는 것은, 재판소 규정의 당사국사이에서는, 이 선언이 금후 존속하여야 할 기간동안 그리고 이 선언의 조건에 따라 재판소의 강제적 관할을 수락한 것으로 본다.

6. 재판소가 관할권을 가지는지의 여부에 관하여 분쟁이 있는 경우에는, 그 문제는 재판소의 결정에 의하여 해결된다.

제 37 조

현행의 조약 또는 협약이 국제연맹이 설치한 재판소 또는 상설국제사법 재판소에 어떤 사항을 회부하는 것을 규정하고 있는 경우에 그 사항은 재판소 규정의 당사국사이에서는 국제사법재판소에 회부된다.

제 38 조

1. 재판소는 재판소에 회부된 분쟁을 국제법에 따라 재판하는 것을 임무로 하며, 다음을 적용한다.

가. 분쟁국에 의하여 명백히 인정된 규칙을 확립하고 있는 일반적인 또는 특별한 국제협약
나. 법으로 수락된 일반관행의 증거로서의 국제관습
다. 문명국에 의하여 인정된 법의 일반원칙
라. 법칙결정의 보조수단으로서의 사법판결 및 제국의 가장 우수한 국제법 학자의 학설. 다만, 제59조의 규정에 따를 것을 조건으로 한다.

2. 이 규정은 당사자가 합의하는 경우에 재판소가 형평과 선에 따라 재판하는 권한을 해하지 아니한다.

CHAPTER III PROCEDURE

Article 39

1. The official languages of the Court shall be French and English. If the parties agree that the case shall be conducted in French, the judgment shall be delivered in French. If the parties agree that the case shall be conducted in English, the judgment shall be delivered in English.
2. In the absence of an agreement as to which language shall be employed, each party may, in the pleadings, use the language which it prefers; the decision of the Court shall be given in French and English. In this case the Court shall at the same time determine which of the two texts shall be considered as authoritative.
3. The Court shall, at the request of any party, authorize a language other than French or English to be used by that party.

Article 40

1. Cases are brought before the Court, as the case may be, either by the notification of the special agreement or by a written application addressed to the Registrar. In either case the subject of the dispute and the parties shall be indicated.
2. The Registrar shall forthwith communicate the application to all concerned.
3. He shall also notify the Members of the United Nations through the Secretary-General, and also any other states entitled to appear before the Court.

Article 41

1. The Court shall have the power to indicate, if it considers that circumstances so require, any provisional measures which ought to be taken to

제 3 장 소송절차

제 39 조

1. 재판소의 공용어는 불어 및 영어로 한다. 당사자가 사건을 불어로 처리하는 것에 동의하는 경우 판결은 불어로 한다. 당사자가 사건을 영어로 처리하는 것에 동의하는 경우 판결은 영어로 한다.

2. 어떤 공용어를 사용할 것인지에 대한 합의가 없는 경우에, 각 당사자는 자국이 선택하는 공용어를 변론절차에서 사용할 수 있으며, 재판소의 판결은 불어 및 영어로 한다. 이러한 경우에 재판소는 두 개의 본문중 어느 것을 정본으로 할 것인가를 아울러 결정한다.

3. 재판소는 당사자의 요청이 있는 경우 그 당사자가 불어 또는 영어외의 언어를 사용하도록 허가한다.

제 40 조

1. 재판소에 대한 사건의 제기는 각 경우에 따라 재판소서기에게 하는 특별한 합의의 통고에 의하여 또는 서면신청에 의하여 이루어진다. 어느 경우에도 분쟁의 주제 및 당사자가 표시된다.

2. 재판소서기는 즉시 그 신청을 모든 이해관계자에게 통보한다.
3. 재판소서기는 사무총장을 통하여 국제연합 회원국에게도 통고하며, 또한 재판소에 출석할 자격이 있는 어떠한 다른 국가에게도 통고한다.

제 41 조

1. 재판소는 사정에 의하여 필요하다고 인정하는 때에는 각당사자의 각각의 권리를 보전하기 위하여 취하여져야 할 잠정조치를 제시할 권한을 가진다.

preserve the respective rights of either party.

2. Pending the final decision, notice of the measures suggested shall forthwith be given to the parties and to the Security Council

2. 종국판결이 있을 때까지, 제시되는 조치는 즉시 당사자 및 안전보장 이사회에 통지된다.

Article 42

1. The parties shall be represented by agents.

2. They may have the assistance of counsel or advocates before the Court.

3. The agents, counsel, and advocates of parties before the Court shall enjoy the privileges and immunities necessary to the independent exercise of their duties.

제 42 조

1. 당사자는 대리인에 의하여 대표된다.

2. 당사자는 재판소에서 법률고문 또는 변호인의 조력을 받을 수 있다.

3. 재판소에서 당사자의 대리인·법률고문 및 변호인은 자기의 직무를 독립적으로 수행하는데 필요한 특권 및 면제를 향유한다.

Article 43

1. The procedure shall consist of two parts: written and oral.

2. The written proceedings shall consist of the communication to the Court and to the parties of memorials, counter-memorials and, if necessary, replies; also all papers and documents in support.

3. These communications shall be made through the Registrar, in the order and within the time fixed by the Court.

4. A certified copy of every document produced by one party shall be communicated to the other party.

5. The oral proceedings shall consist of the hearing by the Court of witnesses, experts, agents, counsel, and advocates.

제 43 조

1. 소송절차는 서명소송절차 및 구두소송절차의 두 부분으로 구성된다.

2. 서면소송절차는 준비서면·답변서 및 필요한 경우 항변서와 원용할 수 있는 모든 문서 및 서류를 재판소와 당사자에게 송부하는 것으로 이루어진다.

3. 이러한 송부는 재판소가 정하는 순서에 따라 재판소가 정하는 기간 내에 재판소서기를 통하여 이루어진다.

4. 일방당사자가 제출한 모든 서류의 인증사본 1통은 타방당사자에게 송부된다.

5. 구두소송절차는 재판소가 증인·감정인·대리인·법률고문 및 변호인에 대하여 심문하는 것으로 이루어진다.

Article 44

1. For the service of all notices upon persons other than the agents, counsel, and advocates, the Court shall apply direct to the government of the state upon whose territory the notice has to be served.

2. The same provision shall apply whenever steps are to be taken to procure evidence on the spot.

제 44 조

1. 재판소는 대리인·법률고문 및 변호인외의 자에 대한 모든 통지의 송달을, 그 통지가 송달될 지역이 속하는 국가의 정부에게 직접 한다.

2. 위의 규정은 현장에서 증거를 수집하기 위한 조치를 취하여야 할 경우에도 동일하게 적용된다.

Article 45

The hearing shall be under the control of the President or, if he is unable to preside, of the Vice-President; if neither is able to preside, the senior judge present shall preside.

Article 46

The hearing in Court shall be public, unless the Court shall decide otherwise, or unless the parties demand that the public be not admitted .

Article 47

1. Minutes shall be made at each hearing and signed by the Registrar and the President.
2. These minutes alone shall be authentic.

Article 48

The Court shall make orders for the conduct of the case, shall decide the form and time in which each party must conclude its arguments, and make all arrangements connected with the taking of evidence.

Article 49

The Court may, even before the hearing begins, call upon the agents to produce any document or to supply any explanations. Formal note shall be taken of any refusal.

Article 50

The Court may, at any time, entrust any individual, body, bureau, commission, or other organization that it may select, with the task of carrying out an enquiry or giving an expert opinion.

Article 51

During the hearing any relevant questions are to be put to the witnesses and experts under the

제 45 조

심리는 재판소장 또는 재판소장이 주재할 수 없는 경우에는 재판소부소장이 지휘한다. 그들 모두가 주재할 수 없을 때에는 출석한 선임재판관이 주재한다.

제 46 조

재판소에서의 심리는 공개된다. 다만, 재판소가 달리 결정하는 경우 또는 당사자들이 공개하지 아니할 것을 요구하는 경우에는 그러하지 아니한다.

제 47 조

1. 매 심리마다 조서를 작성하고 재판소서기 및 재판소장이 서명한다.
2. 이 조서만이 정본이다.

제 48 조

재판소는 사건의 진행을 위한 명령을 발하고, 각 당사자가 각각의 진술을 종결하여야 할 방식 및 시기를 결정하며, 증거조사에 관련되는 모든 조치를 취한다.

제 49 조

재판소는 심리의 개시전에도 서류를 제출하거나 설명을 할 것을 대리인에게 요청할 수 있다. 거절하는 경우에는 정식으로 이를 기록하여 둔다.

제 50 조

재판소는 재판소가 선정하는 개인·단체·관공서·위원회 또는 다른 조직에게 조사의 수행 또는 감정의견의 제출을 언제든지 위탁할 수 있다.

제 51 조

심리중에는 제30조에 규정된 소송절차규칙에서 재판소가 정한 조건에 따라 증인 및 감정인에게 관

conditions laid down by the Court in the rules of procedure referred to in Article 30.

련된 모든 질문을 한다.

Article 52

After the Court has received the proofs and evidence within the time specified for the purpose, it may refuse to accept any further oral or written evidence that one party may desire to present unless the other side consents.

제 52 조

재판소는 그 목적을 위하여 정하여진 기간내에 증거 및 증언을 수령한 후에는, 타방당사자가 동의하지 아니하는 한, 일방당사자가 제출하고자 하는 어떠한 새로운 인증 또는 서증도 그 수리를 거부할 수 있다.

Article 53

1. Whenever one of the parties does not appear before the Court, or fails to defend its case, the other party may call upon the Court to decide in favour of its claim.
2. The Court must, before doing so, satisfy itself, not only that it has jurisdiction in accordance with Articles 36 and 37, but also that the claim is well founded in fact and law.

제 53 조

1. 일방당사자가 재판소에 출석하지 아니하거나 또는 그 사건을 방어하지 아니하는 때에는 타방당사자는 자기의 청구에 유리하게 결정할 것을 재판소에 요청할 수 있다.
2. 재판소는, 그렇게 결정하기 전에, 제36조 및 제37조에 따라 재판소가 관할권을 가지고 있을 뿐만 아니라 그 청구가 사실 및 법에 충분히 근거하고 있음을 확인하여야 한다.

Article 54

1. When, subject to the control of the Court, the agents, counsel, and advocates have completed their presentation of the case, the President shall declare the hearing closed.
2. The Court shall withdraw to consider the judgment.
3. The deliberations of the Court shall take place in private and remain secret.

제 54 조

1. 재판소의 지휘에 따라 대리인·법률고문 및 변호인이 사건에 관한 진술을 완료한 때에는 재판소장은 심리가 종결되었음을 선언한다.
2. 재판소는 판결을 심의하기 위하여 퇴정한다.
3. 재판소의 평의는 비공개로 이루어지며 비밀로 한다.

Article 55

1. All questions shall be decided by a majority of the judges present.
2. In the event of an equality of votes, the President or the judge who acts in his place shall have a casting vote.

제 55 조

1. 모든 문제는 출석한 재판관의 과반수로 결정된다.
2. 가부동수인 경우에는 재판소장 또는 재판소장을 대리하는 재판관이 결정투표권을 가진다.

Article 56

1. The judgment shall state the reasons on which it is based.

2. It shall contain the names of the judges who have taken part in the decision.

제 56 조

1. 판결에는 판결이 기초하고 있는 이유를 기재한다.

2. 판결에는 결정에 참여한 재판관의 성명이 포함된다.

Article 57

If the judgment does not represent in whole or in part the unanimous opinion of the judges, any judge shall be entitled to deliver a separate opinion.

제 57 조

판결이 전부 또는 부분적으로 재판관 전원일치의 의견을 나타내지 아니한 때에는 어떠한 재판관도 개별의견을 제시할 권리를 가진다.

Article 58

The judgment shall be signed by the President and by the Registrar. It shall be read in open court, due notice having been given to the agents.

제 58 조

판결에는 재판소장 및 재판소서기가 서명한다. 판결은 대리인에게 적절히 통지된 후 공개된 법정에서 낭독된다.

Article 59

The decision of the Court has no binding force except between the parties and in respect of that particular case.

제 59 조

재판소의 결정은 당사자사이와 그 특정사건에 관하여서만 구속력을 가진다.

Article 60

The judgment is final and without appeal. In the event of dispute as to the meaning or scope of the judgment, the Court shall construe it upon the request of any party.

제 60 조

판결은 종국적이며 상소할 수 없다. 판결의 의미 또는 범위에 관하여 분쟁이 있는 경우에는 재판소는 당사자의 요청에 의하여 이를 해석한다.

Article 61

1. An application for revision of a judgment may be made only when it is based upon the discovery of some fact of such a nature as to be a decisive factor, which fact was, when the judgment was given, unknown to the Court and also to the party claiming revision, always provided that such ignorance was not due to negligence.

2. The proceedings for revision shall be opened by a judgment of the Court expressly recording the existence of the new fact, recognizing that it

제 61 조

1. 판결의 재심청구는 재판소 및 재심을 청구하는 당사자가 판결이 선고되었을 당시에는 알지 못하였던 결정적 요소로 될 성질을 가진 어떤 사실의 발견에 근거하는 때에 한하여 할 수 있다. 다만, 그러한 사실을 알지 못한 것이 과실에 의한 것이 아니었어야 한다.

2. 재심의 소송절차는 새로운 사실이 존재함을 명기하고, 그 새로운 사실이 사건을 재심할 성질의 것임을 인정하고, 또한 재심청구가 이러한 이유로

has such a character as to lay the case open to revision, and declaring the application admissible on this ground.

3. The Court may require previous compliance with the terms of the judgment before it admits proceedings in revision.

4. The application for revision must be made at latest within six months of the discovery of the new fact.

5. No application for revision may be made after the lapse of ten years from the date of the judgment.

Article 62

1. Should a state consider that it has an interest of a legal nature which may be affected by the decision in the case, it may submit a request to the Court to be permitted to intervene.

2 It shall be for the Court to decide upon this rcquest.

Articlc 63

1. Whenever the construction of a convention to which states other than those concerned in the case are parties is in question, the Registrar shall notify all such states forthwith.

2. Every state so notified has the right to intervene in the proceedings; but if it uses this right, the construction given by the judgment will be equally binding upon it.

Article 64

Unless otherwise decided by the Court, each party shall bear its own costs.

허용될 수 있음을 선언하고 있는 재판소의 판결에 의하여 개시된다.

3. 재판소는 재심의 소송절차를 허가하기 전에 원판결의 내용을 먼저 준수하도록 요청할 수 있다.

4. 재심청구는 새로운 사실을 발견한 때부터 늦어도 6월 이내에 이루어져야 한다.

5. 판결일부터 10년이 지난후에는 재심청구를 할 수 없다.

제 62 조

1. 사건의 결정에 의하여 영향을 받을 수 있는 법률적 성질의 이해관계가 있다고 인정하는 국가는 재판소에 그 소송에 참가하는 것을 허락하여 주도록 요청할 수 있다.

2. 재판소는 이 요청에 대하여 결정한다.

제 63 조

1. 사건에 관련된 국가 이외의 다른 국가가 당사국으로 있는 협약의 해석이 문제가 된 경우에는 재판소서기는 즉시 그러한 모든 국가에게 통고한다.

2. 그렇게 통고를 받은 모든 국가는 그 소송절차에 참가할 권리를 가진다. 다만, 이 권리를 행사한 경우에는 판결에 의하여 부여된 해석은 그 국가에 대하여도 동일한 구속력을 가진다.

제 64 조

재판소가 달리 결정하지 아니하는 한 각당사자는 각자의 비용을 부담한다.

CHAPTER IV ADVISORY OPINIONS

Article 65

1. The Court may give an advisory opinion on any legal question at the request of whatever body may be authorized by or in accordance with the Charter of the United Nations to make such a request.

2. Questions upon which the advisory opinion of the Court is asked shall be laid before the Court by means of a written request containing an exact statement of the question upon which an opinion is required, and accompanied by all documents likely to throw light upon the question.

Article 66

1. The Registrar shall forthwith give notice of the request for an advisory opinion to all states entitled to appear before the Court.

2. The Registrar shall also, by means of a special and direct communication, notify any state entitled to appear before the Court or international organization considered by the Court, or, should it not be sitting, by the President, as likely to be able to furnish information on the question, that the Court will be prepared to receive, within a time limit to be fixed by the President, written statements, or to hear, at a public sitting to be held for the purpose, oral statements relating to the question.

3. Should any such state entitled to appear before the Court have failed to receive the special communication referred to in paragraph 2 of this Article, such state may express a desire to submit a written statement or to be heard; and the Court will decide.

4. States and organizations having presented written or oral statements or both shall be permitted to comment on the statements made by other states or organizations in the form, to the extent, and within the time limits which the Court, or, should it not be sitting, the President, shall decide

제 4 장 권고적 의견

제 65 조

1. 재판소는 국제연합헌장에 의하여 또는 이 헌장에 따라 권고적 의견을 요청하는 것을 허가받은 기관이 그러한 요청을 하는 경우에 어떠한 법률문제에 관하여도 권고적 의견을 부여할 수 있다.

2. 재판소의 권고적 의견을 구하는 문제는, 그 의견을 구하는 문제에 대하여 정확하게 기술하고 있는 요청서에 의하여 재판소에 제기된다. 이 요청서에는 그 문제를 명확하게 할 수 있는 모든 서류를 첨부한다.

제 66 조

1. 재판소서기는 권고적 의견이 요청된 사실을 재판소에 출석할 자격이 있는 모든 국가에게 즉시 통지한다.

2. 재판소서기는 또한, 재판소에 출석할 자격이 있는 모든 국가에게, 또는 그 문제에 관한 정보를 제공할 수 있다고 재판소 또는 재판소가 개정중이 아닌 때에는 재판소장이 인정하는 국제기구에게, 재판소장이 정하는 기간내에, 재판소가 그 문제에 관한 진술서를 수령하거나 또는 그 목적을 위하여 열리는 공개법정에서 그 문제에 관한 구두진술을 청취할 준비가 되어 있음을 특별하고도 직접적인 통신수단에 의하여 통고한다.

3. 재판소에 출석할 자격이 있는 그러한 어떠한 국가도 제2항에 규정된 특별통지를 받지 아니하였을 때에는 진술서를 제출하거나 또는 구두로 진술하기를 희망한다는 것을 표명할 수 있다. 재판소는 이에 관하여 결정한다.

4. 서면 또는 구두진술 또는 양자 모두를 제출한 국가 및 기구는, 재판소 또는 재판소가 개정중이 아닌 때에는 재판소장이 각 특정사건에 있어서 정하는 형식·범위 및 기간내에 다른 국가 또는 기구가 한 진술에 관하여 의견을 개진하는 것이 허용된다. 따라서 재판소서기는 그러한 진술서를 이와 유

in each particular case. Accordingly, the Registrar shall in due time communicate any such written statements to states and organizations having submitted similar statements.

사한 진술서를 제출한 국가 및 기구에게 적절한 시기에 송부한다.

Article 67
The Court shall deliver its advisory opinions in open court, noticc having been given to the Secretary-General and to the representatives of Members of the United Nations, of other states and of international organizations immediately concerned.

제 67 조
재판소는 사무총장 및 직접 관계가 있는 국제연합 회원국다른 국가 및 국제기구의 대표에게 통지한 후 공개된 법정에서 그 권고적 의견을 발표한다.

Article 68
In the exercise of its advisory functions the Court shall further be guided by the provisions of the present Statute which apply in contentious cases to the extent to which it recognizes them to be applicable.

제 68 조
권고적 임무를 수행함에 있어서 재판소는 재판소가 적용할 수 있다고 인정하는 범위안에서 쟁송사건에 적용되는 재판소규정의 규정들에 또한 따른다.

CHAPTER V AMENDMENT

제 5 장 개 정

Article 69
Amendments to the present Statute shall be effected by the same procedure as is provided by the Charter of the United Nations for amendments to that Charter, subject however to any provisions which the General Assembly upon recommendation of the Security Council may adopt concerning the participation of states which are parties to the present Statute but are not Members of the United Nations.

제 69 조
재판소규정의 개정은 국제연합헌장이 그 헌장의 개정에 관하여 규정한 절차와 동일한 절차에 의하여 이루어진다. 다만, 재판소규정의 당사국 이면서 국제연합 회원국이 아닌 국가의 참가에 관하여는 안전보장이사회의 권고에 의하여 총회가 채택한 규정에 따른다.

Article 70
The Court shall have power to propose such amendments to the present Statute as it may deem necessary, through written communications to the Secretary-General, for consideration in conformity with the provisions of Article 69.

제 70 조
재판소는 제69조의 규정에 따른 심의를 위하여 재판소가 필요하다고 인정하는 재판소규정의 개정을, 사무총장에 대한 서면통보로써, 제안할 권한을 가진다.

3. 조약법에 관한 비엔나협약

VIENNA CONVENTION ON THE LAW OF TREATIES

The States Parties to the present Convention

Considering the fundamental role of treaties in the history of international relations,

Recognizing the ever-increasing importance of treaties as a source of international law and as a means of developing peaceful co-operation among nations, whatever their constitutional and social systems,

Noting that the principles of free consent and of good faith and the pacta sunt servanda rule are universally recognized,

Affirming that disputes concerning treaties, like other international disputes, should be settled by peaceful means and in conformity with the principles of justice and international law,

Recalling the determination of the peoples of the United Nations to establish conditions under which justice and respect for the obligations arising from treaties can be maintained,

Having in mind the principles of international law embodied in the Charter of the United Nations, such as the principles of the equal rights and self-determination of peoples, of the sovereign equality and independence of all States, of non-interference in the domestic affairs of States, of the prohibition of the threat or use of force and of universal respect for, and observance of, human rights and fundamental freedoms for all,

Believing that the codification and progressive development of the law of treaties achieved in the present Convention will promote the purposes of the United Nations set forth in the Charter, namely, the

조약법에 관한 비엔나협약[1)]

이 협약의 당사국은,

국제관계의 역사에서 조약의 기본 역할을 고려하고,

국제법의 법원으로서 그리고 각 국가의 헌법 제도 및 사회 제도와 관계없이 국가 간 평화적 협력을 발전시키는 수단으로서 조약의 점증하는 중요성을 인정하며,

자유로운 동의 원칙 및 신의성실의 원칙 그리고 약속은 지켜져야 한다는 규칙이 보편적으로 인정되고 있음에 유의하며,

다른 국제분쟁과 마찬가지로 조약에 관한 분쟁은 평화적 수단으로 또한 정의 원칙 및 국제법 원칙에 합치되도록 해결되어야 함을 확인하며,

정의 그리고 조약상 발생되는 의무에 대한 존중이 유지될 수 있는 조건을 확립하고자 하는 국제연합 각 국민의 결의를 상기하며,

각 국민의 평등권과 자결, 모든 국가의 주권 평등과 독립, 각국 국내문제에 대한 불간섭, 무력의 위협 또는 사용 금지, 그리고 모든 사람의 인권과 기본적 자유에 대한 보편적 존중 및 준수의 원칙과 같이 「국제연합헌장」에 구현된 국제법 원칙에 유념하며,

이 협약에서 성취된 조약법의 법전화와 점진적 발전이 「국제연합헌장」에 규정된 국제연합의 목적, 즉 국제평화 및 안보의 유지, 국가 간 우호관계의 발전과 협력의 달성을 증진하리라 믿으며,

1) 이 번역문은 "조약 제697호(조약법에 관한 비엔나 협약)"중 오류 시정 및 우리말 순화를 위해 정정하여 2023년 6월 9일 외교부가 관보(제8450호, 제737쪽~제750쪽)에 공고한 내용임.

maintenance of international peace and security, the development of friendly relations and the achievement of co-operation among nations,

Affirming that the rules of customary international law will continue to govern questions not regulated by the provisions of the present Convention,

관습국제법 규칙이 이 협약의 규정에 따라 규제되지 않는 문제를 계속 규율함을 확인하며,

Have agreed as follows:

다음과 같이 합의하였다.

PART I INTRODUCTION

제1부 총강

Article 1 Scope of the present Convention

The present Convention applies to treaties between States.

제1조 협약의 적용범위

이 협약은 국가 간 조약에 적용된다.

Article 2 Use of terms

1. For the purposes of the present Convention:

(a) 'treaty' means an international agreement concluded between States in written form and governed by international law, whether embodied in a single instrument or in two or more related instruments and whatever its particular designation;

(b) 'ratification', 'acceptance', 'approval' and 'accession' mean in each case the international act so named whereby a State establishes on the international plane its consent to be bound by a treaty;

(c) 'full powers' means a document emanating from the competent authority of a State designating a person or persons to represent the State for negotiating, adopting or authenticating the text of a treaty, for expressing the consent of the State to be bound by a treaty, or for accomplishing any other act with respect to a treaty;

제2조 용어 사용

1. 이 협약의 목적상,

가. "조약"이란, 단일 문서에 또는 두 개 이상의 관련 문서에 구현되고 있는가에 관계없이 그리고 그 명칭이 어떠하든, 서면형식으로 국가 간에 체결되며 국제법에 따라 규율되는 국제 합의를 의미한다.

나. "비준", "수락", "승인" 및 "가입"이란, 국가가 국제적 측면에서 조약에 기속되겠다는 동의를 이를 통하여 확정하는 경우, 각 경우마다 그렇게 불리는 국제 행위를 의미한다.

다. "전권위임장"이란, 조약문을 교섭, 채택 또는 정본인증을 하거나, 조약에 대한 국가의 기속적 동의를 표시하거나 조약에 관한 그 밖의 행위를 수행할 수 있도록, 국가의 권한 있는 당국이 자국을 대표하는 한 명 또는 복수의 사람을 지정하는 문서를 의미한다.

(d) 'reservation' means a unilateral statement, however phrased or named, made by a State, when signing, ratifying, accepting, approving or acceding to a treaty, whereby it purports to exclude or to modify the legal effect of certain provisions of the treaty in their application to that State;

라. "유보"란, 문구 또는 명칭에 관계없이 국가가 조약의 특정 규정을 자국에 적용함에 있어서 이를 통해 그 법적 효력을 배제하거나 변경하고자 하는 경우, 조약의 서명, 비준, 수락, 승인 또는 가입 시 그 국가가 행하는 일방적 성명을 의미한다.

(e) 'negotiating State' means a State which took part in the drawing up and adoption of the text of the treaty;

마. "교섭국"이란 조약문의 작성 및 채택에 참가한 국가를 의미한다.

(f) 'contracting State' means a State which has consented to be bound by the treaty, whether or not the treaty has entered into force;

바. "체약국"이란, 조약의 발효 여부와 관계없이, 그 조약에 기속되기로 동의한 국가를 의미한다.

(g) 'party' means a State which has consented to be bound by the treaty and for which the treaty is in force;

(h) 'third State' means a State not a party to the treaty;

(i) 'international organization' means an inter-governmental organization.

사. "당사자"란 조약에 기속되기로 동의하였고 자국에 대하여 그 조약이 발효 중인 국가를 의미한다.

아. "제3국"이란 조약의 당사자가 아닌 국가를 의미한다.

자. "국제기구"란 정부 간 기구를 의미한다.

2. The provisions of paragraph 1 regarding the use of terms in the present Convention are without prejudice to the use of those terms or to the meanings which may be given to them in the internal law of any State.

2. 이 협약상 용어 사용에 관한 제1항의 규정은 어느 국가의 국내법상 그 용어의 사용 또는 그 용어에 부여될 수 있는 의미를 침해하지 않는다.

Article 3 International agreements not within the scope of the present Convention

The fact that the present Convention does not apply to international agreements concluded between States and other subjects of international law or between such other subjects of international law, or to international agreements not in written form, shall not affect:

제3조 협약의 적용범위에 속하지 않는 국제 합의

국가와 다른 국제법 주체 간이나 그러한 다른 국제법 주체 간에 체결되는 국제 합의 또는 서면형식이 아닌 국제 합의에 대하여 이 협약이 적용되지 않는다는 사실은 다음 사항에 영향을 주지 않는다.

(a) the legal force of such agreements;

(b) the application to them of any of the rules set forth in the present Convention to which they would be subject under international law independently of the Convention;

(c) the application of the Convention to the relations of States as between themselves under international agreements to which other subjects of international law are also parties.

가. 그러한 합의의 법적 효력

나. 이 협약과는 별도로 국제법에 따라 그러한 합의가 구속을 받는 이 협약상 규칙을 그 합의에 적용하는 것

다. 국가 아닌 나른 국제법 주체도 당사자인 국제 합의에서 국가 간 관계에 이 협약을 적용하는 것

Article 4 Non-retroactivity of the present Convention

Without prejudice to the application of any rules set forth in the present Convention to which treaties would be subject under international law independently of the Convention, the Convention applies only to treaties which are concluded by States after the entry into force of the present Convention with regard to such States.

제4조 협약의 불소급

이 협약과는 별도로 국제법에 따라 조약이 구속을 받는 이 협약상 규칙의 적용을 침해함이 없이, 이 협약은 국가에 대하여 발효한 후 해당 국가가 체결하는 조약에 대해서만 적용된다.

Article 5 Treaties constituting international organizations and treaties adopted within an international organization

The present Convention applies to any treaty which is the constituent instrument of an international organization and to any treaty adopted within an international organization without prejudice to any relevant rules of the organization.

제5조 국제기구 설립 조약 및 국제기구 내에서 채택되는 조약

국제기구의 관련 규칙을 침해함이 없이, 이 협약은 국제기구의 설립 문서가 되는 조약과 국제기구 내에서 채택되는 조약에 적용된다.

PART II CONCLUSION AND ENTRY INTO FORCE OF TREATIES

제2부 조약의 체결 및 발효

SECTION 1. CONCLUSION OF TREATIES

제1절 조약의 체결

Article 6 Capacity of States to conclude treaties

Every State possesses capacity to conclude treaties.

제6조 국가의 조약체결능력

모든 국가는 조약을 체결하는 능력을 가진다.

Article 7 Full powers

1. A person is considered as representing a State for the purpose of adopting or authenticating the text of a treaty or for the purpose of expressing the consent of the State to be bound by a treaty if:

(a) he produces appropriate full powers; or

(b) it appears from the practice of the States concerned or from other circumstances that their intention was to consider that person as representing the State for such purposes and to dispense with full powers.

2. In virtue of their functions and without having to produce full powers, the following are considered as representing their State:

(a) Heads of State, Heads of Government and Ministers for Foreign Affairs, for the purpose of performing all acts relating to the conclusion of a treaty;

(b) heads of diplomatic missions, for the purpose of adopting the text of a treaty between the accrediting State and the State to which they are accredited;

(c) representatives accredited by States to an international conference or to an international organization or one of its organs, for the purpose of adopting the text of a treaty in that conference, organization or organ.

제7조 전권위임장

1. 다음과 같은 경우의 사람은 조약문의 채택 또는 정본인증을 위한 목적이나 조약에 대한 국가의 기속적 동의를 표시하기 위한 목적에서 국가를 대표한다고 간주된다.

가. 적절한 전권위임장을 제시하는 경우, 또는

나. 해당 국가의 관행 또는 그 밖의 사정으로 보아, 그 사람이 위의 목적을 위하여 국가를 대표한다고 간주되고 전권위임장의 생략이 그 국가의 의사로 보이는 경우

2. 다음의 사람은 전권위임장을 제시하지 않아도 자신의 직무상 자국을 대표한다고 간주된다.

가. 조약 체결과 관련된 모든 행위를 수행할 목적상, 국가원수, 정부수반 및 외교장관

나. 파견국과 접수국 간의 조약문을 채택할 목적상, 외교공관장

다. 국제회의, 국제기구 또는 국제기구 내 기관에서 조약문을 채택할 목적상, 국가가 그 국제회의, 국제기구 또는 국제기구 내 기관에 파견한 대표

Article 8 Subsequent confirmation of an act performed without authorization

An act relating to the conclusion of a treaty performed by a person who cannot be considered under article 7 as authorized to represent a State for that purpose is without legal effect unless afterwards confirmed by that State.

제8조 권한 없이 수행한 행위의 추인

제7조에 따라 조약체결 목적을 위하여 국가를 대표하는 권한을 부여받았다고 간주될 수 없는 사람이 수행한 조약체결과 관련된 행위는 그 국가가 추후 확인하지 않으면 법적 효력이 없다.

Article 9 Adoption of the text

1. The adoption of the text of a treaty takes place by the consent of all the States participating in its drawing up except as provided in paragraph 2.

2. The adoption of the text of a treaty at an international conference takes place by the vote of two-thirds of the States present and voting, unless by the same majority they shall decide to apply a different rule.

제9조 조약문의 채택

1. 조약문은, 제2항에 규정된 경우를 제외하고는, 그 작성에 참가한 모든 국가의 동의로 채택된다.

2. 국제회의에서 조약문은 출석하여 투표하는 국가 3분의 2의 찬성으로 채택되며, 다만 동일한 다수결로 다른 규칙의 적용을 결정하는 경우는 제외한다.

Article 10 Authentication of the text

The text of a treaty is established as authentic and definitive:

(a) by such procedure as may be provided for in the text or agreed upon by the States participating in its drawing up; or

(b) failing such procedure, by the signature, signature ad referendum or initialling by the representatives of those States of the text of the treaty or of the Final Act of a conference incorporating the text.

제10조 조약문의 정본인증

조약문은 다음의 방법으로 정본이며 최종적인 것으로 확정된다.

가. 조약문에 규정된 절차 또는 조약문 작성에 참가한 국가가 합의하는 절차, 또는

나. 그러한 절차가 없는 경우, 조약문 작성에 참가한 국가 대표의 조약문 또는 조약문을 포함하는 회의의 최종의정서 서명, 조건부 서명 또는 가서명

Article 11 Means of expressing consent to be bound by a treaty

The consent of a State to be bound by a treaty may be expressed by signature, exchange of instruments constituting a treaty, ratification, acceptance, approval or accession, or by any other means if so agreed.

제11조 조약에 대한 기속적 동의의 표시방법

조약에 대한 국가의 기속적 동의는 서명, 조약을 구성하는 문서의 교환, 비준, 수락, 승인 또는 가입이나 그 밖의 합의된 방법으로 표시된다.

Article 12 Consent to be bound by a treaty expressed by signature

1. The consent of a State to be bound by a treaty is expressed by the signature of its representative when:

(a) the treaty provides that signature shall have that effect;

제12조 서명으로 표시되는 조약에 대한 기속적 동의

1. 조약에 대한 국가의 기속적 동의는 다음의 경우 국가 대표의 서명으로 표시된다.

가. 서명이 그러한 효력을 갖는다고 조약이 규정하고 있는 경우

(b) it is otherwise established that the negotiating States were agreed that signature should have that effect; or

나. 서명이 그러한 효력을 갖는다고 교섭국 간에 합의되었음이 달리 증명되는 경우, 또는

(c) the intention of the State to give that effect to the signature appears from the full powers of its representative or was expressed during the negotiation.

다. 서명에 그러한 효력을 부여하고자 하는 국가의 의사가 그 대표의 전권위임장에 나타나 있거나 교섭 중에 표시된 경우

2. For the purposes of paragraph 1:

(a) the initialling of a text constitutes a signature of the treaty when it is established that the negotiating States so agreed;

(b) the signature ad referendum of a treaty by a representative, if confirmed by his State, constitutes a full signature of the treaty.

2. 제1항의 목적상

가. 조약문의 가서명이 그 조약의 서명을 구성한다고 교섭국들이 합의하였음이 증명되는 경우, 가서명은 그 조약의 서명을 구성한다.

나. 대표에 의한 조약의 조건부 서명은, 그의 본국이 확정하는 경우, 그 조약의 완전한 서명을 구성한다.

Article 13 Consent to be bound by a treaty expressed by an exchange of instruments constituting a treaty

The consent of States to be bound by a treaty constituted by instruments exchanged between them is expressed by that exchange when:

(a) the instruments provide that their exchange shall have that effect; or

(b) it is otherwise established that those States were agreed that the exchange of instruments should have that effect

제13조 조약을 구성하는 문서의 교환으로 표시되는 조약에 대한 기속적 동의

국가 간에 교환된 문서에 의하여 구성되는 조약에 대한 국가의 기속적 동의는 다음의 경우 그 교환으로 표시된다.

가. 문서 교환이 그러한 효력을 갖는다고 해당 문서가 규정하는 경우, 또는

나. 문서 교환이 그러한 효력을 갖는다고 그 국가들 간에 합의되었음이 달리 증명되는 경우

Article 14 Consent to be bound by a treaty expressed by ratification, acceptance or approval

1. The consent of a State to be bound by a treaty is expressed by ratification when:

(a) the treaty provides for such consent to be expressed by means of ratification;

(b) it is otherwise established that the negotiating

제14조 비준, 수락 또는 승인으로 표시되는 조약에 대한 기속적 동의

1. 조약에 대한 국가의 기속적 동의는 다음의 경우 비준으로 표시된다.

가. 그러한 동의가 비준으로 표시되기로 조약이 규정하는 경우

나. 비준이 필요하다고 교섭국 간에 합의되었음이

States were agreed that ratification should be required;

(c) the representative of the State has signed the treaty subject to ratification; or

(d) the intention of the State to sign the treaty subject to ratification appears from the full powers of its representative or was expressed during the negotiation.

2. The consent of a State to be bound by a treaty is expressed by acceptance or approval under conditions similar to those which apply to ratification.

Article 15 Consent to be bound by a treaty expressed by accession

The consent of a State to be bound by a treaty is expressed by accession when:

(a) the treaty provides that such consent may be expressed by that State by means of accession;

(b) it is otherwise established that the negotiating States were agreed that such consent may be expressed by that State by means of accession; or

(c) all the parties have subsequently agreed that such consent may be expressed by that State by means of accession.

Article 16 Exchange or deposit of instruments of ratification, acceptance, approval or accession

Unless the treaty otherwise provides, instruments of ratification, acceptance, approval or accession establish the consent of a State to be bound by a treaty upon:

달리 증명되는 경우

다. 국가 대표가 비준을 조건으로 조약에 서명한 경우, 또는

라. 비준을 조건으로 조약에 서명한다는 국가의 의사가 그 대표의 전권위임장에 나타나 있거나 교섭 중에 표시된 경우

2. 조약에 대한 국가의 기속적 동의는 비준에 적용되는 것과 유사한 조건으로 수락 또는 승인으로 표시된다.

제15조 가입으로 표시되는 조약에 대한 기속적 동의

조약에 대한 국가의 기속적 동의는 다음의 경우 가입으로 표시된다.

가. 국가가 가입의 방법으로 그러한 동의를 표시할 수 있음을 조약이 규정하고 있는 경우

나. 국가가 가입의 방법으로 그러한 동의를 표시할 수 있음이 교섭국 간에 합의되었다고 달리 증명되는 경우, 또는

다. 당사국이 가입의 방법으로 그러한 동의를 표시할 수 있음을 모든 당사자가 추후 합의한 경우

제16조 비준서, 수락서, 승인서 또는 가입서의 교환 또는 기탁

조약이 달리 규정하지 않으면, 비준서, 수락서, 승인서 또는 가입서는 다음의 경우 조약에 기속되기로 한 국가의 동의를 증명한다.

(a) their exchange between the contracting States;
(b) their deposit with the depositary; or
(c) their notification to the contracting States or to the depositary, if so agreed.

가. 체약국 간 교환
나. 기탁처에 기탁, 또는
다. 합의된 경우, 체약국 또는 기탁처에 통보

Article 17 Consent to be bound by part of a treaty and choice of differing provisions

1. Without prejudice to articles 19 to 23, the consent of a State to be bound by part of a treaty is effective only if the treaty so permits or the other contracting States so agree.

2. The consent of a State to be bound by a treaty which permits a choice between differing provisions is effective only if it is made clear to which of the provisions the consent relates.

제17조 조약 일부에 대한 기속적 동의 및 상이한 규정 중의 선택에 의한 기속적 동의

1. 제19조부터 제23조까지를 침해함이 없이, 조약 일부에 대한 국가의 기속적 동의는 그 조약이 이를 허용하거나 다른 체약국이 이에 동의하는 경우에만 유효하다.

2. 상이한 규정 중 선택을 허용하는 조약에 대한 국가의 기속적 동의는 그 동의가 어느 규정과 관련되는지가 명백한 경우에만 유효하다

Article 18 Obligation not to defeat the object and purpose of a treaty prior to its entry into force

A State is obliged to refrain from acts which would defeat the object and purpose of a treaty when:

(a) it has signed the treaty or has exchanged instruments constituting the treaty subject to ratification, acceptance or approval, until it shall have made its intention clear not to become a party to the treaty; or

(b) it has expressed its consent to be bound by the treaty, pending the entry into force of the treaty and provided that such entry into force is not unduly delayed.

제18조 조약 발효 전 그 조약의 대상 및 목적을 훼손하지 아니할 의무

국가는 다음의 경우 조약의 대상 및 목적을 훼손하는 행위를 삼가야 할 의무를 진다.

가. 비준, 수락 또는 승인을 조건으로 조약에 서명하였거나 조약을 구성하는 문서를 교환한 경우, 그 조약의 당사자가 되지 않겠다는 의사를 명백히 할 때까지, 또는

나. 국가가 조약에 대한 기속적 동의를 표시한 경우, 발효가 부당하게 지연되지 않는다면 그 조약의 발효시까지

SECTION 2. RESERVATIONS

Article 19 Formulation of reservations

A State may, when signing, ratifying, accepting,

제2절 유보

제19조 유보의 표명

국가는, 다음의 경우에 해당하지 않으면, 조약에

approving or acceding to a treaty, formulate a reservation unless:

서명, 비준, 수락, 승인 또는 가입 시 유보를 표명할 수 있다.

(a) the reservation is prohibited by the treaty;

(b) the treaty provides that only specified reservations, which do not include the reservation in question, may be made; or

(c) in cases not falling under sub-paragraphs (a) and (b), the reservation is incompatible with the object and purpose of the treaty.

가. 조약이 유보를 금지한 경우

나. 조약이 해당 유보를 포함하지 않는 특정 유보만을 행할 수 있다고 규정하는 경우, 또는

다. 가호 및 나호에 해당되지 않더라도, 유보가 조약의 대상 및 목적과 양립하지 않는 경우

Article 20 Acceptance of and objection to reservations

1. A reservation expressly authorized by a treaty does not require any subsequent acceptance by the other contracting States unless the treaty so provides.

2. When it appears from the limited number of the negotiating States and the object and purpose of a treaty that the application of the treaty in its entirety between all the parties is an essential condition of the consent of each one to be bound by the treaty, a reservation requires acceptance by all the parties.

3. When a treaty is a constituent instrument of an international organization and unless it otherwise provides, a reservation requires the acceptance of the competent organ of that organization.

4. In cases not falling under the preceding paragraphs and unless the treaty otherwise provides:

(a) acceptance by another contracting State of a reservation constitutes the reserving State a party to the treaty in relation to that other State if or when the treaty is in force for those States;

(b) an objection by another contracting State to a reservation does not preclude the entry into

제20조 유보의 수락 및 유보에 대한 이의

1. 조약이 명시적으로 허용하는 유보는, 그 조약이 달리 규정하지 않으면, 다른 체약국의 추후 수락을 필요로 하지 않는다.

2. 교섭국의 한정된 수와 조약의 대상 및 목적에 비추어 조약 전체를 모든 당사자 간에 적용함이 그 조약에 대한 각 당사자의 기속적 동의의 필수 조건으로 보이는 경우, 유보는 모든 당사자의 수락을 필요로 한다.

3.조약이 국제기구의 설립 문서인 경우 그 조약이 달리 규정하지 않으면, 유보는 그 기구의 권한 있는 기관의 수락을 필요로 한다.

4.위 각 항에 해당되지 않는 경우로서 그 조약이 달리 규정하지 않으면, 다음에 따른다..

가. 조약이 유보국과 다른 체약국에 대하여 발효한다면 또는 발효 중일 때, 그 다른 체약국에 의한 유보의 수락은 유보국을 그 체약국과의 관계에서 조약의 당사자가 되도록 한다.

나. 유보에 대한 다른 체약국의 이의는, 이의제기국이 확정적으로 반대의사를 표시하지 않으

force of the treaty as between the objecting and reserving States unless a contrary intention is definitely expressed by the objecting State;

면, 이의제기국과 유보국 간 조약의 발효를 방해하지 않는다.

(c) an act expressing a State's consent to be bound by the treaty and containing a reservation is effective as soon as at least one other contracting State has accepted the reservation.

다. 조약에 대한 국가의 기속적 동의를 표시하며 유보를 포함하는 행위는 적어도 하나의 다른 체약국이 그 유보를 수락하는 즉시 유효하다.

5. For the purposes of paragraphs 2 and 4 and unless the treaty otherwise provides, a reservation is considered to have been accepted by a State if it shall have raised no objection to the reservation by the end of a period of twelve months after it was notified of the reservation or by the date on which it expressed its consent to be bound by the treaty, whichever is later.

5. 조약이 달리 규정하지 않으면 제2항 및 제4항의 목적상, 국가가 유보를 통보받은 후 12개월의 기간이 종료될 때 또는 그 국가가 조약에 대한 기속적 동의를 표시한 일자 중 어느 편이든 나중 시기까지 유보에 대하여 이의를 제기하지 않은 경우, 그 국가가 유보를 수락한 것으로 간주한다.

Article 21 Legal effects of reservations and of objections to reservations

제21조 유보 및 유보에 대한 이의의 법적 효력

1. A reservation established with regard to another party in accordance with articles 19, 20 and 23:

1. 제19조, 제20조 및 제23조에 따라 다른 당사자에 대하여 성립된 유보는 다음의 법적 효력을 가진다.

(a) modifies for the reserving State in its relations with that other party the provisions of the treaty to which the reservation relates to the extent of the reservation; and

가. 유보국에 대해서는 다른 당사자와의 관계에 있어서 유보와 관련된 조약 규정을 그 유보의 범위에서 변경하며,

(b) modifies those provisions to the same extent for that other party in its relations with the reserving State.

나. 다른 당사자에 대해서는 유보국과의 관계에 있어서 이들 규정을 동일한 범위에서 변경한다.

2. The reservation does not modify the provisions of the treaty for the other parties to the treaty inter se.

2. 유보는 조약의 다른 당사자 상호 간에는 그 조약 규정을 변경하지 않는다.

3. When a State objecting to a reservation has not opposed the entry into force of the treaty between itself and the reserving State, the provisions to which the reservation relates do not apply as between the two States to the extent of the reservation.

3. 유보에 이의가 있는 국가가 자국과 유보국 간의 조약 발효에 반대하지 않는 경우, 유보에 관련되는 규정은 그 유보의 범위에서 양국 간에 적용되지 않는다.

Article 22 Withdrawal of reservations and of objections to reservations

1. Unless the treaty otherwise provides, a reservation may be withdrawn at any time and the consent of a State which has accepted the reservation is not required for its withdrawal.

2. Unless the treaty otherwise provides, an objection to a reservation may be withdrawn at any time.

3. Unless the treaty otherwise provides, or it is otherwise agreed:

(a) the withdrawal of a reservation becomes operative in relation to another contracting State only when notice of it has been received by that State;

(b) the withdrawal of an objection to a reservation becomes operative only when notice of it has been received by the State which formulated the reservation.

第22조 유보의 철회 및 유보에 대한 이의의 철회

1. 조약이 달리 규정하지 않으면, 유보는 언제든지 철회될 수 있으며, 그 철회를 위해서 유보를 수락한 국가의 동의는 필요하지 않다.

2. 조약이 달리 규정하지 않으면, 유보에 대한 이의는 언제든지 철회될 수 있다.

3. 조약이 달리 규정하거나 달리 합의되는 경우를 제외하고, 다음이 적용된다.

가. 유보의 철회는 다른 체약국이 그 통보를 접수한 때에만 그 체약국에 관하여 효력이 발생한다.

나. 유보에 대한 이의의 철회는 유보를 표명한 국가가 그 통보를 접수한 때에만 효력이 발생한다.

Article 23 Procedure regarding reservations

1. A reservation, an express acceptance of a reservation and an objection to a reservation must be formulated in writing and communicated to the contracting States and other States entitled to become parties to the treaty.

2. If formulated when signing the treaty subject to ratification, acceptance or approval, a reservation must be formally confirmed by the reserving State when expressing its consent to be bound by the treaty. In such a case the reservation shall be considered as having been made on the date of its confirmation.

3. An express acceptance of, or an objection to, a reservation made previously to confirmation of the reservation does not itself require confirmation.

第23조 유보에 관한 절차

1. 유보, 유보의 명시적 수락 및 유보에 대한 이의는 서면으로 표명되어야 하며, 체약국 및 조약의 당사자가 될 수 있는 자격을 가진 다른 국가에 통지되어야 한다.

2. 비준, 수락 또는 승인을 조건으로 조약에 서명할 때에 표명된 유보는 유보국이 그 조약에 대한 기속적 동의를 표시할 때에 유보국에 의하여 정식으로 확인되어야 한다. 그러한 경우 유보는 그 확인일자에 행해졌다고 간주된다.

3. 유보의 확인 이전에 행해진 유보의 명시적 수락 또는 유보에 대한 이의 자체는 확인을 필요로 하지 않는다.

4. The withdrawal of a reservation or of an objection to a reservation must be formulated in writing.

4. 유보의 철회 또는 유보에 대한 이의의 철회는 서면으로 표명되어야 한다.

SECTION 3. ENTRY INTO FORCE AND PROVISIONAL APPLICATION OF TREATIES

제3절 조약의 발효 및 잠정적용

Article 24 Entry into force

1. A treaty enters into force in such manner and upon such date as it may provide or as the negotiating States may agree.

2. Failing any such provision or agreement, a treaty enters into force as soon as consent to be bound by the treaty has been established for all the negotiating States.

3. When the consent of a State to be bound by a treaty is established on a date after the treaty has come into force, the treaty enters into force for that State on that date, unless the treaty otherwise provides.

4. The provisions of a treaty regulating the authentication of its text, the establishment of the consent of States to be bound by the treaty, the manner or date of its entry into force, reservations, the functions of the depositary and other matters arising necessarily before the entry into force of the treaty apply from the time of the adoption of its text.

제24조 발효

1. 조약은 그 조약이 규정하거나 교섭국이 합의하는 방법과 일자에 따라 발효한다.

2. 그러한 규정 또는 합의가 없는 경우, 조약은 그 조약에 대한 기속적 동의가 모든 교섭국에 대하여 확정되는 즉시 발효한다.

3. 조약에 대한 국가의 기속적 동의가 그 조약이 발효한 이후 일자에 확정되는 경우, 그 조약이 달리 규정하지 않으면, 조약은 그 국가에 대하여 그 일자에 발효한다.

4. 조약문의 정본인증, 조약에 대한 국가의 기속적 동의의 확정, 조약 발효의 방법 또는 일자, 유보, 기탁처의 임무 및 조약 발효 전에 필연적으로 발생하는 그 밖의 사항을 규율하는 조약 규정은 조약문의 채택 시부터 적용된다.

Article 25 Provisional application

1. A treaty or a part of a treaty is applied provisionally pending its entry into force if:

(a) the treaty itself so provides; or
(b) the negotiating States have in some other manner so agreed.

2. Unless the treaty otherwise provides or the negotiating States have otherwise agreed, the provi-

제25조 (잠정적용)

1. 다음의 경우 조약 또는 조약의 일부는 그 발효 시까지 잠정적으로 적용된다.

가. 조약 자체가 그렇게 규정하는 경우, 또는
나. 교섭국이 그 밖의 방법으로 그렇게 합의한 경우

2. 조약이 달리 규정하거나 교섭국이 달리 합의한 경우를 제외하고, 어느 국가에 대한 조약 또는 조

sional application of a treaty or a part of a treaty with respect to a State shall be terminated if that State notifies the other States between which the treaty is being applied provisionally of its intention not to become a party to the treaty.

약 일부의 잠정적용은 그 국가가 조약이 잠정적으로 적용되고 있는 다른 국가에게 그 조약의 당사자가 되지 않겠다는 의사를 통보하는 경우 종료된다.

PART III OBSERVANCE, APPLICATION AND INTERPRETATION OF TREATIES

제3부 조약의 준수·적용 및 해석

SECTION 1. OBSERVANCE OF TREATIES

제1절 조약의 준수

Article 26 Pacta sunt servanda
Every treaty in force is binding upon the parties to it and must be performed by them in good faith.

제26조 약속은 지켜져야 한다
발효 중인 모든 조약은 당사자를 구속하며, 당사자에 의하여 신의에 좇아 성실하게 이행되어야 한다.

Article 27 Internal law and observance of treaties
A party may not invoke the provisions of its internal law as justification for its failure to perform a treaty. This rule is without prejudice to article 46.

제27조 국내법과 조약의 준수
당사자는 자신의 조약 불이행에 대한 정당화 근거로서 자신의 국내법 규정을 원용할 수 없다. 이 규칙은 제46조의 적용을 방해하지 않는다.

SECTION 2. APPLICATION OF TREATIES

제2절 조약의 적용

Article 28 Non-retroactivity of treaties
Unless a different intention appears from the treaty or is otherwise established, its provisions do not bind a party in relation to any act or fact which took place or any situation which ceased to exist before the date of the entry into force of the treaty with respect to that party.

제28조 조약의 불소급
다른 의사가 조약에 나타나거나 달리 증명되는 경우를 제외하고, 조약 규정은 조약이 당사자에 대하여 발효한 일자 이전에 발생한 어떠한 행위나 사실 또는 종료된 상황과 관련하여 그 당사자를 구속하지 않는다.

Article 29 Territorial scope of treaties
Unless a different intention appears from the treaty or is otherwise established, a treaty is binding upon each party in respect of its entire territory.

제29조 조약의 영역적 적용범위
다른 의사가 조약에 나타나거나 달리 증명되는 경우를 제외하고, 조약은 각 당사자의 전체 영역에서 그 당사자를 구속한다.

Article 30 Application of successive treaties relating to the same subject-matter

1. Subject to Article 103 of the Charter of the United Nations, the rights and obligations of States parties to successive treaties relating to the same subject-matter shall be determined in accordance with the following paragraphs.

2. When a treaty specifies that it is subject to, or that it is not to be considered as incompatible with, an earlier or later treaty, the provisions of that other treaty prevail.

3. When all the parties to the earlier treaty are parties also to the later treaty but the earlier treaty is not terminated or suspended in operation under article 59, the earlier treaty applies only to the extent that its provisions are compatible with those of the latter treaty.

4. When the parties to the later treaty do not include all the parties to the earlier one:

(a) as between States parties to both treaties the same rule applies as in paragraph 3;

(b) as between a State party to both treaties and a State party to only one of the treaties, the treaty to which both States are parties governs their mutual rights and obligations.

5. Paragraph 4 is without prejudice to article 41, or to any question of the termination or suspension of the operation of a treaty under article 60 or to any question of responsibility which may arise for a State from the conclusion or application of a treaty, the provisions of which are incompatible with its obligations towards another State under another treaty.

제30조 동일한 주제에 관한 전/후 조약의 적용

1.「국제연합헌장」 제103조를 따른다는 조건으로 동일한 주제에 관한 전/후 조약의 당사국의 권리와 의무는 다음 각 항에 따라 결정된다.

2. 조약이 전 조약 또는 후 조약을 따른다고 명시하고 있거나, 전 조약 또는 후 조약과 양립하지 않는다고 간주되지 않음을 명시하고 있는 경우에는 그 다른 조약의 규정이 우선한다.

3. 전 조약의 모든 당사자가 동시에 후 조약의 당사자이지만, 전 조약이 제59조에 따라 종료 또는 시행정지 되지 않는 경우, 전 조약은 그 규정이 후 조약의 규정과 양립하는 범위 내에서만 적용된다.

4. 후 조약의 당사자가 전 조약의 모든 당사자를 포함하지 않는 경우, 다음이 적용된다.

가. 양 조약 모두의 당사국 간에는 제3항과 동일한 규칙이 적용된다.

나. 양 조약 모두의 당사국과 어느 한 조약만의 당사국 간에는, 양국 모두가 당사자인 조약이 그들 상호 간의 권리와 의무를 규율한다.

5. 제4항은 제41조를 침해하지 않거나, 제60조에 따른 조약의 종료나 시행정지에 관한 문제, 또는 어느 국가가 다른 조약에 따라 타국에 지는 의무와 양립하지 않도록 규정된 조약을 체결하거나 적용함으로써 자국에 대해 발생할 수 있는 책임문제에 영향을 미치지 않는다.

SECTION 3. INTERPRETATION OF TREATIES

Article 31 General rule of interpretation

1. A treaty shall be interpreted in good faith in accordance with the ordinary meaning to be given to the terms of the treaty in their context and in the light of its object and purpose.

2. The context for the purpose of the interpretation of a treaty shall comprise, in addition to the text, including its preamble and annexes:

(a) any agreement relating to the treaty which was made between all the parties in connexion with the conclusion of the treaty;

(b) any instrument which was made by one or more parties in connexion with the conclusion of the treaty and accepted by the other parties as an instrument related to the treaty.

3. There shall be taken into account, together with the context:

(a) any subsequent agreement between the parties regarding the interpretation of the treaty or the application of its provisions;

(b) any subsequent practice in the application of the treaty which establishes the agreement of the parties regarding its interpretation;

(c) any relevant rules of international law applicable in the relations between the parties.

4. A special meaning shall be given to a term if it is established that the parties so intended.

Article 32 Supplementary means of interpretation

Recourse may be had to supplementary means of interpretation, including the preparatory work of the treaty and the circumstances of its conclusion, in order to confirm the meaning resulting from the application of article 31, or to determine the meaning when the interpretation according to article 31:

제3절 조약의 해석

제31조 해석의 일반 규칙

1. 조약은 조약문의 문맥에서 그리고 조약의 대상 및 목적에 비추어, 그 조약의 문언에 부여되는 통상적 의미에 따라 신의에 좇아 성실하게 해석되어야 한다.

2. 조약 해석의 목적상, 문맥은 조약의 전문 및 부속서를 포함한 조약문에 추가하여 다음으로 구성된다.

가. 조약 체결과 연계되어 모든 당사자 간에 이루어진 조약에 관한 합의

나. 조약 체결과 연계되어 하나 또는 그 이상의 당사자가 작성하고, 다른 당사자가 모두 그 조약에 관련된 문서로 수락한 문서

3. 문맥과 함께 다음이 고려된다.

가. 조약 해석 또는 조약 규정 적용에 관한 당사자 간 후속 합의

나. 조약 해석에 관한 당사자의 합의를 증명하는 그 조약 적용에 있어서의 후속 관행

다. 당사자 간의 관계에 적용될 수 있는 관련 국제법 규칙

4. 당사자가 특정 용어에 특별한 의미를 부여하기로 의도하였음이 증명되는 경우에는 그러한 의미가 부여된다.

제32조 해석의 보충수단

제31조의 적용으로부터 나오는 의미를 확인하거나, 제31조에 따른 해석 시 다음과 같이 되는 경우 그 의미를 결정하기 위하여 조약의 준비작업 및 체결 시의 사정을 포함한 해석의 보충수단에 의존할 수 있다.

(a) leaves the meaning ambiguous or obscure; or
(b) leads to a result which is manifestly absurd or unreasonable.

가. 의미가 모호해지거나 불명확하게 되는 경우, 또는
나. 명백히 부조리하거나 불합리한 결과를 초래하는 경우

Article 33 Interpretation of treaties authenticated in two or more languages

1. When a treaty has been authenticated in two or more languages, the text is equally authoritative in each language, unless the treaty provides or the parties agree that, in case of divergence, a particular text shall prevail.

2. A version of the treaty in a language other than one of those in which the text was authenticated shall be considered an authentic text only if the treaty so provides or the parties so agree.

3. The terms of the treaty are presumed to have the same meaning in each authentic text.

4. Except where a particular text prevails in accordance with paragraph 1, when a comparison of the authentic texts discloses a difference of meaning which the application of articles 31 and 32 does not remove, the meaning which best reconciles the texts, having regard to the object and purpose of the treaty, shall be adopted.

제33조 둘 또는 그 이상의 언어로 정본인증된 조약의 해석

1. 조약의 정본이 둘 또는 그 이상의 언어로 인증되었을 경우, 차이가 있다면 특정 조약문이 우선함을 그 조약이 규정하고 있거나 당사자가 그렇게 합의하는 경우를 제외하고, 각 언어본의 조약문은 동등한 권위를 갖는다.

2. 정본인증된 조약문 상 언어 중 하나의 언어 이외의 언어로 된 조약본은 조약이 이를 정본으로 규정하고 있거나 당사자들이 그렇게 합의한 경우에만 정본으로 간주된다.

3. 조약의 용어는 각 정본에서 동일한 의미를 가진다고 추정된다.

4. 제1항에 따라 특정 조약문이 우선하는 경우를 제외하고, 정본의 비교에서 제31조 및 제32조의 적용으로 해소되지 않는 의미의 차이가 드러나는 경우, 조약의 대상 및 목적을 고려하여 각 조약문과 최대한 조화되는 의미를 채택한다.

SECTION 4. TREATIES AND THIRD STATES

제4절 조약과 제3국

Article 34 General rule regarding third States

A treaty does not create either obligations or rights for a third State without its consent.

제34조 제3국에 관한 일반 규칙

조약은 제3국의 동의 없이는 그 국가에 대하여 의무 또는 권리를 창설하지 않는다.

Article 35 Treaties providing for obligations for third States

An obligation arises for a third State from a provision of a treaty if the parties to the treaty intend the provision to be the means of establishing the

제35조 제3국의 의무를 규정하는 조약

조약 당사자가 조약 규정을 제3국의 의무를 설정하는 수단으로 삼고자 의도하고 제3국이 서면으로 그 의무를 명시적으로 수락하는 경우, 그 규정으로

obligation and the third State expressly accepts that obligation in
writing.

부터 제3국의 의무가 발생한다.

Article 36 Treaties providing for rights for third States

제36조 제3국의 권리를 규정하는 조약

1. A right arises for a third State from a provision of a treaty if the parties to the treaty intend the provision to accord that right either to the third State, or to a group of States to which it belongs, or to all States, and the third State assents thereto. Its assent shall be presumed so long as the contrary is not indicated, unless the treaty otherwise provides.

1. 조약 당사자가 조약 규정으로 제3국 또는 제3국이 속한 국가 집단 또는 모든 국가에 대하여 권리를 부여할 것을 의도하고 제3국이 이에 동의하는 경우, 그 규정으로부터 제3국의 권리가 발생한다. 조약이 달리 규정하지 않으면, 반대의사가 표시되지 않는 한 제3국의 동의는 추정된다.

2. A State exercising a right in accordance with paragraph 1 shall comply with the conditions for its exercise provided for in the treaty or established in conformity with the treaty.

2. 제1항에 따라 권리를 행사하는 국가는 조약에 규정되어 있거나 조약에 합치되게 설정된 권리행사의 조건을 따른다.

Article 37 Revocation or modification of obligations or rights of third States

제37조 제3국의 의무 또는 권리의 취소 또는 변경

1. When an obligation has arisen for a third State in conformity with article 35, the obligation may be revoked or modified only with the consent of the parties to the treaty and of the third State, unless it is established that they had otherwise agreed.

1. 제35조에 따라 제3국의 의무가 발생한 때에는 조약 당사자와 제3국이 달리 합의하였음이 증명되는 경우가 아니면, 그 의무는 조약 당사자와 제3국이 동의하는 경우에만 취소 또는 변경될 수 있다.

2. When a right has arisen for a third State in conformity with article 36, the right may not be revoked or modified by the parties if it is established that the right was intended not to be revocable or subject to modification without the consent of the third State.

2. 제36조에 따라 제3국의 권리가 발생한 때에는, 그 권리가 제3국의 동의 없이 취소 또는 변경되지 않도록 의도되었음이 증명되는 경우, 그 권리는 당사자에 의하여 취소 또는 변경될 수 없다.

Article 38 Rules in a treaty becoming binding on third States through international custom

제38조 국제 관습을 통하여 제3국을 구속하게 되는 조약상 규칙

Nothing in articles 34 to 37 precludes a rule set forth in a treaty from becoming binding upon a third State as a customary rule of international law, recognized as such.

제34조부터 제37조까지의 어떤 조(조항, 규정)도 조약에 규정된 규칙이 관습국제법 규칙으로 인정되어 제3국을 구속하게 됨을 방해하지 않는다.

PART IV AMENDMENT AND MODIFICATION OF TREATIES

제4부 조약의 개정 및 변경

Article 39 General rule regarding the amendment of treaties

A treaty may be amended by agreement between the parties. The rules laid down in Part II apply to such an agreement except in so far as the treaty may otherwise provide.

제39조 조약의 개정에 관한 일반 규칙

조약은 당사자 간 합의로 개정될 수 있다. 조약이 달리 규정하는 경우를 제외하고, 제2부에 규정된 규칙은 그러한 합의에 적용된다.

Article 40 Amendment of multilateral treaties

1. Unless the treaty otherwise provides, the amendment of multilateral treaties shall be governed by the following paragraphs.

2. Any proposal to amend a multilateral treaty as between all the parties must be notified to all the contracting States, each one of which shall have the right to take part in:

(a) the decision as to the action to be taken in regard to such proposal;

(b) the negotiation and conclusion of any agreement for the amendment of the treaty.

3. Every State entitled to become a party to the treaty shall also be entitled to become a party to the treaty as amended.

4. The amending agreement does not bind any State already a party to the treaty which does not become a party to the amending agreement; article 30, paragraph 4(b), applies in relation to such State.

5. Any State which becomes a party to the treaty after the entry into force of the amending agreement shall, failing an expression of a different intention by that State:

제40조 다자조약의 개정

1. 조약이 달리 규정하지 않으면, 다자조약의 개정은 다음 각 항에 따라 규율된다.

2. 모든 당사자 간에 다자조약을 개정하기 위한 제의는 모든 체약국에 통보되어야 하며, 각 체약국은 다음에 참여할 권리를 가진다.

가. 그러한 제의에 대해 취할 조치에 관한 결정

나. 그 조약의 개정을 위한 합의의 교섭 및 성립

3. 조약 당사자가 될 수 있는 자격을 가진 모든 국가는 개정되는 조약의 당사자가 될 자격도 가진다.

4. 개정 합의는 그 합의의 당사자가 되지 않는 기존 조약의 당사자인 어느 국가도 구속하지 않는다. 그러한 국가에 대하여 제30조 제4항 나호가 적용된다.

5. 개정 합의의 발효 이후 조약의 당사자가 되는 국가는 다른 의사 표시를 하지 않는 경우, 다음과 같이 간주된다.

(a) be considered as a party to the treaty as amended; and

(b) be considered as a party to the unamended treaty in relation to any party to the treaty not bound by the amending agreement.

가. 개정 조약의 당사자, 또한

나. 개정 합의에 구속되지 않는 조약 당사자와의 관계에서는 개정되지 않은 조약의 당사자

Article 41 Agreements to modify multilateral treaties between certain of the parties only

1. Two or more of the parties to a multilateral treaty may conclude an agreement to modify the treaty as between themselves alone if:

(a) the possibility of such a modification is provided for by the treaty; or

(b) the modification in question is not prohibited by the treaty and:

(i) does not affect the enjoyment by the other parties of their rights under the treaty or the performance of their obligations;

(ii) does not relate to a provision, derogation from which is incompatible with the effective execution of the object and purpose of the treaty as a whole.

2. Unless in a case falling under paragraph 1(a) the treaty otherwise provides, the parties in question shall notify the other parties of their intention to conclude the agreement and of the modification to the treaty for which it provides.

제41조 일부 당사자 간에만 다자조약을 변경하는 합의

1. 다자조약의 둘 또는 그 이상의 당사자는 다음의 경우 그들 간에만 조약을 변경하는 합의를 성립시킬 수 있다.

가. 그러한 변경 가능성이 조약에 규정된 경우, 또는

나. 해당 변경이 조약상 금지되지 않고,

1) 다른 당사자가 그 조약에 따라 권리를 향유하거나 의무를 이행하는 데 영향을 주지 않으며,

2) 어떤 규정으로부터의 이탈이 그 조약 전체의 대상 및 목적의 효과적인 수행과 양립하지 않을 때 그 규정과 관련되지 않은 경우

2. 제1항 가호에 해당하는 경우 조약이 달리 규정하지 않으면, 해당 당사자는 그러한 합의를 성립시키고자 하는 의사와 그 합의가 규정하는 조약의 변경을 다른 당사자에 통보한다.

PART V INVALIDITY, TERMINATION AND SUSPENSION OF THE OPERATION OF TREATIES

제5부 조약의 무효, 종료 및 시행정지

SECTION 1. GENERAL PROVISIONS

제1절 일반규정

Article 42 Validity and continuance in force of treaties

1. The validity of a treaty or of the consent of a State to be bound by a treaty may be impeached only through the application of the present Convention.

2. The termination of a treaty, its denunciation or the withdrawal of a party, may take place only as a result of the application of the provisions of the treaty or of the present Convention. The same rule applies to suspension of the operation of a treaty.

제42조 조약의 유효성 및 효력의 지속

1. 조약의 유효성 또는 조약에 대한 국가의 기속적 동의의 유효성은 이 협약의 적용을 통해서만 부정될 수 있다.

2. 조약의 종료, 폐기 또는 당사자의 탈퇴는 그 조약 규정 또는 이 협약의 적용 결과로서만 행하여질 수 있다. 동일한 규칙이 조약의 시행정지에도 적용된다.

Article 43 Obligations imposed by international law independently of a treaty

The invalidity, termination or denunciation of a treaty, the withdrawal of a party from it, or the suspension of its operation, as a result of the application of the present Convention or of the provisions of the treaty, shall not in any way impair the duty of any State to fulfil any obligation embodied in the treaty to which it would be subject under international law independently of the treaty.

제43조 조약과는 별도로 국제법에 따라 부과되는 의무

이 협약 또는 조약 규정의 적용에 따른 조약의 무효, 종료 또는 폐기, 조약으로부터 당사자의 탈퇴 또는 시행정지는 그 조약과는 별도로 국제법에 따라 국가를 구속하는 의무로서 그 조약에 구현된 의무를 이행하는 국가의 책무에 어떠한 영향도 미치지 않는다.

Article 44 Separability of treaty provisions

1. A right of a party, provided for in a treaty or arising under article 56, to denounce, withdraw from or suspend the operation of the treaty may be exercised only with respect to the whole treaty unless the treaty otherwise provides or the parties otherwise agree.

2. A ground for invalidating, terminating, withdrawing from or suspending the operation of a treaty

제44조 조약 규정의 분리가능성

1. 조약에 규정되어 있거나 제56조에 따라 발생하는, 조약을 폐기, 탈퇴 또는 시행정지 시킬 수 있는 당사자의 권리는, 조약이 달리 규정하거나 당사자들이 달리 합의하는 경우를 제외하고, 조약 전체에 관해서만 행사될 수 있다.

2. 이 협약에서 인정되는 조약의 무효, 종료, 탈퇴 또는 시행정지의 사유는, 다음의 각 항이나 제60조

recognized in the present Convention may be invoked only with respect to the whole treaty except as provided in thefollowing paragraphs or in article 60.

3. If the ground relates solely to particular clauses, it may be invoked only with respect to those clauses where:

(a) thc said clauses are separable from the remainder of the treaty with regard to their application;
(b) it appears from the treaty or is otherwise established that acceptance of those clauses was not an essential basis of the consent of the other party or parties to be bound by the treaty as a whole; and
(c) continued performance of the remainder of the treaty would not be unjust.

4. In cases falling under articles 49 and 50 the State entitled to invoke the fraud or corruption may do so with respect either to the whole treaty or, subject to paragraph 3, to the particular clauses alone.

5. In cases falling under articles 51, 52 and 53, no separation of the provisions of the treaty is permitted.

Article 45 Loss of a right to invoke a ground for invalidating, terminating, withdrawing from or suspending the operation of a treaty

A State may no longer invoke a ground for invalidating, terminating, withdrawing from or suspending the operation of a treaty under articles 46 to 50 or articles 60 and 62 if, after becoming aware of the facts:

(a) it shall have expressly agreed that the treaty is valid or remains in force or continues in operation, as the case may be; or

에 규정되어 있는 경우를 제외하고, 조약 전체에 관해서만 원용될 수 있다.

3. 그 사유가 특정 조항에만 관련된다면, 다음의 경우에는 그러한 조항에 관해서만 원용될 수 있다.

가. 해당 조항이 그 적용과 관련하여 그 조약의 잔여부분으로부터 분리될 수 있고,
나. 그 조항의 수락이 하나 또는 그 이상의 다른 당사자의 조약 전체에 대한 기속적 동의의 필수적 기초가 아니었다는 점이 그 조약으로부터 나타나거나 달리 증명되며,
다. 그 조약의 잔여부분의 계속적 이행이 부당하지 않은 경우

4. 제49조 및 제50조에 해당하는 경우, 기만 또는 부정을 원용할 수 있는 권리를 가진 국가는 조약 전체에 관하여 이를 원용할 수도 있고, 또는 제3항을 따른다는 조건으로 특정 조항에 관해서만 이를 원용할 수 있다.

5. 제51조, 제52조 및 제53조에 해당하는 경우에는 조약 규정의 분리가 허용되지 않는다.

제45조 조약의 무효, 종료, 탈퇴 또는 시행정지의 사유를 원용할 수 있는 권리의 상실

국가는 제46조부터 제50조 또는 제60조 및 제62조까지에 따른 조약의 무효, 종료, 탈퇴 또는 시행정지의 사유에 해당되는 사실을 알게 된 후, 다음의 경우에는 그 사유를 더 이상 원용할 수 없다.

가. 그 조약이 유효하다거나, 계속 효력이 있다거나, 계속 시행된다는 것에 국가가 명시적으로 동의한 경우, 또는

(b) it must by reason of its conduct be considered as having acquiesced in the validity of the treaty or in its maintenance in force or in operation, as the case may be.

나. 국가의 행동으로 보아 조약의 유효성 또는 그 효력이나 시행의 존속을 묵인하였다고 간주되어야 하는 경우

SECTION 2. INVALIDITY OF TREATIES

제2절 조약의 무효

Article 46 Provisions of internal law regarding competence to conclude treaties

1. A State may not invoke the fact that its consent to be bound by a treaty has been expressed in violation of a provision of its internal law regarding competence to conclude treaties as invalidating its consent unless that violation was manifest and concerned a rule of its internal law of fundamental importance.

2. A violation is manifest if it would be objectively evident to any State conducting itself in the matter in accordance with normal practice and in good faith.

제46조 조약 체결권에 관한 국내법 규정

1. 조약 체결권에 관한 국내법 규정의 위반이 명백하며 본질적으로 중요한 국내법 규칙에 관련된 경우가 아니면, 국가는 조약에 대한 자국의 기속적 동의가 그 국내법 규정에 위반하여 표시되었다는 사실을 그 동의를 무효로 하는 근거로 원용할 수 없다.

2. 통상의 관행에 따라 신의에 좇아 성실하게 행동하는 어떠한 국가에 대해서도 위반이 객관적으로 분명한 경우에는 명백한 것이 된다.

Article 47 Specific restrictions on authority to express the consent of a State

If the authority of a representative to express the consent of a State to be bound by a particular treaty has been made subject to a specific restriction, his omission to observe that restriction may not be invoked as invalidating the consent expressed by him unless the restriction was notified to the other negotiating States prior to his expressing such consent.

제47조 국가의 동의 표시 권한에 대한 특별한 제한

특정 조약에 대한 국가의 기속적 동의를 표시하는 대표의 권한이 특별한 제한을 따른다는 조건으로 부여된 경우, 대표가 그러한 동의를 표시하기 전에 그 제한이 다른 교섭국에 통보되지 않았다면, 대표가 제한을 준수하지 않은 사실은 그가 표시한 동의를 무효로 하는 근거로 원용될 수 없다.

Article 48 Error

1. A State may invoke an error in a treaty as invalidating its consent to be bound by the treaty if the error relates to a fact or situation which was assumed by that State to exist at the time when the treaty was concluded and formed an essential basis of its consent to be bound by the treaty.

제48조 착오

1. 국가가 조약의 체결 당시 존재한다고 상정했던 사실 또는 상황으로서, 그 조약에 대한 국가의 기속적 동의의 필수적 기초를 형성했던 것과 관련된 착오일 경우, 국가는 그 조약상의 착오를 해당 조약에 대한 기속적 동의를 무효로 하는 근거로 원용할 수 있다.

2. Paragraph 1 shall not apply if the State in question contributed by its own conduct to the error or if the circumstances were such as to put that State on notice of a possible error.

2. 해당 국가가 자국의 행동을 통해 착오에 기여했거나 착오의 가능성을 알 수 있는 상황이었다면, 제1항은 적용되지 않는다.

3. An error relating only to the wording of the text of a treaty does not affect its validity; article 79 then applies.

3. 조약문의 자구에만 관련된 착오는 조약의 유효성에 영향을 미치지 않는다. 그 경우에는 제79조가 적용된다.

Article 49 Fraud

If a State has been induced to conclude a treaty by the fraudulent conduct of another negotiating State, the State may invoke the fraud as invalidating its consent to be bound by the treaty.

제49조 기만

국가가 다른 교섭국의 기만행위에 의하여 조약을 체결하도록 유인된 경우, 국가는 그 기만을 조약에 대한 자신의 기속적 동의를 무효로 하는 근거로 원용할 수 있다.

Article 50 Corruption of a representative of a State

If the expression of a State's consent to be bound by a treaty has been procured through the corruption of its representative directly or indirectly by another negotiating State, the State may invoke such corruption as invalidating its consent to be bound by the treaty.

제50조 국가 대표의 부정

조약에 대한 국가의 기속적 동의 표시가 직접적 또는 간접적으로 다른 교섭국이 그 내표로 하여금 부정을 저지르도록 하여 얻어진 경우, 국가는 그 부정을 조약에 대한 자신의 기속적 동의를 무효로 하는 근거로 원용할 수 있다.

Article 51 Coercion of a representative of a State

The expression of a State's consent to be bound by a treaty which has been procured by the coercion of its representative through acts or threats directed against him shall be without any legal effect.

제51조 국가 대표에 대한 강박

국가 대표에 대한 행동 또는 위협을 통하여 그 대표를 강박하여 얻어진 조약에 대한 국가의 기속적 동의의 표시는 어떠한 법적 효력도 없다.

Article 52 Coercion of a State by the threat or use of force

A treaty is void if its conclusion has been procured by the threat or use of force in violation of the principles of international law embodied in the Charter of the United Nations.

제52조 무력의 위협 또는 사용에 의한 국가에 대한 강박

조약이 「국제연합헌장」에 구현된 국제법 원칙을 위반하는 무력의 위협 또는 사용에 의하여 체결된 경우, 그 조약은 무효이다.

Article 53 Treaties conflicting with a peremptory norm of general international law (jus cogens)

A treaty is void if, at the time of its conclusion, it conflicts with a peremptory norm of general international law. For the purposes of the present Convention, a peremptory norm of general international law is a norm accepted and recognized by the international community of States as a whole as a norm from which no derogation is permitted and which can be modified only by a subsequent norm of general international law having the same character.

제53조 일반국제법의 절대규범(강행규범)과 상충되는 조약

조약이 체결 당시 일반국제법의 절대규범과 상충되는 경우 무효이다. 이 협약의 목적상 일반국제법의 절대규범이란 어떠한 이탈도 허용되지 않으며, 동일한 성질을 가진 일반국제법의 후속 규범에 의해서만 변경될 수 있는 규범으로 국제공동체 전체가 수락하고 인정하는 규범이다.

SECTION 3. TERMINATION AND SUSPENSION OF THE OPERATION OF TREATIES

제3절 조약의 종료 및 시행정지

Article 54 Termination of or withdrawal from a treaty under its provisions or by consent of the parties

The termination of a treaty or the withdrawal of a party may take place:

(a) in conformity with the provisions of the treaty; or

(b) at any time by consent of all the parties after consultation with the other contracting States.

제54조 조약 규정 또는 당사자의 동의에 따른 조약의 종료 또는 탈퇴

다음의 경우 조약이 종료되거나 당사자가 탈퇴할 수 있다.

가. 그 조약 규정에 합치되는 경우, 또는

나. 다른 체약국과 협의한 후 모든 당사자의 동의를 얻는 경우 언제든지

Article 55 Reduction of the parties to a multilateral treaty below the number necessary for its entry into force

Unless the treaty otherwise provides, a multilateral treaty does not terminate by reason only of the fact that the number of the parties falls below the number necessary for its entry into force.

제55조 다자조약의 발효에 필요한 수 미만으로의 당사자 감소

조약이 달리 규정하지 않으면, 다자조약은 당사자 수가 발효에 필요한 수 미만으로 감소한 사실만으로 종료하지 않는다.

Article 56 Denunciation of or withdrawal from a treaty containing no provision regarding termination, denunciation or withdrawal

1. A treaty which contains no provision regarding

제56조 종료, 폐기 또는 탈퇴에 관한 규정을 포함하지 않는 조약의 폐기 또는 탈퇴

1. 종료에 관한 규정을 포함하지 않으며 폐기 또

its termination and which does not provide for denunciation or withdrawal is not subject to denunciation or withdrawal unless:

(a) it is established that the parties intended to admit the possibility of denunciation or withdrawal; or
(b) a right of denunciation or withdrawal may be implied by the nature of the treaty.

2. A party shall give not less than twelve months' notice of its intention to denounce or withdraw from a treaty under paragraph 1.

는 탈퇴도 규정하고 있지 않은 조약은, 다음의 경우에 해당되지 않으면, 폐기 또는 탈퇴의 대상이 되지 않는다.

가. 당사자가 폐기 또는 탈퇴의 가능성을 인정하고자 하였음이 증명되는 경우, 또는
나. 폐기 또는 탈퇴의 권리가 조약의 성질상 묵시적으로 인정되는 경우

2. 당사자는 제1항에 따른 조약의 폐기 또는 탈퇴 의사를 적어도 12개월 전에 통보하여야 한다.

Article 57 Suspension of the operation of a treaty under its provisions or by consent of the parties

The operation of a treaty in regard to all the parties or to a particular party may be suspended:

(a) in conformity with the provisions of the treaty; or
(b) at any time by consent of all the parties after consultation with the other contracting States.

제57조 조약 규정 또는 당사자의 동의에 의한 조약의 시행정지

다음의 경우 모든 당사자 또는 특정 당사자에 대하여 조약의 시행이 정지될 수 있다.

가. 그 조약 규정에 합치되는 경우, 또는
나. 다른 체약국과 협의한 후 모든 당사자의 동의를 얻는 경우 언제든지

Article 58 Suspension of the operation of a multilateral treaty by agreement between certain of the parties only

1. Two or more parties to a multilateral treaty may conclude an agreement to suspend the operation of provisions of the treaty, temporarily and as between themselves alone, if:

(a) the possibility of such a suspension is provided for by the treaty; or
(b) the suspension in question is not prohibited by the treaty and:
   (i) does not affect the enjoyment by the other parties of their rights under the treaty or the performance of their obligations;
   (ii) is not incompatible with the object and purpose of the treaty.

제58조 일부 당사자간만의 합의에 의한 다자조약의 시행정지

1. 다자조약의 둘 또는 그 이상의 당사자는, 다음의 경우, 그들 사이에서만 일시적으로 조약 규정의 시행을 정지시키기 위한 합의를 성립시킬 수 있다.

가. 그러한 정지 가능성이 조약에 규정되어 있는 경우, 또는
나. 해당 정지가 조약상 금지되지 않고,
   1) 다른 당사자의 조약상 권리 향유 또는 의무 이행에 영향을 주지 않으며,
   2) 그 조약의 대상 및 목적과 양립할 수 없지 않은 경우

2. Unless in a case falling under paragraph 1(a) the treaty otherwise provides, the parties in question shall notify the other parties of their intention to conclude the agreement and of those provisions of the treaty the operation of which they intend to suspend.

2. 제1항 가호에 해당하는 경우 조약이 달리 규정하지 않으면, 해당 당사자는 합의를 성립시키고자 하는 의사와 시행을 정지시키고자 하는 조약 규정을 다른 당사자에 통보한다

Article 59 Termination or suspension of the operation of a treaty implied by conclusion of a later treaty

제59조 후 조약의 체결에 의하여 묵시적으로 인정되는 조약의 종료 또는 시행정지

1. A treaty shall be considered as terminated if all the parties to it conclude a later treaty relating to the same subject-matter and:

(a) it appears from the later treaty or is otherwise established that the parties intended that the matter should be governed by that treaty; or

(b) the provisions of the later treaty are so far incompatible with those of the earlier one that the two treaties are not capable of being applied at the same time.

1. 조약의 모든 당사자가 동일한 사항에 관한 후 조약을 체결하고, 다음에 해당하는 경우, 그 조약은 종료된 것으로 간주된다.

가. 후 조약에 따라 그 사항이 규율되어야 함을 당사자가 의도하였음이 후 조약으로부터 나타나거나 달리 증명되는 경우, 또는

나. 후 조약의 규정이 전 조약의 규정과 도저히 양립하지 않아 양 조약이 동시에 적용될 수 없는 경우

2. The earlier treaty shall be considered as only suspended in operation if it appears from the later treaty or is otherwise established that such was the intention of the parties.

2. 당사자의 의사가 전 조약의 시행정지만이라는 점이 후 조약으로부터 나타나거나 달리 증명되는 경우, 전 조약은 시행만 정지되는 것으로 간주된다.

Article 60 Termination or suspension of the operation of a treaty as a consequence of its breach

제60조 조약 위반의 결과로서의 조약의 종료 또는 시행정지

1. A material breach of a bilateral treaty by one of the parties entitles the other to invoke the breach as a ground for terminating the treaty or suspending its operation in whole or in part.

1. 양자조약의 한쪽 당사자가 중대한 위반을 하는 경우 다른 쪽 당사자는 그 조약을 종료하거나 그 시행을 전부 또는 일부 정지시키기 위한 사유로 그 위반을 원용할 수 있는 권리를 갖는다.

2. A material breach of a multilateral treaty by one of the parties entitles:

(a) the other parties by unanimous agreement to suspend the operation of the treaty in whole or in part or to terminate it either:

2. 다자조약의 어느 당사자가 중대한 위반을 하는 경우, 관계 당사자는 다음의 권리를 갖는다.

가. 다른 당사자가 전원일치의 합의로

(i) in the relations between themselves and the defaulting State, or
(ii) as between all the parties;

1) 다른 당사자와 의무불이행국 간의 관계에서, 또는
2) 모든 당사자 간에
그 조약의 전부 또는 일부의 시행을 정지시키거나 그 조약을 종료시킬 권리

(b) a party specially affected by the breach to invoke it as a ground for suspending the operation of the treaty in whole or in part in the relations between itself and the defaulting State;

나. 위반에 의하여 특별히 영향을 받는 당사자가 자신과 의무불이행국 간의 관계에서 그 조약의 전부 또는 일부의 시행을 정지시키기 위한 사유로 그 위반을 원용할 수 있는 권리

(c) any party other than the defaulting State to invoke the breach as a ground for suspending the operation of the treaty in whole or in part with respect to itself if the treaty is of such a character that a material breach of its provisions by one party radically changes the position of every party with respect to the further performance of
its obligations under the treaty.

다. 어느 당사자에 의한 조약 규정의 중대한 위반이 그 조약상 의무의 향후 이행에 관한 모든 당사자의 입장을 근본적으로 변경시키는 성격의 조약인 경우, 의무불이행국 이외의 당사자가 자신에 관하여 그 조약의 전부 또는 일부의 시행을 정지시키기 위한 사유로서 그 위반을 원용할 수 있는 권리

3. A material breach of a treaty, for the purposes of this article, consists in:
(a) a repudiation of the treaty not sanctioned by the present Convention; or
(b) the violation of a provision essential to the accomplishment of the object or purpose of the treaty.

3. 이 조의 목적상, 다음의 경우는 조약의 중대한 위반에 해당한다.
가. 이 협약에서 허용되지 않는 조약의 이행거부, 또는
나. 조약의 대상 또는 목적 달성에 필수적인 규정의 위반

4. The foregoing paragraphs are without prejudice to any provision in the treaty applicable in the event of a breach.

4. 위의 각 항은 위반 시 적용될 수 있는 조약상의 어떠한 규정도 침해하지 않는다.

5. Paragraphs 1 to 3 do not apply to provisions relating to the protection of the human person contained in treaties of a humanitarian character, in particular to provisions prohibiting any form of reprisals against persons
protected by such treaties.

5. 제1항부터 제3항까지의 조항은 인도적 성격의 조약에 포함된 인신보호에 관한 규정, 특히 그러한 조약에 따라 보호를 받는 사람에 대한 어떠한 형태의 복구도 금지하는 규정에는 적용되지 않는다.

Article 61 Supervening impossibility of performance

1. A party may invoke the impossibility of performing a treaty as a ground for terminating or withdrawing from it if the impossibility results from the permanent disappearance or destruction of an object indispensable for
the execution of the treaty. If the impossibility is temporary, it may be invoked only as a ground for suspending the operation of the treaty.

2. Impossibility of performance may not be invoked by a party as a ground for terminating, withdrawing from or suspending the operation of a treaty if the impossibility is the result of a breach by that party either of an obligation under the treaty or of any other international obligation owed to any other party to the treaty.

Article 62 Fundamental change of circumstances

1. A fundamental change of circumstances which has occurred with regard to those existing at the time of the conclusion of a treaty, and which was not foreseen by the parties, may not be invoked as a ground for terminating or withdrawing from the treaty unless:

(a) the existence of those circumstances constituted an essential basis of the consent of the parties to be bound by the treaty; and

(b) the effect of the change is radically to transform the extent of obligations still to be performed under the treaty.

2. A fundamental change of circumstances may not be invoked as a ground for terminating or withdrawing from a treaty:

(a) if the treaty establishes a boundary; or
(b) if the fundamental change is the result of a

제61조 후발적 이행불능

1. 조약의 이행불능이 그 조약 이행에 불가결한 대상의 영구적 소멸 또는 파괴로 인한 경우, 당사자는 조약을 종료시키거나 탈퇴하기 위한 사유로 이행불능을 원용할 수 있다. 이행불능이 일시적인 경우에는 조약의 시행정지를 위한 사유로만 원용될 수 있다.

2. 이행불능이 이를 원용하려는 당사자에 의한 조약상 의무나 그 조약의 다른 당사자에 대하여 지고 있는 그 밖의 국제의무 위반의 결과인 경우, 이행불능은 조약의 종료, 탈퇴 또는 시행정지를 위한 사유로 그 당사자에 의하여 원용될 수 없다.

제62조 사정의 근본적 변경

1. 다음 경우에 해당되지 않으면, 조약 체결 당시 존재한 사정과 관련하여 발생하였고, 당사자가 예견하지 못한 사정의 근본적 변경은 조약의 종료 또는 탈퇴를 위한 사유로 원용될 수 없다.

가. 그러한 사정의 존재가 조약에 대한 당사자의 기속적 동의의 필수적 기초를 구성하였으며,

나. 변경의 효과로 조약에 따라 계속 이행되어야 할 의무의 범위가 근본적으로 변화되는 경우

2. 다음의 경우에는 사정의 근본적 변경이 조약의 종료 또는 탈퇴 사유로 원용될 수 없다.

가. 조약이 경계선을 확정하는 경우, 또는
나. 근본적 변경이 이를 원용하는 당사자에 의한

breach by the party invoking it either of an obligation under the treaty or of any other international obligation owed to any other party to the treaty.

조약상 의무나 그 조약의 다른 당사자에 대하여 지고 있는 그 밖의 국제의무 위반의 결과인 경우

3. If, under the foregoing paragraphs, a party may invoke a fundamental change of circumstances as a ground for terminating or withdrawing from a treaty it may also invoke the change as a ground for suspending the operation of the treaty.

3. 위의 각 항에 따라 당사자가 조약의 종료 또는 탈퇴 사유로 사정의 근본적 변경을 원용할 수 있는 경우, 당사자는 그러한 변경을 조약의 시행정지 사유로도 원용할 수 있다.

Article 63 Severance of diplomatic or consular relations

제63조 외교 또는 영사 관계의 단절

The severance of diplomatic or consular relations between parties to a treaty does not affect the legal relations established between them by the treaty except in so far as the existence of diplomatic or consular relations is indispensable for the application of the treaty.

외교 또는 영사 관계의 존재가 조약 적용에 불가결한 경우를 제외하고, 조약 당사자 간의 외교 또는 영사 관계의 단절은 그 조약에 따라 당사자 간 확립된 법률관계에 영향을 주지 않는다.

Article 64 Emergence of a new peremptory norm of general international law (jus cogens)

제64조 일빈국제법상 새로운 절대규범(강행규범)의 출현

If a new peremptory norm of general international law emerges, any existing treaty which is in conflict with that norm becomes void and terminates.

일반국제법상 새로운 절대규범이 출현하는 경우, 그 규범과 충돌하는 기존 조약은 무효로 되어 종료한다.

SECTION 4. PROCEDURE

제4절 절차

Article 65 Procedure to be followed with respect to invalidity, termination, withdrawal from or suspension of the operation of a treaty

제65조 조약의 무효, 종료, 탈퇴 또는 시행정지에 관하여 따라야 할 절차

1. A party which, under the provisions of the present Convention, invokes either a defect in its consent to be bound by a treaty or a ground for impeaching the validity of a treaty, terminating it, withdrawing from it or suspending its operation, must notify the other par-

1. 이 협약의 규정에 따라 조약에 대한 자신의 기속적 동의 상의 흠결을 원용하거나, 조약의 유효성을 부정하거나 조약을 종료시키거나 조약으로부터 탈퇴하거나 그 시행을 정지시키기 위한 사유를 원용하는 당사자는 다른 당사자에게 자신의 주장을 통보하여야 한다. 통보에는 그 조약에 관하여 취하

ties of its claim. The notification shall indicate the measure proposed to be taken with respect to the treaty and the reasons therefor.

고자 제의하는 조치와 그 이유를 적시한다.

2. If, after the expiry of a period which, except in cases of special urgency, shall not be less than three months after the receipt of the notification, no party has raised any objection, the party making the notification may carry out in the manner provided in article 67 the measure which it has proposed.

2. 특별히 긴급한 경우를 제외하고, 통보를 접수한 후 적어도 3개월의 기간이 만료될 때까지 어느 당사자도 이의를 제기하지 않은 경우, 통보를 한 당사자는 제67조에 규정된 방법으로 자신이 제의한 조치를 실행할 수 있다.

3. If, however, objection has been raised by any other party, the parties shall seek a solution through the means indicated in article 33 of the Charter of the United Nations.

3. 다만, 다른 당사자가 이의를 제기한 경우, 당사자는 「국제연합헌장」 제33조에 열거된 수단을 통해 해결을 도모한다.

4. Nothing in the foregoing paragraphs shall affect the rights or obligations of the parties under any provisions in force binding the parties with regard to the settlement of disputes.

4. 위의 어떠한 항도 분쟁 해결에 관하여 당사자를 구속하는 유효한 규정에 따른 당사자의 권리 또는 의무에 영향을 주지 않는다..

5. Without prejudice to article 45, the fact that a State has not previously made the notification prescribed in paragraph 1 shall not prevent it from making such notification in answer to another party claiming performance of the treaty or alleging its violation.

5. 제45조를 침해함이 없이, 어느 국가가 사전에 제1항에 규정된 통보를 하지 않은 사실은, 조약 이행을 요구하거나 조약 위반을 주장하는 다른 당사자에 대한 답변으로서 그 국가가 그러한 통보를 하는 것을 방해하지 않는다.

Article 66 Procedures for judicial settlement, arbitration and conciliation

제66조 사법적 해결, 중재 및 조정을 위한 절차

If, under paragraph 3 of article 65, no solution has been reached within a period of 12 months following the date on which the objection was raised, the following procedures shall be followed:

이의가 제기된 일자로부터 12개월의 기간 내에 제65조제3항에 따른 해결에 이르지 못한 경우, 다음의 절차가 진행된다.

(a) any one of the parties to a dispute concerning the application or the interpretation of articles 53 or 64 may, by a written application, submit it to the International Court of Justice for a decision unless the parties by common consent agree to submit the dispute to arbitration;

가. 제53조 또는 제64조의 적용이나 해석에 관한 분쟁의 어느 한쪽 당사자는, 당사자들이 공동으로 동의하여 분쟁을 중재에 회부하기로 합의하지 않으면, 결정을 위하여 서면 신청으로 분쟁을 국제사법재판소에 회부할 수 있다.

(b) any one of the parties to a dispute concerning the application or the interpretation of any of the other articles in Part V of the present Convention may set in motion the procedure specified in the Annex to the Convention by submitting a request to that effect to the Secretary-General of the United Nations.

나. 이 협약 제5부의 다른 조의 적용이나 해석에 관한 분쟁의 어느 한쪽 당사자는 협약 부속서에 명시된 절차를 개시하겠다는 취지의 요청서를 국제연합 사무총장에게 제출함으로써 그러한 절차를 개시할 수 있다.

Article 67 Instruments for declaring invalid, terminating, withdrawing from or suspending the operation of a treaty

1. The notification provided for under article 65 paragraph 1 must be made in writing.

2. Any act declaring invalid, terminating, withdrawing from or suspending the operation of a treaty pursuant to the provisions of the treaty or of paragraphs 2 or 3 of article 65 shall be carried out through an instrument
communicated to the other parties. If the instrument is not signed by the Head of State, Head of Government or Minister for Foreign Affairs, the representative of the State communicating it may be called upon to produce full powers.

제67조 조약의 무효선언, 종료, 탈퇴 또는 시행정지를 위한 문서

1. 제65조제1항에 따라 규정된 통보는 서면으로 해야 한다.

2. 조약 규정이나 제65조제2항 또는 제3항의 규정에 따른 그 조약의 무효선언, 종료, 탈퇴 또는 시행정지에 관한 행위는 다른 당사자에 전달되는 문서를 통하여 실시된다. 이 문서가 국가원수, 정부수반 또는 외교장관에 의하여 서명되지 않은 경우에는 이를 전달하는 국가 내표에게 전권위임장의 제시를 요구할 수 있다.

Article 68 Revocation of notifications and instruments provided for in articles 65 and 67

A notification or instrument provided for in articles 65 or 67 may be revoked at any time before it takes effect.

제68조 제65조 및 제67조에 규정된 통보와 문서의 철회

제65조 또는 제67조에 규정된 통보 또는 문서는 그 효력이 발생되기 전 언제든지 철회될 수 있다.

SECTION 5. CONSEQUENCES OF THE INVALIDITY,

제5절 조약의 무효, 종료 또는 시행정지의 효과

Article 69 Consequences of the invalidity of a treaty

1. A treaty the invalidity of which is established under the present Convention is void. The provisions of a void treaty have no legal force.

제69조 조약 무효의 효과

1. 이 협약에 따라 무효로 확정된 조약은 효력이 없다. 무효인 조약의 규정은 법적 효력이 없다.

2. If acts have nevertheless been performed in reliance on such a treaty:

(a) each party may require any other party to establish as far as possible in their mutual relations the position that would have existed if the acts had not been performed;

(b) acts performed in good faith before the invalidity was invoked are not rendered unlawful by reason only of the invalidity of the treaty.

3. In cases falling under articles 49, 50, 51 or 52, paragraph 2 does not apply with respect to the party to which the fraud, the act of corruption or the coercion is imputable.

4. In the case of the invalidity of a particular State's consent to be bound by a multilateral treaty, the foregoing rules apply in the relations between that State and the parties to the treaty.

2. 다만 그러한 조약에 따라 행위가 이행된 경우,

가. 각 당사자는 그 행위가 이행되지 않았더라면 존재하였을 상태를 당사자 상호관계에서 가능한 한 확립하도록 다른 당사자에게 요구할 수 있다.

나. 무효가 원용되기 전에 신의에 좇아 성실하게 이행된 행위는 그 조약의 무효만을 이유로 위법이 되지 않는다.

3. 제49조, 제50조, 제51조 또는 제52조에 해당하는 경우, 기만, 부정행위 또는 강박의 책임이 귀속되는 당사자에 대하여는 제2항이 적용되지 않는다.

4. 다자조약에 대한 특정 국가의 기속적 동의가 무효인 경우, 위 규칙들은 그 국가와 그 조약의 당사자 간의 관계에 적용된다.

Article 70 Consequences of the termination of a treaty

1. Unless the treaty otherwise provides or the parties otherwise agree, the termination of a treaty under its provisions or in accordance with the present Convention:

(a) releases the parties from any obligation further to perform the treaty;

(b) does not affect any right, obligation or legal situation of the parties created through the execution of the treaty prior to its termination.

2. If a State denounces or withdraws from a multilateral treaty, paragraph 1 applies in the relations between that State and each of the other parties to the treaty from the date when such denunciation or withdrawal takes effect.

제70조 조약 종료의 효과

1. 조약이 달리 규정하거나 당사자가 달리 합의하는 경우를 제외하고, 조약 규정 또는 이 협약에 따른 조약의 종료는 다음의 효과를 가져온다.

가. 당사자에 대하여 향후 그 조약을 이행할 의무를 해제한다.

나. 조약이 종료되기 전에 그 시행으로 발생한 당사자의 권리, 의무 또는 법적 상황에 영향을 주지 않는다.

2. 국가가 다자조약을 폐기하거나 탈퇴하는 경우, 그 폐기 또는 탈퇴의 효력이 발생하는 일자부터 그 국가와 조약의 다른 각 당사자 간의 관계에서는 제1항이 적용된다.

Article 71 Consequences of the invalidity of a treaty which conflicts with a peremptory norm of general international law

1. In the case of a treaty which is void under article 53 the parties shall:

(a) eliminate as far as possible the consequences of any act performed in reliance on any provision which conflicts with the peremptory norm of general international law; and

(b) bring their mutual relations into conformity with the peremptory norm of general international law.

2. In the case of a treaty which becomes void and terminates under article 64, the termination of the treaty:

(a) releases the parties from any obligation further to perform the treaty;

(b) does not affect any right, obligation or legal situation of the parties created through the execution of the treaty prior to its termination; provided that those rights, obligations or situations may thereafter be maintained only to the extent that their maintenance is not in itself in conflict with the new peremptory norm of general international law.

제71조 일반국제법의 절대규범과 충돌하는 조약의 무효의 효과

1. 제53조에 따라 무효인 조약의 경우, 당사자는 다음의 조치를 취한다.

가. 일반국제법의 절대규범과 충돌하는 규정에 따라 이행된 행위의 효과를 가능한 한 제거하며,

나. 당사자의 상호관계가 일반국제법의 절대규범과 합치되도록 한다.

2. 제64조에 따라 무효로 되어 종료되는 조약의 경우, 그 조약의 종료는 다음의 효과를 가져온다.

가. 당사자에 대하여 향후 그 조약을 이행할 의무를 해제한다.

나. 조약이 종료되기 전에 그 시행으로 발생한 당사자의 권리, 의무 또는 법적 상황에 영향을 주지 않는다. 다만, 그러한 권리, 의무 또는 상황은 그 유지 자체가 일반국제법의 새로운 절대규범과 충돌하지 않는 범위 내에서만 이후에도 유지될 수 있다.

Article 72 Consequences of the suspension of the operation of a treaty

1. Unless the treaty otherwise provides or the parties otherwise agree, the suspension of the operation of a treaty under its provisions or in accordance with the present Convention:

(a) releases the parties between which the operation of the treaty is suspended from the obligation to perform the treaty in their mutual relations during the period of the suspension;

제72조 조약 시행정지의 효과

1. 조약이 달리 규정하거나 당사자가 달리 합의하는 경우를 제외하고, 조약 규정 또는 이 협약에 따른 조약의 시행정지는 다음의 효과를 가져온다.

가. 조약의 시행이 정지된 당사자 간에는 정지기간 동안 그들 상호관계에서 조약 이행 의무가 해제된다.

(b) does not otherwise affect the legal relations between the parties established by the treaty.

나. 조약에 따라 확립된 당사자 간의 법적 관계에 달리 영향을 주지 않는다.

2. During the period of the suspension the parties shall refrain from acts tending to obstruct the resumption of the operation of the treaty.

2. 시행정지기간 동안 당사자는 그 조약의 시행 재개를 방해하게 되는 행위를 삼간다.

PART VI MISCELLANEOUS PROVISIONS

제6부 잡칙

Article 73 Cases of State succession, State responsibility and outbreak of hostilities

The provisions of the present Convention shall not prejudge any question that may arise in regard to a treaty from a succession of States or from the international responsibility of a State or from the outbreak of hostilities between States.

제73조 국가승계, 국가책임 및 적대행위 발발의 경우

이 협약의 규정은 국가승계, 국가의 국제책임 또는 국가 간 적대행위의 발발로부터 조약에 관하여 발생할 수 있는 어떠한 문제도 예단하지 않는다.

Article 74 Diplomatic and consular relations and the conclusion of treaties

The severance or absence of diplomatic or consular relations between two or more States does not prevent the conclusion of treaties between those States. The conclusion of a treaty does not in itself affect the situation in regard to diplomatic or consular relations.

제74조 외교 및 영사관계와 조약의 체결

둘 또는 그 이상의 국가 간 외교 또는 영사관계의 단절이나 부재는 그러한 국가 간의 조약체결을 방해하지 않는다. 조약의 체결은 그 자체로 외교 또는 영사관계에 관련된 상황에 영향을 주지 않는다.

Article 75 Case of an aggressor State

The provisions of the present Convention are without prejudice to any obligation in relation to a treaty which may arise for an aggressor State in consequence of measures taken in conformity with the Charter of the United Nations with reference to that State's aggression.

제75조 침략국의 경우

이 협약의 규정은 침략국의 침략에 관하여 「국제연합헌장」과 합치되게 취해진 조치의 결과로서 침략국에 대하여 발생할 수 있는 조약과 관련된 어떠한 의무에도 영향을 미치지 않는다.

PART VII DEPOSITARIES, NOTIFICATIONS, CORRECTIONS AND REGISTRATION

제7부 기탁처, 통보, 정정 및 등록

Article 76 Depositaries of treaties

1. The designation of the depositary of a treaty may be made by the negotiating States, either in the treaty itself or in some other manner. The depositary may be one or more States, an international organization or the chief administrative officer of the organization.

2. The functions of the depositary of a treaty are international in character and the depositary is under an obligation to act impartially in their performance. In particular, the fact that a treaty has not entered into force between certain of the parties or that a difference has appeared between a State and a depositary with regard to the performance of the latter's functions shall not affect that obligation.

제76조 조약의 기탁처

1. 조약의 기탁처는 교섭국이 조약 그 자체에 또는 그 밖의 방법으로 지정될 수 있다. 기탁처는 하나 또는 그 이상의 국가, 국제기구 또는 국제기구의 최고행정책임자로 할 수 있다.

2. 조약 기탁처의 임무는 국제적 성격을 지니며, 기탁처는 그 임무 수행에 있어서 공정하게 행동할 의무를 진다. 특히, 조약이 일부 당사자 간에 발효하지 않았거나 기탁처의 임무 수행에 관하여 국가와 기탁처 간에 견해 차이가 발생한 사실은 그러한 의무에 영향을 주지 않는다.

Article 77 Functions of depositaries

1. The functions of a depositary, unless otherwise provided in the treaty or agreed by the contracting States, comprise in particular:

(a) keeping custody of the original text of the treaty and of any full powers delivered to the depositary;

(b) preparing certified copies of the original text and preparing any further text of the treaty in such additional languages as may be required by the treaty and transmitting them to the parties and to the States entitled to become parties to the treaty;

(c) receiving any signatures to the treaty and receiving and keeping custody of any instruments, notifications and communications relating to it;

(d) examining whether the signature or any instrument, notification or communication relat-

제77조 기탁처의 임무

1. 조약에 달리 규정되어 있거나 체약국이 달리 합의하는 경우를 제외하고, 기탁처의 임무는 특히 다음으로 구성된다.

가. 기탁처에 송달된 조약 및 전권위임장의 원본을 보관한다.

나. 원본의 인증등본을 작성하고, 조약상 요구되는 추가 언어로 조약문을 작성하며, 조약의 당사자와 당사자가 될 수 있는 권리를 가진 국가에게 이를 전달한다.

다. 조약에 대한 서명을 접수하며, 조약에 관련된 문서, 통보 및 전달사항을 접수하고 보관한다.

라. 서명 또는 조약에 관련된 문서, 통보 또는 전달사항이 적절한 형식으로 되어 있는지 여부

ing to the treaty is in due and proper form and, if need be, bringing the matter to the attention of the State in question;

(e) informing the parties and the States entitled to become parties to the treaty of acts, notifications and communications relating to the treaty;

(f) informing the States entitled to become parties to the treaty when the number of signatures or of instruments of ratification, acceptance, approval or accession required for the entry into force of the treaty has been received or deposited;

(g) registering the treaty with the Secretariat of the United Nations;

(h) performing the functions specified in other provisions of the present Convention.

2. In the event of any difference appearing between a State and the depositary as to the performance of the latter's functions, the depositary shall bring the question to the attention of the signatory States and the contracting States or, where appropriate, of the competent organ of the international organization concerned.

를 검토하고, 필요한 경우 그 사항에 대하여 해당 국가의 주의를 환기한다.

마. 조약의 당사자 및 당사자가 될 수 있는 권리를 가진 국가에 대하여 그 조약과 관련된 행위, 통보 및 전달사항을 통지한다.

바. 조약 발효에 필요한 수의 서명 또는 비준서, 수락서, 승인서 또는 가입서가 접수되거나 기탁되는 경우, 조약의 당사자가 될 수 있는 권리를 가진 국가에게 통지한다.

사. 국제연합 사무국에 조약을 등록한다.

아. 이 협약의 다른 규정에 명시된 임무를 수행한다.

2. 기탁처의 임무 수행에 관하여 국가와 기탁처 간에 견해 차이가 발생하는 경우, 기탁처는 그 문제에 대하여 서명국과 체약국 또는 적절한 경우 관련 국제기구의 권한 있는 기관의 주의를 환기한다.

Article 78 Notifications and communications

Except as the treaty or the present Convention otherwise provide, any notification or communication to be made by any State under the present Convention shall:

(a) if there is no depositary, be transmitted direct to the States for which it is intended, or if there is a depositary, to the latter;

(b) be considered as having been made by the State in question only upon its receipt by the State to which it was transmitted or, as the case may be, upon its receipt by the depositary;

제78조 통보 및 전달사항

조약 또는 이 협약이 달리 규정하는 경우를 제외하고, 이 협약에 따라 국가가 행하는 통보 또는 전달사항은 다음과 같이 취급된다.

가. 기탁처가 없는 경우 이를 받을 국가에 직접 전달되며, 기탁처가 있는 경우에는 기탁처에게 전달된다.

나. 전달 대상 국가가 이를 접수한 경우나 사정에 따라서는 기탁처가 접수한 경우에만 해당 국가가 이를 전달한 것으로 간주된다.

(c) if transmitted to a depositary, be considered as received by the State for which it was intended only when the latter State has been informed by the depositary in accordance with article 77, paragraph 1 (e).

다. 기탁처에 전달된 경우, 전달 대상 국가가 제77조제1항마호에 따라 기탁처로부터 통지받았을 때에만 그 국가에 접수된 것으로 간주된다.

Article 79 Correction of errors in texts or in certified copies of treaties

第79조 조약문 또는 인증등본상 오류 정정

1. Where, after the authentication of the text of a treaty, the signatory States and the contracting States are agreed that it contains an error, the error shall, unless they decide upon some other means of correction, be corrected:

1. 조약문의 정본인증 후 서명국 및 체약국이 조약문에 오류가 있다고 합의하는 경우, 그들이 다른 정정방법을 결정하지 않으면, 오류는 다음에 따라 정정된다.

(a) by having the appropriate correction made in the text and causing the correction to be initialled by duly authorized representatives;
(b) by executing or exchanging an instrument or instruments setting out the correction which it has been agreed to make; or
(c) by executing a corrected text of the whole treaty by the same procedure as in the case of the original text.

가. 조약문에 적절한 정정을 가하고, 정당하게 권한을 위임받은 대표가 그 정정에 가서명하도록 하는 방법
나. 합의된 정정을 기재한 하나 또는 그 이상의 문서를 작성하거나 이를 교환하는 방법, 또는
다. 원본의 경우와 동일한 절차에 의하여 조약 전체의 정정본을 작성하는 방법

2. Where the treaty is one for which there is a depositary, the latter shall notify the signatory States and the contracting States of the error and of the proposal to correct it and shall specify an appropriate time limit within which objection to the proposed correction may be raised. If, on the expiry of the time-limit:

2. 기탁처가 있는 조약의 경우, 기탁처는 서명국 및 체약국에게 착오와 그 정정안을 통보하며 정정안에 대하여 이의를 제기할 수 있는 적절한 기한을 명시한다. 그 기한이 만료되면 다음 조치를 취한다.

(a) no objection has been raised, the depositary shall make and initial the correction in the text and shall execute a proces-verbal of the rectification of the text and communicate a copy of it to the parties and to the States entitled to become parties to the treaty;
(b) an objection has been raised, the depositary shall communicate the objection to the signatory States and to the contracting States.

가. 이의가 제기되지 않은 경우, 기탁처는 조약문에 정정을 가하고 이에 가서명하며, 정정조서를 작성하여 그 사본을 조약 당사자 및 당사자가 될 수 있는 권리를 가진 국가에게 전달한다.
나. 이의가 제기된 경우, 기탁처는 그 이의를 서명국 및 체약국에 전달한다.

3. The rules in paragraphs 1 and 2 apply also where the text has been authenticated in two or more languages and it appears that there is a lack of concordance which the signatory States and the contracting States agree should be corrected.

3. 제1항 및 제2항의 규칙은 조약문이 둘 또는 그 이상의 언어로 정본인증되고, 서명국 및 체약국들이 정정되어야 한다고 합의하는 언어 간의 불합치가 있다고 보여지는 경우에도 적용된다.

4. The corrected text replaces the defective text ab initio, unless the signatory States and the contracting States otherwise decide.

4. 서명국 및 체약국이 달리 결정하지 않으면, 정정본은 처음부터 흠결본을 대체한다.

5. The correction of the text of a treaty that has been registered shall be notified to the Secretariat of the United Nations.

5. 등록된 조약문의 정정은 국제연합 사무국에 통보된다.

6. Where an error is discovered in a certified copy of a treaty, the depositary shall execute a proces-verbal specifying the rectification and communicate a copy of it to the signatory States and to the contracting Slates.

6. 조약의 인증등본에서 오류가 발견되는 경우, 기탁처는 정정을 명시하는 조서를 작성하여 그 사본을 서명국 및 체약국에 전달한다.

Article 80 Registration and publication of treaties

1. Treaties shall, after their entry into force, be transmitted to the Secretariat of the United Nations for registration or filing and recording, as the case may be, and for publication.

2. The designation of a depositary shall constitute authorization for it to perform the acts specified in the preceding paragraph.

제80조 조약의 등록 및 발간

1. 조약은 발효 후 경우에 따라 등록 또는 편철과 기록을 위하여 또한 발간을 위하여 국제연합 사무국에 전달된다.

2. 기탁처의 지정은 전항에 명시된 행위를 이행할 수 있는 권한을 기탁처에 부여하게 된다.

PART VIII FINAL PROVISIONS

제8부 최종조항

Article 81 Signature

The present Convention shall be open for signature by all States Members of the United Nations or of any of the specialized agencies or of the International Atomic Energy Agency or parties to the Statute of the International Court of Justice, and by any other State invited by the General Assembly

제81조 서명

이 협약은 국제연합, 전문기구 또는 국제원자력기구의 모든 회원국, 국제사법재판소 규정 당사자 및 국제연합총회로부터 이 협약의 당사자가 되도록 초청받은 그 밖의 국가가 다음과 같이 서명할 수 있다. 1969년 11월 30일까지는 오스트리아 공화국의 연방 외교부에서 그리고 그 이후 1970년 4월 30일

of the United Nations to become a party to the Convention, as follows: until 30 November 1969, at the Federal Ministry for Foreign Affairs of the Republic of Austria, and subsequently, until 30 April 1970, at United Nations Headquarters, New York.

까지는 뉴욕에 있는 국제연합 본부에서 서명할 수 있다.

Article 82 Ratification

The present Convention is subject to ratification. The instruments of ratification shall be deposited with the Secretary-General of the United Nations.

제82조 비준

이 협약은 비준의 대상이 된다. 비준서는 국제연합 사무총장에게 기탁된다.

Article 83 Accession

The present Convention shall remain open for accession by any State belonging to any of the categories mentioned in article 81. The instruments of accession shall be deposited with the Secretary-General of the United Nations.

제83조 가입

제81조에 언급된 범주 중 어느 하나에 속하는 어느 국가도 이 협약에 가입할 수 있다. 가입서는 국제연합 사무총장에게 기탁된다.

Article 84 Entry into force

1. The present Convention shall enter into force on the thirtieth day following the date of deposit of the thirty-fifth instrument of ratification or accession.

2. For each State ratifying or acceding to the Convention after the deposit of the thirty-fifth instrument of ratification or accession, the Convention shall enter into force on the thirtieth day after deposit by such State of its instrument of ratification or accession.

제84조 발효

1. 이 협약은 35번째의 비준서 또는 가입서가 기탁된 날 후 30일째 되는 날에 발효한다.

2. 35번째 비준서 또는 가입서가 기탁된 후에 이 협약을 비준하거나 이에 가입하는 각 국가에 대하여, 이 협약은 해당 국가가 비준서 또는 가입서를 기탁한 후 30일째 되는 날에 발효한다.

Article 85 Authentic texts

The original of the present Convention, of which the Chinese, English, French, Russian and Spanish texts are equally authentic, shall be deposited with the Secretary-General of the United Nations.

제85조 정본

중국어, 영어, 프랑스어, 러시아어 및 스페인어본이 동등하게 정본인 이 협약의 원본은 국제연합 사무총장에게 기탁된다.

IN WITNESS WHEREOF the undersigned Plenipotentiaries, being duly authorized thereto by their respective Governments, have signed the present Convention. DONE at Vienna, this twenty-third day of May, one thousand nine hundred and sixty-nine.

이상의 증거로, 아래 서명한 전권대표는 각자의 정부로부터 정당하게 권한을 위임받아 이 협약에 서명하였다.

1969년 5월 23일 비엔나에서 작성되었다.

ANNEX

1. A list of conciliators consisting of qualified jurists shall be drawn up and maintained by the Secretary-General of the United Nations. To this end, every State which is a Member of the United Nations or a party to the present Convention shall be invited to nominate two conciliators, and the names of the persons so nominated shall constitute the list. The term of a conciliator, including that of any conciliator nominated to fill a casual vacancy, shall be five years and may be renewed. A conciliator whose term expires shall continue to fulfil any function for which he shall have been chosen under the following paragraph.

2. When a request has been made to the Secretary-General under article 66, the Secretary-General shall bring the dispute before a conciliation commission constituted as follows: The State or States constituting one of the parties to the dispute shall appoint:

(a) one conciliator of the nationality of that State or of one of those States, who may or may not be chosen from the list referred to in paragraph 1; and

(b) one conciliator not of the nationality of that State or of any of those States, who shall be chosen from the list.

The State or States constituting the other party to the dispute shall appoint two conciliators in the same way. The four conciliators chosen by the parties shall be appointed within sixty days following the date on which the Secretary-General receives the request. The four conciliators shall, within sixty days following the date of the last of their own appointments, appoint a fifth conciliator chosen from the list, who shall be chairman. If the appointment

부속서

1. 국제연합 사무총장은 자격 있는 법률가로 구성되는 조정위원 명부를 작성하여 유지한다. 국제연합의 회원국 또는 이 협약의 당사자인 모든 국가는 이러한 목적에서 2명의 조정위원을 지명하도록 초청받으며, 이렇게 지명된 인사의 명단은 그 명부에 포함된다. 불시의 공석을 채우기 위하여 지명된 조정위원의 경우를 포함하여, 조정위원의 임기는 5년이며 연임될 수 있다. 임기가 만료되는 조정위원은 다음 각 항에 따라 그가 선임된 목적상의 직무를 계속 수행한다.

2. 제66조에 따라 국제연합 사무총장에게 요청이 제기된 경우, 사무총장은 다음과 같이 구성되는 조정위원회에 분쟁을 회부한다.

분쟁의 일방 당사자를 구성하는 하나 또는 그 이상의 국가는 다음과 같이 임명한다.

가. 국가 또는 그 국가들 중 어느 한 국가의 국적을 가진 1명의 조정위원. 다만 그는 제1항에 언급된 명부에서 선임될 수도 있고, 아닐 수도 있다. 또한

나. 그 명부에서 선임되는 사람으로서 국가 또는 그 국가들 중 어느 한 국가의 국적을 갖지 않은 1명의 조정위원

분쟁의 타방 당사자를 구성하는 하나 또는 그 이상의 국가는 동일한 방법으로 2명의 조정위원을 임명한다. 당사자가 선임하는 4명의 조정위원은 사무총장이 요청받은 날 후 60일 이내에 임명된다.

4명의 조정위원은 그들 중 마지막으로 임명받은 사람의 임명일 후 60일 이내에 위 명부에서 제5의 조정위원을 선임하여 임명하고, 그가 조정위원장이 된다.

위원장 또는 다른 조정위원이 위 지정된 임명기간

of the chairman or of any of the other conciliators has not been made within the period prescribed above for such appointment, it shall be made by the Secretary-General within sixty days following the expiry of that period. The appointment of the chairman may be made by the Secretary-General either from the list or from the membership of the International Law Commission. Any of the periods within which appointments must be made may be extended by agreement between the parties to the dispute. Any vacancy shall be filled in the manner prescribed for the initial appointment.

내에 임명되지 않은 경우, 그 기간 만료 후 60일 이내에 사무총장이 임명한다. 위원장은 위 명부 또는 국제법위원회의 위원 중에서 사무총장이 임명할 수 있다. 임명기간은 분쟁당사자 간 합의로 연장될 수 있다.

공석은 최초의 임명에 관하여 지정된 방법으로 채워진다.

3. The Conciliation Commission shall decide its own procedure. The Commission, with the consent of the parties to the dispute, may invite any party to the treaty to submit to it its views orally or in writing. Decisions and recommendations of the Commission shall be made by a majority vote of the five members.

3. 조정위원회는 자체의 절차를 결정한다. 위원회는 분쟁당사자의 동의를 얻어 조약의 어느 당사자에 대하여도 그 견해를 구두 또는 서면으로 위원회에 제출하도록 요청할 수 있다.

위원회의 결정 및 권고는 5인으로 된 구성원의 다수결에 의한다.

4. The Commission may draw the attention of the parties to the dispute to any measures which might facilitate an amicable settlement.

4. 위원회는 우호적 해결을 촉진할 수 있는 조치에 대하여 분쟁당사자의 주의를 환기할 수 있다.

5. The Commission shall hear the parties, examine the claims and objections, and make proposals to the parties with a view to reaching an amicable settlement of the dispute.

5. 위원회는 당사자의 의견을 청취하고, 청구와 이의를 심사하며, 분쟁의 우호적 해결에 도달하기 위하여 당사자에 제안한다.

6. The Commission shall report within twelve months of its constitution. Its report shall be deposited with the Secretary-General and transmitted to the parties to the dispute. The report of the Commission, including any conclusions stated therein regarding the facts or questions of law, shall not be binding upon the parties and it shall have no other character than that of recommendations submitted for the consideration of the parties in order to facilitate an amicable settlement of the dispute.

6. 위원회는 그 구성 후 12개월 이내에 보고한다. 그 보고서는 사무총장에게 기탁되며 분쟁당사자에 전달된다. 사실관계 또는 법적 문제에 관하여 위원회의 보고서에 기술된 결론을 포함한 위원회의 보고서는 분쟁당사자를 구속하지 않으며, 분쟁의 우호적 해결을 촉진하기 위하여 분쟁당사자의 고려를 위해 제출된 권고 이외의 다른 성격을 갖지 않는다.

7. The Secretary-General shall provide the Commission with such assistance and facilities as it may require. The expenses of the Commission shall be borne by the United Nations.

7. 사무총장은 위원회가 필요로 하는 협조와 편의를 위원회에 제공한다. 위원회의 경비는 국제연합이 부담한다.

4. 국제위법행위에 대한 국가책임규정 초안

Draft Articles on Responsibility of States for Internationally Wrongful Acts

국제위법행위에 대한 국가책임 초안[1]

PART ONE THE INTERNATIONALLY WRONGFUL ACT OF A STATE

제1부 국가의 국제위법행위

CHAPTER I General principles

제1장 일반원칙

Article 1 Responsibility of a State for its internationally wrongful acts

Every internationally wrongful act of a State entails the international responsibility of that State.

제1조 [국제위법행위에 대한 국가책임]

국가의 모든 국제위법행위는 그 국가의 국제책임을 발생시킨다.

Article 2 Elements of an internationally wrongful act of a State

There is an internationally wrongful act of a State when conduct consisting of an action or omission:

(a) Is attributable to the State under international law; and

(b) Constitutes a breach of an international obligation of the State.

제2조 [국가의 국제위법행위의 요소]

작위 또는 부작위를 구성하는 행위가 다음과 같은 경우 국가의 국제위법행위가 존재한다.

(a) 국제법상 국가에 귀속되며,

(b) 국가의 국제의무의 위반을 구성하는 경우.

Article 3 Characterization of an act of a State as internationally wrongful

The characterization of an act of a State as internationally wrongful is governed by international law. Such characterization is not affected by the characterization of the same act as lawful by internal law.

제3조 [국가 행위의 국제위법성의 결정]

국가 행위의 국제위법성은 국제법에 의하여 결정된다. 그러한 결정은 그 행위의 국내법상 적법성에 의하여 영향받지 않는다.

---

1) '김석현 교수의 번역문임' (변호사시험 <법전>에 수록된 번역문임)

Chapter II Attribution of conduct to a State

Article 4 Conduct of organs of a State

1. The conduct of any State organ shall be considered an act of that State under international law, whether the organ exercises legislative, executive, judicial or any other functions, whatever position it holds in the organization of the State, and whatever its character as an organ of the central government or of a territorial unit of the State.
2. An organ includes any person or entity which has that status in accordance with the internal law of the State.

Article 5 Conduct of persons or entities exercising elements of governmental authority

The conduct of a person or entity which is not an organ of the State under article 4 but which is empowered by the law of that State to exercise elements of the governmental authority shall be considered an act of the State under international law, provided the person or entity is acting in that capacity in the particular instance.

Article 6 Conduct of organs placed at the disposal of a State by another State

The conduct of an organ placed at the disposal of a State by another State shall be considered an act of the former State under international law if the organ is acting in the exercise of elements of the governmental authority of the State at whose disposal it is placed.

Article 7 Excess of authority or contravention of instructions

The conduct of an organ of a State or of a person or entity empowered to exercise elements of

제2장 행위의 국가로의 귀속

제4조 [국가기관의 행위]

1. 여하한 국가기관의 행위도 국제법상 그 국가의 행위로 간주된다. 이는 그 기관의 기능이 입법적인 것이든, 집행적인 것이든, 사법적인 것이든 또는 기타 여하한 것이든 불문하며, 그 기관이 그 국가 조직 내에 있어서 여하한 지위를 점하고 있든 불문하며, 나아가 그 기관이 그 국가의 중앙정부에 속하든 영토적 단위에 속하든 불문한다.
2. 기관은 그 국가의 국내법에 따라 그러한 지위를 가지는 모든 개인 및 단체를 포함한다.

제5조 [정부권한(공권력)을 행사하는 개인 또는 단체의 행위]

제4조에 의하여 국가기관에 해당하지 않으나 그 국가의 법에 의하여 정부권한(공권력)을 행사하도록 권한을 위임받은 개인 또는 단체의 행위는 국제법상 그 국가의 행위로 간주된다. 단, 이는 그 개인 또는 단체가 그 구체적 경우에 있어서 그러한 자격으로 행동하는 경우에 한한다.

제6조 [타국에 의하여 한 국가의 처분에 맡겨진 기관의 행위]

타국에 의하여 한 국가의 처분에 맡겨진 기관의 행위는, 그 기관이 자신이 그 처분에 맡겨진 국가의 정부권한(공권력)의 행사로서 행동하는 경우, 국제법상 이 후자의 국가의 행위로 간주된다.

제7조 [월권 또는 지시위반]

국가기관 또는 정부권한(공권력)을 행사하도록 권한을 위임받은 개인 또는 단체의 행위는 그 기관, 개인 또는 단체가 그 자격으로 행동하는 경우, 그

the governmental authority shall be considered an act of the State under international law if the organ, person or entity acts in that capacity, even if it exceeds its authority or contravenes instructions.

행위자가 자신의 권한을 넘어서거나 또는 지시를 위반한다 하더라도, 국제법상 그 국가의 행위로 간주된다.

Article 8 Conduct directed or controlled by a State

The conduct of a person or group of persons shall be considered an act of a State under international law if the person or group of persons is in fact acting on the instructions of, or under the direction or control of, that State in carrying out the conduct.

제8조 [국가에 의하여 지시 또는 통제된 행위]

사인 또는 사인 집단의 행위는 그들이 그 행위를 수행함에 있어서 사실상 국가의 지시를 받거나 그 지휘 또는 통제 하에서 행동하는 경우 국제법상 그 국가의 행위로 간주된다.

Article 9 Conduct carried out in the absence or default of the official authorities

The conduct of a person or group of persons shall be considered an act of a State under international law if the person or group of persons is in fact exercising elements of the governmental authority in the absence or default of the official authorities and in circumstances such as to call for the exercise of those elements of authority.

제9조 [공적 기관의 부재 또는 흠결시에 수행된 행위]

사인 또는 사인의 집단이 공적 기관의 부재 또는 흠결시에 정부권한(공권력)의 행사가 요구되는 상황에서 사실상 그러한 권한을 행사하는 경우, 그러한 사인 또는 사인 집단의 행위는 국제법상 국가의 행위로 간주된다.

Article 10 Conduct of an insurrectional or other movement

1. The conduct of an insurrectional movement which becomes the new government of a State shall be considered an act of that State under international law.
2. The conduct of a movement, insurrectional or other, which succeeds in establishing a new State in part of the territory of a pre-existing State or in a territory under its administration shall be considered an act of the new State under international law.
3. This article is without prejudice to the attribution to a State of any conduct, however related to

제10조 [반도단체 및 기타 집단의 행위]

1. 한 국가의 신정부를 구성하게 되는 반도단체의 행위는 국제법상 그 국가의 행위로 간주된다.
2. 반도단체이든 기타의 집단이든, 기존 국가의 영토 또는 그 국가의 관할하의 영토에서 신국가를 창설하는 데 성공한 집단의 행위는 국제법상 그 신국가의 행위로 간주된다.
3. 본 조는 제4조로부터 제9조에 의하여 국가의 행위로 간주되는 것으로서 문제 집단의 행위와 여

that of the movement concerned, which is to be considered an act of that State by virtue of articles 4 to 9.

하하든 관련이 있는 행위의 국가로의 귀속을 저해하지 않는다.

Article 11 Conduct acknowledged and adopted by a State as its own

Conduct which is not attributable to a State under the preceding articles shall nevertheless be considered an act of that State under international law if and to the extent that the State acknowledges and adopts the conduct in question as its own.

제11조 [국가에 의하여 자신의 행위로 인정되고 채택된 행위]

앞의 조항들에 의하여 국가로 귀속되지 않는 행위도, 국가가 그 문제된 행위를 자신의 행위로 승인하고 채택하는 경우, 그 범위 내에서 국제법상 그 국가의 행위로 간주된다.

CHAPTER III Breach of an international obligation

제3장 국제의무의 위반

Article 12 Existence of a breach of an international obligation

There is a breach of an international obligation by a State when an act of that State is not in conformity with what is required of it by that obligation, regardless of its origin or character.

제12조 [국제의무의 위반의 존재]

국가의 행위가 국제의무에 의하여 그에게 요구되는 것과 일치하지 않는 경우, 그 의무의 연원 또는 성질과 관계없이, 그 국가의 국제의무 위반이 존재한다.

Article 13 International obligation in force for a State

An act of a State does not constitute a breach of an international obligation unless the State is bound by the obligation in question at the time the act occurs.

제13조 [국가에게 구속력 있는 의무]

국가의 행위는 그 행위 발생 시에 그 국가가 문제의 의무에 의하여 구속되지 않는 한, 국제의무의 위반을 구성하지 않는다.

Article 14 Extension in time of the breach of an international obligation

1. The breach of an international obligation by an act of a State not having a continuing character occurs at the moment when the act is performed, even if its effects continue.

2. The breach of an international obligation by an act of a State having a continuing character ex-

제14조 [국제의무 위반의 시간적 연속]

1. 계속성을 갖지 않는 국가 행위로 인한 국제의무의 위반은, 그 효과가 계속된다 하더라도 그 행위가 완성된 시기에 발생한다.

2. 계속성을 갖는 국가 행위로 인한 국제의무의 위반은 그 행위가 계속되고 국제의무와 불일치하는

tends over the entire period during which the act continues and remains not in conformity with the international obligation.

상태로 남아있는 전 기간 동안에 걸쳐 연속된다.

3. The breach of an international obligation requiring a State to prevent a given event occurs when the event occurs and extends over the entire period during which the event continues and remains not in conformity with that obligation.

3. 국가에게 일정한 결과를 방지할 것을 요구하는 국제의무의 위반은 그러한 결과가 발생하는 시기에 발생하며 그러한 결과가 계속되어 그 의무와 불일치되는 상태로 남아있는 전 기간 동아에 걸쳐 연속된다.

Article 15 Breach consisting of a composite act

제15조 [복합행위(composite act)로 구성되는 위반]

1. The breach of an international obligation by a State through a series of actions or omissions defined in aggregate as wrongful, occurs when the action or omission occurs which, taken with the other actions or omissions, is sufficient to constitute the wrongful act.

1. 전체적으로 위법한 것으로 규정되는 일련의 작위 또는 부작위에 의한 국가의 국제의무 위반은, 다른 작위 또는 부작위와 함께 취해짐으로써 그러한 위법행위를 구성하기에 충분한 작위 또는 부작위가 발생한 시기에 성립한다.

2. In such a case, the breach extends over the entire period starting with the first of the actions or omissions of the series and lasts for as long as these actions or omissions are repeated and remain not in conformity with the international obligation.

2. 그러한 경우, 그 위반은 그 일련의 작위 또는 부작위 중 최초의 행위가 이루어진 시점으로부터 전 기간에 걸쳐 확대되며, 그러한 작위 또는 부작위가 반복되고 국제의무와 불일치하는 상태로 남아 있는 한 계속된다.

CHAPTER IV Responsibility of a State in connection with the act of another State

제4장 타국의 행위와 관련된 국가책임

Article 16 Aid or assistance in the commission of an internationally wrongful act

제16조 [국제위법행위의 자행에 대한 지원 또는 원조]

A State which aids or assists another State in the commission of an internationally wrongful act by the latter is internationally responsible for doing so if:

(a) That State does so with knowledge of the circumstances of the internationally wrongful act; and

(b) The act would be internationally wrongful if committed by that State.

타국에 의한 국제위법행위의 자행에 있어서 그 타국을 지원하거나 원조하는 국가는 다음의 경우 그 같이 행동한 데 대하여 국제적으로 책임을 진다.

(a) 그 국가가 그 국제위법행위의 상황을 인식하고 그같이 행동하며,

(b) 그 행위가 그 국가에 의하여 자행된다면 국제적으로 위법할 경우.

Article 17 Direction and control exercised over the commission of an internationally wrongful act

A State which directs and controls another State in the commission of an internationally wrongful act by the latter is internationally responsible for that act if:

(a) That State does so with knowledge of the circumstances of the internationally wrongful act; and

(b) The act would be internationally wrongful if committed by that State.

제17조 [국제위법행위의 자행에 대하여 이루어진 지시 및 통제]

타국에 의한 국제위법행위의 자행에 있어서 그 타국을 지시하고 통제하는 국가는 다음의 경우 그 행위에 대하여 국제적으로 책임을 진다.

(a) 그 국가가 그 국제위법행위의 상황을 인식하고 그같이 행동하며,

(b) 그 행위가 그 국가에 의하여 자행된다면 국제적으로 위법할 경우.

Article 18 Coercion of another State

A State which coerces another State to commit an act is internationally responsible for that act if:

(a) The act would, but for the coercion, be an internationally wrongful act of the coerced State; and

(b) The coercing State does so with knowledge of the circumstances of the act.

제18조 [타국에 대한 강제]

타국으로 하여금 어떠한 행위를 행하도록 강제하는 국가는 다음의 경우 그 행위에 대하여 국제적으로 책임을 진다.

(a) 그 강제가 없다면 그 행위가 그 강제된 국가의 국제위법행위를 구성할 것이며,

(b) 강제하는 국가가 그러한 행위의 상황을 인식하고 그같이 행동하는 경우.

Article 19 Effect of this Chapter

This Chapter is without prejudice to the international responsibility, under other provisions of these articles, of the State which commits the act in question, or of any other State.

제19조 [본 장의 효과]

본 장은 문제된 행위를 자행한 국가 또는 여타의 국가들에게 본 조항들의 타 규정에 의하여 부과되는 국제책임을 저해하지 않는다.

CHAPTER V Circumstances precluding wrongfulness

제5장 위법성 조각사유

Article 20 Consent

Valid consent by a State to the commission of a given act by another State precludes the wrongfulness of that act in relation to the former State to the extent that the act remains within the limits of that consent.

제20조 [동의]

한 국가가 타국이 일정한 행위를 취하는 데 대하여 부여한 유효한 동의는 그 행위가 그 동의의 범위 내에서 이루어지는 한, 전자의 국가와 관련하여 그 행위의 위법성을 조각한다.

Article 21 Self-defence

The wrongfulness of an act of a State is precluded if the act constitutes a lawful measure of self-defence taken in conformity with the Charter of the United Nations.

제21조 [자위(自衛)]

국가의 행위가 국제연합헌장에 따라 취해진 자위의 적법한 조치를 구성하는 경우, 그 행위의 위법성이 조각된다.

Article 22 Countermeasures in respect of an internationally wrongful act

The wrongfulness of an act of a State not in conformity with an international obligation towards another State is precluded if and to the extent that the act constitutes a countermeasure taken against the latter State in accordance with Chapter II of Part Three.

제22조 [국제위법행위에 대한 대응조치]

국가의 행위로서 타국에 대한 국제의무와 일치하지 않는 행위는 그 행위가 제3부 제2장에 따라 그 타국에 대하여 취해진 대응조치를 구성하는 경우, 그 위법성이 조각된다.

Article 23 Force majeure

1. The wrongfulness of an act of a State not in conformity with an international obligation of that State is precluded if the act is due to force majeure, that is the occurrence of an irresistible force or of an unforeseen event, beyond the control of the State, making it materially impossible in the circumstances to perform the obligation.

2. Paragraph 1 does not apply if:

(a) The situation of force majeure is due, either alone or in combination with other factors, to the conduct of the State invoking it; or

(b) The State has assumed the risk of that situation occurring.

제23조 [불가항력(force majeure)]

1. 국가의 행위로서 그 국제의무와 일치되지 않는 행위는 그 행위가 불가항력에 기인하는 경우 위법성이 조각된다. 불가항력이라 함은 그 국가의 통제밖에 있음으로써 그 국가로 하여금 그 상황에서 문제의 의무를 이행하는 것을 실질적으로 불가능하게 만드는 저항할 수 없는 힘 또는 예측하지 못한 사고의 발생을 말한다.

2. 제1항은 다음의 경우에는 적용되지 않는다.

(a) 불가항력의 상황이 이를 원용하는 국가의 행위에, 단독적으로 또는 다른 요소들과 결합하여, 기인하는 경우, 또는

(b) 그 국가가 그러한 상황 발생의 위험을 부담하였던 경우.

Article 24 Distress

1. The wrongfulness of an act of a State not in conformity with an international obligation of that State is precluded if the author of the act in question has no other reasonable way, in a situation of distress, of saving the authors life or the lives of other persons entrusted to the authors care.

제24조 [조난(distress)]

1. 국가의 행위로서 그 국제의무와 일치되지 않는 행위는 그 문제의 행위 주체가 조난의 상황에 처하여 그 행위 주체의 생명 또는 그 행위 주체의 보호에 맡겨진 다른 사람들의 생명의 구조를 위하여 여하한 다른 합리적 수단을 확보하지 못하는 경우, 그 위법성이 조간된다.

2. Paragraph 1 does not apply if:
(a) The situation of distress is due, either alone or in combination with other factors, to the conduct of the State invoking it; or
(b) The act in question is likely to create a cmparable or greater peril.

2. 제1항은 다음의 경우에는 적용되지 않는다.
(a) 조난 상황이 이를 원용하는 국가의 행위에, 단독적으로 또는 다른 요소들과 결합하여, 기인하는 경우, 또는
(b) 그 문제의 행위가 그와 대등한 또는 그보다 더 중대한 위험을 야기할 우려가 있는 경우.

Article 25 Necessity

1. Necessity may not be invoked by a State as a ground for precluding the wrongfulness of an act not in conformity with an international obligation of that State unless the act:
(a) Is the only way for the State to safeguard an essential interest against a grave and imminent peril; and
(b) Does not seriously impair an essential interest of the State or States towards which the obligation exists, or of the international community as a whole.
2. In any case, necessity may not be invoked by a State as a ground for precluding wrongfulness if:
(a) The international obligation in question excludes the possibility of invoking necessity; or
(b) The State has contributed to the situation of necessity.

제25조 [필요성(necessity)]

1. 다음의 경우를 제외하고는, 필요성은 국가의 국제의무와 일치하지 않는 행위의 위법성을 조각시키기 위한 사유로서 원용될 수 없다.
(a) 그 행위가 그 국가에게 있어서 중대하고 급박한 위험으로부터 본질적 이익을 보호하기 위한 유일한 수단인 경우, 그리고
(b) 그 행위가 그 의무의 상대국(들) 또는 국제공동체 전체의 본질적 이익을 중대하게 침해하지 않는 경우.

2. 여하한 경우에도, 필요성은 다음의 경우에는 위법성 조각을 위한 근거로서 국가에 의하여 원용될 수 없다.
(a) 문제의 국제의무가 필요성의 원용 가능성을 배제하고 있는 경우, 또는
(b) 그 국가가 필요성의 상황 조성에 기여한 경우.

Article 26 Compliance with peremptory norms

Nothing in this Chapter precludes the wrongfulness of any act of a State which is not in conformity with an obligation arising under a peremptory norm of general international law.

제26조 [강행규범의 이행]

본 장의 여하한 규정도 일반국제법의 강행규범으로부터 발생하는 의무와 일치하지 않는 여하한 국가행위에 대해서도 위법성을 조각시키지 않는다.

Article 27 Consequences of invoking a circumstance precluding wrongfulness

The invocation of a circumstance precluding wrongfulness in accordance with this Chapter is without prejudice to:

제27조 [위법성 조각사유의 원용의 결과]

본 장에 따른 위법성 조각사유의 원용은 다음을 저해하지 않는다.

(a) Compliance with the obligation in question, if and to the extent that the circumstance precluding wrongfulness no longer exists;
(b) The question of compensation for any material loss caused by the act in question.

(a) 위법성 조각사유가 더 이상 존재하지 않는 경우 그 범위 내에서의 문제 의무의 이행,
(b) 문제의 행위에 의하여 야기된 여하한 중대한 손실에 대한 보상의 문제.

PART TWO
CONTENT OF THE INTERNATIONAL RESPONSIBILITY OF A STATE

제2부 국가의 국제책임의 내용

Chapter I General principles

제1장 일반원칙

Article 28 Legal consequences of an internationally wrongful act

The international responsibility of a State which is entailed by an internationally wrongful act in accordance with the provisions of Part One involves legal consequences as set out in this Part.

제28조 [국제위법행위의 법적 결과]

제1부 규정들에 따라 국제위법행위에 의하여 발생된 국가의 국제책임은 본 부에 의하여 정해진 법적 결과를 수반한다.

Article 29 Continued duty of performance

The legal consequences of an internationally wrongful act under this Part do not affect the continued duty of the responsible State to perform the obligation breached.

제29조 [계속적 이행의 의무]

본 부에 의한 국제위법행위의 법적 결과는 위반된 의무를 이행하여야 할 책임국의 계속적 의무를 저해하지 않는다.

Article 30 Cessation and non-repetition

The State responsible for the internationally wrongful act is under an obligation:
(a) To cease that act, if it is continuing;
(b) To offer appropriate assurances and guarantees of non-repetition, if circumstances so require.

제30조 [중지 및 재발방지]

국제위법행위의 책임국은 다음과 같은 의무를 진다.
(a) 그 행위가 계속되고 있는 경우, 이를 중지할 의무.
(b) 상황이 요구하는 경우, 재발방지의 적절한 확보 및 보장을 제공할 의무.

Article 31 Reparation

1. The responsible State is under an obligation to make full reparation for the injury caused by the

제31조 [배상(reparation)]

1. 책임국은 국제위법행위에 의하여 야기된 손해에 대하여 완전한 배상을 할 의무를 부담한다.

internationally wrongful act.

2. Injury includes any damage, whether material or moral, caused by the internationally wrongful act of a State.

2. 손해는 국가의 국제위법행위에 의하여 야기된 여하한 물질적 또는 정신적 손해도 포함한다.

Article 32 Irrelevance of internal law

The responsible State may not rely on the provisions of its internal law as justification for failure to comply with its obligations under this Part.

제32조 [국내법과의 무관성]

책임국은 본 부의 의무의 불이행을 정당화하기 위하여 국내법 규정에 의존할 수 없다.

Article 33 Scope of international obligations set out in this Part

1. The obligations of the responsible State set out in this Part may be owed to another State, to several States, or to the international community as a whole, depending in particular on the character and content of the international obligation and on the circumstances of the breach.

2. This Part is without prejudice to any right, arising from the international responsibility of a State, which may accrue directly to any person or entity other than a State.

제33조 [본 부에 규정된 국제의무의 범위]

1. 본 부에 규정된 책임국의 의무는 특히 국제의무의 성격 및 내용 그리고 그 위반의 상황에 따라 어느 하나의 타국, 수개국 또는 구제공동체 전체를 상대로 부과된다.

2. 본 부는 국가의 국제책임으로부터 국가 이외의 개인 또는 단체에 대하여 직접적으로 주어지는 여하한 권리도 저해하지 않는다.

Chapter II Reparation for injury

제2장 손해배상

Article 34 Forms of reparation

Full reparation for the injury caused by the internationally wrongful act shall take the form of restitution, compensation and satisfaction, either singly or in combination, in accordance with the provisions of this Chapter.

제34조 [배상의 형식]

국제위법행위에 의하여 야기된 손해에 대한 완전한 배상은 본 장의 규정에 따라 원상회복, 금전배상 및 만족의 형식을 단독적으로 또는 결합적으로 취한다.

Article 35 Restitution

A State responsible for an internationally wrongful act is under an obligation to make restitution, that is, to re-establish the situation which existed before the wrongful act was committed, provided

제35조 [원상회복(restitution)]

국제위법행위에 책임 있는 국가는 원상회복, 즉 그 위법행위가 범해지기 이전에 존재하던 상황을 회복할 의무를 부담한다. 단, 이는 다음과 같은 경우에 한한다.

and to the extent that restitution:

(a) Is not materially impossible;

(b) Does not involve a burden out of all proportion to the benefit deriving from restitution instead of compensation.

(a) 원상회복이 실질적으로 불가능하지 않으며,

(b) 원상회복이 금전배상 대신 원상회복으로부터 파생되는 이익과의 비례성을 벗어나는 부담을 초래하지 않는 경우.

Article 36 Compensation

1. The State responsible for an internationally wrongful act is under an obligation to compensate for the damage caused thereby, insofar as such damage is not made good by restitution.

2. The compensation shall cover any financially assessable damage including loss of profits insofar as it is established.

제36조 [금전배상(compensation)]

1. 국제위법행위에 책임 있는 국가는 그로 인하여 야기된 손해가 원상회복에 의하여 배상되지 않는 경우, 이에 대하여 금전배상을 하여야 할 의무를 부담한다.

2. 금전배상은 금전적으로 산정 가능한 여하한 손해도 망라하여야 하며, 여기에는 확인될 수 있는 한 일실이익(逸失利益: loss of profits)도 포함된다.

Article 37 Satisfaction

1. The State responsible for an internationally wrongful act is under an obligation to give satisfaction for the injury caused by that act insofar as it cannot be made good by restitution or compensation.

2. Satisfaction may consist in an acknowledgement of the breach, an expression of regret, a formal apology or another appropriate modality.

3. Satisfaction shall not be out of proportion to the injury and may not take a form humiliating to the responsible State.

제37조 [만족(satisfaction)]

1. 국제위법행위에 책임 있는 국가는 그 행위로 인하여 야기된 피해가 원상회복 또는 금전배상에 의하여 구제될 수 없는 경우(배상되지 않는 경우), 이에 대하여 만족을 제공하여야 할 의무를 부담한다.

2. 만족은 위반의 인정, 유감의 표명, 공식 사과 또는 그 밖의 적절한 방식으로 행해질 수 있다.

3. 만족은 피해와의 비례성을 벗어나면 안 되며, 책임국에게 모욕을 주는 방식을 취할 수 없다.

Article 38 Interest

1. Interest on any principal sum due under this Chapter shall be payable when necessary in order to ensure full reparation. The interest rate and mode of calculation shall be set so as to achieve that result.

2. Interest runs from the date when the principal sum should have been paid until the date the obligation to pay is fulfilled.

제38조 [이자]

1. 본 장에 의하여 부과되는 원금에 대한 이자는 완전한 배상을 확보하기 위하여 필요한 경우 지급될 수 있어야 한다. 이자율과 계산방식은 그러한 결과에 도달할 수 있도록 결정되어야 한다.

2. 이자는 원금이 지급되어야 할 일자로부터 지불 의무가 완수될 때까지 계속 부과된다.

Article 39 Contribution to the injury

In the determination of reparation, account shall be taken of the contribution to the injury by wilful or negligent action or omission of the injured State or any person or entity in relation to whom reparation is sought.

제39조 [피해에 대한 기여]

손해배상의 산정에 있어서, 피해국 또는 손해배상으 추구와 관련된 여하한 개인 또는 단체의 고의 또는 과실에 의한 작위 또는 부작위에 의한 피해에의 기여가 고려되어야 한다.

Chapter III Serious breaches of obligations under peremptory norms of general international law

제3장 일반국제법의 강행규범적 의무의 중대한 위반

Article 40 Application of this Chapter

1. This Chapter applies to the international responsibility which is entailed by a serious breach by a State of an obligation arising under a peremptory norm of general international law.
2. A breach of such an obligation is serious if it involves a gross or systematic failure by the responsible State to fulfil the obligation.

제40조 [본 장의 적용]

1. 본 장은 국가에 의한 일반국제법상의 강행규범적 의무의 중대한 위반에 의하여 발생하는 국제책임에 적용된다.
2. 그러한 의무의 위반은 그것이 책임국에 의한 그 의무의 심각한 또는 인 불이행이 수반되는 경우에 중대한 것으로 본다.

Article 41 Particular consequences of a serious breach of an obligation under this Chapter

1. States shall cooperate to bring to an end through lawful means any serious breach within the meaning of article 40.
2. No State shall recognize as lawful a situation created by a serious breach within the meaning of article 40, nor render aid or assistance in maintaining that situation.
3. This article is without prejudice to the other consequences referred to in this Part and to such further consequences that a breach to which this Chapter applies may entail under international law.

제41조 [본 장의 의무의 중대한 위반의 특별한 결과]

1. 국가들은 제40조의 의미에 속하는 모든 중대한 위반을 합법적 방법을 통하여 종식시키기 위하여 협력하여야 한다.
2. 여하한 국가도 제40조에 언급된 중대한 위반에 의하여 창설된 상황을 합법적인 것으로 승인하거나 이러한 상황의 유지에 지원 또는 원조를 제공하면 안된다.
3. 본 조는 본 부에서 언급된 다른 결과 또는 본 장이 적용되는 위반이 국제법상 발생시키는 추후의 결과를 저해하지 아니한다.

PART THREE THE IMPLEMENTATION OF THE INTERNATIONAL RESPONSIBILITY OF a STATE

제3부 국가의 국제책임의 이행

Chapter I Invocation of the responsibility of a State

제1장 국가책임의 추궁

Article 42 Invocation of responsibility by an injured State

A State is entitled as an injured State to invoke the responsibility of another State if the obligation breached is owed to:

(a) That State individually; or

(b) A group of States including that State, or the international community as a whole, and the breach of the obligation:

(i) Specially affects that State; or

(ii) Is of such a character as radically to change the position of all the other States to which the obligation is owed with respect to the further performance of the obligation.

제42조 [피해국에 의한 책임의 추궁]

국가는 다음의 경우 피해국으로서 타국의 책임을 추궁할 수 있다.

(a) 위반된 의무가 개별적으로 그 국가를 상대로 하는 것이거나, 또는

(b) 위반된 의무가 그 국가를 포함하는 일단의 국가들 또는 국제공동체 전체를 상대로 하는 것이며, 그 의무의 위반이

(i) 그 국가에게 특별히 영향을 주거나, 또는

(ii) 그 의무가 상대로 하는 모든 다른 국가들의 입장을 그 의무의 추후 이행과 관련하여 급격하게 변경하는 성질의 것인 경우.

Article 43 Notice of claim by an injured State

1. An injured State which invokes the responsibility of another State shall give notice of its claim to that State.

2. The injured State may specify in particular:

(a) The conduct that the responsible State should take in order to cease the wrongful act, if it is continuing;

(b) What form reparation should take in accordance with the provisions of Part Two.

제43조 [피해국에 의한 손해배상 청구의 통지]

1. 타국의 책임을 추궁하는 피해국은 그 국가에게 자국의 청구를 통고하여야 한다.

2. 피해국은 특히 다음을 적시할 수 있다.

(a) 위법행위가 계속되고 있는 경우, 그 중지를 위하여 책임국이 취하여야 할 행위,

(b) 제2부의 규정에 따라 취해져야 할 손해배상의 형태.

Article 44 Admissibility of claims

The responsibility of a State may not be invoked if:

제44조 [청구의 수리가능성]

다음의 경우 국가책임이 추궁될 수 없다.

(a) The claim is not brought in accordance with any applicable rule relating to the nationality of claims;
(b) The claim is one to which the rule of exhaustion of local remedies applies and any available and effective local remedy has not been exhausted.

(a) 청구가 배상청구의 국적에 관하여 적용되는 규칙에 반하여 제기되는 경우,
(b) 청구가 국내적 구제완료의 규칙이 적용되는 것이며, 아직 가용하고 효과적인 국내적 구제가 완료되지 않은 경우.

Article 45 Loss of the right to invoke responsibility

The responsibility of a State may not be invoked if:
(a) The injured State has validly waived the claim;
(b) The injured State is to be considered as having, by reason of its conduct, validly acquiesced in the lapse of the claim.

제45조 [책임 추궁권의 상실]

다음의 경우 국가책임이 추궁될 수 없다.
(a) 피해국이 청구를 유효하게 포기한 경우,
(b) 피해국이 그 스스로의 행위에 의하여 청구권의 소멸을 유효하게 묵인한 것으로 간주되는 경우.

Article 46 Plurality of injured States

Where several States are injured by the same internationally wrongful act, each injured State may separately invoke the responsibility of the State which has committed the internationally wrongful act.

제46조 [피해국의 복수성]

수 개국이 동일한 국제위법행위에 의하여 피해를 입은 경우, 각각의 피해국은 국제위법행위를 범한 국가의 책임을 개별적으로 추궁할 수 있다.

Article 47 Plurality of responsible States

1. Where several States are responsible for the same internationally wrongful act, the responsibility of each State may be invoked in relation to that act.
2. Paragraph 1:
(a) Does not permit any injured State to recover, by way of compensation, more than the damage it has suffered;
(b) Is without prejudice to any right of recourse against the other responsible States.

제47조 [책임국의 복수성]

1. 수 개의 국가들이 동일한 국제위법행위에 대해 책임있는 경우, 그 행위와 관련하여 각각의 국가들의 책임이 추궁될 수 있다.
2. 제1항은,
(a) 여하한 피해국에 대해서도 스스로 입은 손해 이상을 금전배상에 의하여 회복하는 것을 허용하지 않으며,
(b) 다른 책임국에 대한 구상의 권리를 저해하지 않는다.

Article 48 Invocation of responsibility by a State other than an injured State

1. Any State other than an injured State is entitled to invoke the responsibility of another State in accordance with paragraph 2 if:

제48조 [피해국 이외의 국가에 의한 책임의 추궁]

1. 다음의 경우, 피해국 이외의 여하한 국가도 제2항에 따라 타국의 책임을 추궁할 권리를 가진다.

(a) The obligation breached is owed to a group of States including that State, and is established for the protection of a collective interest of the group; or

(b) The obligation breached is owed to the international community as a whole.

2. Any State entitled to invoke responsibility under paragraph 1 may claim from the responsible State:

(a) Cessation of the internationally wrongful act, and assurances and guarantees of non-repetition in accordance with article 30; and

(b) Performance of the obligation of reparation in accordance with the preceding articles, in the interest of the injured State or of the beneficiaries of the obligation breached.

3. The requirements for the invocation of responsibility by an injured State under articles 43, 44 and 45 apply to an invocation of responsibility by a State entitled to do so under paragraph 1.

(a) 위반된 의무가 그 국가를 포함한 국가군을 상대로 하며, 이들 국가군의 집단적 이익의 보호를 위하여 확립된 경우, 또는

(b) 위반된 의무가 국제공동체 전체를 상대로 하는 경우.

2. 제1항에 의하여 책임을 추궁할 권리를 가지는 여하한 국가도 책임국에 대하여 다음을 요구할 수 있다.

(a) 제30조에 따라 국제위법행위의 중지하고 재발방지를 확보 및 보장할 것,

(b) 피해국 및 그 위반된 의무의 수익주체들을 위하여 앞의 조항들에 따라 손해배상의무를 이행할 것.

3. 제43조, 44조 및 45조에 의한 피해국의 책임추궁을 위한 요건들은 제1항에 따라 그 같은 권리를 가지는 국가들에 의한 책임 추궁에도 적용된다.

CHAPTER II Countermeasures

Article 49 Object and limits of countermeasures

1. An injured State may only take countermeasures against a State which is responsible for an internationally wrongful act in order to induce that State to comply with its obligations under Part Two.

2. Countermeasures are limited to the non-performance for the time being of international obligations of the State taking the measures towards the responsible State.

3. Countermeasures shall, as far as possible, be taken in such a way as to permit the resumption of performance of the obligations in question.

제2장 대응조치(countermeasures)

제49조 [대응조치의 대상 및 제한]

1. 피해국은 오로지 국제위법행위에 책임있는 국가로 하여금 제2부에 규정된 의무를 이행하도록 유도하기 위하여 그 국가를 상대로 대응조치를 취할 수 있다.

2. 대응조치는 그 조치를 취하는 국가가 책임국에 대하여 국제의무를 당분간 일시적으로 불이행하는 것으로 제한된다.

3. 대응조치는 가능한 한 문제의 의무의 이행의 재개를 가능하게 하는 방법으로 취해져야 한다.

Article 50 Obligations not affected by countermeasures

1. Countermeasures shall not affect:
(a) The obligation to refrain from the threat or use of force as embodied in the Charter of the United Nations;
(b) Obligations for the protection of fundamental human rights;
(c) Obligations of a humanitarian character prohibiting reprisals;
(d) Other obligations under peremptory norms of general international law.

2. A State taking countermeasures is not relieved from fulfilling its obligations:
(a) Under any dispute settlement procedure applicable between it and the responsible State;
(b) To respect the inviolability of diplomatic or consular agents, premises, archives and documents.

Article 51 Proportionality

Countermeasures must be commensurate with the injury suffered, taking into account the gravity of the internationally wrongful act and the rights in question.

Article 52 Conditions relating to resort to countermeasures

1. Before taking countermeasures, an injured State shall:
(a) Call on the responsible State, in accordance with article 43, to fulfil its obligations under Part Two;
(b) Notify the responsible State of any decision to take countermeasures and offer to negotiate with that State.

2. Notwithstanding paragraph 1(b), the injured State may take such urgent countermeasures as are necessary to preserve its rights.

제50조 [대응조치에 의하여 영향받지 않는 의무]

1. 대응조치는 다음에 영향을 주어서는 안된다.
(a) 국제연합헌장에서 구현된 무력의 위협 및 사용의 금지 의무,
(b) 기본적 인권의 보호 의무,
(c) 복구가 금지되는 인도적 성격의 의무,
(d) 기타 일반국제법의 강행규범상의 의무

2. 대응조치를 취하는 국가는 다음 의무의 이행을 면제받지 않는다.
(a) 그 국가와 책임국간에 적용되는 분쟁해결절차상의 의무,
(b) 외교 및 영사 관원, 공관, 문서 및 서류의 불가침 존중의 의무.

제51조 [비례성]

대응조치는 받은 피해에 비례하여야 하며, 아울러 국제위법행위의 심각성과 문제의 권리가 고려되어야 한다.

제52조 [대응조치에의 호소에 관한 조건]

1. 대응조치를 취하기 앞서 피해국은,
(a) 제43조에 따라 책임국에게 제2부에 규정된 의무들을 이행할 것을 요구한다.
(b) 대응조치를 취한다는 모든 결정을 책임국에 통보하며, 그 국가와의 교섭을 제의한다.

2. 제1항 (b)에도 불구하고, 피해국은 자국의 권리를 보존하기 위하여 필요한 긴급 대응조치를 취할 수 있다.

3. Countermeasures may not be taken, and if already taken must be suspended without undue delay if:

(a) The internationally wrongful act has ceased, and

(b) The dispute is pending before a court or tribunal which has the authority to make decisions binding on the parties.

4. Paragraph 3 does not apply if the responsible State fails to implement the dispute settlement procedures in good faith.

3. 다음의 경우, 대응조치는 취해져서는 안되며, 이미 취해진 경우 지체 없이 중지되어야 한다.

(a) 국제위법행위가 종료된 경우, 그리고

(b) 분쟁이 당사자들에게 구속력 있는 결정을 내릴 권한이 있는 재판소 또는 법원에 계류 중인 경우.

4. 제3항은 책임국이 분쟁해결절차를 성실하게 이행하지 않는 경우에는 적용되지 않는다.

Article 53 Termination of countermeasures

Countermeasures shall be terminated as soon as the responsible State has complied with its obligations under Part Two in relation to the internationally wrongful act.

제53조 [대응조치의 종료]

대응조치는 책임국이 국제위법행위와 관련하여 제2부상의 의무를 이행하는 즉시 종료되어야 한다.

Article 54 Measures taken by States other than an injured State

This Chapter does not prejudice the right of any State, entitled under article 48, paragraph 1 to invoke the responsibility of another State, to take lawful measures against that State to ensure cessation of the breach and reparation in the interest of the injured State or of the beneficiaries of the obligation breached.

제54조 [피해국 이외의 국가에 의하여 취하여지는 조치]

본 장은 제48조 제1항에 의하여 타국의 책임을 추궁할 자격을 가지는 여하한 국가도 그 국가를 상대로 위반의 중지 및 피해국 또는 위반된 의무의 수익 주체들의 이익을 위한 손해배상을 확보하기 위하여 적법한 조치를 취할 권리를 가짐을 저해하지 않는다.

PART FOUR GENERAL PROVISIONS

제4부 일반규정

Article 55 Lex specialis

These articles do not apply where and to the extent that the conditions for the existence of an internationally wrongful act or the content or implementation of the international responsibility of a State are governed by special rules of international law.

제55조 [특별법]

본 조항들은 국제위법행위의 존재의 요건 또는 국가의 국제책임의 내용 또는 이행이 국제법의 특별규칙에 의하여 규율되는 경우 그 범위 내에서는 적용되지 않는다.

Article 56 Questions of State responsibility not regulated by these articles

The applicable rules of international law continue to govern questions concerning the responsibility of a State for an internationally wrongful act to the extent that they are not regulated by these articles.

제56조 [본 조항들에 의하여 규율되지 않는 국가책임의 문제들]

국제위법행위에 대한 국가책임의 문제들이 본 조항들에 의하여 규율되지 않는 범위 내에서는 이 문제들에 대해 국제법의 적용 가능한 규칙들이 계속 적용된다.

Article 57 Responsibility of an international organization

These articles are without prejudice to any question of the responsibility under international law of an international organization, or of any State for the conduct of an international organization.

제57조 [국제기구의 책임]

본 조항들은 국제기구의 행위에 대한 국제기구 또는 국가의 국제법상 책임과 관련된 여하한 문제도 저해하지 않는다.

Article 58 Individual responsibility

These articles are without prejudice to any question of the individual responsibility under international law of any person acting on behalf of a State.

제58조 [개별적 책임]

본 조항들은 국가를 위하여 행동하는 사람의 국제법상 개인적 책임과 관련된 여하한 문제도 저해하지 않는다.

Article 59 Charter of the United Nations

These articles are without prejudice to the Charter of the United Nations.

제59조 [국제연합헌장]

본 조항들은 국제연합헌장을 저해하지 않는다.

5. 관세 및 무역에 관한 일반협정

THE GENERAL AGREEMENT ON TARIFFS AND TRADE

The Governments of the Commonwealth of Australia, the Kingdom of Belgium, the United States of Brazil, Burma, Canada, Ceylon, the Republic of Chile, the Republic of China, the Republic of Cuba, the Czechoslovak Republic, the French Republic, India, Lebanon, the Grand-Duchy of Luxemburg, the Kingdom of the Netherlands, New Zealand, the Kingdom of Norway, Pakistan, Southern Rhodesia, Syria, the Union of South Africa, the United Kingdom of Great Britain and Northern Ireland, and the United States of America:

Recognizing that their relations in the field of trade and economic endeavour should be conducted with a view to raising standards of living, ensuring full employment and a large and steadily growing volume of real income and effective demand, developing the full use of the resources of the world and expanding the production and exchange of goods,

Being desirous of contributing to these objectives by entering into reciprocal and mutually advantageous arrangements directed to the substantial reduction of tariffs and other barriers to trade and to the elimination of discriminatory treatment in international commerce,

Have through their Representatives agreed as follows:

PART I

Article I

General Most-Favoured-Nation Treatment

1. With respect to customs duties and charges of any kind imposed on or in connection with im-

관세 및 무역에 관한 일반협정

호주연방, 벨기에왕국, 브라질합중국, 버마, 캐나다, 실론, 칠레공화국, 중화민국, 쿠바공화국, 체코슬로바키아공화국, 프랑스공화국, 인도, 레바논, 룩셈부르크대공국, 네덜란드왕국, 뉴질랜드, 노르웨이왕국, 파키스탄, 남로데시아, 리비아, 남아프리카연방, 대영 및 북아일랜드 연합왕국과 미합중국 정부는,

무역과 경제활동분야에서의 그들의 관계가 생활수준을 향상시키고, 완전고용 및 크고 지속적으로 증가하는 실질소득과 유효수요를 확보하고, 세계자원의 완전한 이용을 발전시기며, 새화의 생산 및 교환의 확대를 위하여 이루어져야 한다는 것을 인정하고,

관세 및 그 밖의 무역장벽을 실질적으로 감축하고 국제상거래에 있어서의 차별적 대우를 철폐할 것을 지향하는 상호적이고 호혜적인 약정을 체결함으로써 이러한 목적에 기여할 수 있기를 바라며,

그 대표를 통하여 다음과 같이 합의하였다.

제 1 부

제1조 일반적 최혜국 대우

1. 수입 또는 수출에 대하여 또는 수입 또는 수출과 관련하여 부과되거나 수입 또는 수출에 대한 지급의

portation or exportation or imposed on the international transfer of payments for imports or exports, and with respect to the method of levying such duties and charges, and with respect to all rules and formalities in connection with importation and exportation, and with respect to all matters referred to in paragraphs 2 and 4 of Article III, any advantage, favour, privilege or immunity granted by any contracting party to any product originating in or destined for any other country shall be accorded immediately and unconditionally to the like product originating in or destined for the territories of all other contracting parties.

국제적 이전에 대하여 부과되는 관세 및 모든 종류의 과징금에 관하여, 동 관세 및 과징금의 부과방법에 관하여, 수입 또는 수출과 관련된 모든 규칙 및 절차에 관하여, 그리고 제3조제2항 및 제4항에 언급된 모든 사항에 관하여 체약당사자가 타국을 원산지로 하거나 행선지로 하는 상품에 대하여 부여하는 제반 편의, 호의, 특권 또는 면제는 다른 모든 체약당사자의 영토를 원산지로 하거나 행선지로 하는 동종상품에 대하여 즉시 그리고 무조건적으로 부여되어야 한다.

2. The provisions of paragraph 1 of this Article shall not require the elimination of any preferences in respect of import duties or charges which do not exceed the levels provided for in paragraph 4 of this Article and which fall within the following descriptions:

(a) Preferences in force exclusively between two or more of the territories listed in Annex A, subject to the conditions set forth therein;

(b) Preferences in force exclusively between two or more territories which on July 1, 1939, were connected by common sovereignty or relations of protection or suzerainty and which are listed in Annexes B, C and D, subject to the conditions set forth therein;

(c) Preferences in force exclusively between the United States of America and the Republic of Cuba;

(d) Preferences in force exclusively between neighbouring countries listed in Annexes E and F.

2. 이 조 제1항의 규정은 수입 관세 또는 과징금에 관한 특혜로서 이 조 제4항에 제시된 수준을 초과하지 아니하고 다음 각 호에 해당하는 것의 철폐를 요구하는 것은 아니다.

(a) 부속서 A에 기재된 둘 또는 그 이상의 영토간에 배타적으로 유효한 것으로서 동 부속서에 명시된 조건에 따르는 특혜

(b) 1939년 7월 1일 현재 공통주권이나 보호 또는 종주 관계에 의하여 결합되어 있고 부속서 B, C 및 D에 기재된 둘 또는 그 이상의 영토간에 배타적으로 유효한 것으로서 동 부속서에 명시된 조건에 따르는 특혜

(c) 미합중국과 쿠바공화국간에 배타적으로 유효한 특혜

(d) 부속서 E 및 F에 기재된 인접국가간에 배타적으로 유효한 특혜

3. The provisions of paragraph 1 shall not apply to preferences between the countries formerly a part of the Ottoman Empire and detached from it on July 24, 1923, provided such preferences are ap-

3. 제1항의 규정은 과거 오토만제국의 일부였다가 1923년 7월 24일 동 제국으로부터 분리된 국가 간의 특혜에는 적용되지 아니한다. 단, 동 특혜는 제25조 제5항(정본은 "제5항 (a)" 로 잘못 표기되었다)에 의

proved under paragraph 5) The authentic text erroneously reads "sub-paragraph 5 (a)"of Article XXV, which shall be applied in this respect in the light of paragraph 1 of Article XXIX.

하여 승인되어야 하며, 이러한 점에서 이 규정은 제29조제1항에 비추어 적용된다.

4. The margin of preference* on any product in respect of which a preference is permitted under paragraph 2 of this Article but is not specifically set forth as a maximum margin of preference in the appropriate Schedule annexed to this Agreement shall not exceed:

(a) in respect of duties or charges on any product described in such Schedule, the difference between the most-favoured-nation and preferential rates provided for therein; if no preferential rate is provided for, the preferential rate shall for the purposes of this paragraph be taken to be that in force on April 10, 1947, and, if no most-favoured-nation rate is provided for, the margin shall not exceed the difference between the most-favoured-nation and preferential rates existing on April 10, 1947,

(b) in respect of duties or charges on any product not described in the appropriate Schedule, the difference between the most-favoured-nation and preferential rates existing on April 10, 1947.

In the case of the contracting parties named in Annex G, the date of April 10, 1947, referred to in sub-paragraph (a) and (b) of this paragraph shall be replaced by the respective dates set forth in that Annex.

4. 이 조 제2항에 의하여 특혜가 허용되었으나 이 협정에 부속된 해당 양허표에 특혜의 최대폭이 구체적으로 명시되지 않은 상품에 대한 특혜의 폭은 다음을 초과하지 아니한다.

(a) 이러한 양허표에 기재된 상품에 대한 관세 또는 과징금에 대하여는, 동 양허표에 제시된 최혜국세율과 특혜세율간의 차이. 특혜세율이 제시되어 있지 아니한 경우 특혜세율은 이 항의 목적상 1947년 4월 10일 현재 유효한 세율로 하며, 최혜국세율이 제시되어 있지 않은 경우 특혜의 폭은 1947년 4월 10일 현재의 최혜국세율과 특혜세율간의 차이를 초과하여서는 아니된다.

(b) 해당 양허표에 기재되어 있지 않은 상품에 대한 관세 또는 과징금에 대하여는, 1947년 4월 10일 현재 존재하는 최혜국세율과 특혜세율간의 차이

부속서 G에 거명된 체약당사자의 경우, 이 항 (a)호 및 (b)호에서 언급된 1947년 4월 10일이라는 일자는 동 부속서에 명시된 각 일자로 대체한다.

Article II
Schedules of Concessions

제2조 양허표

1.

(a) Each contracting party shall accord to the commerce of the other contracting parties treatment no less favourable than that provided for in the

1.

(a) 각 체약당사자는 다른 체약당사자의 상거래에 대하여 이 협정에 부속된 해당 양허표의 해당 부에 제시된 대우보다 불리하지 아니한

appropriate Part of the appropriate Schedule annexed to this Agreement.

(b) The products described in Part I of the Schedule relating to any contracting party, which are the products of territories of other contracting parties, shall, on their importation into the territory to which the Schedule relates, and subject to the terms, conditions or qualifications set forth in that Schedule, be exempt from ordinary customs duties in excess of those set forth and provided therein. Such products shall also be exempt from all other duties or charges of any kind imposed on or in connection with the importation in excess of those imposed on the date of this Agreement or those directly and mandatorily required to be imposed thereafter by legislation in force in the importing territory on that date.

(c) The products described in Part II of the Schedule relating to any contracting party which are the products of territories entitled under Article I to receive preferential treatment upon importation into the territory to which the Schedule relates shall, on their importation into such territory, and subject to the terms, conditions or qualifications set forth in that Schedule, be exempt from ordinary customs duties in excess of those set forth and provided for in Part II of that Schedule. Such products shall also be exempt from all other duties or charges of any kind imposed on or in connection with importation in excess of those imposed on the date of this Agreement or those directly or mandatorily required to be imposed thereafter by legislation in force in the importing territory on that date. Nothing in this Article shall prevent any contracting party from maintaining its requirements existing on the date of this Agreement as to the eligibility of goods for entry at preferential rates of duty.

대우를 부여한다.

(b) 어떤 체약당사자에 관한 양허표 제1부에 기재된 상품으로서, 다른 체약당사자 영토의 상품이 동 양허표에 관련된 영토로 수입되는 경우, 동 양허표에 명시된 조건 또는 제한에 따라 동 양허표에 명시되고 제시된 관세를 초과하는 통상적인 관세로부터 면제된다. 이러한 상품은 이 협정일자에 부과되고 있거나 이 협정일자에 수입영토에서 유효한 법령에 의하여 이후 부과되도록 직접적이고 의무적으로 요구되는 한도를 초과하여 수입에 대하여 또는 수입과 관련하여 부과되는 모든 그 밖의 관세 및 모든 종류의 과징금으로부터 또한 면제된다.

(c) 어떤 체약당사자에 관한 양허표 제2부에 기재된 상품으로서, 동 양허표에 관련된 영토로 수입될 때 제1조에 의하여 특혜대우를 받을 권리가 부여된 영토의 상품이 당해 영토로 수입되는 경우, 동 양허표에 명시된 조건 또는 제한에 따르되 동 양허표 제2부에 명시된 관세를 초과하는 통상적인 관세로부터 면제된다. 이러한 상품은 또한 이 협정일자에 부과되고 있거나 이 협정일자에 수입영토에서 유효한 법령에 의하여 이후 부과되도록 직접 적 또는 의무적으로 요구되는 한도를 초과하여 수입에 대하여 또는 수입과 관련하여 부과되는 모든 그밖의 관세 및 모든 종류의 과징금으로부터 또한 면제된다. 이 조의 어떠한 규정도 체약당사자가 특혜관세율에 의한 수입을 위한 재화의 적격성에 관하여 이 협정일자에 존재하는 요건을 유지하는 것을 방해하지 아니한다.

2. Nothing in this Article shall prevent any contracting party from imposing at any time on the importation of any product:

(a) a charge equivalent to an internal tax imposed consistently with the provisions of paragraph 2 of Article III* in respect of the like domestic product or in respect of an article from which the imported product has been manufactured or produced in whole or in part;

(b) any anti-dumping or countervailing duty applied consistently with the provisions of Article VI;*

(c) fees or other charges commensurate with the cost of services rendered.

2. 이 조의 어떠한 규정도 체약당사자가 상품의 수입에 대하여 언제든지 다음을 부과하는 것을 방해하지 아니한다.

(a) 동종의 국내상품에 대하여 또는 당해 수입상품의 제조 또는 생산에 전부 또는 일부 기여한 물품에 대하여 제3조 제2항의 규정에 합치되게 부과하는 내국세에 상당하는 과징금

(b) 제6조의 규정에 합치되게 적용되는 반덤핑 또는 상계 관세

(c) 제공된 용역의 비용에 상응하는 수수료 및 그 밖의 과징금

3. No contracting party shall alter its method of determining dutiable value or of converting currencies so as to impair the value of any of the concessions provided for in the appropriate Schedule annexed to this Agreement.

3. 어떠한 체약당사자도 이 협정에 부속된 해당 양허표에 제시된 양허의 가치를 침해하도록 관세평가가격의 결정방법 또는 통화환산방법을 변경하여서는 아니된다.

4. If any contracting party establishes, maintains or authorizes, formally or in effect, a monopoly of the importation of any product described in the appropriate Schedule annexed to this Agreement, such monopoly shall not, except as provided for in that Schedule or as otherwise agreed between the parties which initially negotiated the concession, operate so as to afford protection on the average in excess of the amount of protection provided for in that Schedule. The provisions of this paragraph shall not limit the use by contracting parties of any form of assistance to domestic producers permitted by other provisions of this Agreement.*

4. 체약당사자가 이 협정에 부속된 해당 양허표에 기재된 상품의 수입에 대한 독점을 공식적으로 또는 사실상 설정, 유지 또는 승인하는 경우, 이러한 독점은 동 양허표에 제시되어 있거나 당해 양허를 최초로 협상한 당사자간에 달리 합의된 경우를 제외하고는, 평균하여 동 양허표에 제시된 보호의 정도를 초과하여 보호를 부여하도록 운영되어서는 아니 된다. 이 항의 규정은 체약당사자가 이 협정의 다른 규정에 의하여 허용되는, 국내생산자에 대한 제반 형태의 지원을 사용하는 것을 제한하지 아니한다.

5. If any contracting party considers that a product is not receiving from another contracting party the treatment which the first contracting party believes to have been contemplated by a concession provided for in the appropriate Schedule annexed to

5. 체약당사자는 어떤 상품이 이 협정에 부속된 해당 양허표에 제시된 양허에 의하여 의도되었다고 믿는 대우를 다른 체약당사자로부터 받지 못하고 있다고 간주하는 경우 동 문제에 대하여 직접 상대체약당사자의 주의를 환기한다. 상대체약당사자가 상정된

this Agreement, it shall bring the matter directly to the attention of the other contracting party. If the latter agrees that the treatment contemplated was that claimed by the first contracting party, but declares that such treatment cannot be accorded because a court or other proper authority has ruled to the effect that the product involved cannot be classified under the tariff laws of such contracting party so as to permit the treatment contemplated in this Agreement, the two contracting parties, together with any other contracting parties substantially interested, shall enter promptly into further negotiations with a view to a compensatory adjustment of the matter.

대우가 주의를 환기한 체약당사자가 주장한 대우라는 점에는 동의하나 법원 또는 그밖의 관계당국이 당해 상품은 동 체약당사자의 관세법상 이 협정에서 의도된 대우가 허용되도록 분류될 수 없다는 취지로 판정하였기 때문에 동 대우를 부여할 수 없다고 선언하는 경우, 이들 두 체약당사자는 실질적인 이해관계가 있는 다른 체약당사자와 함께 동 문제의 보상조정을 목적으로 추가협상을 신속히 개시한다.

6.

(a) The specific duties and charges included in the Schedules relating to contracting parties members of the International Monetary Fund, and margins of preference in specific duties and charges maintained by such contracting parties, are expressed in the appropriate currency at the par value accepted or provisionally recognized by the Fund at the date of this Agreement. Accordingly, in case this par value is reduced consistently with the Articles of Agreement of the International Monetary Fund by more than twenty per centum, such specific duties and charges and margins of preference may be adjusted to take account of such reduction; provided that the CONTRACTING PARTIES (i.e., the contracting parties acting jointly as provided for in Article XXV) concur that such adjustments will not impair the value of the concessions provided for in the appropriate Schedule or elsewhere in this Agreement, due account being taken of all factors which may influence the need for, or urgency of, such adjustments.

6.

(a) 국제통화기금의 회원국인 체약당사자에 관한 양허표에 포함된 종량 관세 및 과징금과 동 체약당사자가 유지하는 종량 관세 및 과징금에 관한 특혜의 폭은 이 협정일자에 동 기금이 수락하였거나 또는 잠정적으로 인정한 평가(平價)에 따라 해당 통화로 표시된다. 따라서 동 평가(平價)가 국제통화기금협정에 합치되게 20%를 초과하여 인하될 경우, 이러한 종량 관세 및 과징금과 특혜의 폭은 동 인하를 고려하여 조정될 수 있다. 단, 체약당사자단(즉, 제25조에 제시된 바대로 공동으로 행동하는 체약당사자들)이 이러한 조정의 필요성 또는 긴급성에 영향을 줄 수 있는 모든 요인을 적절히 고려하여 이러한 조정이 해당 양허표 또는 이 협정의 다른 부분에서 제시된 양허의 가치를 침해하지 아니할 것이라는 데 동의하여야 한다.

(b) Similar provisions shall apply to any contracting party not a member of the Fund, as from the date on which such contracting party becomes a member of the Fund or enters into a special exchange agreement in pursuance of Article XV.

(b) 동 기금의 회원국이 아닌 체약당사자에게는 동 체약당사자가 동 기금의 회원국이 되는 일자 또는 제15조에 따라 특별환협약을 체결하는 일자로부터 유사한 규정이 적용된다.

7. The Schedules annexed to this Agreement are hereby made an integral part of Part I of this Agreement.

7. 이 협정에 부속된 양허표는 이로써 이 협정 제1부의 불가분의 일부가 된다.

PART II

제 2 부

Article III
National Treatment on Internal Taxation and Regulation

제3조 내국 과세 및 규정에 관한 내국민대우

1. The contracting parties recognize that internal taxes and other internal charges, and laws, regulations and requirements affecting the internal sale, offering for sale, purchase, transportation, distribution or use of products, and internal quantitative regulations requiring the mixture, processing or use of products in specified amounts or proportions, should not be applied to imported or domestic products so as to afford protection to domestic production.

1. 체약당사자들은 내국세 및 그 밖의 내국과징금과 상품의 국내판매, 판매를 위한 제공, 구매, 운송, 유통 또는 사용에 영향을 주는 법률・규정・요건과 특정 수량 또는 비율로 상품을 혼합하거나 가공 또는 사용하도록 요구하는 내국의 수량적 규정이 국내생산을 보호하기 위하여 수입상품 또는 국내상품에 적용되어서는 아니 된다는 것을 인정한다.

2. The products of the territory of any contracting party imported into the territory of any other contracting arty shall not be subject, directly or indirectly, to internal taxes or other internal charges of any kind in excess of those applied, directly or indirectly, to like domestic products. Moreover, no contracting party shall otherwise apply internal taxes or other internal charges to imported or do-

2. 다른 체약당사자의 영토 내로 수입되는 체약당사자 영토의 상품은 동종의 국내상품에 직접적 또는 간접적으로 적용되는 내국세 또는 그 밖의 모든 종류의 내국과징금을 초과하는 내국세 또는 그 밖의 모든 종류의 내국과징금의 부과대상이 직접적으로든 간접적으로든 되지 아니한다. 또한, 어떠한 체약당사자도 제1항에 명시된 원칙에 반하는 방식으로 수입 또는 국내 상품에 내국세 또는 그 밖의 내국과징금을 달리 적용하지 아니한다.

mestic products in a manner contrary to the principles set forth in paragraph 1.

3. With respect to any existing internal tax which is inconsistent with the provisions of paragraph 2, but which is specifically authorized under a trade agreement, in force on April 10, 1947, in which the import duty on the taxed product is bound against increase, the contracting party imposing the tax shall be free to postpone the application of the provisions of paragraph 2 to such tax until such time as it can obtain release from the obligations of such trade agreement in order to permit the increase of such duty to the extent necessary to compensate for the elimination of the protective element of the tax.

3. 제2항의 규정에는 불합치되지만 과세된 상품에 대한 수입관세를 인상하지 아니하기로 양허한 1947년 4월 10일 현재 유효한 무역협정에 의하여 구체적으로 승인된 현존하는 내국세에 관하여, 이를 부과하는 체약당사자는 동 내국세의 보호적 요소를 철폐하는 데 대한 보상에 필요한 정도까지 동 수입관세를 인상할 수 있도록 동 무역협정상의 의무로부터 해제될 때까지는 동 내국세에 대한 제2항 규정의 적용을 연기할 수 있다.

4. The products of the territory of any contracting party imported into the territory of any other contracting party shall be accorded treatment no less favourable than that accorded to like products of national origin in respect of all laws, regulations and requirements affecting their internal sale, offering for sale, purchase, transportation, distribution or use. The provisions of this paragraph shall not prevent the application of differential internal transportation charges which are based exclusively on the economic operation of the means of transport and not on the nationality of the product.

4. 다른 체약당사자의 영토 내로 수입되는 체약당사자 영토의 상품은 그 국내판매, 판매를 위한 제공, 구매, 운송, 유통 또는 사용에 영향을 주는 모든 법률, 규정, 요건에 관하여 국내원산의 동종상품에 부여되는 대우보다 불리하지 않은 대우를 부여받아야 한다. 이 항의 규정은 상품의 국적에 기초하지 아니하고 전적으로 운송수단의 경제적 운영에 기초한 차등적 국내운임의 적용을 방해하지 아니한다.

5. No contracting party shall establish or maintain any internal quantitative regulation relating to the mixture, processing or use of products in specified amounts or proportions which requires, directly or indirectly, that any specified amount or proportion of any product which is the subject of the regulation must be supplied from domestic sources. Moreover, no contracting party shall otherwise apply internal quantitative regulations in a

5. 어떠한 체약당사자도 특정 수량 또는 비율로 상품을 혼합, 가공 또는 사용하는 것에 관련된 내국의 수량적 규정으로서, 그 적용을 받는 특정 수량 또는 비율의 상품이 국내공급원으로부터 공급되어야 함을 직접적 또는 간접적으로 요구하는 규정을 설정하거나 유지하지 아니한다. 또한 어떠한 체약당사자도 제1항에 명시된 원칙에 반하는 방식으로 내국의 수량적 규칙을 달리 적용하지 아니한다.

manner contrary to the principles set forth in paragraph 1.*

6. The provisions of paragraph 5 shall not apply to any internal quantitative regulation in force in the territory of any contracting party on July 1, 1939, April 10, 1947, or March 24, 1948, at the option of that contracting party; provided that any such regulation which is contrary to the provisions of paragraph 5 shall not be modified to the detriment of imports and shall be treated as a customs duty for the purpose of negotiation.

6. 제5항의 규정은, 체약당사자의 선택에 따라 1939년 7월 1일, 1947년 4월 10일 또는 1948년 3월 24일 현재 동 체약당사자의 영토내에서 유효한 어떠한 내국의 수량적 규칙에도 적용되지 아니한다. 단, 제5항의 규정에 반하는 이러한 규칙은 수입에 장애가 되도록 수정되어서는 아니되며, 또한 협상의 목적상 관세로 취급된다.

7. No internal quantitative regulation relating to the mixture, processing or use of products in specified amounts or proportions shall be applied in such a manner as to allocate any such amount or proportion among external sources of supply.

7. 특정 수량 또는 비율로 상품을 혼합하거나 가공 또는 사용하는 것에 관련된 어떠한 내국의 수량적 규정도 동 수량 또는 비율을 국외공급원간에 할당하는 방식으로 적용되어서는 아니된다.

8.

(a) The provisions of this Article shall not apply to laws, regulations or requirements governing the procurement by governmental agencies of products purchased for governmental purposes and not with a view to commercial resale or with a view to use in the production of goods for commercial sale.

(b) The provisions of this Article shall not prevent the payment of subsidies exclusively to domestic producers, including payments to domestic producers derived from the proceeds of internal taxes or charges applied consistently with the provisions of this Article and subsidies effected through governmental purchases of domestic products.

8.

(a) 이 조의 규정은 상업적 재판매 또는 상업적 판매를 위한 재화의 생산에 사용할 목적이 아닌, 정부기관에 의하여 정부의 목적을 위하여 구매되는 상품의 조달을 규율하는 법률, 규정 또는 요건에는 적용되지 아니한다.

(b) 이 조의 규정은 이 조의 규정에 합치되게 적용된 내국 세금 또는 과징금의 수익으로부터 발생한 국내생산자에 대한 지급금 및 정부의 국내상품 구매를 통하여 실현된 보조금을 포함하여 보조금을 국내생산자에게 배타적으로 지급하는 것을 방해하지 아니한다.

9. The contracting parties recognize that internal maximum price control measures, even though conforming to the other provisions of this Article,

9. 체약당사자들은 내국의 최고가격 통제조치가 이 조의 다른 규정에는 합치한다 하더라도 수입상품을 공급하는 체약당사자의 이익을 저해하는 효과를 가질

can have effects prejudicial to the interests of contracting parties supplying imported products. Accordingly, contracting parties applying such measures shall take account of the interests of exporting contracting parties with a view to avoiding to the fullest practicable extent such prejudicial effects.

수 있다는 것을 인정한다. 따라서 이러한 조치를 적용하는 체약당사자는 이러한 저해효과를 가능한 한 최대한도로 피할 목적으로 수출체약당사자의 이익을 고려한다.

10. The provisions of this Article shall not prevent any contracting party from establishing or maintaining internal quantitative regulations relating to exposed cinematograph films and meeting the requirements of Article IV.

10. 이 조의 규정은 체약당사자가 노출영화필름에 관한 것으로서 제4조의 요건을 충족하는 내국의 수량적 규정을 설정하거나 유지하는 것을 방해하지 아니한다.

Article XI General Elimination of Quantitative Restrictions

제11조 수량제한의 일반적 철폐

1. No prohibitions or restrictions other than duties, taxes or other charges, whether made effective through quotas, import or export licences or other measures, shall be instituted or maintained by any contracting party on the importation of any product of the territory of any other contracting party or on the exportation or sale for export of any product destined for the territory of any other contracting party.

1. 다른 체약당사자 영토의 상품의 수입에 대하여 또는 다른 체약당사자 영토로 향하는 상품의 수출 또는 수출을 위한 판매에 대하여, 쿼타, 수입 또는 수출허가 또는 그 밖의 조치 중 어느 것을 통하여 시행되는지를 불문하고, 관세, 조세 또는 그 밖의 과징금 이외의 어떠한 금지 또는 제한도 체약당사자에 의하여 설정되거나 유지되어서는 아니 된다.

2. The provisions of paragraph 1 of this Article shall not extend to the following:

(a) Export prohibitions or restrictions temporarily applied to prevent or relieve critical shortages of foodstuffs or other products essential to the exporting contracting party;

(b) Import and export prohibitions or restrictions necessary to the application of standards or regulations for the classification, grading or

2. 이 조 제1항의 규정은 다음에 대하여는 적용되지 아니한다.

(a) 식품 또는 수출체약당사자에게 불가결한 그밖의 상품의 중대한 부족을 방지 또는 완화하기 위하여 일시적으로 적용되는 수출의 금지 또는 제한

(b) 국제무역에 있어서 산품의 분류, 등급부여 또는 판매를 위한 표준 또는 규정의 적용에 필요한 수입 및 수출의 금지 또는 제한

marketing of commodities in international trade;

(c) Import restrictions on any agricultural or fisheries product, imported in any form,* necessary to the enforcement of governmental measures which operate:

(i) to restrict the quantities of the like domestic product permitted to be marketed or produced, or, if there is no substantial domestic production of the like product, of a domestic product for which the imported product can be directly substituted; or

(ii) to remove a temporary surplus of the like domestic product, or, if there is no substantial domestic production of the like product, of a domestic product for which the imported product can be directly substituted, by making the surplus available to certain groups of domestic consumers free of charge or at prices below the current market level; or

(iii) to restrict the quantities permitted to be produced of any animal product the production of which is directly dependent, wholly or mainly, on the imported commodity, if the domestic production of that commodity is relatively negligible.

Any contracting party applying restrictions on the importation of any product pursuant to sub-paragraph (c) of this paragraph shall give public notice of the total quantity or value of the product permitted to be imported during a specified future period and of any change in such quantity or value. Moreover, any restrictions applied under (i) above shall not be such as will reduce the total of imports relative to the total of domestic production, as compared with the proportion which might reasonably be expected to rule between the two in the absence of restrictions. In determining this proportion, the contracting party shall pay due regard to the proportion prevailing during a previous

(c) 다음 목적을 위하여 운영되는 정부조치의 시행에 필요한 것으로서 어떤 형태로든 수입되는 농산물 또는 수산물에 대한 수입의 제한

(i) 판매 또는 생산되도록 허용된 동종 국내상품의 수량, 또는 동종 상품의 실질적인 국내생산이 없는 경우에는 동 수입상품이 직접적으로 대체할 수 있는 국내상품의 수량을 제한하기 위한 것, 또는

(ii) 동종 국내상품의 일시적인 과잉상태, 또는 동종 상품의 실질적인 국내생산이 없는 경우에는 동 수입상품이 직접적으로 대체할 수 있는 국내상품의 일시적인 과잉상태를 무상 또는 당시의 시장수준보다 낮은 가격으로 일정한 국내소비자집단에 이용가능하게 함으로써 제거하기 위한 것 또는

(iii) 어떤 산품의 국내생산이 상대적으로 경미한 경우에 생산의 전부 또는 대부분을 그 수입산품에 직접적으로 의존하는 동물성 상품의 생산이 허용되는 물량을 제한하기 위한 것

이 항 (c)호에 따라 상품의 수입에 대한 제한을 적용하는 체약당사자는 특정한 장래의 기간중에 수입이 허용될 상품의 총량 또는 총액과 이러한 물량 또는 금액에 있어서의 변경을 공고하여야 한다. 또한, 위 (i)에 의하여 적용되는 제한은, 제한이 없을 경우 양자간에 성립될 것이 합리적으로 기대되는 총국내생산에 대한 총수입의 비율과 비교하여 동 비율을 감소시키는 것이어서는 아니된다. 체약당사자는 동 비율을 결정함에 있어서 과거의 대표적인 기간 동안 우세하였던 비율과 당해 상품의 무역에 영향을 주었을 수도 있거나 영향을 주고 있을 수도 있는 특별한 요소에 대하여 적절한 고려를 한다.

representative period and to any special factors* which may have affected or may be affecting the trade in the product concerned.

Article XX General Exceptions

제20조 일반적 예외

Subject to the requirement that such measures are not applied in a manner which would constitute a means of arbitrary or unjustifiable discrimination between countries where the same conditions prevail, or a disguised restriction on international trade, nothing in this Agreement shall be construed to prevent the adoption or enforcement by any contracting party of measures:

다음의 조치가 동일한 여건이 지배적인 국가간에 자의적이거나 정당화할 수 없는 차별의 수단을 구성하거나 국제무역에 대한 위장된 제한을 구성하는 방식으로 적용되지 아니한다는 요건을 조건으로, 이 협정의 어떠한 규정도 체약당사자가 이러한 조치를 채택하거나 시행하는 것을 방해하는 것으로 해석되지 아니한다.

(a) necessary to protect public morals;

(a) 공중도덕을 보호하기 위하여 필요한 조치

(b) necessary to protect human, animal or plant life or health;

(b) 인간, 동물 또는 식물의 생명 또는 건강을 보호하기 위하여 필요한 조치

(c) relating to the importations or exportations of gold or silver;

(c) 금 또는 은의 수입 또는 수출과 관련된 조치

(d) necessary to secure compliance with laws or regulations which are not inconsistent with the provisions of this Agreement, including those relating to customs enforcement, the enforcement of monopolies operated under paragraph 4 of Article II and Article XVII, the protection of patents, trade marks and copyrights, and the prevention of deceptive practices;

(d) 통관의 시행, 제2조 제4항 및 제17조 하에서 운영되는 독점의 시행, 특허권·상표권·저작권의 보호, 그리고 기만적 관행의 방지와 관련된 법률 또는 규정을 포함하여 이 협정의 규정에 불합치되지 아니하는 법률 또는 규정의 준수를 확보하기 위하여 필요한 조치

(e) relating to the products of prison labour;

(e) 교도소노동상품과 관련된 조치

(f) imposed for the protection of national treasures of artistic, historic or archaeological value;

(f) 예술적, 역사적 또는 고고학적 가치가 있는 국보의 보호를 위하여 부과되는 조치

(g) relating to the conservation of exhaustible natural resources if such measures are made effective in conjunction with restrictions on domestic production or consumption;

(h) undertaken in pursuance of obligations under any intergovernmental commodity agreement which conforms to criteria submitted to the CONTRACTING PARTIES and not disapproved by them or which is itself so submitted and not so disapproved;*

(i) involving restrictions on exports of domestic materials necessary to ensure essential quantities of such materials to a domestic processing industry during periods when the domestic price of such materials is held below the world price as part of a governmental stabilization plan; provided that such restrictions shall not operate to increase the exports of or the protection afforded to such domestic industry, and shall not depart from the provisions of this Agreement relating to non-discrimination;

(j) essential to the acquisition or distribution of products in general or local short supply; provided that any such measures shall be consistent with the principle that all contracting parties are entitled to an equitable share of the international supply of such products, and that any such measures, which are inconsistent with the other provisions of the Agreement shall be discontinued as soon as the conditions giving rise to them have ceased to exist. The CONTRACTING PARTIES shall review the need for this sub-paragraph not later than 30 June 1960.

(g) 고갈될 수 있는 천연자원의 보존과 관련된 조치로서 국내 생산 또는 소비에 대한 제한과 결부되어 유효하게 되는 경우

(h) 체약당사자단에 제출되어 그에 의하여 불승인되지 아니한 기준에 합치되는 정부간 상품협정 또는 그 자체가 체약당사자단에 제출되어 그에 의하여 불승인되지 아니한 정부간 상품협정 하의 의무에 따라 취하여지는 조치

(i) 정부의 안정화계획의 일부로서 국내원료의 국내가격이 국제가격 미만으로 유지되는 기간 동안 국내가공산업에 필수적인 물량의 국내원료를 확보하기 위하여 필요한 국내원료의 수출에 대한 제한을 수반하는 조치. 단, 동 제한은 이러한 국내산업의 수출 또는 이러한 국내산업에 부여되는 보호를 증가시키도록 운영되어서는 아니되며 무차별과 관련된 이 협정의 규정으로부터 이탈하여서는 아니된다.

(j) 일반적 또는 지역적으로 공급이 부족한 상품의 획득 또는 분배에 필수적인 조치. 단, 동 조치는 모든 체약당사자가 동 상품의 국제적 공급의 공평한 몫에 대한 권리를 가진다는 원칙에 합치되어야 하며, 이 협정의 다른 규정에 불합치되는 동 조치를 야기한 조건이 존재하지 아니하게 된 즉시 중단되어야 한다. 체약당사자단은 1960년 6월 30일 이전에 이 호의 필요성을 검토한다.

ANNEX I

Notes and Supplementary Provisions

Ad Article III

Paragraph 2

A tax conforming to the requirements of the first sentence of paragraph 2 would be considered to be inconsistent with the provisions of the second sentence only in cases where competition was involved between, on the one hand, the taxed product and, on the other hand, a directly competitive or substitutable product which was not similarly taxed.

부속서 I

주(註)와 보충적 규정

제3조에 관하여

제2항

제2항 첫 번째 문장의 요건에 합치되는 조세는 과세된 상품을 일방으로 하고 유사하게 과세되지 아니한 직접적으로 경쟁적이거나 대체가능한 상품을 타방으로 하여 양자간에 경쟁이 수반된 경우에만 두 번째 문장의 규정에 불합치되는 것으로 간주된다.

찾아보기

박 병 도(朴炳度)

현재 건국대학교 법학전문대학원 교수로 재직 중이다. 주요 연구분야는 국제법 기본이론, 국제환경법, 국제인권법, 기후변화와 국제법, 국제분쟁해결제도, 환경과 인권 등이며 국제법평론회 회장을 역임하였다.

[저자 약력]

건국대학교 법대 및 대학원(법학사, 법학석사, 법학박사)
Indiana University, School of Law에서 연구

현) 건국대학교 법학전문대학원 교수
현) 국제법평론회 편집위원장
현) 대한국제법학회 수석부회장
현) 국제환경법정책학회 편집위원장
현) 국가인권위원회 기후위기와 인권분과 전문위원
전) 건국대학교 법학연구소장
전) 국제법평론회 회장
전) 건국대학교 일우헌 관장/ 법학전문대학원 국제부원장

[저서와 논문]

국제환경책임법론(2007)
인권법(공저, 2007)
국제환경법(제2판)(공저, 2020)
법학개론(제10판)(공저, 2023)
로스쿨 국제법(제4판)(공저, 2024)
국제법으로 세상읽기(공저, 2020)
기후변화 취약성과 기후정의(논문, 2014)
국제법상 대세적 의무(논문, 2018)
기후변화와 인권의 연관성에 관한 국제법적 검토(논문, 2019)
파리협정과 인권(논문, 2020)
SDGs와 인권 그리고 파리협정의 관계에 관한 소고(논문, 2022) 등 다수

로스쿨 국제법강의
국제법기본조약

초판인쇄 2024년 3월 2일
초판발행 2024년 3월 10일

지은이 박병도
펴낸이 박노일

총괄기획 최준규
편 집 이상민

펴낸곳 pnc publishing and culture 피앤씨미디어
경기도 고양시 일산동구 강송로 153 310-1501
등록 제396-2012-000203호
전 화 070)7550-3758 팩 스 02)6280-3758
홈페이지 www.pncmedia.co.kr 이메일 pnc@pncmedia.co.kr
ISBN 979-11-5730-912-2 93360

정 가 25,000원